Gerhard Büttner / Oliver Reis

Modelle als Wege des Theologisierens

Religionsunterricht besser planen und durchführen

Mit 11 Abbildungen und 38 Tabellen

Vandenhoeck & Ruprecht

Bibliografische Information der Deutschen Nationalbibliothek:
Die Deutsche Nationalbibliothek verzeichnet diese Publikation in der
Deutschen Nationalbibliografie; detaillierte bibliografische Daten sind
im Internet über https://dnb.de abrufbar.

© 2020, Vandenhoeck & Ruprecht GmbH & Co. KG, Theaterstraße 13, D-37073 Göttingen
Alle Rechte vorbehalten. Das Werk und seine Teile sind urheberrechtlich
geschützt. Jede Verwertung in anderen als den gesetzlich zugelassenen Fällen
bedarf der vorherigen schriftlichen Einwilligung des Verlages.

Umschlagabbildung: M.C. Escher, Relativität – Lithographie1953 © picture-alliance/
United Archives/TopFoto

Satz: SchwabScantechnik, Göttingen
Druck und Bindung: ♁ Hubert & Co. BuchPartner, Göttingen
Printed in the EU

Vandenhoeck & Ruprecht Verlage | www.vandenhoeck-ruprecht-verlage.com

ISBN 978-3-525-70300-7

Inhalt

Vorwort 7
Einleitung 8
1 Modelle des Unterrichtsgegenstandes als didaktische
  Schlüsselkategorie 13
2 Gott als Schöpfer 33
3 Das Gebet als Ort der Gottesfrage 50
4 Gottesbilder und Theodizee 70
5 Sünde = Verfehlung + Strafe? 86
6 Rechtfertigung 103
7 Jesus, der Christus 116
8 Jesus und seine Reich-Gottes-Botschaft 130
9 Jesu Passion 144
10 Kirche als Gebäude 164
11 Kirche als liturgische Gottesdienstfeier 183
12 Kirche manifestiert sich im Kirchenjahr 200
13 Gebote regeln das Zusammenleben 215
14 »Dass es gerecht zugeht!« – Propheten 229
15 »Man will ja immer ein bisschen seine Zukunft wissen« –
   Fragen der Eschatologie 242
16 Modellrahmen – Do-It-Yourself und Literaturhinweise 263
Literatur 278

Vorwort

Neueste Studien zu Unterrichtsverläufen im Religionsunterricht lassen den Schluss zu, dass dort oft der von Friedrich Copei betonte »fruchtbare Moment« nicht wahrgenommen wird. Mal erscheint das religiöse Thema, das sich hier zeigt, als zu heikel, mal als zu kompliziert. Was kann den Lehrkräften hier helfen? Wer sich im Wald verirrt hat (und dem entsprechend mulmig ist), die/der war früher froh, wenn er eine entsprechende Karte hatte – heute, wenn sie/er eine Netzverbindung für die App hat. Diese Hilfsmittel leisten dreierlei:
1. Sie zeigen mir, wo ich gerade stehe.
2. Es werden (z. B.) an einer Weggabelung verschiedene Optionen sichtbar.
3. Wenn ich dann eine Richtung einschlage, dann werden Zwischenziele und das Endziel antizipierbar.

Dieses Buch versucht zu zeigen, dass sich die Inhalte des Religionsunterrichts als Modelle darstellen und unterscheiden lassen. Diese Modelle eines Inhalts – wenn man sie in einem Rahmen fasst – sind wie eine Karte: Ich kann meine eigene Position und die meiner Schüler/innen besser einordnen. Ich kenne die alternativen theologischen Positionen und kann schließlich einschätzen, welche Konsequenzen sie haben. So soll das Buch helfen, Strategien gerade zu den schwierigen Inhalten des Religionsunterrichts zu entwickeln, die fachlich angemessen sind, aber auch den verschiedenen Erwartungen gerecht werden.

Wir danken mit Prof. Hanna Roose, Ruhr-Universität Bochum, und Prof. Dr. Thomas Ruster, TU Dortmund, zwei besonderen Weggefährten, die unsere Arbeit an den Modellen über viele Jahre inspiriert und begleitet haben. Wir danken außerdem Herrn Fabian Potthast und Frau Sarina Wodniok, die mit viel Arbeit an dem Manuskript die Fertigstellung des Buches nach Kräften unterstützt haben!

Pfingsten, in Zeiten von Corona 2020

Einleitung

Manchmal ergibt sich bei der Ausbildung von Religionslehrer/innen die Möglichkeit oder Notwendigkeit, dass im Rahmen eines Praktikums Studierende in einer Klassenstufe unterrichten, die sie eigentlich nicht studieren. Dabei ergeben sich dann typische Probleme. Wir illustrieren sie anhand einer möglichen Stunde über Jakobs Segensbetrug (Gen 27). Der angehende Grundschullehrer wird sich die Geschichte als eine Art Film vergegenwärtigen. Er wird sich fragen, welche Szenen wichtig sind, er wird eine anthropologische Thematik wie Geschwisterkonflikte in den Vordergrund rücken, nach Veranschaulichungen und Liedern suchen, die das Thema mit der Erzählung verknüpfen. Doch wenn er die Thematik älteren Schüler/innen vermitteln soll, wird er sich auf Anfragen einstellen müssen, die der Religionsunterricht in der Grundschule eher selten aufwirft: Was ist das eigentlich für ein Gott, der seinen Segen solchen Machenschaften unterwirft und was sind das für Gestalten, die doch die Segenslinie Israels bilden? Handelt es sich hier überhaupt um ein historisches Ereignis? Hier wird es wichtig, in intertextuellen Bezügen zu klären, was Segen überhaupt ist, warum diese krummen Linien in den Stammbäumen für Israel so bedeutsam sind. Die Studierende des Gymnasiallehramtes hat sich eher mithilfe der exegetischen Kommentare auf die alttestamentlichen, intertextuellen Segenskonzepte vorbereitet, konzentriert sich darauf, einen leicht vereinfachten theologischen Text zu finden. Sie wird in der Grundschule damit konfrontiert, dass die hermeneutische Arbeit am Text auf Unverständnis stößt und die Fragen unbeantwortet lässt: Wie kann Gott Jakob mit der Maske durchkommen lassen? Wird Gott sich rächen und akzeptiert Esau, dass er nun Jakob dienen muss? Was treibt Rebekka an, den Fluch auf sich zu nehmen? Die Anforderungen an den Unterricht der Grundschule und der Oberstufe unterscheiden sich deutlich, weil der Zugang zu dem, was der Gegenstand ist und an ihm verstanden werden soll, so unterschiedlich ist. Genauso ist Schöpfung in der Grundschule die Ursache für den Lobpreis Gottes, später in der Konfrontation mit den Naturwissenschaften eine Erzählung über den Menschen, seine Schwächen und Verantwortlichkeiten. Wer den Unterricht zu einem Gegenstand im Längsverlauf schulischer religiöser Bildung denkt, wird regelmäßig feststellen, dass sich die Verstehensweisen und damit auch die Unterrichtsinszenierung verändern.

Diese Einsichten bilden den Anstoß und die Grundlage dieses Buches. Wir nennen die Verstehensweisen, mit denen im Unterricht an den Gegenständen gearbeitet wird, »Modelle«. Um ein bestimmtes Thema unterrichten zu können, bedarf es jeweils eines Modells. Das impliziert die drei Fragen: **Was weiß** ich? Was weiß ich nicht? Was kann man grundsätzlich nicht wissen? Bei der Beschäftigung mit dem Thema werde ich notwendigerweise auf die Erkenntnis stoßen, dass es neben meinem Modell noch andere gibt. Kritische Anfragen an die Erzählung des Streites um den Erstgeborenensegen aus historischer Sicht oder zur Rolle Gottes können auch schon Grundschüler/innen einbringen. Oder Schüler/innen können auch aus eigener Überzeugung Schöpfung in der Sek II kreationistisch setzen wollen. Damit muss ich umgehen können. Die Beschäftigung mit der Kindertheologie hat zu zwei wichtigen Ergebnissen geführt: Kinder produzieren eine große Zahl qualitätsvolle Deutungen biblischer und theologischer Fragestellungen. Diese finden oft keine Entsprechungen in einer korrespondierenden Lehrer/innentheologie. Wenn Lehrer/innen nur eine Interpretation kennen, klammern sie sich oft an diese und blockieren so einen gemeinsamen Lernfortschritt, der erst dann möglich wird, wenn das Zueinander der Modelle von Lehrer/innen und Schüler/innen im Blick ist.

Seit unseren gemeinsamen Seminaren in unserer Dortmunder Zeit suchen wir nach Möglichkeiten, wie Lehrer/innen dabei unterstützt werden können, die Modellierung ihres theologischen Wissens und das der Schüler/innen bewusst als didaktische Ressource zu nutzen. Im Religionsunterricht wird die Bedeutung der Inhalte in ihrer Modellierung bei der Unterrichtsgestaltung oft unterschätzt. Wir sind der Meinung, dass die Rahmung der Inhalte als ein Modell geradezu der Schlüssel ist, um einige zentrale Probleme anzugehen oder Stärken auszubilden, die Rudolf Englert, Elisabeth Hennecke und Markus Kämmerling als Faktoren des Erfolgs bzw. des Misserfolgs für den Religionsunterricht identifiziert haben (Englert/Hennecke/Kämmerling 2014):
- Durchdachte Dramaturgien (143–147)
- Dechiffrierungsfähige Lehrer/innen (153–156)
- Versachkundlichung (159–162)
- Fehlende theologische Argumentationsstrategien (170–173)
- Armut an fruchtbaren Kontroversen (177–183)

Unser Buch möchte zeigen, dass hier ein Zusammenhang besteht, der wesentlich mit der Modellierungsfrage zusammenhängt. Die *Versachkundlichung* ist ein Zeichen dafür, dass religiöse Gegenstände positivistisch ohne eine Rahmung als kulturelles Wissen vermittelt werden. Dies entsteht aus der Unsicherheit heraus, gerade in den Jahrgangsstufen der Sek I und II überhaupt sinnvolle Rahmungen zu finden. Aber religiöse Pluralität und Inklusion sorgen auch schon in der Grundschule dafür, dass religiöse, gar konfessionelle Positionierungen erschwert und von Lehrer/innen nicht erwünscht sind (Hütte/Mette/Middelberg u. a. 2003, 67). Der Ansatz der Modelle verschafft hier Spielräume, die in der Regel sonst nicht gesehen werden. *Dechiffrierungen* von Schüler/innenäußerungen sind genauso wie *theologische Argumentationsstrategien* der Schüler/innen davon abhängig, dass religiöse Gegenstände nicht nur private Vorstellungen sind, sondern an sprachliche Strukturen anknüpfen, die den Gegenstand in seiner Bedeutung sinnvoll einschränken. Modelle des Gegenstandes sind genau solche Beschränkungen. Das Wissen um die Modellierungsmöglichkeiten steigert die Fähigkeit, Schüler/innenäußerungen zu verstehen und sich argumentativ auf die Äußerungen von anderen einzustellen. Genauso helfen Modellierungen dabei, *durchdachte Dramaturgien* zu entwickeln, da die Modelle immer auch auf Praktiken bezogen sind wie bei der Schöpfung als Lobpreis oder der Schöpfung als verantwortungsvolle Weltgestaltung. Wer mit Modellen zu einem Unterrichtsgegenstand bewusst umgeht, bekommt oft die pädagogische Strategie und damit auch eine Vorstellung von Phasierung mitgeliefert. Und schließlich sind die Fähigkeiten im Umgang mit Modellen die Voraussetzungen dafür, um mit Schüler/innen in *Kontroversen* einzusteigen, weil erst auf dem Hintergrund der Modelle eines Gegenstandes die Grenzen und die Tragweite eingeschätzt und konträre Ansichten als auf dem gleichen Boden stehend wahrgenommen werden können. Gerade wenn sich der unfreiwillige Religionsunterricht für alle weiter als dominierende Organisationsform unter den Vorzeichen der konfessionellen Kooperation abzeichnet, wird dies umso wichtiger. Denn dort ist die Bereitschaft zur Kontroverse auch deshalb nicht hoch, weil man Ausgrenzung und Konflikte fürchtet (Hütte/Mette/Middelberg u. a. 2003, 72).

An welchen Themen ist es besonders zentral, die Modellierungen aufzuarbeiten und zueinander in Beziehung zu setzen? Wir orientieren uns an den Einheitlichen Prüfungsanforderungen für Religion als Abiturfach – die sogenannten EPAs –, die im Grunde eine christliche Dogmatik in Grundzügen darstellen. Nach einer grundsätzlichen Einführung unseres Modellbegriffs folgen die klassischen Themen der Dogmatik: Gotteslehre, Anthropologie, Christologie, Ekklesiologie, Ethik und Eschatologie. Wir folgen diesem Weg gerne, nehmen aber eine Erweiterung der Perspektive auf die Gegenstände der EPAs ein: Wir fragen nach den fachtheologischen Modellen, nach denen der Lehrpläne sowie denen der beiden zentralen Akteure – der Lehrer/innen und Schüler/innen. In diesen Analysen zeigen sich neben den manchmal konsistenten und manchmal aneinander vorbeilaufenden Modellierungen auch wichtige grundsätzliche Verschiebungen, die sich als grundsätzliche Modellierungsstrategie auswirken. So werden theologische Fragen zu moralischen und statt, dass es um das *Erleben* von aktiv und zur Resonanz auffordernden religiösen Phänomen geht, stehen Modelle im Vordergrund, die das *Handeln* und Entscheiden der menschlichen Akteure unter normaler Plausibilität hervorheben und damit Transzendenz und Kontingenz der Immanenz eher zurückdrängen (Luhmann 1972). Schon 1976 hat Günter Stachel dies als ein Grundproblem des Religionsunterrichts ausgemacht, der »angesichts der Erschließung des spezifischen Glaubensgutes auf den Bereich anthropologischer Erfahrung und sozialethischer Praxis ausgewichen ist« (Stachel 1976a, 126). Genauso früh verfolgte auch Karl Ernst Nipkow die Absicht gegen einen solchen Trend, Fachtheologie, Schüler/innentheologie und Lehrer/innentheologie zusammenzubringen (Nipkow 1986, 5); nur dachte er diese Begegnung auf dem Boden der modernen Fachtheologie, wir dagegen in den mehrperspektivischen Arenen der Modelle.

Dadurch wird es möglich, traditionelle Modelle, die nicht mehr einfach unterrichtet werden können, wieder ins Spiel zu bringen und den beiden Verschiebungen nicht zu folgen (Büttner 2009). Wir setzen uns damit bewusst der epistemischen Frage nach den Geltungsbedingungen der theologischen Gegenstände aus: Wirkt Gott auch heute in der Welt (Providentia) oder folgt diese eigenen Regeln (Deismus)? (Wie) kann denn der Kreuzestod Jesu für uns heute Heilsbedeutung haben? Gelten die Gerichtsworte der Propheten auch uns oder sind sie nur ethische Empfehlungen? Wir wollen diese epistemischen Fragen gerade als produktive Bildungsorte zurückgewinnen und halten sie sogar ggf. für produktiver, als wenn die Vermittlung eines dominanten Modells glatt durchgeht. Deshalb stellen wir für jeden Gegenstand einen *Modellrahmen* zusammen, der die Modellierungen der Akteure diskursiv zueinandersetzen kann. Dieser Modellrahmen folgt zwei Prämissen:

- Der Modellrahmen zur »Ordnung der Modell-Diskurse« folgt der Regel, die Modelle bestimmten Akteur/innen zuzuordnen und sie an Unterscheidungen zu orientieren – v. a. der Code-Unterscheidung Immanenz – Transzendenz. Die ausgewählten Modelle nehmen unterschiedliche Positionen in der Unterscheidung ein. Sie machen die Transzendenz stark und denken einen Gegenstand von Gott her oder sie lassen die Transzendenz verblassen und betonen die immanenten plausiblen Prozesse oder sie formulieren ein Sowohl-als-Auch und koppeln Transzendenz und Immanenz. Die Modelle können aus der diskursiven Ordnung gar nicht gelöst werden. Erst in der Beziehung zueinander, die dieses Buch stark machen will, machen die Modelle Sinn. In diesem Modellrahmen betonen wir die Heterogenität innerhalb eines Gegenstandes, die sich aufseiten der Sache und der Schüler/innen ausprägt und vielfältige Lernwege ausbildet. Diese Form von Heterogenität wollen wir mit diesem Buch didaktisch bearbeitbar machen (Reis 2017a).
- Die Argumentationen, die in den Modellen sichtbar werden, entstammen der Bibel bzw. der katholischen und evangelischen Lehrtradition. Angesichts des weltweiten Christentums sollten wir bescheidener sagen, dass wir pri-

mär auf das westliche Christentum (in seiner deutschsprachigen Tradition) rekurrieren. Damit bleiben als wesentliche Modelldifferenz die Modellierungshistorien der Konfessionen. Dass wir unser Vorgehen an die christliche Dogmatik mit ihren konfessionellen Nuancen binden, ist somit Programm. Doch ist unser Vorgehen gleichzeitig undogmatisch, weil wir an jeder Stelle verschiedene Lesarten ins Spiel bringen, die sich in der einen oder anderen Weise gegenseitig dekonstruieren. Durch unsere religiöse Bildung und unsere Praxis Pietatis sind wir überzeugt, dass die theologische Überlieferung unserer Kirchen einen Schatz an Weltdeutungen enthält, der auch für heutige Religionspädagogik fundamental ist. Dabei zeigt sich, dass auch »abgelehnte« Sichtweisen durchaus plausible Seiten haben. Doch keine dieser Aussagen kann im religionspädagogischen Feld mehr erwarten, als »Dogma« unbefragt nur »angewandt« zu werden. Unser Programm besteht darin, im Sinne einer »soziologischen Aufklärung« (Luhmann 1981) die Fülle der Antwortmöglichkeiten auszuleuchten und kontrovers darzustellen, was in der Theologie widersprüchlich ist. In der Tradition der ökumenischen Dialoge kommt dies dem nahe, was das Konzept der *versöhnten Verschiedenheit* meint.

Unser Programm sieht sich somit anschlussfähig an einen christlichen Religionsunterricht auf der Grundlage konfessioneller Kooperation, wie ihn Vereinbarungen zwischen katholischen Bistümern und evangelischen Landeskirchen vorsehen, und macht ernst damit, Differenzen aussagbar zu machen, ohne sie zu dogmatisieren (Sekretariat der DBK 2016, 10–15; EKD 2018, 17 ff.). Man könnte unsere Modellierung im Prinzip auf andere Religionen und Philosophien ausweiten. Doch würde dies die Komplexität jedes einzelnen Kapitels unverhältnismäßig ausweiten. Dieses Buch will in erster Linie den werdenden und den praktizierenden Lehrer/innen helfen, ihre eigene Modellierung ihrer Theologie zu verstehen und die mit den Gegenständen aufgerufenen Modellierungen der anderen Akteure darauf zu beziehen. Da ist die von uns vorgenommene Beschränkung hilfreich.

1 Modelle des Unterrichtsgegenstandes als didaktische Schlüsselkategorie

In der Religionsdidaktik wird der Begriff »Modell« auf verschiedenen Ebenen der Theoriebildung für verschiedene Objekte verwendet. Wir sprechen von Unterrichtsmodellen, wenn wir konkrete prototypische Unterrichtsplanungen bezeichnen, von Modellen des Religionsunterrichts, wenn wir Organisationsformen unterscheiden, von einem bibeldidaktischen Modell, wenn z. B. eine bestimmte bibeldidaktische Theorie in ihrer Verschränkung von Psalmen und Annahmen über Schüler/innen zu bestimmten Verfahrensvorschlägen kommt. Dabei wird in der Regel der Modellbegriff selbst implizit genutzt und wenig modelltheoretisch reflektiert. Oft könnte man den Begriff auch ohne großen Verlust durch Konzept oder Ansatz ersetzen. Der Begriff meint am ehesten eine strukturelle theoretische Abstraktion meist eines empirischen Phänomens aus dem Umkreis der Praxis des Religionsunterrichts. Die Verwendung signalisiert eine Diskrepanz zwischen dem empirischen Phänomen und einer gewissen inneren theoretischen Stimmigkeit, die damit der direkten Praxis überlegen und zugleich noch nah genug an ihr dran ist, um diese auch fassen zu können. So ist der Modellbegriff durchaus eine wichtige religionsdidaktische Kategorie, um Praxis theoretisch rahmen zu können.

Wir wollen in diesem Buch den Modellbegriff auf einer anderen Ebene verorten: im Kern der didaktischen Reflexion zur Bezeichnung der von den verschiedenen Akteur/innen des Religionsunterrichts ins Spiel gebrachten Modellierung des Unterrichtsgegenstandes. Wir gehen davon aus, dass im Religionsunterricht die inhaltliche Auseinandersetzung modellbezogen erfolgt. Unterrichtsprozesse entstehen neben verschiedenen Aspekten, unter denen sie wahrgenommen werden können, auch als ein komplexes, geordnetes Geflecht von Modellierungen der Lehrkräfte, der Schüler/innen, der Medien, des Lehrplans und des fachdidaktischen Diskurses, die in der Regel nicht wahrgenommen und in ihrer den Unterricht steuernden Funktion nicht erkannt werden. Bevor wir in den folgenden Kapiteln die Modelle dieser Akteur/innen zu den zentralen Unterrichtsgegenständen des Religionsunterrichts aufbereiten, wollen wir in diesem Kapitel die Idee der Unterrichtsgegenstände als Modelle plausibilisieren, die Modellierung modelltheoretisch beschreiben, sie in ihrer didaktischen Wirkweise darstellen und schließlich die didaktischen Konsequenzen ableiten.

1.1 Modelle im Diskurs – warum die Verwendung des Modellbegriffs hilfreich ist

Für den Einstieg wählen wir ein Unterrichtstranskript, das Annegret Reese-Schnitker schon publiziert hat. Sie hat diese Unterrichtssequenz mithilfe der objektiven Hermeneutik vor allem auf die Frage hin untersucht, wie die Kinder und die Lehrkraft zu der Leitfrage »Warum gibt es heute keine Geschichten über Gott?« in Interaktion treten, wie die Eröffnung erfolgt, wodurch das Gespräch am Laufen gehalten wird und wie es mit der Themenkonstituierung verknüpft ist (Reese-Schnitker 2018, 237–247).

FELIX: Ich hab mal 'ne Frage: Man hört so (starke Dehnung und Betonung) viele Geschichten damals, wie Gott war. Aber so in der heutigen Zeit sind da keine Geschichten mehr von ihm vorhanden.
LEHRERIN: Ja, wie ist das denn überhaupt? Das ist ja spannend! (setzt sich mit ihrem Stuhl in die Mitte und schaut die Klasse an).
(Einige Schüler/innen reden durcheinander und melden sich anschließend.)
LEHRERIN: Jonas!
JONAS: Vielleicht früher, da haben die Leute meinetwegen den ja äh … gesehen oder so und dann äh … wussten sie ja, was der gemacht hat. Aber heutzutage gibt's den ja nicht mehr oder so. Weiß ja keiner. Dann weiß man nicht, was man aufschreiben soll.
LEHRERIN: Paul!
PAUL: Ich hab zwei Sachen: Vielleicht gibt es auch schon genug Geschichten. Deswegen! Oder sie haben keine Lust mehr Geschichten aufzuschreiben.
LEHRERIN: Theresa!
(Schüler ruft rein »Oder sie sind zu faul«, Schüler/innen lachen.)
THERESA: Also ich will jetzt auch mal sagen. Die Geschichten, die, die kommen einem gar nicht so viel vor. Wenn man so die ganze Bibel jetzt durchliest, ja, da brauchst du Stunden für. Wirklich!
LEHRERIN: Aber wir sollten uns …
RAMONA: (ruft dazwischen) Deswegen sollte man sie ja weiterschreiben.
LEHRERIN: Aber wir sollten uns da noch weiter auf den Weg machen! (Lehrerin nimmt Schüler namentlich dran.)
CHRISTIAN: (Schüler ruft dazwischen) Aufn Weg?
LEHRERIN: (Lehrerin ruft Schüler wiederholt namentlich auf.)
CHRISTIAN: Also vielleicht ist es ja auch so: Früher waren ja erstens die Christen, bevor sein Sohn kam, sowieso sehr wenige. Zweitens, wenn sie da waren, wurden sie verfolgt. Und jetzt geht es den Christen ja wunderbar.

> Es sind so viele, das ist ja eigentlich eine der Weltreligion, dass keine die ... Und vielleicht hat er einfach keine Lust mehr, große Sachen zu machen. Und vielleicht geht er ja ... ohne Scheiß ... auch Gott will ja auch Urlaub haben.
> (Felix versucht sich in die Diskussion einzubinden.)
> FELIX: (fällt Christian ins Wort) Aber es geht ja nicht drum, dass man Geschichten aufschreibt, sondern: Wieso hört man nichts mehr? Man muss es ja nicht unbedingt aufschreiben.
> (Christian versucht vergeblich zu intervenieren.)
> FELIX: Und der hat halt ein ganz anderes Zeitgefühl als wir. Vielleicht 2000 Jahre ist für den wie für uns eine Woche. Hast du mal eine Tat, so die Sachen, die stehen doch bis zum Jahre 1100 und danach sind es noch ganz wenige Sachen, dann hört es doch auf. Oder hast du ...
> (Christian versucht weiter Felix zu unterbrechen. Die Kinder haben Blickkontakt.)
> FELIX: Oder hast du irgendein Wunder von Gott gesehen?
> CHRISTIAN: Ja, ich habe dir doch eben zwei Gründe genannt: Erstens, die Christen können jetzt auf sich selbst aufpassen ... Und zweitens, Gott möchte auch mal Ruhe haben.

Reese-Schnitker beobachtet auch die inhaltliche Struktur (Reese-Schnitker 2018, 248 f.):

> »Der Inhalt des Gesprächs entwickelt sich. Die Kinder tauschen verschiedene Lösungen aus und kritisieren sich gegenseitig. Zu Beginn steht die explizite Frage nach der Existenz der Geschichten von Gott, in der implizit Fragen nach der Erfahrbarkeit und Existenz Gottes mitschwingen. Verschiedene Schüler/-innen bemühen sich, für das Fehlen dieser Geschichten Gründe zu nennen (weil wir Gott heute nicht mehr sehen, werden heute keine Geschichten aufgeschrieben; weil es bereits genügend Geschichten von Gott gibt; weil die Geschichtenschreiber keine Lust haben; weil es heute den Christen wunderbar geht und sie Gott nicht brauchen; weil Gott im Urlaub ist) und bedienen sich dabei des Vergleichs zwischen damals und heute. Damals war Gottes Tun zu sehen, es wurden Geschichten von ihm gehört und aufgeschrieben. Heute ist es anders. Darin sind sich die Kinder einig. Was genau anders ist und wo heute Gott erleb- und wahrnehmbar wird, bleibt bis zum Schluss offen. Christian sucht nach Entschuldigungen, warum Gott sich nicht mehr zeigt, und bietet dafür am Lebensalltag der Kinder orientierte Lösungen an. Felix, den Initiator der Frage, scheinen diese Antworten nicht zufrieden zu stellen. Für ihn ist offenbar zentral, ob es Gott tatsächlich gibt,

ob er sich heute auch zeigt, ob heute Wunder erfahrbar sind – die grundsätzliche Frage nach der Existenz Gottes also.«

Reese-Schnitker kommt hier zu einer Beobachtung, die – bei aller Besonderheit der Stunde – durchaus typisch für den Religionsunterricht ist. Die Kinder werden aufgefordert, ihre Vorstellungen zu einer religiös relevanten Frage mitzuteilen. Die Kinder tun dies auf mehrperspektivische Weise. Es gibt verschiedene Vorstellungen zu der Frage, wie sich Gott zu der Welt verhält. Reese-Schnitker selbst verzichtet darauf, die Schüler/innenantworten mit einem Begriff zu fassen. In ihrer Untersuchungsperspektive der Interaktion ist es schlüssig von *Lösungen* oder von *Argumenten* zu sprechen. Der von uns gerade zunächst verwendete Begriff der *Vorstellung* ist in der Religionsdidaktik für solche Deutungssituationen geläufig. Er hat den Vorteil zwei Dinge zu koppeln: die subjektive Perspektive und das inhaltliche Konzepthafte (Kirchner 2016). Die Schüler/innen äußern im Gespräch mit den Lösungen und den Argumenten ihre eigene Konzeption zu der Frage. Bei einzelnen Äußerungen wie der von Jonas wäre es auch um der Präzisierung willen sinnvoll, von *Überzeugungen* zu sprechen und dabei noch stärker die emotional bewertende Seite der Konzeption zu betonen, wenn er zu dem Urteil kommt: »Aber heutzutage gibt's den ja nicht mehr!«

Nun macht es aus unserer Sicht aber Sinn, diese Konzeption mit dem Begriff des *Modells* zu belegen, ohne damit die subjektive Seite oder die emotionale Positionierung aufzugeben. Mit dem Modell-Begriff fokussieren wir aber zunächst eine bestimmte *in sich plausible Struktur im Verständnis des Gegenstandes,* der im Transkriptbeispiel nicht eindeutig definiert ist, sondern zwei Aspekte der Gottesfrage koppelt: Warum ist das so, dass man heute nichts mehr von Gott hört? Hier geht es zum einen um die Frage, ob sich Gott aktiv zur Welt verhält, ob er für sie da ist – das ist durchaus nicht direkt die Existenzfrage, die Reese-Schnitker hier sieht. Zum anderen geht es um die Kommunikation des Sprechens und Hörens. Für Felix ist der zweite Aspekt dem ersten untergeordnet. Die Schüler/innen bilden auf die Leitfrage hin drei durchaus in sich plausible Modelle, die mit den beiden Aspekten unterschiedlich umgehen:
1. Gott *war* aktiv, davon zeugen die biblischen Erzählungen. Er war sehr aktiv, es sind sehr viele Erzählungen vorhanden. In diesem Modell werden die biblischen Erzählungen als Dokumentation von Gottes Rede und Handeln genommen. Dass jetzt keine Geschichten mehr geschrieben werden, kann zwei Gründe haben: a) Es ist alles getan und gesagt. b) Die Menschen sind zu faul sie aufzuschreiben.
2. Gott könnte immer noch aktiv sein, aber er kann sich zurücklehnen. Die Welt läuft auch so ganz gut, dass er Urlaub machen kann. Unsere Weltgeschichte

ist dann unsere Geschichte, so wie es früher die Weltgeschichte Gottes mit den Menschen war. Gottes Schweigen ist ein Zeichen dafür, dass alles läuft.
3. Gott war (vielleicht) früher aktiv (vielleicht aber auch nie, sondern die Menschen haben das so interpretiert), aber jetzt gibt es ihn nicht mehr. Er tritt zumindest nicht mehr als eigenständiger Akteur auf, der aus sich heraus aktiv werden könnte.

Diese Modelle sind eine Modellierung der Schüler/innenäußerungen, sie sind kein Zitat oder eine Paraphrasierung. Sie nehmen die konkreten Äußerungen auf, ohne sie auf eine Person hin festzulegen und entwickeln eine *strukturelle Figur* (vgl. Abb. 1), die im Hintergrund der Äußerung steht, diese also erst rational macht. Die Modelle geben so einen Rahmen vor, in dem ein/e Schüler/in die Äußerung überhaupt erst als Argument entwickeln kann. Ein Modell erfüllt drei Eigenschaften: Es besitzt *erstens* jeweils in sich eine bestimmte Logik, *zweitens* steht es in Spannung zu den anderen Modellen, die zusammen eine diskursive Ordnung erzeugen, und *drittens* beziehen sich sowohl wissenschaftliche Diskussionen als auch präwissenschaftliche Diskussionen auf diese diskursive Ordnung, sodass sich z. B. Schüler/innenäußerungen von Fachbeiträgen – z. B. in der Kontrolle der Konsistenz – eher graduell unterscheiden als kategorial.

 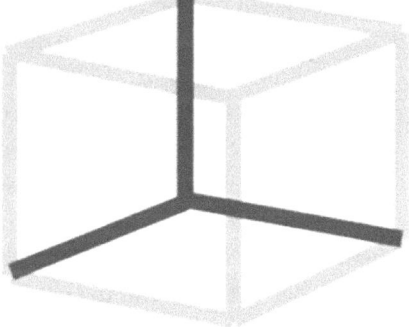

Abb. 1: Zum Zusammenhang einer Äußerung und dem Modell

Diese Eigenschaften sind für unser Anliegen sehr bedeutsam, weil sie die Modellrekonstruktion didaktisch so interessant machen. Die ersten beiden Eigenschaften sorgen dafür, dass die Schüler/innenäußerungen aneinander anschlussfähig werden. Felix selbst – so könnte man sagen – modelliert die Äußerungen und macht eine wesentliche Differenz auf: der Gott als Akteur der biblischen Erzählungen und die Kommunikation mit Gott hinter den Erzählungen. Im *Früher* kann beides identisch sein, aber *heute* ist diese Einheit nicht mehr möglich, denn dort ist ja die Rede, das Handeln und das Schreiben direkt beobachtbar. Ihm geht es aber für heute nicht um das Schreiben. Modell 1 kommt hier an seine Grenze. Modell 2 bleibt dagegen im Spiel, sodass Christian zu Recht dagegenhält. Nur scheint Felix Modell 2 nicht zu überzeugen. Er kann die Grenze von Modell 2 nicht formulieren, sie lässt sich vom Modell her aber bestimmen. Denn ist die Annahme von Christian richtig, dass sich Gott heute zurücklehnen kann? Passt das zum Gott der Erzählungen? Natürlich bietet sich nun Modell 3 an, das diesen Gott hinter den Erzählungen selbst relativiert. Das ist auch eine wirkliche Lösung, aber um den Preis, den heutigen Gott als Akteur aus dem Weltbild herauszulösen. Ist das eine Lösung für Felix? Seine Frage zielt ja nicht darauf ab zu klären, warum es richtig ist, nicht mehr an einen aktiven Gott zu glauben. Seine Frage zielte auf eine Lösung, wie *trotz* des Phänomens, dass Gott nicht mehr aktiv erscheint, an ihm als Akteur festgehalten werden kann. Modell 2 leistet dies, aber eben um einen hohen Preis. Es fehlt eine Perspektive, die es schafft, Gott einerseits als Akteur der eigenen Erzählung zu denken, der in Kontinuität zu den biblischen Erzählungen steht. Die Lehrkraft ist hier leider keine Hilfe, wie Reese-Schnitker feststellt (Reese-Schnitker 2018, 249):

»Zu einer ernsten Klärung des Problems oder einer Abwägung der genannten Hypothesen kommt es leider nicht, auch nicht in einer anschließenden Positionierung der Lehrerin. Um das theologische Sprach- und Denkvermögen der Schüler/-innen zu qualifizieren, wäre hier entweder ein fachliches Feedback der Lehrperson notwendig oder eine Vertiefung und Weiterarbeit an den Beiträgen der Schüler/-innen. Leider erfolgt beides nach unseren bisherigen empirischen Erkenntnissen viel zu selten.«

Dieser Befund zum Ausfall der Lehrkraft in der theologischen Steuerungsaufgabe, der sich auch mit denen von Hans Mendl und Manuel Stinglhammer deckt (Stinglhammer 2018; Mendl/Stinglhammer 2019), löst sich aber nicht von alleine. Was ist ein *fachliches Feedback* oder wie geht die strukturierte *Vertiefung und Weiterarbeit,* wenn in einem solchen Gespräch *Argumente* und *Lösungsansätze* gehört werden? Hier ist für uns der Zugang über die Modelle innovativ. Schon die ersten beiden Eigenschaften sorgen dafür, die Aushandlungslogik so zu rekonstruieren, dass die Spannungen zwischen den Äußerungen nicht mehr singulär bleiben, sondern als systematisch erzeugt durch die unterschiedlichen Rahmungen gedacht werden, die die Modelle vornehmen. Und durch die Ordnung wird auch schon deutlich, dass Äußerungen verstärkt oder zurückgewiesen werden können, weil man auf Grenzen und blinde Flecken hinweisen kann. Eine

Form der Vertiefung liegt also darin, die Schüler/innen durch die Modellierung auf ihre eigenen blinden Flecken hinweisen zu können, wie das Felix schon versucht. Das ließe sich aber noch systematischer und gezielter tun. Jonas könnte gezielt gefragt werden: »Dann ist Gott heute nicht mehr Gott, wenn er es jemals war?« Christian könnte so herausgefordert werden: »Ist die Welt gerade wirklich so, dass Gott, der sich in der Bibel über Ungerechtigkeit aufregt, in Ruhe in Urlaub fahren kann?«

Was könnte man aber Felix selbst fragen? Felix kommt ja in den Modellen nicht vor. Die dritte Eigenschaft wird nun wichtig, weil die empirischen drei Modelle noch nicht eine ausreichende Bandbreite abbilden, um wirklich eine Vertiefung zu sehen, die auch Felix einschließen würde. Aus der theologisch-fachlichen Perspektive lässt sich hinter den Modellen die Grundfrage von Gottes Dasein erkennen. Das Dasein Gottes im Wort ist eine jüdisch-christliche Spezifizierung, die aber zugleich in der katholischen Tradition (und nicht nur dort) in der Differenz von mündlicher Überlieferung der realen Taten und Worte Jesu und deren schriftlichen Überlieferung als vermeintliche Einheit aufgebrochen wird. Es gibt ein Verhältnis von Dasein Gottes im Wort und jenseits des Wortes, das nicht ohne Kosten aufgehoben werden kann. Es ist allerdings auch eine Gradwanderung diesen »Gott jenseits des Wortes« und den »Gott im Wort« personal zu trennen, was auf einen latenten Dualismus hinauslaufen würde. Gott im Wort und der Gott jenseits des Wortes sind zu unterscheiden und bleiben aufeinander bezogen. In Modell 1 sind beide in der Vergangenheit identisch. Modell 2 betont den Gott hinter dem Wort, der sogar von dem Wort gelöst werden kann. Modell 3 lässt Gott hinter dem Wort zurücktreten und zugleich wird das Wort etwas Vergangenes (Reis 2012a, 105–129).

Offenbarungstheologische Konzepte wie das von Karl Rahner, der die Heilige Schrift nicht mehr als Rede eines von der Rede getrennten Gottes versteht, sondern als dessen Selbstmitteilung, wären dann so etwas wie die Lösung in Modell 1 mit dem gleichen Problem: Wie geht dann noch Mitteilung Gottes jenseits des Wortes heute? Man könnte die Bindung an das Wort aufgeben und Gott selbst gegenüber dem Wort substanzialisieren, dann entsteht leicht Modell 2, in dem Gott selbst nicht mehr an das Wort gebunden scheint. Felix scheint diese Lösung mit seinem Hinweis auf ein direktes Wunder zu favorisieren. Die Frage ist aber aus Sicht von Felix, ob man das Wort so mit Gott verbunden denken kann, dass darin Gott selbst dauerhaft lebendig bleibt. Das könnte leicht als Überhöhung des Wortes in seiner konkreten Sprachform als Gott selbst verstanden werden – wie im Islam. Im Christentum ist Jesus als der Logos zwar als Wort Gott, aber eben nicht die Erzählung selbst. Aber in Konzepten der Verbalinspiration und der Anamnetischen Wirklichkeit des Wortes entsteht ein viertes Modell:

4. Sicher, Gott ist nie aktiv gewesen im Sinne eines menschlichen Akteurs. Die biblischen Erzählungen sind deshalb keine Dokumentationen von Gottes Aktivität, sondern wir *deuten* in unseren Weltbeobachtungen, wie Gott sich zur Welt verhält. Die Bibel besteht aus solchen Weltbeobachtungen, die zugleich behaupten, dass sie keine Erfindung sind, sondern eben eine zugekommene Botschaft, die Selbstmitteilung Gottes. Gottes Wort in Menschenwort – wie die Konstitution Dei Verbum des II. Vatikanischen Konzils festhält. In der Auseinandersetzung mit diesem Wort gerade jenseits des Buchstabensinns (!) redet Gott auch in unsere Kontexte. In diesem Modell bleibt der Gott hinter dem Wort durchaus erhalten, aber zugleich unmarkiert.

Angenommen die Modellierung von Felix als zwischen Modell 2 und Modell 4 stehend ist richtig, dann wäre eine erste sinnvolle Frage: »Meinst du mit einem Wunder, dass Gott in der Welt erscheint, für alle sichtbar etwas tut oder für alle hörbar spricht? Oder kann es auch ein Wunder sein, wenn Dinge passieren, die du für unmöglich hältst, die sich aber andere, die davon hören, auch ganz anders erklären können?« Würde er die erste Option wählen, dann wäre der Konflikt mit Christian nur eine Frage darüber, wer der Gott dahinter ist. Strukturell würden aber beide vom gleichen Modell aus argumentieren. Wir vermuten, er würde eher die zweite Option wählen. Dann wäre die nächste Frage: »Wenn das so ist, dass es entscheidend ist, dass wir den Gott, den wir aus den biblischen Geschichten kennen, in unserer Welt entdecken müssen und können, wie können wir uns das vorstellen, dass Gott dann noch weiter aktiv für uns und die Welt ist?«

Es bräuchte also eine Lehrkraft, die die Modelle und die mit ihnen vollzogene Polarisierung kennt und mit den Modellierungen der Schüler/innen arbeitet, indem sie die Modelle an ihre Grenze führt. In der dargestellten Szene ist die Lehrkraft mit ihrem leitenden Modell nicht sichtbar, aber normalerweise spielt das Modell der Lehrkraft im Unterricht eine zentrale Rolle, weil sie den starken Akteur des Lehrplans (Büttner 2019) übersetzt und vor allem durch die Wahl der Materialien, Medien und Aufgaben zentral dafür verantwortlich ist, welche Modelle wie den Schüler/innen zur Verfügung stehen. Dieses Buch wird in den späteren Kapiteln für zentrale Themen des Lehrplans solche Modell-Ordnungen skizzieren und damit Lehrkräften die Chance bieten, in den Unterrichtssituationen nicht völlig unvorbereitet und intuitiv mit den im Raum stehenden Modellierungen umgehen zu müssen. Vorher wollen wir nach dieser ersten Plausibilisierung aber noch genauer auf den tragenden Begriff des *Modells*, den wir oben thetisch gesetzt haben, und seine didaktische Bedeutung eingehen.

1.2 Was ist ein Modell?

Das Wort *Modell* hat seine Wurzeln im lateinischen Wort *modulus*, »das in […] der antiken Bauweise die relative Maßeinheit bezeichnet, die den gesamten Proportionen eines Gebäudes zugrunde liegt« (Mahr 2008, 193). Damit werden schon wesentliche Aspekte grundgelegt, da der Modulus die Repräsentation des Ganzen in sich trägt, ohne dieses Ganze zu sein. Klaus Dieter Wüsteneck definiert das Modell dementsprechend (Wüsteneck 1963, 1522 f.):

»Ein Modell ist ein System, das als Repräsentant eines komplizierten Originals auf Grund mit diesem gemeinsamer, für eine bestimmte Aufgabe wesentlicher Eigenschaften von einem dritten System benutzt, ausgewählt oder geschaffen wird, um letzterem die Erfassung oder Beherrschung des Originals zu ermöglichen oder zu erleichtern, beziehungsweise um es zu ersetzen.«

An dieser Definition sind drei Aspekte für uns zentral:
1. Modelle sind nicht das Original, sie stehen in einem bestimmten Verhältnis zum Original. Man kann dieses Verhältnis als Reduktion, Veranschaulichung, Abstraktion, Abbildung oder Repräsentation beschreiben (Bailer-Jones 2013, 1 ff.; Stachowiak 1973, 131 ff.). Modelle sind damit eine hypothetische Möglichkeit (Mahr 2008, 193), das Original zu imaginieren (Boehm 2010, 119): »[D. h.], dass in die Modellpraxis, wie in die gesamte wissenschaftliche Hypothesenbildung, stets eine Selektion externer Daten einfließt. Modelle, so nüchtern sie daherkommen, verfügen über einen *Überschuss des Imaginären,* sie behaupten eine Differenz gegenüber dem Realen.«
2. Modelle sind ein System von Aussagen, das in sich widerspruchsfrei formuliert ist (Mahr 2008, 193). Das System von Aussagen bildet zum einen darin eine geschlossene Struktur, die den Sinn in sich selbst trägt. Zum anderen bewahrt dieses System eine Struktur des Originals, indem in dem System für das Modell wesentliche Aspekte verarbeitet werden (Stachowiak 1973; Bailer-Jones 2013, 1 ff.). Gleichzeitig hängt die Entscheidung, dass dies ein angemessenes Modell ist, nicht von der Güte der Relation ab, sie ist überhaupt nicht extern beurteilbar. Für Mahr ist das *Urteil,* mit etwas als Modell umzugehen, entscheidend. Deshalb kann eine Modellbildung von etwas genauso wie das Aussagesystem des Modells selbst auch keine Objektivität beanspruchen. Das Urteil und der Modellbildungsprozess können nachvollziehbar gestaltet werden und die Logik des Modells ist beschreibbar, aber es bleibt ein an Akteure und Situationen gebundenes Urteil (Mahr 2008, 198–201; Bailer-Jones 2013, 13).

3. Stattdessen folgen für Mahr mit Verweis auf Stachowiak Modelle der Struktur, dass sie ein Modell *von* etwas sind und *für* etwas entwickelt werden (Mahr 2008, 202). Für Mahr ist dieser Zusammenhang entscheidend am Modellbegriff generell, weil die Modellbildung schon auf die Modellnutzung hin erfolgt. Die Anforderungen, welche Merkmale des Originals überhaupt in das Modell eingehen, sind auch die Anforderungen an die Nutzung des Modells, um in der realen Welt etwas mit dem Modell tun zu können (Mahr 2008, 193, 206 f.).

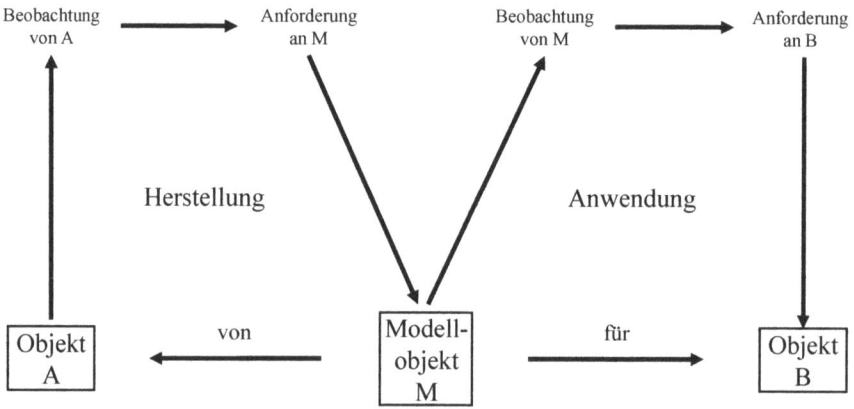

Abb. 2: Herstellung und Anwendung von Modellen aus epistemischer Sicht (Mahr 2008, 207)

Für Mahr ergeben sich aus dieser Struktur drei mit dem Modell mitkonstituierte Prämissen: a) Das Modell transportiert eine Bedeutung von dem Original zu der Anwendungssituation. b) Das Modell garantiert eine gewisse Konsistenz, sodass in der Anwendungssituation durch das Modell auch ein gewisser Deutungsvorteil entsteht. c) Das Modell macht in der Praxis einen Unterschied (Mahr 2008, 211). Ob ein Modell dies allerdings tun kann, ob es also mit diesen Prämissen akzeptiert wird, hängt vom Kontext ab, in dem das Modell steht (Mahr 2008, 214).

Über die Definition hinaus ergeben sich noch drei Aspekte aus der Modelltheorie, die für unseren Modellbegriff wichtig sind:

4. »Modelle treten selten isoliert auf, sondern sind gewöhnlich mit anderen Modellen verknüpft, die zu ihrem Kontext gehören oder mit denen sie kombiniert sind« (Mahr 2008, 215). Gerade bei wissenschaftlichen Modellen treten Modelle als Modellkomplexe auf, die z. B. auch in diskursiven Ordnungen stehen können und durch Metamodelle zusammengehalten werden (Mahr 2008, 217).

5. Modelle bilden einen Zugang zu etwas, das in der Realität aufgrund seiner Kleinheit oder Größe, Nähe oder Entferntheit, Überkomplexität des Kon-

kreten oder der mentalen Abstraktion nicht zugänglich ist. *Schon das Original ist also in gewisser Weise entzogen.* Das Modell hebt diese Entzogenheit nicht auf, sie übersetzt sie aber durch das Modell in eine handhabbare Form, ohne die grundsätzliche Kontingenz in der Original-Modell-Beziehung aufheben zu können (Bailer-Jones 2013, 21).
6. Es ist deshalb auch nicht entscheidend, bei Modellen *von* etwas an materiale Gebilde zu denken. Sowohl das Original als auch das Modell können rein mentale theoretische Gebilde sein. Wichtig ist aber, dass sich ein Modell auf die Wirklichkeit bezieht, sodass mit einem Modell überhaupt ein Geltungsanspruch des *Für* verknüpft sein kann (Bailer-Jones 2013, 2 ff.).

In der Modellierung zwischen dem Original und dem Modell lassen sich weiter unterschiedliche Formen klassifizieren, die für eine Einordnung dessen, was wir Modell nennen, wichtig wird. Mit Boehm (2010) führen wir als erstes die Differenz zwischen *simulativen* und *heuristischen* Modellen ein. Erstere behaupten eine möglichst geringe Differenz zwischen dem realen Original und dem Modell. Den Unterschied macht oft die Maßstäblichkeit aus, wie z. B. bei Architekturmodellen. Es kann aber auch der Funktionserhalt sein, der an einem Simulationsmodell wie einem Flugsimulator interessiert. Von den Simulationsmodellen grenzt Boehm heuristische ab (Boehm 2010, 116 f.):

»Am anderen Ende des Spektrums treffen wir dagegen auf Modelle mit einem *offenen Referenzbezug*. Man kann sie deshalb auch *heuristisch* nennen. Sie entstammen einer Praxis, die mit Realitäten umgeht, die zum Beispiel unbetretbar sind, unsichtbar oder sichtbar aber unbekannt. Kein fester Begriff erfasst sie, selbst nicht dessen Substitut: die *Greifbarkeit*« (Boehm 2010, 116 f.).

Wie wir schon gesehen haben, ist die Unterscheidung nicht ganz sauber, da die Unterscheidung mit Referenzbezug/ohne Referenzbezug unterläuft, dass der Referenzbezug nie substanziell ist. Wenn man aber die Unterscheidung so fasst, dass die simulativen Modelle die Konstruktivität ausblenden, während sie bei den heuristischen Modellen offen mitgeführt wird, dann ist die Unterscheidung durchaus hilfreich. Denn bei den religiös-theologischen Modellbildungen sind simulative Modelle eigentlich kaum möglich. Selbst so etwas Greifbares wie das Spiegelkabinett von Oberthür zur Trinität ist im wirklichen Sinne kein simulatives Modell, weil der Gegenstand selbst damit nicht gefasst ist, sondern eine Metapher, die übersetzt wird. Trotzdem werden gerade in religionspädagogischen Prozessen heuristische Modelle als simulative eingeführt. Dieser Aspekt wird uns noch weiter beschäftigen.

Abb. 3: Trinität im Modell des Spiegeldreiecks nach Oberthür

Die bei Boehm in der Unterscheidung simulativ/heuristisch angesprochene Differenz von Maßstäblichkeit und Praxisbezogenheit lässt sich gut auf eine Unterscheidung beziehen, die Schlüter und Kremer (2013) einführen, nämlich die zwischen *Strukturmodellen* und *Funktionsmodellen*. Während Strukturmodelle sich auf die Anatomie, Morphologie, Elemente und ihre Relationierung in einer Struktur im Sinne eines Zustandes des Originals beziehen (Schlüter/Kremer 2013, 8), zeigen Funktionsmodelle sichtbare Abweichung in der Ähnlichkeit, dafür aber den Erhalt analoger Prozesse und Arbeitsweisen (Schlüter/Kremer 2013, 9). Der Flugsimulator wäre in dieser Hinsicht ein Funktionsmodell und kein Strukturmodell, aber deswegen nicht automatisch ein heuristisches Modell. Bei dieser Unterscheidung sind für das theologische Denken beide Modellformen gleich möglich: Die immanente Trinitätslehre ist ein heuristisches Strukturmodell und die heilsökonomische Trinitätslehre ein heuristisches Funktionsmodell.

In dem Prozess der Modellbildung, den wir mit Mahr in Abb. 2 festgehalten haben, unterscheiden Schlüter und Kremer noch drei weitere Modell-Formen, die für unseren religionspädagogischen Zusammenhang sehr wichtig werden: Sie unterscheiden zwischen a) dem *Denkmodell* als Aussagesystem, in dem phänomenologische Beobachtungen theoriegeleitet zu einem geschlossenen konsistenten Ganzen gefügt worden sind (Schlüter/Kremer 2013, 13), b) den ad hoc *Konstruktmodellen* z. B. von Schüler/innen oder Lehrkräften als den modellierenden Überlegungen, um einen Gegenstand packen zu können, ohne dabei die Konsistenz des dabei erzeugten Modells überprüfen zu können (Schlüter/Kremer 2013, 11) und c) den *Anschauungsmodellen,* die in der Modellbildung *für* in den Kontexten nach außen in die Modellkommunikation treten (Schlüter/Kremer 2013, 13).

Aus diesen Unterscheidungen ergibt sich die folgende Modellklassifikation, bei der die erste Zeile mit simulativen Modellen nicht seriös mit theologischen Formen zu füllen ist:

Tab. 1: Modellklassifikation zur Einordnung der Verwendung des Modellbegriffs

Modellformen	Strukturmodell			Funktionsmodell		
Simulativ	Mikroskop. Darstellung	Zelle eines Lebewesens	2D-Zellen Grafik	Microsoft Simulationsengine	Microsoft Flugsimulator	Das Programm FS2020
Heuristisch	Augustinus am Bsp. der Liebe	Immanente Trinitätslehre	Oberthürs Spiegelkabinett	»Früher hat Gott ja zu den Menschen gesprochen.«	Verbalinstruktion	Brennender Dornbusch
				»Die Menschen schreiben auf, wie sie ihre Erfahrungen deuten.«	Inspiration	Priesterschrift als exilischer Text
Position im Modellbildungsprozess	Konstruktmodell	Denkmodell	Anschauungsmodell	Konstruktmodell	Denkmodell	Anschauungsmodell

Diese Klassifikation wollen wir nun exemplarisch auf die in Kap. 1.1 erfolgte Modellarbeit anwenden: In der Diskussion hat Felix ein Konstruktmodell von Christians Äußerung gebildet, genauso haben wir aber auch die Äußerungen von beiden als Konstruktmodell gefasst (Modell *von*), um über das Konstruktmodell die Schüleräußerung zu widerlegen (Felix) oder zu ordnen und Interventionen zu planen (wir) (Modell *für*). Unsere Modelle 1–4 könnten zwar für Denkmodelle gehalten werden, aber in Wirklichkeit sind sie schon Anwendungsmodelle von Denkmodellen, die als wissenschaftliche Modelle woanders beschrieben werden, z. B. in der Gotteslehre bei Oliver Reis (2012a). Die Beschreibungen sind hier so gefasst, dass der Kern des Denkmodells für die Lesesituation möglichst anschaulich bleibt. Deshalb wurde auch der konkrete Kontext des Transkriptes in die Formulierung des Anschauungsmodells aufgenommen. Im Zuge dieser Anwendungsarbeit haben wir Rahners Offenbarungstheologie der Selbstmitteilung Gottes als ein weiteres Konstruktmodell so gefasst, dass wir es als Konkretion des Denk-/Anwendungsmodells 1 einordnen konnten, um die Äußerung von Felix auf ein theologisches Konzept beziehen zu können. Hieran wird gut sichtbar, wie *Modell von – Denkmodell – Anschauungsmodell – Modell für* zusammenhängen. Wir haben dafür auf beiden Seiten bestimmte Satzelemente fokussiert und auf ein theologisches Aussagesystem bezogen, das wir z. B. als Modell 4 bezeichnet haben. Wie in Abb. 1

entsteht in der Modellbildung aus empirischem Material ein Konstrukt mit einer Struktur, die in einer gewissen Ähnlichkeit zu einem Aussagesystem steht, sodass über das Wissen im Aussagesystem (das eigentliche Modell) Aussagen auch über das empirische Phänomen getroffen werden können.

Diese ganze Arbeit an den Modellen haben wir den Leser/innen gegenüber bewusst als kontingent eingeführt und auch deutlich gemacht, dass die einzelne Modellierungsentscheidung nur eine Möglichkeit darstellt. Auch die Ableitung der Konsequenzen, die an die Modellierung gebunden ist, weiß darum, dass in der Rezeption eines Modells als Deutungsperspektive andere Referenzen in den Vordergrund treten können (Schlüter/Kremer 2013, 8), wenn das Modell auf die Wirklichkeit angewendet wird – so wie ja auch Christian die Deutung seines Modells durch Felix nicht überzeugt. Wir gehen also in der Modellarbeit von *heuristischen Modellen* aus, die die Differenz zwischen Modell und Wirklichkeit bewusst transparent machen und die die Differenz selbst als Gegenstand bearbeiten (z. B. durch die Entwicklung neuer Modelle). So wie wir die Denk-/Anschauungsmodelle 1–4 gefasst haben, geht es hier um Strukturen von theologischen Positionen, die in einem diskursiven Verhältnis zueinanderstehen, sodass wir heuristisch mit Strukturmodellen gearbeitet haben, die in einem heuristischen *Modellrahmen* gefasst sind. Dieser selbst heuristische Modellrahmen, der in Publikationen von Oliver Reis sonst üblicherweise *MetaStruktur* (Reis/Schwarzkopf 2015, 73 ff.) genannt wird, ist für uns ein zentrales Modell, weil er für uns zusammenhält, was z. B. beim Ansatz der Vorstellungen als diskursive Verwiesenheit aus dem Blick gerät. Welche Modelle wir nun wie aufeinander beziehen, klären wir im übernächsten Schritt. Vorher werden wir aber noch auf die Grundfrage eingehen, wie sich der Ansatz der Modelle zu der theologischen Theoriebildung verhält. Wird dieses Konzept überhaupt dem Gegenstand gerecht?

1.3 Theologie als Modellarbeit?!

Modellierungen z. B. der Gottesrede könnten auf den ersten Blick eher als Problem denn als Lösung erscheinen, denn wird nicht gerade durch die heuristische Rahmung die menschliche Setzung transparent? Kann dann überhaupt noch eine Rede von Gott erfolgen, kann man dann nicht nur noch eine Rede über die Modelle von Menschen über Gott führen? Tatsächlich macht eine Rede, die bewusst als modellhaft gefasst wird, auf die Differenz zwischen der Rede und dem Gegenstand aufmerksam, wie der 5. Aspekt oben deutlich macht. Andererseits wird gerade für die wissenschaftliche Rede von einem Gegenstand eine Grunddifferenz erhalten, die vor allem die Theologie betrifft (Rosenblueth/Wiener 1945, 316):

»No substantial part of the universe is so simple that it can be grasped and controlled without abstraction. Abstraction consists in replacing the part of the universe under consideration by a model of similar but simpler structure. Models, formal and intellectual on the one hand, or material on the other, are thus a central necessity of scientific procedure.«

Im Anschluss an Hans Blumenberg (2007) wird deutlich, dass das Problem der »Unbegrifflichkeit« ein Grundproblem der Religion anspricht, wie es das IV. Laterankonzil in Kanon 2 festgehalten hat: »Zwischen dem Schöpfer und dem Geschöpf kann man keine so große Ähnlichkeit feststellen, dass zwischen ihnen keine noch größere Unähnlichkeit festzustellen wäre.« Die Theologie muss ständig Modelle zu einem prinzipiell unzugänglichen Gegenstand entwerfen, da sie nur in analoger Weise von etwas sprechen muss, das unähnlicher zu der analogen Rede nicht sein könnte. Damit ist *modellhaft* nicht mit *metaphorisch* identisch, da eine Metapher wie Gott als Hirte oder als Vater nicht schon gleich ein Modell ist. Aber ein Modell wie die Rede von Gottes Allmacht als omnipotentia wird auf Metaphern wie den Vater zurückgreifen und dabei den Vater so modellieren, dass das Vatermodell zum übergeordneten Allmachtsmodell passt (Reis 2012a, 72–76). Die Gegenstände der religiös-theologischen Rede stehen deshalb nur als heuristische und metaphorisch-übersetzende Modelle zur Verfügung und als solche sind sie auch Medien für die pädagogischen Prozesse.

In der inhaltlichen Ausgestaltung der Modelle sind wir es gewohnt, davon auszugehen, dass wir in unserer theologischen Modellbildung von der biblischen Überlieferung oder kirchlichen Lehre geleitet werden. Die Kognitionsforschung macht uns darauf aufmerksam, dass wir, sobald wir uns in der Wissensdomäne Religion resp. Theologie bewegen, an bestimmte Rahmenbedingungen gebunden sind (den sog. *constraints*) (→ Kap. 4). Als Resultat solcher Überlegungen kommt man zu der Einsicht, dass christliche Theologie zwar im Prinzip frei ist in der Formulierung ihrer Denkmodelle, doch dass sie damit rechnen muss, dass diese letztlich in der Mehrzahl der Fälle im Sinne der vorgegebenen Schemata rezipiert werden – einfach deshalb, weil diese offenbar der menschlichen Art, Dinge zu verarbeiten und zu behalten, besonders affin sind. Deshalb ist auch die theologische Modellbildung an bestimmte kognitive Strukturen gebunden, inhaltlich aber auch im Sinne einer *zirkulären Referenz* (Bellinger/Krieger 2006, 25–29) an die biblische und kirchliche Auslegungsgeschichte. Häresien sind von daher ein notwendiger Teil der Modellbildung, um selbstreferenziell im System die Operationsgrenzen auszuloten (Reis/Ruster 2012).

Heuristische Modelle wollen Unzugängliches oder Unbegriffliches darstellbar machen. Weder Gott ist in diesem Sinne zugänglich noch der Schöpfungsakt noch sein fortdauerndes Wirken auf der Erde. Die Modelle haben von daher immer auch eine gewisse Unschärfe – d. h., es kommt immer auch darauf an, welche Referenzen herangezogen werden. So ist auch eine fundamentalistische Deutung von Schöpfung im Sinne des Kreationismus ein prinzipiell mögliches Modell. Dagegen generiert wissenschaftliche Theologie gegenwärtig solche Modelle, die versuchen, Anschlussfähigkeiten an die naturwissenschaftlichen Deutungsmodelle nicht zu verstellen und gleichzeitig lebensfreundliche Interpretationen mit Praxisrelevanz zu liefern. Man könnte dieses Theologiemodell als *hermeneutisch* bezeichnen. Diese Modelle sind in einem Metamodell selbst diskursive Elemente, die insgesamt die Theologiebildung prägen. Daneben stehen noch Modelle wie eine transzendentale Theologie, die einen Akteur *Gott* auflöst, der auf einer Ebene mit den menschlichen Akteuren steht, und ihn zur Bedingung von Welt macht und damit hinter die Weltbeobachtung setzt. Oder das Programm der Ethisierung von Religion, die konsequent alle religiösen Gegenstände in Fragen des sozialen Miteinanders übersetzt, ist ein theologisches Modell (Reis 2012a).

Gibt es noch eine Steuerung, welches Modell das richtige ist? Aus Sicht der diskursiven Ordnung des Metamodells nicht. Im Gegenteil, gerade das Zueinander in der diskursiven Ordnung und die wechselseitige Aufklärung übereinander sind wertvoll für die Weiterentwicklung der Positionen. Aber das ist natürlich wieder eine Modellentscheidung (Reis 2012a). Theologiebildung ist insofern immer modellhaft, nur wird dieser heuristische Charakter, den wir hier explizit aufmachen und didaktisch nutzen wollen, sonst eher abgedunkelt – vielleicht um die Rede mit ihrem Gehalt zu stabilisieren, indem man von der schwierigen Redeform ablenkt (Reis 2012a).

Dem modellbezogenen fachdidaktischen Ansatz wird zuweilen die kritische Frage entgegengestellt, ob dieser Ansatz nicht einen Relativismus gegenüber dem Glauben befördert. Je nach theologischem Grundmodell ist diese Lesart nachvollziehbar. Für uns folgt der Ansatz der Spur einer kontingenzsensiblen Theologie und auch Religionsdidaktik, die offen mit ihren komplexen Geltungsbedingungen umgeht (Reis 2015). Wir gehen in diesem Buch mit unserem diskursiven *Modellrahmen* von einem Metamodell aus, das kein inhaltliches Modell mehr als übergeordnet setzt. Das Metamodell zu Gottes Dasein im Wort wird z. B. die kirchliche Hermeneutik enthalten und damit Modell 4 im Spiel halten, aber es wird weder dominant gesetzt, noch als scheinbar simulatives Modell der Modellkonstruktion entzogen. Das sind unsere Modellprämissen, die sich aus dem nun zu entfaltenden religionsdidaktischen Setting ergeben.

1.4 Modellierung und Modellrahmen in religionsdidaktischer Hinsicht

Wenn wir den Modell-Gedanken fachdidaktisch nutzen, dann verwenden wir den Begriff *Modell* immer im heuristischen Sinn für Strukturmodelle von theologischen Konzepten, die für religiöse Kommunikation als Verständigungs- und Strukturierungsmedien entwickelt werden und so immer auch eine pragmatische Funktion entfalten. Je nach Akteur/in, die/der als Träger/in ein Modell einführt, verfolgen die Modelle aber unterschiedliche Zwecke. Wir haben oben die Konstrukt-, die Anschauungs- und die Denkmodelle unterschieden, die nun im Unterricht auf ganz eigene Weise eingespielt werden. In diesem Band konzentrieren wir uns auf die folgenden Akteur/innen: die Fachtheologie, die Schüler/innen, die Lehrkräfte und den Lehrplan, die für ein dichtes Geflecht der Modellierungen untereinander sorgen. Abb. 4 hält dieses Geflecht in idealtypischer Richtung fest, die es in der Praxis so nicht gibt, die aber durchaus als normatives Gefälle im Religionsunterricht vorausgesetzt ist: von den fachtheologischen Denkmodellen über den Lehrplan hin zu den Lehrkräften als Repräsentanten des Wissens, die angemessene Anschauungsmodelle wählen, um so die faktischen Konstruktmodelle in Richtung der normativ markierten Denkmodelle zu bearbeiten.

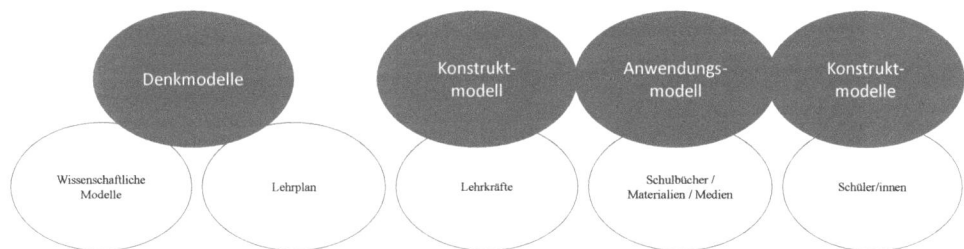

Abb. 4: Das Zueinander der Akteure über die Modelle

In der Praxis ist diese Gerichtetheit so nicht zu finden, weil auf allen Ebenen in Wirklichkeit eine Mehrperspektivität an Modellen vorherrscht, die sich nicht so steuern lässt. Die wissenschaftlichen Modelle sind plural und in historischer Dynamik zu denken, sodass schon insgesamt die Grundidee einer Vermittlung der Sache scheitert, weil es eine didaktische Entscheidung ist, welches Modell eines Unterrichtsgegenstandes gerade jetzt dessen Bildungswert aus Sicht der Schüler/innen fassen kann (Reis 2012b). Aber auch der Lehrplan ist als Steuerungsinstanz in vielen Fällen unklar, welches Modell er präferiert und warum, sodass reale Lehrkräfte auch andere fachliche Denkmodelle von ihren eigenen Konstruktmodellen dominant setzen (Reis 2014a). Genauso sind

Schulbücher als Anschauungsmodell aufgrund der unklaren Modellbeziehung zu den Denkmodellen selbst oft unklar und nicht didaktisch gerichtet zu den Konstruktmodellen der Schüler/innen. Das in Kap. 1.1 diskutierte Transkriptbeispiel zeigt eine Unterrichtssituation, in der die Schüler/innen und die Lehrkraft auf keine Modellordnung mehr zurückgreifen können.

Unsere These über den Modellgedanken ist – und wir haben sie in Kap. 1.1 und 1.2 mit der Diskursivität der Modelle schon vorgefasst –, dass in diesem Geflecht Verständnisse zu einem Gegenstand geordnet zueinander stehen. Das gilt für die theologischen Fachmodelle (→ Kap. 1.3), das gilt aber auch für die Konstruktmodelle von Schüler/innen und Lehrkräften, die zu den wissenschaftlichen Modellen in Relation stehen. Wir interpretieren diese zu einem Erkenntnis- bzw. Unterrichtsgegenstand möglichen unterschiedlichen *Verständnisse* als die *Modelle,* die jeweils einen eingebauten Zielfaktor haben und zueinander in Isomorphie (im Sinne einer Strukturähnlichkeit) stehen. Wir fassen außerdem die sich zueinander konkurrierend-diskursiv verhaltenden Modelle in einem *Modellrahmen* zusammen, der als Ordnung der (Denk-)Modelle beide Perspektiven koppelt: den fachwissenschaftlichen Diskurs und die kinder- bzw. jugendtheologischen Diskurse zu einem Unterrichtsgegenstand. Durch die beidseitige Bindung an den Unterrichtsgegenstand kann der Modellrahmen nicht einfach darin bestehen, den fachwissenschaftlichen Diskurs auf dem aktuellen Stand abzugreifen. Die Ordnung muss ja in der Lage sein, den Diskurs der Schüler/innen zu strukturieren. Dafür müssen auch Perspektiven eingepflegt werden, die untheologisch sind oder aus Sicht einer Religion auch häretisch.

In didaktischen Situationen wird ein Unterrichtsgegenstand also erst in der Wahl der Elementaren Struktur aus dem Modellrahmen zu einem Unterrichtsthema, wobei in bestimmten Unterrichtsplanungen auch der Modellrahmen selbst zur Elementaren Struktur werden kann, wenn z. B. in einer Reihe zur Anthropologie verschiedene anthropologische Modelle diskursiv zueinander präsentiert werden (Reis 2011, 178). Der thematische Fokus einer Unterrichtsreihe zu einem Unterrichtsgegenstand folgt in dieser Logik dem Zielfaktor des Modells, der als besonders wertvoll für den Bildungsprozess der Schüler/innen gesehen wird gegenüber anderen möglichen potenziellen Foki, die durch andere Modelle in dem Modellrahmen zur Verfügung stehen würden. Dieser Modellrahmen stellt deshalb auch den entscheidenden Schlüssel zur Elementarisierung dar (Büttner/Reis 2010).

Die Denkmodelle des Modellrahmens sind das, was wir im engeren Sinne *Modell* nennen. Wenn wir von Schüler/innen- oder Lehrer/innenmodellen sprechen, dann meinen wir von Schüler/innen bzw. von Lehrkräften geäußerte empirische Konstruktmodelle, die wir zum anderen aber immer in ihrer Relation zu den Denkmodellen sehen. D. h., so wie in Kap. 1.1 werden die Schüler/innenäußerungen erst modellierbar, weil wir einen Modellrahmen mit den vier Modellen schon voraussetzen. Uns geht es also nicht um die Schüler/innenäußerung an sich, sondern immer schon um die in den Modellen des Modellrahmens heuristisch gefasste Modellierung. Wir sind uns dementsprechend der Differenz zwischen den Schüler/innenäußerung an sich und ihrer Modellierung bewusst. Wir erzeugen die Modellrelation, es ist unser Urteil, weil wir die Modellierung für die didaktische Aufgabe nutzen, Schüler/innendenken aus der für den Lernprozess isolierenden Rahmung als Vorstellung herauszuholen, die Kommunikation zum Erliegen bringt (Reis/Roose 2020; Mendl/Stinglhammer 2019). Mit der Modellierung können wir Schüler/innen-, Lehrer/innen- oder auch Lehrplanäußerungen als ein Medium der Kommunikation begreifen, das seine eigene Anschlussfähigkeit an bestimmte Phänomene an andere Modelle usw. mit sich führt. Selbst die Abgrenzung zu anderen Positionen erscheint nicht mehr als Problem, sondern ist in der Modellierung auf den Modellrahmen hin Teil des Ganzen.

Uns ist wichtig – gerade auch durch die Fassung als heuristische Modelle –, dass ein Modellrahmen nicht objektiv ist. Gleichzeitig entstehen unsere Modellrahmen zu den unterschiedlichen Gegenständen als Strukturreaktion auf die Paradoxie von Transzendenz und Immanenz (Büttner/Dieterich/Roose 2015; Reis 2012a; Reis 2014c; Arenz 2016), die sich dann in konkreten Aushandlungsprozessen (Bargaining) in den Denkmodellen, Konstruktmodellen und Anschauungsmodellen durch die verschiedenen Diskursakteur/innen in Schulen, Hochschulen, Gemeinden oder auch Familien zu einem Unterrichtsgegenstand bilden. Und immer da, wo im christlichen Kontext in Westeuropa (→ Einleitung) auf diesen Gegenstand Bezug genommen wird, werden sich die Modelle weiterentwickeln und werden sich Auseinandersetzungen wie Feldlinien an dieser Grundspannung orientieren und zu Positionierungen führen, die die Paradoxie in einer der beiden Pole auflösen (und so die Transzendenz oder die Immanenz betonen), versuchen die Paradoxie zu erhalten oder zu negieren. Impulse zur Neupositionierung und Weiterentwicklung können von der Fachtheologie ausgehen, aber auch von den Schuldiskursen. Beide verarbeiten gesellschaftliche Transformation, die auch die Modellbildung verändert. Deshalb sind die Modelle, die wir in den folgenden Abschnitten in einem bestimmten Modellrahmen einführen, heuristische Modelle aus bestimmten Kontexten, die in bestimmten Schulkontexten auch weiterentwickelt werden müssen. Trotz dieser Einschränkungen ist die Auseinandersetzung mit den heuristischen Modellrahmungen hilfreich, weil sie immerhin eine (wenn auch vorläufige) Grundordnung bereitstellen, die die fachliche Modellierung und die Schüler/innenmodellierung zu den Unterrichtsgegenständen in Kommunikation denkt.

Weil wir aber auch bei der Schüler/innenmodellierung im Kopf behalten, dass dies im Grunde Konstruktmodelle sind, die sich zu den Denkmodellen hybrid, synkretistisch, unterlaufend, folgend usw. verhalten können, wird auch im Modell-Ansatz die individuelle Perspektive nicht ausgeblendet. Akteur/innen nutzen ja gerade die Logiken der Modelle, um etwas auszudrücken. Da Modelle Positionierungen sind, ist auch die Referenz auf ein Modell immer mit einer Positionierung des Akteurs bzw. der Akteurin verbunden. Gleichzeitig ist es Teil des Ansatzes, dass die Konstruktmodelle nicht mehr substanziell zu einer Person gehören – wie dies bei den Vorstellungen und den Überzeugungen der Fall ist. Die Konstruktmodelle werden von Personen gebildet a) vor dem Hintergrund des plausiblen Denkmodells, b) als Teil einer mehrperspektivischen Ordnung, die über eine Gruppe von Akteur/innen verteilt ist (Lehrplan, Schulbuch, Unterrichtsmaterialien und -medien, Lehrkräfte, Schüler/innen), und c) vom situativen Kontext gefordert sind (Abb. 4).

In diesem Buch gehen wir so vor, dass wir wie in Kap. 1.1 aus Unterrichtsmaterial die Logik des Modellrahmens mit den zentralen (fachlichen) Denkmodellen entwickeln. Dann werden wir aus Studien heraus Schüler/innen- und Lehrer/innenmodelle (in der Spannung von Konstrukt- und Denkmodellen) in Bezug zu den Denkmodellen des Modellrahmens setzen und die didaktische Aufgabe erklären, die sich aus den Befunden ergibt. Schließlich prüfen wir noch, wie sich der Lehrplan mit seinen präferierten Modellen zu dieser didaktischen Aufgabe verhält.

2 Gott als Schöpfer

2.1 Schöpfung im Unterricht – als Ankerbeispiel

Die Rede von Gott als dem Schöpfer und von der Welt als seiner Schöpfung taucht in ganz unterschiedlichen Zusammenhängen auf. Bei keinem Thema ist diese Kontextualisierung so wichtig wie bei Schöpfung, weil die Kontexte die Modellierung sehr stark beeinflussen (Büttner 2004, 981 f.). Wir zeigen deshalb in diesem Kapitel ausnahmsweise zwei Unterrichtsbeispiele. Das erste Transkript dokumentiert eine Sequenz aus einem katholischen Religionsunterricht einer zehnten gymnasialen Klasse im Jahr 1991 (Faust-Siehl/Krupka/Schweitzer u. a. 1995):

L: Und genauso geht's uns auch. Wir sind auf'm unterwegs, und manchmal erkennen wir etwas. Und das wollen wir jetzt mal versuchen, dass wir in einem Rundgespräch, einfach so reihum, ganz kurz sagen, was ihr unter Gott versteht. [...]

S2: Ich glaub einfach, dass Gott irgendwie so 'was ist wie [...] einfach was, was jedenfalls alles bewegt oder was, ja Mittelpunkt. Aber Gott ist einfach der Name dafür, weil ohne Namen geht's nicht, oder ist es nicht. [...]

B2/M: Ja, ich find, Gott ist halt irgendwas, was man nicht beschreiben kann, was aber irgendwie da ist. Und halt nicht so, so in so 'nem alten Sinne, dass er der auf einen aufpasst und dass man ja gucken, ja schön fromm zu sein oder so. Sondern einfach, ja, irgendwo mit dem ganzen Leben aus, sich ein bisschen damit auseinandersetzen und nicht einfach sagt, na ja gut, ich habe Gott, der passt entweder auf mich auf oder nicht. Und dass der auch wirklich da ist, und dass ich an ihn glaub.

A/W: Ja, ich glaube auch, dass es vielleicht falsch ist zu sagen, mh, Gott hat die Welt gemacht, und warum hat Gott jetzt das Unglück gemacht? Weil, ich glaub irgendwie, dass, dass die Menschen schon selber gucken müssen, was sie, was sie tun jetzt irgendwo. Ich mein, man kann sagen, ja, das ist ungerecht von Gott, dass jetzt das Kinder sterben muss, das ist ja erst so jung oder so. Aber ich glaub, dass man nicht, dass man nicht Gott für das verantwortlich machen darf, was die Menschen tun.

B2/M: Ich finde nicht, dass du sagen kannst, das ist ungerecht von Gott. Vielleicht hat's ja irgendwo 'nen Sinn.

A/W: Das hat sicher 'nen Sinn.

B2/M: Aha.

> A/W: Ich denk, dass Gott irgendwie vielleicht schon, ja, einen Plan hat, hört sich doof an, 'nen Plan hat oder so. Aber ...
> B2/M: 'ne Absicht vielleicht auch.
> A/W: und dass irgendwie alles einen Sinn hat zusammen. Ja? Aber dass man nicht Gott für irgendwas verantwortlich machen darf, was die Menschen gemacht haben.
> B2/M: Mh.
> A/W: Gerade die Umweltkatastrophen oder so. Ja, Gott hätt's verhindern können, das ist Idiotie. Ich meine, irgendwie ist das ein bisschen so, als wenn er die Menschen angeschubst hätte, und die laufen jetzt. Und dass sie laufen, das kann er vielleicht schon beeinflussen, aber nicht wie oder wohin.
> B2/M: Ja, das ist das, was ich eigentlich sagen wollte, dass man da von dem Alten wegkommt: Ja, Gott ist da, und man sollte dahin arbeiten. Sondern, dass man auch – ja, was weiß ich – auch aber auch irgendwie auf Gottes Hilfe berufen kann und.
> A/W: Ja, aber nicht eben alles von, also nicht für alles verantwortlich machen.
> B2/M: Ja.
> A/W: Dass der Menschen auch selber denkt. Oder selber denkt, das ist jetzt meine Sache und nicht Gottes Sache. So.

In dieser Stunde geht es von der Unterrichtseröffnung her gar nicht direkt um Gott, den Schöpfer. Das Gespräch kommt eher zufällig auf die Frage nach der Art des Daseins zu sprechen. Es geht um das Jetzt und Hier. Diese Frage löst aber in der Begründung von A/W die Nutzung der Schöpfungsvorstellung aus: Das Dasein bzw. Handeln Gottes in der Jetzt-Situation ist nicht voraussetzungslos. Die Schöpfung der Welt ist die Voraussetzung für die Jetzt-Situation und genauso ist die Theodizee die Krise einer gottbezogenen Deutung der Jetzt-Situation (und das Gebet als Verarbeitung der Krise – dies wird im weiteren Verlauf der Unterrichtsstunde noch deutlich → Kap. 3). A/W, die diese Linie eröffnet, denkt Schöpfung als Element, das die Ereignisse im Hier und Jetzt in eine Linie des Plans (der Providentia → Kap. 4) stellt und gleichzeitig kämpft sie dann darum, in dieser Linie die Freiheit und Verantwortung des Menschen zu erhalten. Das ist die eine typische Spannung, die uns in der Modellierung noch weiter beschäftigen wird. Nun aber eine zweite Sequenz aus der Grundschule (Freudenberger-Lötz 2007b, 292):

> JENNY: Manchmal denk ich: Wer hat Gott geschaffen?
> KIM: Ja, das frag ich mich auch.
> JENNY: Und dann: Der Gott erschaffen hat, wer hat den anderen erschaffen?

KIM: Und wer hat die Welt erschaffen? Man weiß net, ob's da jetzt nach den Wissenschaftlern geht oder nach Gott.
JENNY: Das ist auch so 'ne Frage.
KIM: Oder ob's überhaupt Gott gibt? Auch 'ne Frage.
JENNY: Doch, den gibt's glaube ich. Klar, den gibt's. Uns gäb's ja gar nicht, wenn 's den nicht geben würd'.
KIM: Man weiß nie so richtig, auf welche Seite man gehen soll. Etwa zu den Wissenschaftlern, die glauben, dass zwei Steine aufeinander gekracht sind, dass da die Erde so entstanden ist und dann irgendwie durch die Fische die Tiere und dann irgendwann die Menschen. Weiß man ja nicht. Oder man geht auf Gottes Seite, dass Gott irgendwie im Universum war oder sich das alles schon vorbereitet hat, ob der den Knall ausgelassen hat? Mann oh Mann.

Hier geht es deutlich um etwas anderes: Die Wirklichkeit der Schöpfung wird in Konkurrenz zu den Naturwissenschaften und der Evolution kritisch befragt. Während im ersten Transkript eher unter der Voraussetzung Gottes nach Konsistenz verschiedener Aspekte der Gottesfrage gesucht wird, werden hier Geltungsansprüche der Behauptung, dass Gott die Welt geschaffen hat, im Modus des Philosophierens verhandelt. Im zweiten Transkript werden statt der Frage nach dem Anfang und seinen Lebenslinien in die Gegenwart die Alternativen des Anfangs durchgespielt. Da wir in Kap. 1 festgehalten haben, dass sich die Modellierung immer daran bildet, welche Konkurrenzen existieren, legen die beiden Transkriptauszüge die Vermutung nahe, dass Schöpfung mindestens in diesen Kontexten in unterschiedlichen Rahmen modelliert werden muss.

2.2 Die impliziten Modellierungen der Stunde in beiden Kontexten und die didaktischen Konsequenzen

Schauen wir auf die *erste Sequenz,* dann steht für A/w die Autonomie des Menschen im Mittelpunkt, seine Freiheit, Entscheidungen zu treffen. Sie übernimmt in der Leidfrage eine unaufgeforderte free-will-defense (Stosch 2014, 99 ff.), die sie so bearbeitet, dass Gottes Bewegung von Anbeginn eine Entwicklung in der Welt anstößt, die für sie auch durchaus planvoll ist und nicht die Verantwortung im Hier und Jetzt aufheben kann. Ihre große Frage könnte sein, wie diese Freiheit mit dem mitlaufenden Anfang nun zusammengeht. Notwendiger erscheint es ihr aber zu betonen (fünfmal in diesem Abschnitt), dass der mitlaufende Anfang die Verantwortung nicht aufheben darf. Neben dem Axiom der bleibenden Verantwortung des Menschen wird Schöpfung hier zu einer Chiffre für das andere Axiom, dass die Bewegung, die die Menschen anstößt, schon immer ist. Sie ist vorausgesetzt. Der Bezug auf »dass Gott die Welt gemacht hat« wird hier nicht ironisiert, sie wehrt sich nur gegen den Schluss, daraus abzuleiten, Gott determiniere alles.

B2/m arbeitet sich an einer anderen Spannung ab: *früher/das Alte* und *heute* ist seine Leitunterscheidung. Mit früher verbindet er einen funktionalen Gottesglauben, der Menschen rahmt und in Frommheit diszipliniert. Für ihn scheint der frühere Gottesglaube fast zu brav zu sein, so als würde er die Menschen beruhigen. Ihn treibt ein Gott um, der wirklich da ist, der aktiv werden kann und der auch heute noch um Hilfe angerufen werden kann. Schöpfung ist in dem Ausschnitt kein explizites Thema, vielleicht ist der Blick auf den Anfang fast schon hinderlich, weil im Alten genau so begründet wird, warum die Ordnung gut und richtig ist (→ Kap. 13). Da es ihm aber auf ein aktives Verhältnis zu Gott im Jetzt ankommt, müsste er erst einmal eine neue Vorstellung von Schöpfung gewinnen, die gerade nicht die Herstellung einer festen Ordnung meint, die Menschen passiv macht. Mit A/w teilt er den Wunsch nach aktiven Menschen, die ihre Verantwortung nicht auf Gott schieben, in Differenz tritt er zu A/w in den Momenten, in denen diese für die Freiheit des Menschen den Anfang als Bewegung oder als Anstoß denkt, der danach die Richtung nicht mehr beeinflussen kann. Auch bei ihm geht es nicht um den Zweifel, wie Schöpfung überhaupt passiert ist, ob es Gott überhaupt angesichts einer konkurrierenden Naturwissenschaft geben kann. A (Gott ist) ist gesetzt, wie kann dann unter heutigen Bedingungen gesagt werden, dass Gott handelt?

In der *zweiten Unterrichtssequenz* verläuft das Gespräch komplett anders. Jenny und Kim arbeiten hier stark kooperativ an dem Problem, dass die Naturwissenschaft und der Glaube an Gott, den Schöpfer, konträr einen Akteur bei der Weltentstehung entweder ablehnen oder zulassen. Kim entfaltet die Konkurrenz präzise im Modell der Evolution als Selbstentwicklung und setzt dem einen Gott im Universum entgegen, der alles vorbereitet hat, der letztlich auch die Existenz der beiden Schüler/innen verantworten kann – das scheinen die beiden den Wissenschaftler/innen nicht zuzutrauen. Hier läuft die Kette so: Wenn sie selbst existieren, dann Gott, dann Schöpfung, dann nicht Urknall, dann nicht Wissenschaft. Durch die Entweder-oder-Logik kommt den beiden eine *hybride* Vorstellung (Legare/Evans/Rosengren u. a. 2012) nicht in den Sinn. Im Fall des Anfangs wird hier Gott dominant gesetzt und zwar als Teil des Universums, sodass er die Welt vorbereiten kann. Transzendenz ist nicht das Thema dieses kleinen Ausschnittes. Ob die beiden in anderen Situationen auch die Wissenschaft vorziehen würden (*sektoriale* Lösung: Legare/Evans/Rosengren u. a. 2012), wissen wir nicht. Beim Weltanfang im Sinne eines *Existenzanfangs* –

auch hier liegt also der Sitz im Leben im Hier und Jetzt – treffen die beiden eine klare Entscheidung. Gott und Wissenschaft sind der Lebenswelt gleichermaßen transzendent, aber der Gott im Universum ist als Akteur der Welt so nahe, dass er als für die Weltentstehung verantwortlich gedacht werden kann.

Schaut man sich die Modelle von A/w, B2/m und Jenny/Kim nebeneinander an, dann fällt auf, dass sich die Äußerungen von Kim/Jenny nicht in die Unterhaltung von A/w und B2/m fügen würden. Dies liegt daran, dass sich die beiden bei Schöpfung auf einen anderen Kontext beziehen und deshalb auch andere Modelle die Alternative wären. Bei ihnen geht es um Weltentstehung mit, ohne oder in Kombination mit Gott. Das komplementäre Moment sind hier die Naturwissenschaften. Im weiteren Verlauf nennen wir diesen Kontext 2: Weltentstehung. Bei A/w und B2/m geht es darum, dass sich in Schöpfung die Geschichtsmächtigkeit Gottes ausdrückt. Hier ist das komplementäre Moment die Freiheit des Menschen, sodass Gottes Schöpfung den Menschen total determinieren kann, Schöpfung in Kooperation geschieht oder sie ihn gerade in Autonomie freisetzt (Kohlmeyer/Reis 2019). Diesen Kontext nennen wir Kontext 1: Geschichtsmächtigkeit.

Je nach Kontext wird also ein anderer Modellrahmen aktiviert, sodass sich an diesem ersten Kapitel gut zeigen lässt, welch weitreichende Folgen es hat, durch Medien oder Texte einen Kontext und seine Modelle aufzurufen, die bestimmte Denkprozesse anstoßen, Probleme aufmachen oder abdecken (Keiser 2020). Die Leidfrage wird z. B. auch nur in Kontext 1 relevant, sie wird sogar geradezu provoziert (Nipkow 1992, 378), wer Kontext 2 wählt, schwächt diesen Akzent ab. So stehen beim Gegenstand Schöpfung zwei Kontexte zur Verfügung und es ist eine didaktische Entscheidung, welcher in der Rahmung eines Unterrichtsvorhabens gewählt wird. Wie schon diese Unterrichtssequenzen deutlich gemacht haben, lässt sich das Problem nicht curricular lösen. Es wäre z. B. keine Lösung in der Grundschule den Kontext der Lebensreflexion in der Spannung von Autonomie und Theonomie zu setzen, weil dort noch die Existenz leichter vorausgesetzt werden könne. Genauso wenig sind in der Mittelstufe die Komplementaritätsstrukturen so ausgebildet, dass es unbedingt angesagt wäre, dort die Weltentstehung anzusetzen (→ Kap. 2.5). Außerdem hat auch diese Schüler/innengruppe Interesse an Lernformen, die stärker ästhetisch-emotionalisierend auf Weltentdeckung aus sind und dichotome Entscheidungsmuster vermeiden (Hülsmann 2017, 33 ff., 64 f.; Konnemann/Oberleitner/Asshoff u. a. 2013; Griese 2013; Rothgangel/Saup 2003, 95).

Gleicht man die beiden Kontexte mit den gängigen Zielen zum Schöpfungslernen ab, dann lassen sich nach Petra Freudenberger-Lötz vier Zielkomplexe unterscheiden: 1. sich an der Schöpfung (= Natur) erfreuen, 2. Schöpfung als

Gabe und Aufgabe (= Umweltschutz), 3. Schöpfung in der Spannung von der Herrschaft Gottes und der Selbstbestimmung des Menschen und 4. Weltentstehung und Sinn der Welt (Freudenberger-Lötz 2014, 425 ff.). Bezieht man diese Ziele auf die Kontexte, dann lässt sich Kontext 1 bei der Frage nach der Handlungsmacht Gottes genau auf das 3. Ziel beziehen und Kontext 2 bei der Weltentstehung auf das 4. Ziel. Es fällt aber auch auf, dass das 1. und 2. Ziel fast schon Hybride der beiden Kontexte sind. Beim zweiten Ziel z. B. kann ich von der Weltentstehung her erzählen, dass Gott von Anfang an diese Welt und auch dich will, was die Naturwissenschaften nicht plausibel erklären können (zweite Unterrichtssequenz). Ich kann dann fortfahren und diese Schöpfungsgabe als Impuls verstehen, der mich zur Gegengabe – z. B. der (Umwelt-)Verantwortung – auffordert (erste Unterrichtssequenz). Diese Struktur würde – wie es sehr viele Lehrwerke für den Religionsunterricht auch tun (Reis 2008) – zwei Kontexte und zwei Modellrahmen koppeln, die in beiden Teilstücken jeweils andere Modelle aktivieren könnten: Ich will Umweltverantwortung übernehmen, aber ich lehne es ab zu glauben, dass Gott existiert. Oder ich glaube, dass Gott existiert, aber deswegen bin ich seinem Willen unterworfen und die Vorstellung, seine Schöpfung (= Natur) zu bewahren, kommt mir geradezu blasphemisch vor. So ähnlich spielt der in der Grundschule häufig zu findende Lobpreis Gottes für die Schönheit der Schöpfung mit der realitätsbezogenen Gleichsetzung von Schöpfung und Natur auf Kontext 2 der Weltentstehung an und will im Lobpreis auch eine Praxis der vorausgesetzten Gottesgegenwart etablieren (→ Kap. 3), übersieht dabei aber, dass genau diese Struktur an den unschönen Dingen des Lebens die Leidfrage aktivieren kann, die zu Kontext 1 gehören würde (→ Kap. 2.5). Typische Kopplungen im 1. und 2. Ziel müssen sich angesichts der heutigen Heterogenität an Konstruktmodellen der Schüler/innen entsprechend mit viel Aufwand darum bemühen, die Kopplung zu vereindeutigen und andere Optionen zu verdecken. An diesen Überlegungen wird deutlich, wie wichtig es ist, sich beim Gegenstand Schöpfung der Rahmung eines Kontextes und der damit evozierten Modellrahmungen bewusst zu sein, die wir nun im nächsten Schritt weiter entfalten.

2.3 Die theologischen Denkmodelle zum Unterrichtsgegenstand der Schöpfung

2.3.1 Der Modellrahmen im Kontext 2 der Weltentstehung

Der Gedanke, dass alles »geschaffen« worden ist, ist lebensweltlich tief verwurzelt. Jean Piaget entdeckte den kindlichen »Artifizialismus«, die Tendenz zu fragen, wer das – durchaus handgreiflich gedacht – »gemacht« hat. Doch man weiß inzwischen, dass auch Erwachsene die Dinge der Welt gerne so erzählen, dass ein intentional handelndes Subjekt darin wirkt. So lässt diese *agent*-Throrie (vom engl. Agent) danach fragen, wer denn den Anstoß zu einem Ereignis gegeben hat. In seinem Gottesbeweis nahm Thomas von Aquin dieses Denken so auf, dass er zu überlegen gab, dass man bei der Rückfrage an eine Kausalkette letztlich zu einer ersten Ursache bzw. einem ersten Beweger kommen müsse. Den identifizierte er mit Gott. Die Bibel erzählt in mehreren Geschichten davon, dass Gott diese Welt geschaffen hat. Die moderne Wissenschaft setzt dem – an prominenter Stelle – eine alternative Deutung gegenüber: Der Kosmos entstand durch einen Urknall und entwickelt sich gemäß seiner Gesetze und der Übergang von der unorganischen Materie zum Leben und die Entwicklung der Arten erfolgte evolutionär – d. h. gemäß seiner inneren Logik. Eine evolutionäre Sicht erzeugt die Einsicht, dass alles Geschehen nach seinen Regeln erfolgt, denen unser Verhalten auch da folgt, wo wir meinen, eine eigene Wahl zu treffen. Die Evolution erscheint als unser »Extra-Nos«. Man erkennt in der zweiten Unterrichtssequenz, wie sehr das Vorgehen sich im Schöpfungsmodus bewegt und warum es konsequent ist, dass Jenny/Kim die Alternative Gott oder die Wissenschaftler aufmachen, die nun als ähnliche agents auftreten. Es geht um die Frage eines uns entzogenen Anfangs. Genau in dieser Parallelität eines in sich geschlossenen Narrativs, das außerhalb von uns begründet ist, tritt Evolution/wissenschaftliche Weltentstehung in Spannung zu der Aussage von Schöpfung der Welt und zu Gott als dem Schöpfer, dem Allmächtigen – dem Vater, wie Jenny vielleicht noch ergänzen würde, denn »ohne ihn gäbe es uns nicht«.

Diese Spannung lässt sich nun in den drei oben aufgemachten Formen bearbeiten, der folgende Modellrahmen bildet diese Formen ab:

Tab. 2: Modellrahmen im Kontext 2 | Weltentstehung

Modelle	Kreationismus	Gottes Handeln im Kontext der Naturgesetze	Deismus	Schöpfung und Evolution	Schöpfung als Weltdeutung
Was ist Schöpfung?	Schöpfung ist die Tat Gottes	Schöpfung ist der Anfang einer fortlaufenden göttlichen Weltdynamik	Schöpfung ist Anfang einer autologischen Welt	Schöpfung ist eine Glaubenstatsache, Evolution eine Wissenstatsache	Schöpfung ist eine Rede, die Welt unter bestimmten Leitunterscheidungen beobachten kann
Gottes Handeln und die Naturgesetze	Die Angaben der ersten Schöpfungsdarstellung (Gen 1) bilden einen Rahmen, in dem die kosmologischen und biologischen Befunde »integriert« werden. Besonders krasse Gegenargumente (Geologie, Saurier, Befunde der Evolution) werden geleugnet oder uminterpretiert.	Gottes Handeln wird – in einer Art Zweitcodierung – in die wissenschaftlich erklärbaren Abläufe eingezeichnet. Gott wirkt in und innerhalb der Naturgesetze – im Sinne einer Physikotheologie.	Nach einem initialen göttlichen Schöpferakt folgt die Welt den Regeln der mitgeschaffenen Naturgesetze.	Streng genommen kein Modell, aber Normalität. Angesichts der faktischen Unmöglichkeit einer Synthese wird situativ auf das religiöse oder das wissenschaftliche Paradigma zurückgegriffen.	Die Schöpfungsrede ist gar kein Anfangsbericht, sondern eine Erzählung des mitlaufenden Anfangs. Sie erzählt etwas über den Sinn menschlichen Lebens und gibt einen Lebensauftrag, der das Leben von Anbeginn und immer weiter begleitet. Die Prozesse in der Natur werden angemessen in den Naturwissenschaften beschrieben.
Verhältnis Glaube und Naturwissenschaften	Dominanzvorstellung von Glauben gegen Naturwissenschaften	Integralistische Vorstellung	Statt eines Nebeneinanders ein Nacheinander, letztlich eine hybride Vorstellung	»Denken in Komplementarität« ist ein Syntheseversuch, der aber eher abstrakt bleibt	Inkommensurable Erzählungen sind begrenzend auf einander bezogen

Der *Kreationismus* macht – gerade auch in Verbindung mit dem Argument des *intelligent design* – die Schöpfungstat Gottes zu der dominierenden Vorstellung, die die Evolution unvermittelt als falsch ablehnt. Im Zentrum steht der Erhalt der Schöpfungsmacht Gottes, der als Akteur in der Lage ist, die Welt als Lebensraum zur Verfügung zu stellen. Die Welt hat einen Anfang in Gott, der selbst keinen Schöpfer hat. Gott ist der Welt gegenüber transzendent, aber wenn man einen Rahmen um Gott und das Universum machen könnte, dann lägen beide auf der gleichen Realitätsebene. Die Weltstrukturen sind dem Willen Gottes auch heute unterworfen. Um die Transzendenz Gottes und die Autologik der Welt zu erhöhen, nimmt das zweite Modell – *Gott handelt im Kontext der Naturgesetze* – an, dass in den Vollzügen der Welt Gottes Ersturache immer noch wirksam ist, aber dass die immanenten Zweiturachen in Freiheit ihren Zwecken folgen. Pater Josef Kentenich hat dies in Anlehnung an Thomas von Aquin so ausgedrückt, dass nach der Erstversursachung »Deus operatur per causas secundas libera« (CS55, zitiert nach: Kentenich 1965, 1). Creatio ex nihilo und creatio continua werden hier in hoher Kontinuität gesehen. Der *Deismus* verstärkt in diesem Kontext die Autologik der Welt weiter und gleichzeitig auch die Transzendenz. Im Moment der Schöpfung werden beide Prozesse noch gekoppelt, bevor dann die Welt in den Strukturen und Freiheit sich autologisch weiterentwickelt. Von einer *creatio continua* zu reden ist überflüssig. Offen ist aber, ob der Urknall schon Folge der *creatio ex nihilo* ist, sodass der Urknall Teil der zieloffenen Evolution ist, oder ob der Urknall Teil des Schöpfungshandelns ist und so wie bei Pierre Teilhard de Chardin und seiner theistischen Evolution oder der Monadenlehre von Gottfried Leibniz die Evolution zielgerichtet ist (Reis 2012a). In dem Modell *Schöpfung und Evolution* dominiert grundsätzlich die naturwissenschaftliche Sicht, aber es gibt kontingente Momente, in denen man sektorial oder hybrid andere ausdrücklich transzendente Akteur/innen zulässt. So wie Jenny, die z. B. für die eigene Daseinserklärung Gott dominant setzt und Gott die Existenz der Welt und ihre eigene vorbereitet hat und dabei den Urknall der Wissenschaftler überspringen oder umgehen kann. Das letzte Modell *Schöpfung als Weltdeutung* löst die Spannung noch weiter auf und übernimmt die Hermeneutisierungsthese, dass die biblischen Texte anthropologische Konstruktionen in einem bestimmten historischen Kontext sind, die zur Selbstbeschreibung des jetzigen Zustandes dienen (Zenger 2009, 22 f.). Man kann diese Situation als inkommensurabel oder konsonanzlogisch denken. Ersteres würde sagen, dass sich die Wissensbereiche in Gegenstand und Operationen so fundamental unterscheiden, dass sie sich faktisch nichts zu sagen haben. Letzteres bejaht ebenfalls die starke Differenz und dass sich Schöpfung von dem Anspruch, etwas Relevantes zur Weltentstehung in einem wörtlich-berichthaften

Sinne beizutragen, zurückziehen solle, dass aber die Schöpfungserzählungen als Ergänzung des evolutiven *Dass* einen Sinn des *Warum* und *Wozu* eintragen können (Hunze 2007, 195–199; Rothgangel/Saup 2003, 95) – wie es viele Lehrwerke bis heute transportieren. Dieses Modell ist auch bibeltheologisch dominant.

2.3.2 Der Modellrahmen im Kontext 1 von Schöpfung als Geschichtsmächtigkeit Gottes

Um den zweiten Modellrahmen zu erschließen, hilft Martin Luthers Katechismusantwort auf die Frage nach Gott, dem Schöpfer: »*Ich glaube, dass mich Gott geschaffen hat samt aller Kreatur [und mich] behütet und bewahrt*« (Luther 1529a). Luther situiert die Frage nach Gott dem Schöpfer dreifach. 1. Er zeichnet die Schöpfung Gottes in sein Leben ein. Obgleich er den elterlichen Zeugungsakt kennt, adressiert er an dieser Stelle Gott. 2. Gleichzeitig betont er das fortdauernde Wirken Gottes in der Gegenwart seines Lebens. 3. Er endet schließlich mit Lob und Dank (→ Kap. 3). Mit der Zentrierung auf die Lebenswelt bedeutet Schöpfung, das eigene Leben im Lichte von Gottes Handeln zu deuten. Bei dieser Gelegenheit ergibt sich dann wie bei A/w der Blick auf einen imaginären Anfang und ein mögliches Ende. Der Blick zurück kann Ordnungen legitimieren: bestimmte Familien- und Regierungsformen, Volk/Nation etc. (→ Kap. 13), der Blick kann aber auch frei machen, sich für eine gottgewollte gerechte Welt einzusetzen (Benk 2016). Von den Schöpfungsnarrativen gehen menschliches Handeln vorbestimmende sowie menschliche Verantwortung herausfordernde Impulse aus (Gennerich 2013, 84 f.). Dies ist die Spannung, an der sich im Kontext 1 der Geschichtsmächtigkeit der Modellrahmen bildet.

Der *Kreationismus* benutzt die Schöpfung in diesem Kontext als Indikator für den Glauben an den geschichtsmächtigen Gott. Es geht eigentlich nicht um die Schöpfungsbehauptung an sich, sondern um die Überordnung Gottes über das, was wir für die Wirklichkeit halten (Glöbl 2009, 9–12). Autonomie und Schöpfungsverantwortung, wie A/w sie einfordert, interessieren hier nicht. In der *theistischen Dependenz* meint Schöpfung die Hervorbringung der Welt aus dem Nichts (creatio ex nihilo). Alle Dinge, die von Gott hervorgebracht werden, verdanken ihm das Leben. Daraus folgen die hierarchisch-transzendente und damit unhintergehbare Abhängigkeit der Geschöpfe von Gott und deren Dank und Gehorsam als Grundhaltungen gegenüber dem Schöpfer. Die Macht Gottes hört mit dem Schöpfungsakt nicht auf, sie trägt die ganze Welt weiterhin (Welker 1995, Kap. 1.1). Manchmal wird die Dependenz zu einer wechselseitigen Dependenz weiterentwickelt, sodass Gott auf unser reziprokes Handeln angewiesen ist.

Tab. 3: Modellrahmen im Kontext 1 | Geschichtsmächtigkeit Gottes

	Kreationismus	Theistische Dependenz (kirchliche Position)	Deismus	Interdependenz der Schöpfungsbereiche	Monismus
Wann?	Zu einem genauen historischen Zeitpunkt (7000 Jahre)	Zu einem genauen historischen Zeitpunkt, Wissenschaft	Im Urknall	Nie und immer	Immer schon
Wer?	Nur Gott	Gott und unsere Mitarbeit	Gott allein	Gott und die Geschöpfe kooperieren	Gott und die Welt als Gott
Wie?	Er macht	Er erschafft die Geschöpfe und dann die Geschöpfe in seinem Auftrag	Umsetzung seines Planes	Durch die Bindung an Gottes Wort in Freiheit	Im Werden und Vergehen
Warum?	Er will es halt! Damit sein Wille sichtbar wird oder auch, damit Menschen aus Liebe zu den Menschen?	Wir leben zu seinem Lob	Als das System in seine Autonomie entlassen wurde	Gott mag es, wenn das Leben wimmelt	Keine sinnvolle Frage
Wozu?	Sein Wille! Damit sein Wille sichtbar wird oder auch, damit Menschen leben können.	Zum Heil des Menschen	Zum Lob des Schöpfers und zur Freiheit des Menschen	Die Geschöpfe leben im Dienst aneinander	Kreislauf des Lebens
Wahrheit	Weil es Gottes Wort ist	Historische Wahrheit, aber auch geistliche Wahrheit der Interpretation	Wissenschaftliche Evidenz und theologische Deutung der Lücke	Textwahrheit in der Deutung der Gemeinschaft der Glaubenden	Evidenz des Lebens
Funktion	Orientierung, Erklärung der Weltordnung	Folie um den ewigen Willen Gottes für heute zu begründen	Heilsplan und Verantwortung	Lesebrille für die Wirklichkeit	Befriedigende Einordnung in Kreislauf
Leidfrage	Gottes Wille geschieht auch im Leid	Leid ist Teil des göttlichen Plans	Leid ist Folge der Freiheit	Leid ist Teil der Evolution, in der Deutung der Welt als Schöpfung wird es zum Auftrag	Leid ist Teil des Lebens wie die Freude

In diesem Modell kann anders als im Kreationismus durchaus zugestanden werden, dass die Berichte als Sprachbilder in ihrer Bedeutung für den Auftrag heute interpretiert werden müssen. Schöpfungsverantwortung ergibt sich hier vor allem daraus, Gottes Eigentum und Gabe gerecht zu werden. Leid ist in diesem Modell noch Teil der göttlichen Geschichtsmacht, das genau darin seinen Sinn haben kann – wie es B2/m formuliert. Beten macht ebenfalls Sinn, da sich Gott in der creatio continua fortlaufend und rettend seiner Welt zuwenden kann (B2/m). Das ändert sich erst im *Deismus,* der in beiden Kontexten funktioniert. In diesem Kontext wird noch deutlicher die Kontingenz von Welt betont, die Gottes Handeln Grenzen setzt. Schöpfungsverantwortung besteht in der Ausrichtung auf Gott, den Schöpfer des Anfangs, der der Welt eine moralische Orientierung mitgibt (Büttner 2008b), auf die sich Menschen wie A/w in Freiheit ausrichten. Die *theistische Interdependenz* betont schon in der Schöpfung selbst die von Gottes Wort initiierte Kooperation der Schöpfungsbereiche untereinander. Die Schöpfungsrede wird ergriffen, wenn ein Hymnus gelungene Momente der Kooperation, das Leben und den Tod als Teil des Lebens feiert – wie der Sonnengesang des Franziskus – oder wenn in der Gerichtsrede die Störung der Interdependenz durch die Sünde zu beklagen ist – wie in den Gerichtsreden des Amos 8,4–14. In diesem Modell wird eine Rede geführt, in der Welt beobachtet wird. Genauso wird Schöpfungsverantwortung gegenüber sozialen, ökonomischen und auch ökologischen Prozessen wahrgenommen (Welker 1995, → Kap. 1.2). In diesem Modell gibt es keinen Zugzwang mehr, wie ihn die Dependenz kennt. Jeder Moment und jede Situation in der Evolution kann in der Schöpfungsperspektive als gut oder sündig beschrieben werden. Eine Theodizee ist gar nicht mehr nötig – A/w könnte so die Verantwortung formulieren, ohne den Anfang determinierend denken zu müssen. Im letzten Modell des religiösen *Monismus* ist Gott Element der Welt, sodass Gott der Welt nicht mehr transzendent gegenübersteht, sondern hinter der Oberfläche als tragende universelle, auch durchaus dualistische Kraft entdeckt werden kann. Der Monismus ist deshalb auch so plausibel, weil die Welt immer schon sein kann und er jede Steuerung von außen ablehnt. Genauso wie die Leidfrage hier überflüssig ist, so braucht es auch keine direkte Schöpfungsverantwortung, da jeder Zustand in der Ausbalancierung der kosmischen Kräfte Ausdruck des Richtigen ist.

Bevor nun die Modellierungen der zentralen Akteure auf die beiden Modellrahmen bezogen werden, sei noch einmal darauf hingewiesen, dass jedes dieser Modelle seine Stärken und Schwächen hat, was z. B. die Anschlussfähigkeit an ein modernes Weltbild, an die biblischen Gottesvorstellungen oder die Aktivierung der Leidfrage angeht. Erst im Diskurs der Modelle zueinander wird ein Blick auf die Komplexität von Schöpfung möglich, die als Vielfalt das didaktische Handeln prägt.

2.4 Lehrer/innentheologische Modelle

Auf drei kleine Untersuchungen wollen wir eingehen, die einen Einblick geben, wie (angehende) Lehrkräfte den Unterrichtsgegenstand Schöpfung modellieren. Hanna Roose dokumentiert eine Unterrichtsreihe aus einem Schulpraktikum mit einer 4. Grundschulklasse. Die Studierenden entwerfen zwei Unterrichtsstunden:

Tab. 4: Stundenplanung Grundschule zur Schöpfung (Roose 2010, 111)

1. Stunde: Lob der Schöpfung	2. Stunde: Bewahrung der Schöpfung
Naturbilder als stummer Impuls: Welche Dinge hat sich Gott eurer Meinung nach besonders gut ausgedacht?	Brainstorming zum Thema »bedrohte Schöpfung«: Was gefällt euch nicht?
Geschichte von der Dankbarkeit	Schöpfungsauftrag nach Gen 1,28; 2,15
Gemeinsames Lesen von Psalm 104	Vorformulierte Fragen zum Schöpfungsauftrag werden beantwortet
Schreibe nun selbst einen Psalm, indem du Gott für die Dinge dankst und lobst, die du am schönsten und kostbarsten findest.	SuS bilden aus einzelnen Wörtern den Satz: »Gott hat uns die Schöpfung anvertraut. Deshalb schütze ich sie, indem ich ...« und vervollständigen ihn.

Diese Reihenplanung spiegelt eindeutig die schon beschriebene Kopplung des 1. und 2. Ziels nach Freudenberger-Lötz wider, Schöpfung als Gabe zu loben und als (umwelt-)ethische Aufgabe anzunehmen. Die Lehrkräfte zeigen so eine Praxis, wie sie als Mainstream für die Grundschule gelten kann. Auf der Modellebene zeigt sich hier die Dependenzvorstellung, die in Richtung reziproker Dependenz für die Umweltverantwortung erweitert wird. Während die erste Stunde wie geplant verläuft und sich die Schüler/innen auch durch die Dankesgeschichte unter Zugzwang setzen lassen und die Notwendigkeit zum Dank einsehen (Roose 2010, 115), verläuft die zweite Stunde nicht so reibungslos. Da ist erstens das Problem, dass einzelne Schüler/innenbeiträge das umweltethische Problem verlassen – Babys kommen behindert zur Welt, alle müssen sterben – und deshalb im Unterrichtsverlauf ignoriert wurden. Zweitens fällt es den studentischen Lehrkräften schwer, überhaupt von einer schlechten Schöpfung zu sprechen. Ist es drittens überhaupt verantwortlich die Schüler/innen zu adressieren, als würden sie die globalen Probleme lösen können (Roose 2010, 116)? Analysiert man diese Fragen vor dem Hintergrund der Modelle, dann wird durch den klaren Impuls mit den eindeutig schönen Naturbildern – die schöne Natur kann man immer loben – ein strenger fokussierender Rahmen für das Dependenzmodell geschaffen. Mit Blick auf Jenny ist es für Grundschulkinder offenbar sehr plausibel, die eigene Existenz und die Natur latent *kreationistisch* oder im Modell

Schöpfung und Evolution zu denken, sodass in der ersten Stunde die Gottesexistenz in Kontext 2 für das Dependenzmodell in Kontext 1 nicht infrage gestellt wird. Die Schüler/innen mit den spezifischen Rückfragen stellen nun aber in der zweiten Stunde die Leidfrage, die das Dependenz-Modell im Hintergrund an seine Grenze bringt. Sie agieren also strenggenommen modelladäquat. Im Dependenz-Modell wären die Rückfragen Teil des geschlossenen Systems: Auch für die behinderten Kinder ist zu danken. Die Studierenden agieren aber selber in der zweiten Stunde gar nicht im Dependenzmodell, sondern im Deismus. Das dritte Problem zeigt, dass die Studierenden davon ausgehen, dass die Menschen mit diesen Problemen als Menschheit fertig werden müssen (Roose 2010, 123).

Der hier beobachtete Deismus kehrt auch in der kleinen Untersuchung von Oliver Reis zu den Weltbildern und Schöpfungsverständnissen einer Seminargruppe von Lehramtsstudierenden (n = 20) verschiedener Schulstufen wieder. Es fällt auf, dass die Weltbilder der Lehramtsstudierenden (Æ 24 Jahre) analog zu denen von Jugendlichen entwickelt sind, wie sie Ziebertz/Riegel erhoben haben (2008, 186–191). Wie bei den Jugendlichen dominieren auch bei den Lehramtsstudierenden deistische Weltbilder, gefolgt von der Immanenz-Vorstellung, dass Gott auf die Welt wirken kann (Reis 2014a, 157). In einer direkten Untersuchung der Schöpfungsmodelle an narrativen Texten erhält sich der Befund, dass auch hier der Deismus (7) dominiert und sich dann die Immanenz-Vorstellung auf den Kreationismus (3), die Dependenz bzw. reziproke Dependenz (5) und die Interdependenz (3) weitgehend verteilt (Reis 2014a, 163). Diese Spreizung ist insofern relevant, weil traditionelle Schöpfungsverständnisse in dieser Gruppe stark verbreitet sind, diese aber nur in seltenen Fällen in ihrem Eigensinn in der Abwägung zu naturwissenschaftlichen Begründungen durchgehalten oder mit diesen koordiniert werden (Reis 2014a, 165). Das erklärt das Muster bei Roose, dass die (studentischen) Lehrkräfte in der ersten Stunde in einem klaren religiösen Rahmen zur Dependenz greifen, aber in der Weltverantwortung zum Deismus, der die Welt Welt sein lässt.

Diese Strategie, Schöpfung als Weltverantwortung zu rationalisieren und aus der Ecke eines wörtlichen Verstehens herauszuholen, prägt nach Maria Hülsmann auch die Modelle erfahrener Lehrkräfte der Sek I/II. Sie gehen für Kontext 2 gezielt auf das Modell *Schöpfung als Weltdeutung* und betonen dann die ethische Verantwortung, die aus dem Schöpfungsglauben der dem Menschen geschenkten Welt (reziproke Dependenz) entsteht. Die Interdependenz wäre eigentlich das naheliegende Modell, aber auch sie wählen den Deismus als die Form, die beides halbwegs zusammenhält. Das naturwissenschaftliche Ärgernis wird so aushaltbar (Kontext 2) und die Verantwortung für die Welt (Kontext 1) ausreichend begründet (Hülsmann 2017, 76). Sie gehen außerdem davon aus, dass die Schüler/innen vergleichbar denken und vor allem eine rationale Basis brauchen, indem sie verstehen, dass Schöpfung nichts mit der Weltentstehung, sondern mit ethischen, immanenten Fragen zu tun hat (Hülsmann 2017, 70, 73).

2.5 Die Modelle der Schüler/innen

Dass die Lehrkräfte so eine Passung erreichen, die den gegenwärtigen Unterricht erklärt, ist nun verständlich. Aber bilden die dominierenden Vorstellungen über die Schüler/innen auch deren Welt wirklich ab? Christian Höger macht in seiner Studie zu den Schöpfungsverständnissen von Oberstufenschüler/innen zunächst einmal deutlich, dass sich alle Modellierungen von Kreationismus, Dependenz, Deismus bis zum Szientismus finden lassen (Höger 2013, 96 ff.). Auffällig ist außerdem, dass die Haltung zu diesen Modellen stark schwankt. Es ist wesentlich, dass Kinder und Jugendliche beide von Legare u. a. (2012) beobachteten Strategien der Koordinierung von Schöpfung und reiner Weltlichkeit zeigen. Sie *sektoralisieren*, d.h., dass sie grundsätzlich unentschieden sind (Konnemann/Oberleitner/Asshoff u. a. 2013, 56–61; Rothgangel 2009, 379 f.; Hanisch/Hoppe-Graf 2002, 124 ff., 199 ff.) und je nach Situation ein anderes Muster wählen (Rothgangel/Saup 2003, 95). So wie wir die Kontexte 1 (emotional-existenzielle Hinsicht) und 2 (erkenntnistheoretische Hinsicht) unterscheiden, so unterscheiden dies auch die Jugendlichen (Griese 2013). Und sie *hybridisieren*, d. h., dass sie Wirklichkeiten ineinanderschieben. Der Deismus ist insgesamt ein hybrides Modell, in dem »Urknall« und »Gottes Schöpferakt« koexistieren. Dabei wird der Deismus von Kindern und Jugendlichen/Erwachsenen noch einmal anders gefüllt: So referiert Christina Kalloch (2012, 56) zwei Stimmen aus der Grundschule: »›Vielleicht ist die Welt vom Urknall gekommen … und Gott hat dann die Tiere und Menschen gemacht und so …‹. […] ›Ja, die Menschen hat Gott gemacht, aber nicht die Tiere, die Dinosaurier zum Beispiel nicht …‹.« Während im Deismus der Kinder diese den Anfang einem (im weitesten Sinne!) naturwissenschaftlich zu denkenden »Urknall« überlassen, möchten sie aber zumindest das menschliche Leben gerne Gott verdanken – so ja auch Jenny und Kim. Bei den Jugendlichen/jungen Erwachsenen dagegen wird der auch naturwissenschaftlich schwer erklärbare Anfang Gott zugeschrieben (Gott der Lücke), während sonst die autonomen Naturgesetze gelten (Büttner 2017, 58) und Gott eher in der Welt ein unverbindlicher Begleiter ist, der die eigene Verantwortung nicht aufhebt (Büttner 2008b) – so ja auch A/w.

Vorstellungen, die man explizit einem konsensualen Modell zuordnen könnte, in dem die beiden Wirklichkeitsperspektiven rational verschiedenen Zwecken zugeordnet werden, finden sich dagegen selten; stattdessen dominiert nach Guido Hunze bei Jugendlichen eher eine lebensweltliche Inkommensurabilität (Hunze 2007, 238). Umso überraschender, dass die Komplementarität als Ziel weiter so hartnäckig behauptet wird (Griese 2013, 106; Höger 2013, 92–96; Büttner 2004, 981 f.). In der Regel wird diese Komplementarität in der Folge von Oser/Reich entwicklungspsychologisch so gedacht, dass aus einer eindimensionalen Perspektive zwei Perspektiven werden, die in ihrer Eigenständigkeit zunehmend reflexiv zu verschränken sind (z. B. Oser/Reich 2000, 220). Stattdessen zeigen sich die in diesem Modell verbrämten Formen als empirisch stabil. Büttner/Dieterich machen mit Bezug auf Legare u. a. (2012) noch auf einen interessanten Befund aufmerksam, nämlich dass das hybride oder sektoriale Denken gerade bei religiös vorgeprägten oder interessierten Schüler/innen zu beobachten ist, weil diese in familiären oder gemeindlichen Kontexten solches Wissen benötigen. Dagegen geben Schüler/innen ohne solche Vorerfahrungen die Transzendenz oder die Transzendenz-Immanenz-Kopplung auf (Büttner/Dieterich 2013, 90–95). Die Idee der Komplementarität setzt also die eine Gruppe unter Druck, für die religiöses Wissen relevant ist, und hofft mit Rationalisierung und Hermeneutisierung auf Plausibilität bei denen, für die religiöses Wissen keines ist. Warum hält sich diese schöpfungsdidaktische Strategie trotzdem so stabil?

2.6 Die Modelle der Lehrpläne

Der niedersächsische Lehrplan formuliert für die Grundschule genau das 1. und 2. Ziel in der Kopplung von Gabe und Gegengabe im dependenztheoretischen Modell, ohne auf die Voraussetzungshaftigkeit dieser Modellierung oder mögliche Alternativen hinzuweisen (KLP|kRU|G|NS|2006, 24): »Die Schülerinnen und Schüler nehmen die Schönheit der Schöpfung wahr und haben an Ausdrucksformen, die Gott als den Schöpfer loben, teil; kennen eigene Handlungsmöglichkeiten […] zu einem guten Umgang mit der Schöpfung und können sie angemessen anwenden.« Ändert sich dies mit der weiterführenden Schule? Der Gymnasial-Lehrplan für die Sek I 5/6 in NRW wiederholt die Modellierung der Schöpfung als Gabe und Gegengabe (KLP|kRU|Sek I|NRW|2011, 19): »Die Schülerinnen und Schüler erläutern die Bedeutung der christlichen Überzeugung, dass der Mensch von Gott geschaffen, geliebt und zur verantwortlichen Mitgestaltung der Schöpfung berufen ist, […] [sie] zeigen exemplarisch die Schönheit der Schöpfung und ihre Gefährdung auf.« Auffällig ist noch, dass für Kontext 2 explizit das Modell *Schöpfung als Weltdeutung* aufgerufen wird (»Die Schülerinnen und Schüler […] deuten biblische Schöpfungstexte als Glaubenszeugnisse«) und der *Kreationismus* besonders bewertet werden soll (»Die Schülerinnen und Schüler bewerten ausgewählte fundamentalistische Deutungen biblischer Aussagen«) (KLP|kRU|Sek I|NRW|2011, 19), sodass hier die Komplementarität implizit vorbereitet wird. Im Rahmen der Gottesfrage wird in den Kernlehrplänen der Q1/2 zwar auf die Theodizee und die Gottesbilder Bezug genommen, aber nicht auf die Schöpfung und die ganze Krise des Handelns Gottes in der Welt (KLP|kRU|Sek II|NRW|2014, 27 f.).

Der Lehrplan – so kann man zusammenfassen – wählt durchaus Modelle aus und setzt sie wirksam dominant, denn die Lehrkräfte erzeugen mit der obigen Strategie einen Unterricht genau nach Lehrplan. Allerdings: 1. reduzieren diese von den Lehrplänen vorgenommenen Modellierungen die notwendige diskursive Vielfalt; 2. sie werten systematisch bestimmte diskursiv-relevante Modelle ab; 3. reflektieren sie die Voraussetzungen der gewählten Modellierung nicht, die sich aus der Kopplung bestimmter Kontexte ergibt; und 4. läuft die dominante Modellierung an den relevanten religiös-theologischen Fragestellungen des Gegenstandes und der Schüler/innen vorbei, deren Indifferenz zentral mit der Schwäche der dominanten Modellierung zusammenhängt. Produktiver wäre es, wenn sich der Unterricht viel stärker auf die *flexiblen, aufgabenabhängigen* und *pluralen* Vorstellungen der Schülerinnen und Schüler beziehen würden, die sich in den beiden Kontexten entfalten können (Büttner/ Dieterich 2013, 96–102).

3 Das Gebet als Ort der Gottesfrage

3.1 Was ist überhaupt ein Gebet?

Die Ankersituation stammt aus einer 7. Klasse katholischen Religionsunterrichts an einer Hauptschule von 1970 (Stachel 1976b, 88 f.):

> L: Was meinst'n dann du, was Beten ist?
> S: Beten ist in der Kirche.
> S: Genau. (unverständlich) Wenn mans Vaterunser betet.
> L: Ah, ja.
> S: Des ist eine Aufstellung, was man tun soll.
> L: Mhm. Beten ist also – hat was zu tun mit Kirche und Vaterunser, sagt ihr. (SS bestätigen) Aha. – Und was also nichts mit Kirche zu tun hat, ist auch nicht Gebet, meint ihr dann?
> S: Des stimmt a wied'r net.
> L: Aha.

Die Schüler/innen machen in einem ersten Zugang das Beten an einem bestimmten Ort und bestimmten Praktiken fest. Diesen Zugang kann man mit Rina Rosenberg weiter entfalten, die 1977 Kinder und Jugendliche nach den Bedingungen befragte, damit ein Gebet gelingen kann. Sie erhebt dabei u. a. eine starke Bedeutung der richtigen Kleidung, Haltung oder Formeln (Rosenberg 1989, 178–190). Und hier passen auch die Untersuchungsergebnisse von Jacqueline D. Woolley und Katharina E. Phelps hinzu, die festgestellt haben, dass Kinder das Gebet mit bestimmten körperlichen und geistigen Praktiken verbinden (Woolley/Phelps 2001, 150–153).

Dem Lehrer ist diese Lösung zu eng und vermutlich auch zu kirchlichfromm. Er möchte das Gebet in eine bestimmte Kommunikationsstruktur hineinstellen. Vielleicht erhofft er sich davon, dass das Gebet lebensweltlich zugänglich wird. Die von ihm beabsichtigte Kommunikationsstruktur eröffnet er mit einer Meta-Reflexion der gerade im Unterricht ablaufenden Praxis (Stachel 1976b, 89 f.):

> L: Hören, ja richtig. Ich spreche oder ich frage, ihr hört, ihr denkt nach und ihr antwortet. (S ruft gleichzeitig mit dem L: antworten!) Und wenn wir sagen, oder wie ihr behauptet habt, dass Gott durch – auf verschiedene Weisen – zu uns spricht, dann müssen wir jetzt ganz das Gleiche tun. Müssen wir – was

müssen wir also tun, wenn Gott zu uns spricht. Damit wir überhaupt etwas antworten können, müssen wir …?
ss: Nachdenken. – Zuhören.
L: Hören, ja.
s: Denken.
L: Denken.
s: Antworten.
L: Antworten. – Richtig. Und damit uns das etwas im Bewußtsein bleibt, weil wir das in den nächsten Stunden noch häufiger brauchen, schreib' ich euch des jetzt auf, und zwar anhand einer kleinen Graphik. Des mal'n wir uns jetzt ins Heft.
ss: (seufzen)
L: (schreibt) TA Gott/redet wir hören/denken/danken bitte/dienen (kreisförmig angeordnet)
ss: (reden miteinander)
L: Und zwar geht das so 'rum: Gott spricht oder redet zu uns (macht Pfeile).
ss: (rufen dazwischen)
L: Ja, des dürft's so abmalen. Wir »hören« dann – »wir denken darüber nach«, habt ihr grad gesagt.
s: Ja.
L: Dann ist vorhin schon gesagt worden »wir danken«.
s: Soll ich das auf die nächste Seite machen?
L: Ja bitte. Oder, wir haben auch letzte Stunde kurz gesagt, dass wir im Beten Gott bitten, verehren; anbeten ist auch gefallen. Drum schreib' ich hier zwei Wörter für das Gebet hin. Und dann schreib' ich jetzt ein Wort hin, das ist von euch noch nicht gekommen. Das lass' ich mal so stehen. Da werden wir noch draufkommen im Laufe der nächsten Stunden. »Wir dienen«.
s: Wir dienen gar niemand, wem denn?
L: Du dienst niemand oder wie?
s: Der Wirtschaft dient er.
s: Höchstens der Menschheit.

Hier zeigt sich ein *zweites* Verständnis von Gebet als Kommunikationsstruktur: Gott spricht, die Welt hört, denkt nach, antwortet in der Verehrung, der Anbetung und dem Dienen. Der Zirkel beginnt bei Gottes Rede und die Menschenrede im Gebet wird hier reaktiv auf die Gottesrede hingedacht. Außerdem ist das Gebet durchaus auch auf ein Handeln außerhalb der Gebetsbeziehung gerichtet. Das Gebet ist hier zwar eine Zweierkommunikation, sie verarbeitet aber zugleich das Weltverhältnis im Danken und Dienen. Diese stark asymmetrisch gedachte Kommunikation lässt sich tatsächlich gut auf die unterrichtliche Kommunikation selbst beziehen, die in der Stunde ähnlich verläuft. Auffällig ist das Gefälle zwischen den hohen theologischen Gedanken des Lehrers und den Schüler/innen, die mit der Basisarbeit (Tafelabschrieb, miteinander reden, was zu tun ist usw.) beschäftigt sind. Die hohe Abstraktion und die Vereinnahmung der Schüler/innen z. B. im Dienen löst mindestens Fragezeichen aus. In dieser Kommunikationsstruktur wirkt das abschließende Amen wie ein Evaluationsinstrument Gottes, »[d]ass man am Schluss dann sagt, wenn man das alles erfahren hat: ›So sei es‹ oder ›So ist es‹« (Stachel 1976b, 92). Diese Kommunikationsstruktur hat den gewaltigen Nachteil, dass ich die Gottes Rede selbst aktivieren muss (→ Kap. 1.1). Das ahnt der Lehrer vermutlich (Stachel 1976b, 92):

> L: [...] Auf ein Wort, das gesprochen wird, oder dass es gibt, dieses Wort kann auch etwas anderes sein, als nur ein gesprochenes Wort ...
> SS: (lachen)
> L: ... trifft die Welt, und wir Menschen antworten. Was kann so ein Wort sein? – Zum Beispiel?

Vielleicht wollte er die Schüler/innen zu Übersetzungsmöglichkeiten für das Wort Gottes einladen, die den Schüler/innen eher einleuchten. Dass die Schüler/innen lachen und nachher hilflos herumraten, macht auf ein Problem aufmerksam, das schon in Kap. 2 zentral war und uns auch bei Kap. 4 begleitet: die Frage nach dem Realitätsanspruch der Rede Gottes. Wie gerade hier alles durcheinander geraten kann, zeigt ein kurzer Blick in eine evangelische Religionsunterrichtsstunde der dritten Grundschulklasse, bei der es um die Beauftragung von Mose durch Gott geht, vom Pharao die Erlaubnis zu erhalten, Ägypten zu verlassen (Roose 2013b, 153):

> MARIE: Ich habe noch eine Frage.
> L.: Ja.
> MARIA: Ehm also, aber heute passiert das doch gar nicht mehr, dass Gott mit einem spricht?
> L.: Nein. Mit den meisten nicht. Aber vielleicht gibt es doch den ein oder anderen, mit dem Gott schon gesprochen hat.
> (Erstaunte und zweifelnde Geräusche aus der Klasse.)
> L.: Das ist auch damals in der Zeit, als dies hier passierte, nur ganz, ganz wenigen Menschen passiert. Mose ist einer von denjenigen, mit denen Gott gesprochen hat. [...]

MARIE: Hat er denn mit dir schon mal gesprochen?
STIMME AUS DER KLASSE: Ja.
L.: Nein, hat er nicht.

Lehrerin wie Schüler/innen setzen hier ein Modell von Gottes Rede voraus, das man als unhermeneutisch, latent als verbal-instruktionstheoretisch bezeichnen könnte (→ Kap. 1.1) und das sie übereinstimmend heute für (normalerweise) nicht erfahrbar halten. Die abweichende Stimme aus der Klasse wird dementsprechend auch nicht weiter aufgegriffen. Für unsere Kommunikationsstruktur des Gebetes heißt das aber, dass sie in den Voraussetzungen nicht geteilt wird. Ohne reales Wort Gottes käme ja gar kein Gebet zustande. Kein Wunder, dass der Lehrer auf Übersetzungsmöglichkeiten hofft. Aber wenn schon das Wort unsere Interpretation ist, dann ist dieser zweite Zugang – auch wegen des behaupteten autoritären Gefälles: »Wir dienen gar niemand, wem denn?« (→ Kap. 2.3.1) – schwierig nachzuvollziehen.

Der Lehrer hat im ersten Ankerbeispiel aber noch einen dritten Zugang zum Gebet vor Augen. An einem Gebetstext eines russischen, atheistisch erzogenen Soldaten, der trotz des Krieges in der Schönheit der Natur eine Anrede Gottes entdeckt und darauf mit einem freien Gebet antwortet, möchte er das Gebetsverständnis vertiefen (Stachel 1976b, 93):

L: Was meint ihr zu diesem Gebet – oder zu diesem Text? (Pause) Was habt ihr euch jetzt dabei gedacht? Das wär' vielleicht ganz interessant, wenn wir so 'nen ungewöhnlichen Text jetzt –
S: (leise) Hm, des stimmt.
L: Was meinst du?
S: Ganz normal.
L: Ganz normal findest du das?
S: Ein schönes Gebet.
S: Schönes Gebet.
L: Hm, wieso sagst du ganz normal?
S: Es gibt viele Menschen, die was im Krieg bloß beten, wenn – wenn sie Angst haben, vielleicht.
S: Ja!
S: Und die vorher noch nie gebetet haben.

Für die Schüler/innen ist das ein normaler Text. D. h. nicht, dass der Text an sich nicht ungewöhnlich ist, aber es ist ein normaler Text dafür, dass man in der Kriegssituation Angst hat und dann betet. Auch bei solchen, die sonst nicht beten. Die einen bitten, andere klagen und wieder andere danken – so wie der Autor des Gebetes. Von der Kommunikationsstruktur aus gedacht ist dieses Beten ungewöhnlich, aber aus Sicht des Lebensalltags der Schüler/innen ist es eher normal. Der Lehrer braucht einen Rahmen, um das Gebet unnormal zu machen (Stachel 1976b, 95 f.):

L: Wann kann ein Mensch so ein Gebet sprechen, wie des?
ss: Wenn er noch nie was von Gott gehört hat ... wenn er noch nie gehört hat, daß – oder nie gebetet hat – oder noch nie in der Kirche war – so wie ich (lacht).
L: Das ist aber interessant, daß ein Mensch, wo ihr sagt, der hat nie was von Gott gehört – war noch nie in der Kirche – dann auf einmal so a Gebet sprechen kann.
s: Des is' ja kein Gebet, des ist ja bloß ein erfundenes – äh –
L: Ein erfundenes?
s: Selbstgedichtetes.
s: Ja genau – selbstgedichtetes.
L: Was der Reinhard sagt, des ist kein Gebet, würdet ihr des auch behaupten?
s: Ein Gebet is' es schon. Aber kein Gebet von der Kirche aus. [...]
s: Aber Herr N, ein Gebet muß doch nicht immer in einem Buch stehen; man kann's ja auch mit eigenen Worten sagen.
L: Mhm. (SS durcheinander) Ja, einige meinen jedenfalls, dass sei kein Gebet. So ist das so angeklungen: weil's in keinem Buch steht, in der Kirche nicht gebetet wird und auch nicht in der Bibel steht. (SS rufen dazwischen)

Der Anlass der Kriegssituation eröffnet für den Soldaten einen Freiraum, der den Gebetsbegriff verändert. Für die einen Schüler/innen wird damit eine Grenze überschritten, noch von einem Gebet zu sprechen, weil hier der Mensch im Grunde nur zu sich oder zu anderen Menschen spricht. Offenbar hat das selbsterfundene Gebet ein Problem, eine Erfahrung von Gottes Rede zu sein. Insofern ist die Frage nach der Quelle relevant. Ein Gebet kommt von wo anders her: ein Buch, Kirche, Bibel. Das sind offenbar Autoritäten. Das Bestehen auf diesen Quellen ist für den zweiten Zugang zum Gebet sehr wichtig, weil die gelesenen oder gesprochenen Quellen mit und in der eingehaltenen Form im Raum der Kirche autorisierte Gottesrede sein können.

Für andere ist es aber lebenspraktisch möglich den Kontext Kirche zu verlassen, hier geht es vielleicht eher um Privates oder Intimes. Dann muss man eine andere, eine eigene Sprache *finden,* ohne dass das Gebet automatisch *erfunden* ist. Aber damit ändert sich nun das Gebetsverständnis (Stachel 1976b, 100):

L: Oder was meint ihr noch dazu, daß er damit noch zum Ausdruck bringen will?
S: Daß' ihm jetzt besser geht.
L: Ja!
S: Daß er seine Schuld wegwirft.
L: Eigentlich wollte er nur sagen, wie ihm gerade zumute war. Und er hat es Gott gesagt. Und des is dann was geworden?
S: (schnippen)
S: Ein Gebet.
L: Ein Gebet, richtig! Und daran seh'n wir eigentlich, wie leicht es wäre, ein Gebet zu machen. Indem m'r einfach sag'n, wie es uns grad geht.

In einem Gebet sagen wir, wie es uns gerade geht – in dieser einfachen Formel ist die ganze asymmetrische Rollenstruktur zurückgefahren. Die Gottesautorität, die zuvor die rechte Form konstituiert hat, tritt zurück hinter der Ermächtigung, im Gebet die eigene Welt auszudrücken.

3.2 Beten ist sehr Verschiedenes – die Konsequenzen für die pädagogische Praxis

Das Transkript eröffnet eine Spannung im Gebet, die hier gerade nicht auf der üblichen Ebene der Formen wie Bitt-, Klage-, Dank- oder Lobgebet liegt, sondern auf der Ebene des Gebetsverständnisses, was ein Gebet überhaupt ist. Je nach Verständnis hat das Gebet nicht nur eine spezifische Struktur, sondern es evoziert auch andere Selbst-, Welt- und Gottesbilder. Das Beten ist deshalb für Ebeling auch der Schlüssel zur Gotteslehre (Ebeling 1979, 193). In dem Ankerbeispiel stehen drei Verständnisse von Gebet nebeneinander, die mit ihren unterschiedlichen Gottes-, Welt- und Selbstbildern eine deutliche Unterscheidung anbieten. So ist das Gebet eine markierte ritualisierte Praxis (1), die vor aller Inhaltlichkeit ist, was sie ist, und bewirkt, was sie tut. Es ist eine Antwort auf eine Anrede Gottes, die im Grunde nur Verehrung und Unterwerfung unter den Willen Gottes kennen kann (2) und das Gebet ist das freie situative Gottgespräch (3). So kann das Gebet theozentrisch von der Anerkennung der Macht Gottes als Gott leben (1+2) oder anthropozentrisch von der Zusage Gottes, die Menschen in ihrem Leben zu begleiten (3). Das Gebet kann ganz einfach notwendig sein, um in einer chaotischen Welt Orientierungspunkte zu behalten (1), es kann aber auch Besinnung sein, um reziprok den Willen Gottes zu erkennen (2) und es kann Kraftquelle sein, um für den autonomen Weg Leitimpulse nicht zu vergessen (3) (→ Kap. 2). Es kann in seiner Per-

formanz in ritualisierten Situationen mit Gebetsformular (1+2) auftreten, aber in der singulären Notsituation als Hybrid von gelernten biblisch-traditionellen Sprachtermen und freien individuellen Worten (2+3). Es wird immer mit einem Gott als Akteur gerechnet, aber wer dieser Gott ist, da zeigen die drei Zugänge deutlich unterschiedliche Modellierungen, die die Betenden auch ihrerseits zu Unterschiedlichem auffordern:
- Teilhabe an der Vergemeinschaftung des Glaubens im öffentlichen Gebet für sich und andere (Dinkel 2000, 121) (1) und
- Ausführung einer individuell existenziellen Praxis der Ausrichtung auf etwas außerhalb von mir (Jüngel 1990, 401) (2+3).

Bedenkt man noch die große Tradition der theologischen Reflexion aus dem Gebet heraus, dann lässt sich eine weitere Aufforderung erkennen:
- biblisch-theologisch-philosophische Reflexion über den Sinn dieser Praxis (Ebeling 1979, 210).

Diese drei Momente hängen im Gebet strenggenommen zusammen (Kammeyer 2006, 120 ff.), sie sind aber auch verschiedene religionspädagogische Rahmungen für unterschiedliche Lernsituationen und bilden typische Ziele der Gebetsdidaktik. Auch wenn das Einüben der Teilhabe an den Gebetsvollzügen einer christlichen Konfession heute – angesichts der säkular-religionspluralen Bedingungen, unter denen das Gebet als Praxis selbst rechenschaftspflichtig ist (Jüngel 1990) – nicht mehr einfach das Ziel ist, so ist in der Debatte um die performative Religionsdidaktik die praktische Erprobung des Gebetes auch wieder eine Streitfrage. Einerseits wird nach Schoberth reflexives Wissen über das christliche Gebet diesem gerade nicht gerecht, der Gegenstand fordert seine Erprobung praktisch selbst ein (Schoberth 2002, 21). Andererseits ist die Kritik von Porzelt nachvollziehbar, dass es sowohl von der Dignität des Aktes als auch von der Autonomie der Lernenden her unverantwortlich ist, Kinder und Jugendliche ohne eine angemessene eigene Gottesbeziehung die Sprachpraxis einnehmen zu lassen (Porzelt 2013, 185 ff.). Diese Aussage wird nur verständlich, wenn man mit Ritter davon ausgeht, dass in den äußeren Formen (1) und/oder dem inhaltlichen Kommunikationsvollzug (2) Gott im Gebet gegenwärtig wird (Ritter 1999, 77). Die gegenwärtige Gebetsdidaktik umgeht diesen Streit und folgt eher dem Verständnis des Gebetes als individuelles, situatives Vor-Gott-Treten der zweiten Aufforderung. Dieser Trend entspricht der Maßgabe von Karin Ulrich-Eschemann, die Schüler/innen zum Bitt-Gebet als Selbstausdruck anzuleiten (Ulrich-Eschemann, 1985). Wenn man dann noch Wünsche genauso wie Gebete zulässt und z. B. auf eine Vereindeutigung in der Anrede verzichtet, dann sind alle Hürden geschliffen, die die hohe Theologie von der Lebenspraxis trennen und auch die Kinder, zu denen Gott noch nicht gesprochen hat, sind wieder dabei. Zugleich verschwimmt die Grenze des Gebetes als religiöser Akt zu säkularen Formen ganz – wogegen sich das erste praxeologische Verständnis sicher wehren würde.

3.3 (Denk-)Modelle des Betens

Was ist also die Axiomatik beim Gebet, die die Verständnisse und deren pädagogischen Umgang triggert? Es ist nicht die Gattungsunterscheidung, diese verläuft sekundär zu der Grundfrage, wie stark ein Gebet von Gott, als wirkmächtigem Akteur, von dessen inhaltlicher Bestimmtheit und den Anforderungen an die sprachliche Passung der menschlichen Antwort her gedacht wird oder vom Menschen und seinem freien Akt, sich in seiner eigenen Sprache zu orientieren und Wünsche zu äußern, damit Gott das eigene Leben verbessert. Theologische Überlegungen, die auch noch einmal den sprachlich freien persönlichen Selbstausdruck als Quelle des Gebetes fassen, sind legitim und religionspädagogisch ehrenwert (Kammeyer 2006), sie verschleiern aber auch die Spannung zwischen den Gebetsverständnissen, die damit einhergehende Spannung zwischen den Gottesbeziehungen bzw. -konstruktionen und die sich daraus ergebenen unterschiedlichen religionspädagogischen Aufträge. Wir unterscheiden beim Gebet vier große Modelle, die sich unterschiedlich in diesen Spannungen verorten:

Das *erste Modell* des Gebets als asymmetrischer Dialog ist der entscheidende Pol in der Spannung. Auch wenn die Abgrenzung vom symmetrischen Dialog nicht immer einfach ist, so ist umso wichtiger, diesen Pol möglichst in Reinform zu fassen, um von da aus nach rechts in der Matrix die anderen Modelle als graduelle Verschiebungen zu verstehen. Dieses erste Modell prägt das Transkript aus Kap. 3.1 zu Beginn der Unterrichtsstunde. Beten ist zwar ein dialogisches Rede-Antwort-Geschehen, aber letztlich geht die Initiative von Gott aus, der das Geschehen mit seiner heilsgeschichtlichen Anrede eröffnet hat. Und so wird das Gebet zu einer geschlossenen, aber darin vollzogenen Gotteserfahrung (Ebeling 1979, 199): »Denn wer zu Gott redet und zwar so, dass er ihm in bestimmter Lebenssituation sein Leben überhaupt als von ihm *Empfangenes* darbringt, der befindet sich bereits innerhalb einer Gotteserfahrung, die dazu einlädt, alle Lebenserfahrungen in das Gebet einzubeziehen und sie zum Material der Gotteserfahrung werden zu lassen.« Dieser Zugang des Modells zum Gebet hat vier zentrale Konsequenzen:

Tab. 5: Modellrahmen zum Gebet

Modelle	1. Beten als asymmetrischer Dialog	2. Beten als symmetrischer Dialog	3. Beten als transzendenter Monolog an die »Götter« des Universums	4. Beten als stimulierende Sprachform
Gott	Gott offenbart sich mir in seinem Willen	Gott hört und »antwortet« in der Rezitation der Heilsgeschichte	Höhere Kraft, die über einen Machtbereich verfügt: Wetter, Krankheit, Armut … und sich zuwendet	»Gott« als Chiffre für eine Selbstprojektionsfläche
Mensch	Mensch öffnet sich im Gebet dem Willen Gottes	Der Mensch offenbart sich Gott, bringt sein Leben vor Gott und wendet seinen Blick auf die Welt vor der Heilsgeschichte	Der Mensch gesteht sich zu, dass er von einer Notsituation anderer überfordert ist, sie zu lösen. Sie wird Gott, dem Herrn der universalen Heilsgeschichte vorgelegt.	Mensch tritt aus dem begrenzten Blick auf die Welt, vollzieht Perspektivwechsel
Sprachform	Gethsemane-Gebete, Vater-unser (Fokus: Bitte)	Psalm (Fokus: Klage-Dank)	Fürbitte	Stoßgebete (Fokus: Bitte/Wunsch)	Meditation
Beispiel	Oh Herr, ich lege mich ganz in deine Hände. Mache mit mir, was du willst! Du hast mich geschaffen für dich. Was willst du, dass ich tun soll? (J.H. Newman)	Herr, du Gott Israels und Vater Jesu, du hast uns dein Wort gegeben, dass du uns immer begleitest. Dir danke ich, dass wir die Zeit mit dem Krebs heil überstanden haben.	Herr, wir bitten für die Politiker in X, öffne ihre Herzen, dass sie erkennen, wie wichtig Abrüstung ist und stärke auch unsere mutlosen Herzen, dass wir selbst unsere Stimme erheben.	Oh Gott, mach meine Tochter wieder gesund! Liebes Universum, ich brauche einen Parkplatz!	Wenn ich darüber nachdenke, was ich getan habe, wird mir ganz schlecht. Danke für den Hinweis, dass es so nicht weitergeht. Ich werde versuchen neu anzufangen.
Botschaft/Wahrheit	Gott zeigt sich mir, wenn ich mich öffne, ich lebe in einer geordneten Welt, in der Gott regiert.	Ich kann immer vor dich kommen und muss mich nicht schämen und verzweifeln.	Ich kann die eigene Ohnmacht, Situationen für andere verbessern zu wollen, in Gottes Hand legen.	Ich kann etwas tun, um die Kontingenz des Lebens zu mindern.	Beten ist entspannt und hilft, den Blick zu klären.
Epistemolog. Ansprüche	Offenbarungstheologisch	Anthropologisch gedacht, aber transzendent geöffnet	Utilitaristisch für andere	Utilitaristisch für mich	Anthropologisch geschlossen
Wirkung	Gottesbeziehung	Transzendierung der Immanenz	Transzendierung der Notsituation anderer	Dass die Bitte erfüllt wird, sonst Fehler in der Ritualik	Selbstklärung

- *Epistemologisch:* »Wäre Gott nicht, wäre das Gebet sinnlos [...]. Im Unterschied zur bloßen Existenzaussage interpretiert das Faktum des Gebets die Seinsaussage sogleich in dreifacher Hinsicht: als Gegenübersein, als Personsein und als Tätigsein« (Ebeling 1979, 213). Das Gebet ist in diesem Modell die bittende Reaktion in »ehrerbietiger Ergebung« und »demütiger Hingabe« (Sauter 1986, 25) auf eine vorerzeugte Wirklichkeit, die gleichzeitig privat oder öffentlich in der Praxis des Vollzugs konstituiert wird. Das geht nur, wenn das Gebet ein *Modell* der Wirklichkeit erzeugt, in der die Welt und die konkrete Einzelsituation von Gott und seinen Taten an der Welt her gefasst wird. Ebeling nennt dies die Grundsituation (Ebeling 1979, 197): »Denn eben das intendiert das Gebet: In der jeweiligen Lebenssituation will es die Grundsituation des Menschen [vor Gott] aufsuchen und sie zur Sprache bringen.« Um diese Grundsituation abgehoben von der konkreten Lebenssituation zu modellieren, braucht es dann die religiöse Überlieferung, die »die als Sprachsituation gekennzeichnete Grundsituation in Gebetssprache überführt« (Ebeling 1979, 197). Deshalb gehört es zu dieser Grundsituation«, auch wenn es keinen unmittelbaren Adressaten gibt, dass das Gebet darauf besteht, dass dieses Gegenüber da ist und zwar als konkreter Bestimmter, der schon zuvor initiativ geredet hat und auf den geantwortet wird, weil die Antwort aussteht und erwartet wird (Ebeling 1979, 201 f.).
- *Bedeutung von Gebetspraktiken:* Stabilisiert wird das Konstrukt durch einen leiblichen Ausdruck, der eine Differenz zum sonstigen Verhalten bildet: »das Falten der Hände, um sie gleichsam zu binden, ihr Emporheben im Gestus der Empfangsbereitschaft, das Niederknien als Zeichen der Unterwerfung« (Ebeling 1979, 199). In diesem Gebetsmodell deutet alles auf »schlechthinnige Abhängigkeit, auf eine den ganzen Menschen erfassende Stille und Sammlung, Ehrfurcht und Erwartung. Und dies wiederum deutet darauf, dass es um das ganze Leben des Menschen geht hinsichtlich dessen, worüber ihm die eigene Verfügungsmacht mängelt« (Ebeling 1979, 199). Das Gebet in seiner praktischen Performanz kann diese Hinordnung ausdrücken und tut es nach ethnografischen Untersuchungen auch (Cress 2019, 92 f.). In diesem Sinne ist das bisher entfaltete erste Verständnis die notwendige materiell-körperliche Seite dieses Modells.
- *Beteiligung der Person:* Das bedeutet nicht, dass das Gebet in diesem Modell sich sklavisch an Gebetsformulare halten muss, und selbst wenn es das tut, wie z. B. beim Vaterunser, wird das Sprechen des Vaterunsers erst dann wirklich zum Gebet, wenn in die mit dem Gebetsformular aufgerufene Grundsituation auch die konkrete Lebenssituation hineingebetet wird. Selbst in diesem Modell bleibt also in der exklusiv theozentrischen Grundkonstruk-

tion das Gebet ein personales Gebet vor der Welt und für die Welt (Ebeling 1979, 210; Jüngel 1990). Diese Personalisierung und Situierung des Gebets geschieht weniger über die Performanz als über die mentalen Bewusstseinszustände (Cress 2019, 93).

- *Richtige (Einheit mit dem Willen Gottes) und falsche Gebete (Ausdruck des eigenen Willens):* Vor diesem Hintergrund ist für Ebeling völlig klar, dass ein Gebet die Sache auch verfehlen kann, wenn die Grundsituation gar nicht erst errichtet und so die Lebenssituation auch verfehlt oder die vorgebrachte scheinbare Lebenssituation verfälscht wird (Ebeling 1979, 198). Entscheidend ist der Rahmen der Grundsituation, in dem der Wille Gottes rekonstruiert wird und an den dann das Gebet mit der Einordnung des eigenen Willens anschließt. Das Ziel ist die »Einheit des Willens« (Sauter 1986, 31): »Beten ist wollen, was Gott will« (Sauter 1986, 32). Es ist zu vermeiden, dass zunächst ein konkretes Ich ein unkonkret bleibendes Du von den eigenen Projektionen her mitkonstituiert (Ebeling 1979, 198; Sauter 1986, 29). Dieses erste Modell vermeidet strengstens, dass das Gebet in den Ruf kommt, ein Mittel zu einem Zweck zu sein. Es hat keinen Nutzen als die tiefe Bitte, dass Gott sich als Gott erweise und das macht das Gebet über die errichtete Grundsituation, in der ich aus meiner Lebenssituation heraustrete, zu einem unterscheidenden Ort der Erkenntnis für die Lebenssituation (Sauter 1986, 28 f.), die auch in der Lebenspraxis *überformt* (Kern 2012, 264 f.). Sauter definiert diesen Zusammenhang so (Sauter 1986, 32): »Es [das Gebet] öffnet den Beter für das, was er an sich geschehen lassen muss, damit Gottes guter gnädiger Wille die Welt erfüllt, von dem sie schon längst in verborgener Weise getragen ist.« Utilitaristische Gebetsvorstellungen sind von daher ein Missverständnis und ein Missbrauch der Sprache (Ebeling 1979, 200; Ritter 1999, 81). In der Besprechung des Transkripts in Kap. 1.1 zeigt sich, dass dieses theologische Konstrukt sehr klar darin ist, Gott zu seinem Recht zu verhelfen, aber es ist so voraussetzungsvoll, dass es lebenspraktisch für Schüler/innen bis auf wenige Ausnahmen – vielleicht diejenigen, die noch Gottes Wort hören – kaum noch in den Praktiken relevant ist. Die Folge ist, dass sich die Praktiken verselbständigen und dann dem kirchlich-frommen Bereich zugeordnet werden.

Das *zweite Modell* nimmt die dialogische Situation als eine symmetrische Situation ernst. Die hochkomplexe theologische Konstruktion der vorgelagerten Anrede, die asymmetrisch auch mit der Grundsituation ein bestimmtes Wirklichkeitsmodell erzeugt, fällt wie in dem zweiten Gebetsverständnis des Transkripts weg. Beten heißt Gott sagen, was man gerade empfindet – gerade in der Notsituation und meinen Sorgen, mit denen ich unbefangen vor Gott treten kann. Unterrichtsmaterialien sagen auch gerne: Beten ist wie Reden mit einem Freund (Ardey 2003, 10). Erhalten bleibt vom ersten Modell, dass es um eine konkrete personale Anrede Gottes geht, mit der ich eine Geschichte teile und den ich in allen Formen der Rede ansprechen kann. Es geht deshalb auch weiter um die unmittelbare vertraute Gottbeziehung und nicht um eine Kontaktaufnahme mit einer vagen Macht, die ich mir vorstelle. Komplizierter wird es in diesem Modell durch die Umkehrung von Rede und Antwort, nun eine wirkliche Antwort zu modellieren, damit das Gebet auch weiterhin eine konkrete Anrede meint, die eine Antwort herausfordert, damit das Schema vollständig ist. Gerade die Psalmen zeigen, dass die Antwort nicht als Gegenrede Gottes formuliert wird – wie dies z. B. bei Hiob geschieht –, sondern über eine ähnliche Überformung des Denkens und Wollens (Reis 2012a, 184–191) – was seinerseits von den Betenden auch als Wirkung und damit als Antwort modelliert werden kann (Cress 2019, 94). Ansonsten besteht die Gefahr, dass 1. die Antwort als selbsterzeugt beobachtet wird, was die Gebetspraxis instabil macht und dass 2. die Antwort gar nicht mehr erwartet wird, was die konkrete Anrede auf Dauer vermutlich schwächt. Wenn eine Wirkung des Gebetes ist, sich aus den geschlossenen kausalen Weltzusammenhängen zu lösen (Sauter 1986, 24), dann wird es ohne unterscheidende Antwort auf die Dauer schwer, deistischen Denkformen zu entkommen (→ Kap. 2), in denen das Gebet eher wie der Anruf bei einem Call-Center ohne Kundendienst wirken muss. Die Symmetrie und der direkte Ausgang von den konkreten Lebenssituationen, der Rückbau der in den komplizierten Praktiken erstellten Grundsituation und der vorausgesetzten Kenntnisse der Überlieferung machen das Modell attraktiv, aber lassen es auch unentschieden wirken.

Ein dem zweiten Modell zugeordnetes *Untermodell* nimmt die dialogische Situation und das Recht auf, mit allen Sorgen und Nöten vor Gott zu treten. Neu ist aber der explizite Utilitarismus, mit dem man dies tut. Man erhofft sich vom Gebet eine Einflussnahme Gottes für einen bestimmten Zweck. Was im ersten Modell unmöglich wäre, ist hier noch legitim, weil es ein Bitten *für andere* ist, sie aus ihrer Lage zu befreien und ein Anerkennen, dass man selbst dies nicht tun kann. Damit nimmt diese Unterform noch einmal stärker wieder auf die Mächtigkeit Gottes und unser Herausgehen aus den Weltverhältnissen Bezug. Anders als im ersten Modell wird aber nicht Einheit von Gottes Willen mit unserem Willen gesucht, sondern es wird vorausgesetzt, dass Gott mit unseren Absichten übereinstimmen wird. Das Gebet dient aber dazu, dass Gottes guter Wille nun an von uns erbetenen Orten wirke. Diese Zielgerichtetheit ist für das erste Modell schon ein Problem. Das zweite Modell hält sie für legitim, weil das Gebet immer schon auf das Weltverhältnis gerichtet ist. Ahlmann zeigt an Luther, dass dieser »im Gebet den Ort der Vergewisserung und

Stabilisierung des Handlungssubjektes [sieht] und den Ort, an dem sowohl Nutz und Not des Nächsten in den Blick genommen, als auch die Bekämpfung und Linderung derselben zentral in Angriff genommen wird« (Ahlmann 2008, 223). In den Fürbitten wird zum einen die eigene Ohnmacht und Gottes Macht anerkannt, es wird aber auch eine utilitaristische Absicht in das Gebet eingefügt, die im ersten Modell ausdrücklich bekämpft wird, im zweiten legitimiert, aber gewandelt und im dritten zur Grundanliegen ausgebaut wird. Es macht offenbar für die theologische Legitimität einen Unterschied, ob wir im Fürbittgebet das Gebet zum Nutzen eines anderen sprechen, oder für unseren eigenen Nutzen. Die Antwort ist die Wirkung der Fürbitte, sie erhält die Grundstruktur, dass das Gebet in der eigenen Dezentrierung eine transzendente Wirklichkeit eröffnet, deren Kommen und Eintreten in den Raum der Gemeinde, die Wirklichkeit Gottes bestätigt. Deshalb gehört dieses Submodell auch noch zum dialogischen Modell, weil es in der Gebetspraxis immer auch ein Glaubensbekenntnis an das Dasein Gottes mitspricht. Das Problem der heutigen Fürbittgebete ist vielleicht, dass sie ohne Resonanz bleiben, weil sie nicht auf eine überschaubare Praxis bezogen sind und Gott keinen realen Handlungsraum als Akteur eröffnen. Sie wirken so wie eine Verdrängung der eigenen Verantwortung.

Das *dritte Modell* eines Gebetes radikalisiert die Struktur, dass ein Mensch mit bestimmten Absichten an Gott oder eine andere Macht herantritt, von der er hofft, dass dieses Gegenüber die Macht besitzt, die Bedürfnisse zu erfüllen. Das Gebet ist kaum noch zu unterscheiden von einem Wunsch, der nun an den-/die-/dasjenige/n adressiert ist, der/die/das die eigene Ohnmacht beheben kann. Das Gebet unterscheidet sich von einem normalen Wunsch nur dadurch, dass dieses hoffentlich potente Gegenüber unbekannt ist. Konkret ist hier die Lebenssituation und das Bedürfnis, vage das Gegenüber. Es tritt nun das ein, was das erste Modell als Umkehrung von Grundsituation und Lebenssituation befürchtet. Aber immerhin wird noch wie bei den ersten beiden Modellen davon ausgegangen, dass es die Zuständigkeit für das Problem gibt, auch wenn man sich dieses Gegenüber eher vorstellt, als dass man damit vertraut ist. Aber vielleicht sind noch Reste von Narrativen bekannt, die Hoffnung machen. Unterwerfen, Hingabe und Demut sind innerhalb dieses Modells absurde Vorstellungen. Es gibt ähnlich wie im zweiten Modell ein Recht auf Wahrnehmung, Schutz und Fürsorge. Das Gebet ist der Schlüssel, um den notwendigen Kontakt herzustellen, diese Rechte in Anspruch nehmen zu können. Gelingt das Gebet nicht, hat die Adresse nicht gestimmt, die Zuständigkeit oder die Lösung wurde übersehen – Letzteres lässt sich durch Training verbessern. Dieses Modell wirkt so untheologisch – gerade angesichts der evangelischen Gewährsleute für das erste Modell. Aber die katholische Heiligenverehrung hat in ihrer Tradition durchaus auch in ihren verwechselbaren Formen solche Gebetsvorstellungen zumindest nicht eindeutig verurteilt, sondern nur darauf hingewiesen, dass die Anbetung von Heiligen als eigenmächtige Patrone – im Sinne kleiner Götter mit Zuständigkeitsbereichen – unzulässig ist und die angemessene Verehrung der Heiligen theozentrisch ausgerichtet werden muss (Reis 2017b). Die theozentrische Konzentration von Macht auf Gott selbst lenkt aber vor allem die utilitaristische Funktion auf ihn – so wie es biblisch auch schon in 1 Kön 17,17–24 geschieht. Es ist eine starke und vielleicht unreine, aber dennoch eine wirkmächtige Tradition im Christentum, Gott um direkten Beistand in der eigenen Lebenssituation anzurufen, der Wunder wirken kann, Menschen heilt, Tote auferstehen lässt, Arme reich machen kann usw. Auch dieses Modell bildet eine Variante des gelebten christlichen Glaubens, die Texte als Gebete akzeptiert, die die anderen Modelle sicher ablehnen.

Das *vierte Modell* radikalisiert die Entfremdung mit dem Gegenüber weiter und verzichtet überhaupt auf eine im Gebet festgelegte transzendente Perspektive. Gebete reihen sich flächig in andere Texte ein, die zur Selbststimulation gesprochen werden und den Horizont weiten. Sie beruhigen, sie orientieren, sie mildern Not usw. – auch ohne dass ein Gegenüber als wirklich vorausgesetzt werden muss. Natürlich kann es dieses Gegenüber geben, aber es ist irrelevant, die Wirkung tritt auch so ein. Die utilitaristische Perspektive hat sich von der Unterform des zweiten Modells für andere in der Welt, über das dritte Modell für mich in der Welt hin zum vierten für meinen mentalen Zustand in mir immer weiter individualisiert und schließlich verinnerlicht, sodass das Gebet zwar immer noch aus der Selbstbezüglichkeit herausführt, aber letztlich dort bleibt. Aber als Gegenpol ist es ein wichtiger Bestandteil des Modellrahmens, weil es für die Lehrer/innen und Schüler/innen eine Realität ist.

3.4 Die Konstruktmodelle von Religionslehrkräften

Bernhard Dressler dokumentiert eine Unterrichtsstunde mit Jugendlichen zum Gebet, in der der Lehrer das Gebet mit dem Wunschzettel vergleicht. Die Schwierigkeiten des Betens zu Gott bestehen aus dessen Sicht darin, dass die Jugendlichen nichts mehr von Gott erwarten (Dressler 2012, 219):

> 657 P: Ja. Also heißt es, wenn wir beten, z. B. das Vaterunser beten, dass wir Gott was zutrauen.
> 658 ALEXANDER: Doch.
> 659 P: Ja. Das ist jetzt 'n bisschen blöde Frage: Traut ihr Gott eher schwierige Dinge zu oder leichte Dinge?

Dressler kommentiert das Lehrerhandeln hier so (Dressler 2012, 219):

»Theologisch (und damit auch religionspädagogisch) zeigt sich nun die Problematik, auf die das Gespräch bereits lange zusteuert: Es wird die Vorstellung bedient, dass Gott tatsächlich die Adresse eines Wunscherfüllers ist. Ein magisches Gebetsverständnis wird affirmiert. Wahrscheinlich hätte der kleine, unspektakulär erscheinende Unterschied zwischen Wünschen und Bitten diesen Irrweg vermeiden helfen, und zwar sowohl im Blick darauf, wie man sich einen Adressaten von Bitten vorstellt, als auch, wie sich Wünsche verändern, wenn man sich zu ihnen im Modus der Bitte verhält.«

Aus der Modellperspektive moniert Dressler, dass der Lehrer hier den Schüler/innen das dritte Modell in den Mund legen will, vermutlich will dieser darauf hinaus, dass zu Gott beten einerseits auf Wünsche/Bitten bezogen ist, dass aber die spezifischen Bitten des Gebets von anderer Art sind und eine andere Beziehung stiften. Aber dazu kommt er nicht, denn wie schon unter Kap. 3.4 argumentieren die Jugendlichen weiter im dritten Modell (Dressler 2012, 219 f.):

660 ALEXANDER: Nö.
661 SARAH: Ja.
662 P: Clara, würdest du beten: Lieber Gott, gib, dass morgen Grießbrei gibt?
663 ALEXANDER: Nö.
664 P: Wahrscheinlich nicht. Sondern welche, Sarah, welche Bitten würde man wahrscheinlich eher bei Gott ansiedeln?
665 SARAH: Keine Feinde zu haben.
666 P: Also schwere Bitten. Ne. Keine Feinde.
667 ALEXANDER: Vielleicht bessere Noten.
668 P: Bessere Noten.
669 SARAH: Oh, du und deine Lumpenhotte (= Punkmusik).
670 ALEXANDER: Ne Frei-, ne Freikarte für ACDC. (P lacht) ... Ist gar nicht mal so leicht aufzutreiben.
671 P: Ja, genau. Wie wäre das bei euch? Welche Wünsche an Gott würdet ihr eher ansiedeln?
[...]
678 P: Die kleinen?
679 BEN: Ja.
680 SARAH (zu Dana): Die anderen interessieren uns auch nicht.
681 P: Ja würdest du dir'n Weihnachtsgeschenk von Gott wünschen?
682 DENNIS: Ja!

Dressler fällt auf, dass die Lehrkraft zwar mit den Wünschen/Bitten das Modell wechseln will, aber es fehlt die Steuerung, die nun konsequent den Modellwechsel vorantreiben würde (Dressler 2012, 220):

> »Aber weil der Unterschied zwischen Bitten und Wünschen nicht signifikant gemacht wird, kippt das Gespräch zurück auf die durch den ›Wunschzettel‹ vorgegebene Ebene. Gott ist ein Wunschomat. Zwar weist P durch das dreimalige ›eher nicht‹ das von ihm selbst provozierte Missverständnis zurück, aber er klärt es nicht auf. Und diese Zurückweisung erfolgt auf paradoxale Weise, als eine Art double bind: Zum einen drei Mal wiederholt, zum anderen aber in einem fast indifferenten Tonfall, verstärkt durch die verbale Interpunktion ›okay‹, das Zeichen kommunikativer Harmlosigkeit.«

Der Überstieg in das komplexere theologische Gespräch der ersten beiden Modelle gelingt nicht, das Gespräch bleibt in der Harmlosigkeit des Wünschens des dritten Modells und so wird weder Gott noch die Lebenssituation *konkret*. Mit Blick auf die didaktische Strukturierung von Ulrich-Eschemann (1985) bleibt es hier bei der naiven Bitte. Die Jugendlichen bleiben in einer gottfreien *Grundsituation* und verfehlen das Gebet – vom ersten Modell her gedacht.

Miriam Vollmer interviewt in ihrer Bachelorarbeit drei Lehrkräfte der Grundschule, der Förderschule und der Sek I. Sie befragte sie zu ihrem Gebetsverständnis, ihrer Gebetspraxis und ihren didaktischen Zugängen. Auffällig ist, dass alle drei Lehrkräfte eine unregelmäßige eigene, dann vor allem formfreie Gebetspraxis haben. Feste Gebete kennen sie aus der Kindheit, aber sich davon zu befreien, ist Teil der religiösen Emanzipation. Dementsprechend vage ist auch die Adressierung im Gebet, die vom Gebetsverständnis her zwischen dem zweiten Modell (plus Deismus → Kap. 2.3) und vierten Modell schwanken könnte (Vollmer 2019, 24): »Da ist dieser Aspekt, du kannst dir alles von der Seele reden und ich glaube auch, dass du gehört wirst und dass du getragen bist, aber regeln musst du es dann alleine. Und […] hoffen, darüber dann eben, dass Zutrauen zu kriegen, dich einem Menschen anzutrauen oder in dir selber Kraft zu finden.« Der Ausfall des Gebets als Ort der Gotteserfahrung führt auch für den Unterricht weitgehend zu einem Komplettausfall des Themas aus Sorge davor, dass die Schüler/innen ohne Gebetserfahrung überformt würden – sie teilen also den Vorbehalt von Porzelt (2013). Teilweise wird der Unterricht aber auch zu einer freiwilligen Erprobung einer eigenen (Gebets-)Sprache, die auf traditionelle Sprachelemente weitgehend verzichtet und Bittgebete vorbehaltlos als angemessen zulässt (Vollmer 2019, 20–27) – wie es als zweite Zieldimension formuliert wurde (→ Kap. 3.2). Die befragten Lehrkräfte setzen von sich aus keine Impulse, um über das naive Bittgebet oder die Wiederholung von Traditionsformeln hinaus zu kommen (z. B. Sass 2013, 329). Kommen sie damit den Schüler/innen entgegen?

3.5 Die Konstruktmodelle der Schüler/innen

Katharina Kammeyer dokumentiert das folgende Gespräch in einem Dortmunder Kindergarten (Kammeyer 2006, 111):

> ERZIEHERIN: Was ist denn eigentlich Beten?
> VERSCHIEDENE KINDER: Da betet man, dass man gesund bleibt und dass man nicht krank wird.
> Und dass man was Süßes kriegt.
> Und dass man nicht schlafen muss.
> Und dass man nicht stirbt.
> Dass man machen kann, was man will.
> Dass man spielen soll.
> Dass man nicht lauter solche Nervensägen am Hals hat wie meine Mutter.
> Damit man groß werden soll. Ich möchte aber wieder ein Baby sein, das ist so süß.
> Meine Oma hat schon einmal gesagt: Lieber Gott, mach uns fromm.
> Da spricht man mit dem lieben Gott. [...]
> ERZIEHERIN: Und warum betet ihr?
> KINDER: Wir beten, dass nichts passiert.
> Weil der Gott da ist.
> Und ich bete, weil ich mir immer was wünsche.
> Ich bete für Geschenke und für Geld und für kleine Hühnerbabys.

In der Breite hält sie diese Gebete charakteristisch für alle Kinder der Stichprobe (Kammeyer 2006, 115 f.). Es sind vor allem die Bittgebete des dritten Modells, aber auch einzelne Fragmente, die die Unterform des zweiten Modells ansprechen (für kleine Hühnerbabys), oder auch des zweiten Hauptmodells (weil der Gott da ist). Wie auch Wagener (2013, 261–273) strukturiert Kammeyer die kindlichen Gebete über die großen Formen und bemerkt, dass der Dank und die Klage des zweiten Modells zurücktreten. Da Kammeyer aber nicht zwischen der Bitte des ersten Modells und der Bitte des dritten Modells theologisch unterscheidet, hält sie diese Bitten der Kinder für die elementare Grundform der anderen Gattungen (Kammeyer 2006, 116): »Theologisch lässt sich diese Beobachtung so formulieren, dass die Bitte sich gegenüber dem Dank verhält wie die Grundlage des Glaubens zu seinen Inhalten, die fides qua creditur zur fides quae, die Bitte also dem Dank vorzuordnen wäre. Hierbei würde der Bitte die vertrauensvolle Haltung gegenüber Gott entsprechen.« Die Kinder sind aus ihrer Sicht grundsätzlich in die theologische Grundstruktur des Gebetes eingestiegen. Ihr fällt schon auf, dass die Kinder mit weniger familiärer religiöser Sozialisation die komplexeren Formen des Gebets Klage und Dank nicht zeigen und auch nicht über die eigenen Worte hinaus auf fremde Worte und erzählte biblische Geschichten zurückgreifen (Kammeyer 2006, 122). Die Befunde unterstreichen aus Sicht der Modelle aber noch einmal mehr, dass die Kinder die religiöse *Grundsituation* (Ebeling 1979) des ersten Modells nicht rekonstruieren, sondern die konkrete Lebenssituation wie beim dritten und vierten Modell in den Vordergrund stellen.

Corinna Thiemann hat in ihrer Forschungsarbeit (2019) explizit Gebetspraktiken und -texte von Grundschulkindern der 4. Klasse in Ostwestfalen auf ihr Gebetsverständnis untersucht. Neben einer überraschend starken Gebetspraxis (62 % der Kinder beten in Familie und/oder Schule, nur 16 % beten gar nicht, n = 37) dokumentiert auch sie eine Mehrheit an Bittgebeten, aber auch sieben Dank- und zwei Klagegebete. Das zweite Modell mit seiner dialogischen Struktur mit einer vertrauten Person ist deutlich zu erkennen (11 Nennungen), die von Gott entsprechende Hilfe in der Not oder zumindest Zuhören erwarten lässt. Thiemann hat die geschriebenen Gebete explizit auf die Modelle untersucht und kommt zu folgenden Einordnungen: 92 % der Gebete folgen der Spur des dritten Modells, aber dabei zeigen die Gebetstexte auch eine große Bandbreite. Einzelne zeigen eine direkte Gottesrede mit einer spürbaren emotionalen Gottesbeziehung:

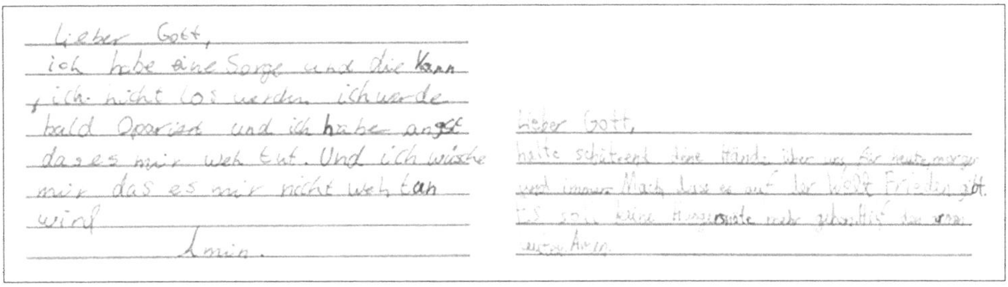

Abb. 5: Gebete mit Gottesbeziehung

Einzelne Kinder schreiben Gebete in der Art des ersten Modells, in denen sie sich Gottes Führung anvertrauen (8 %).

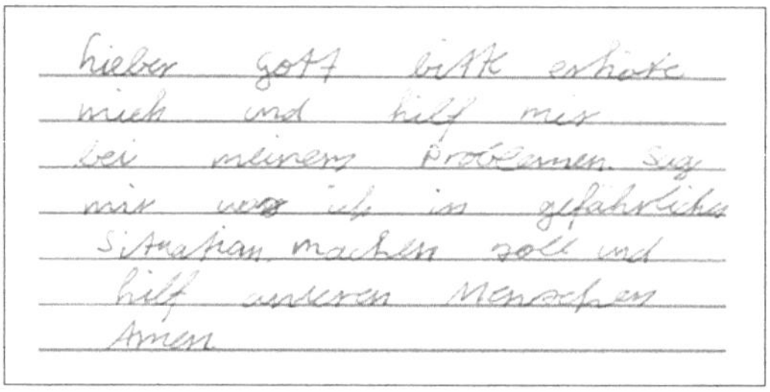

> lieber gott bitte erhöre
> mich und hilf mir
> bei meinem Problemen. Sag
> mir was ich in gefährlichen
> Situationen machen soll und
> hilf anderen Menschen
> Amen

Abb. 6: Gebete nach dem ersten Modell

Auffällig ist, dass in den untersuchten Klassen in den geschriebenen Gebeten das zweite und das vierte Modell nicht vertreten werden. Insgesamt ist in der Stichprobe die Form der Gottesanrede dominant. Nur drei Kinder verzichten auf einen nicht-immanenten Adressaten und auch sie führen kein Selbstgespräch. Dass das zweite Modell fehlt, überrascht etwas. Das hängt vielleicht damit zusammen, dass sich in diesem Modell die dominierende Form der Bitte nicht gut formulieren lässt.

Kindergebete und die didaktische Reflexion treffen sich in dem Bemühen, das naive, aber persönliche Bittgebet schon als richtiges Beten anzuerkennen (Ulrich-Eschemann 1985, 77). Während die Lehrkräfte damit zufrieden sind, hält die wissenschaftliche Gebetsdidaktik daran fest, über die Arbeit an der biblischen Beziehungssprache das Gebet in Richtung zweites bzw. erstes Modell zu entwickeln. Ulrich-Eschemann formuliert diese Zieldimension dann so (Ulrich-Eschemann 1985, 79):

> »Wir müssen ihm erzählen, dass Gott für uns immer in ›Rufnähe‹ ist, dass er unsere Mitteilungen versteht, dass er ›mitfühlt‹ mit dem, was uns bewegt. Aber das Kind muss auch hören, dass Gott bereits zu uns gesprochen hat, ehe wir zu ihm sprechen. […] Beten ist eine Antwort auf das Wort Gottes, das Menschen gehört und erfahren haben. Und auf dieses bereits gesprochene Wort Gottes bleibt unser Beten und unsere Erfahrung bezogen.«

Nur dass sich hier das Problem des ersten Modells wiederholt, dass entweder das Wort Gottes ernst gemeint ist, dann aber unverständlich bleibt, oder hermeneutisch und dann nur noch das zweite Modell gemeint ist und die Unschärfe zum vierten Modell zunimmt. Kein Wunder, dass die Lehrkräfte in ihrer Praxis auf solche Überhöhungen verzichten.

3.6 Der Modellbezug der Lehrpläne

An welchen Modellen orientieren sich die Lehrpläne bzw. wie nehmen sie die Gattungen auf und wie verhalten sie sich zu der fachdidaktischen Debatte um das Beten im Religionsunterricht? Zunächst fällt auf, dass insbesondere in der Grundschule das Beten als Praxis vorgesehen ist, an der Schüler/innen zur Förderung der Ausdrucksfähigkeit zu beteiligen sind (KLP|kRU|G|NRW|2008, 170). Eingeordnet wird das Beten aber in der Regel in den Lernbereich der Spiritualität und steht neben Formen wie der Stille oder dem Singen. Das Gotteslob wird als Quelle für Gebete und Lieder explizit genannt, aber eine gezielte didaktische Bewegung fehlt, wie das Betenlernen von der »naiven Bitte« weiterentwickelt werden kann (KLP|kRU|G|BAY|2020). In Bayern wird diese Linie auch in späteren Schulstufen durchgehalten, wenn z. B. der Religionsunterricht am Gymnasium (KLP|kRU|Sek II|BAY|2004) »Offenheit für Ausdrucksformen [weckt], die in Gebet, Meditation, Gottesdienst und Sakramenten zum Geheimnis Gottes hinführen«.

Die Praxen, die das Gebet umgeben, rücken das Gebet in die Nähe des vierten und dritten Modells. Das Gebet als Ort der Gottesfrage wird im Lehrplan nicht gesehen. Es geht um den niedrigschwelligen Erhalt von Gebetspraxis, ohne begleitend im Rahmen der communialen Dimension die Bedeutung der sozialen Spiegelung für die Plausibilität des Gebets als religiöser Kommunikation (Dinkel 2000) zu thematisieren oder im Rahmen der philosophischen Dimension wie im Transkript die Vielfalt der Modelle. Die Zurückhaltung gegenüber der verpflichtenden Gebetspraxis fester Gebete entspricht der religionsdidaktischen Diskussion, die Nähe zur Spiritualität als individueller ungebundener Ausdruck (drittes und viertes Modell) sorgt zudem dafür, dass der Lehrplan, die Lehrkräfte und die Schüler/innen zueinander kongruent modellieren. Es wurde aber auch deutlich, dass der gegenwärtige Zustand so wenig bildende Kraft an diesem zentralen Ort der Gottesfrage entfalten kann.

4 Gottesbilder und Theodizee

Eine Vorbemerkung vorweg: Dieses Kapitel arbeitet auf zwei Ebenen. Zum einen wird mit den Gottesvorstellungen bzw. Bildern hier auf eine besondere Art darauf geachtet, *wie* im Unterricht und der religionsdidaktischen Reflexion die Gottesfrage eingebracht wird. Es nimmt zum anderen mit der Frage nach dem Leid/dem Bösen einen weiteren *inhaltlichen Kontext* der Gottesfrage auf und wird hier wie zuvor fachliche Modelle und die Modellierungen der Lehrkräfte, Schüler/innen und Lehrpläne zueinander in Beziehung setzen. Wenn in den Lehrplänen von Gottesbildern die Rede ist, geschieht dies an konkreten Fragen, weil erst der Kontext überhaupt eine Struktur erzeugt, die überhaupt eine Vorstellung benennbar macht. Die Leidfrage bzw. die Frage nach dem Bösen ist als Inhalt sinnvoll, weil sie Schüler/innenvorstellungen produktiv anregt und das Grundthema der Gottesfrage bearbeitet, wie sich das mächtige Handeln Gottes mit den autologischen Prozessen der Welt zusammenbringen lässt.

4.1 Zehntklässler/innen reden über Gott – das Ankerbeispiel

Zu Beginn des Philosophierens und Theologisierens mit Kindern begann man oft damit, sich für die »großen Fragen« (Oberthür 1995) der Kinder zu interessieren und stieß dabei nicht überraschend immer wieder auf die Gottesfrage – und auf einige typische Antwortversuche. Diesem Muster folgt das Ankerbeispiel: eine 10. Gymnasialklasse mit katholischem Religionsunterricht, die auch schon in Kap. 2 analysiert wurde. Die Klasse sitzt in einem Stuhlkreis. Die Aufforderung des Lehrers lautet zu artikulieren, was sich die Schüler/innen unter »Gott« vorstellen. Dabei sollen die Beiträge idealerweise aneinander anschließen. Nach dem ersten Drittel fasst der Lehrer bisherige Beiträge zusammen (Faust-Siehl/Krupka/Schweitzer u. a. 1995, 497):

> L: [B]ei fast allen habe ich irgendwie herausgehört, das Problem, ist Gott 'ne Person oder […] ist er […] irgendwas anderes, 'ne abstrakte Macht, ein Geheimnis.

Für beide Positionen finden sich imposante Beiträge von Schüler/innen (Faust-Siehl/Krupka/Schweitzer u. a. 1995, 498, 500):

F/M: Ja, nicht Person als Äußeres, sondern Person als Bezugsperson, mit dem/ an dem man seine Probleme loswerden kann.
O/W: Ja, also/
F/M: Und sich aussprechen kann. Im Inneren, dass man sich da reinwirft. [...]
G/W: [...] Ich stell mir da jetzt kein Mann vor mit Bart oder so was. Aber trotzdem irgendwie 'ne Person, die auch fühlt [...], die genauso fühlt wie wir. [...]
D/W: Ja, für mich ist das halt mehr 'ne Macht, weil, wenn das 'ne Person wär, dann könnt's ja nicht überall sein. Ich mein, 'ne Person ist halt nie überall, das ist ja logisch.
C/W: Aber 'ne Macht ist doch was, was irgendwie unterdrückt.
K/W: Ja, mein ich eigentlich auch. Eher negativ, mein ich [...]
A/W: Ja, deshalb Kraft, oder [...]
D/W: Für mich ist Macht eher was, was lenkend ist. Und das muss nicht negativ sein.

Nach einem weiteren Drittel nimmt der Lehrer mit dem Thema »Gott und das Böse« einen weiteren Faden der ersten Gesprächsrunde auf (Faust-Siehl/Krupka/ Schweitzer u. a. 1995, 504):

L: [...] was ich auch gehört habe, im ersten Durchgang und das ist eine Grundfrage der Menschheit schon immer gewesen: Woher kommt das Böse? Hat Gott das Böse auch gemacht? Also diese Frage.

Die Schüler/innen diskutieren die Frage ganz auf der Seite des Menschen. Er braucht die Unterscheidung gut/böse. So formuliert es die Schülerin A/w als Fazit (Faust-Siehl/Krupka/Schweitzer u. a. 1995, 506):

A/W: Ich glaub schon, dass das Böse mit dem Menschen zusammenhängt. Ich mein, ich glaub, dass es so lange Böses geben wird, wie es Menschen geben wird.

Man spürt beim ersten Gesprächsgang das Bemühen der Schüler/innen, über ihr kindliches Gottesbild hinauszukommen. Sie suchen nach einem Modus, Gottes Gegenwart so auszudrücken, dass er nicht direkt zu etwas wird, das in der Welt gegenständlich ist. Diese Suche nach einem Modus der Gegenwart hat Auswirkungen auf die inhaltliche Modellierung des Bösen. Das hier gewählte Modell der Gegenwart Gottes sorgt dafür, dass sie die Leidfrage gerade nicht als Theodizee aufnehmen, was auch eine Möglichkeit wäre. Im Folgenden wollen wir zunächst die Frage nach der Gegenwart und dann die Leidfrage weiter theologisch klären.

4.2 Das theologische Programm der Stunde

4.2.1 Modi der Gottesgegenwart

Der Lehrer sieht den Diskurs der Stunde durch die Unterscheidung Person vs. Macht/Kraft bestimmt. Diese Unterscheidung hat etwas mit der Unterscheidung konkret/abstrakt zu tun, doch trifft dies nicht ganz die Komplexität der Fragestellung. Die Schüler/innen wollen über die kindliche Beziehungsvorstellung vom »lieben Gott mit langem Bart« hinauskommen, doch ist ihnen weiterhin die Beziehungs- und Kommunikationsmöglichkeit mit dem göttlichen Gegenüber wichtig. Dies versuchen sie mit dem Begriff der »Person« auszudrücken. Doch meint der Begriff in der Theologie weniger anthropomorphe Züge als eine Theaterrolle. In der Trinitätslehre wird etwa ausgedrückt, dass der dreieine Gott quasi in drei »Rollen auftritt« – als Vater, Sohn und Heiliger Geist. Doch darum geht es den Schüler/innen nicht, sondern darum, wie der *transzendente Gott in der Immanenz* erschlossen werden kann. Und hier wird deutlich, dass dies auch die Leitfrage für die Vorstellung von der göttlichen Macht bzw. Kraft ist, dass die Vorstellung der Kraft eine Modellierung ist, Immanenz zu behaupten, ohne Gott als etwas Seiendes zu verdinglichen. Dass aber auch diese Kraft letztlich intentionale Züge haben und adressierbar sein muss, wird durch die religionswissenschaftlichen Überlegungen von Pascal Boyer (2004) nachvollziehbar. Dieser macht deutlich, dass es für alle Gottheiten bestimmte gedankliche Voraussetzungen (constraints) gibt. Alle sind in irgendeiner Weise auf die Menschen bezogen. D. h., dass sie auf die eine oder andere Weise sehen, hören und sprechen – wenngleich oft in nichtmenschlicher Weise. In diesem Kontext bewegen wir uns in dieser Stunde, aber auch im Hinblick auf das Gebet (→ Kap. 3). Eine Theologie, die dies bedenkt, bewegt sich im Rahmen des Topos von »Gottes Macht« (Reis 2012a, 61 ff.). Theologisch ist damit das gemeint, was die Kognitionswissenschaft so ausdrückt: Wir rechnen mit einem intentional handelnden Gegenüber (→ »agent«). Diese Annahme verbinden im Prinzip alle Schüler/innenantworten. Die Vorstellung von einem intentional handelnden (unsichtbaren) Wesen, das die Kognitionsforschung unter dem Stichwort »agent« verhandelt, findet sich in der Theologie als Providentia Dei, als Vor- und Fürsorge Gottes. Der Gedanke führt von der Lehre von der Schöpfung (→ Kap. 2) weiter, indem er Gottes Handeln nach der uranfänglichen Schöpfung thematisiert. In welcher Weise ist Gott nun handelnd in der Welt präsent? In der Theologiegeschichte lassen sich vier grobe Modelle unterscheiden:

A) Gott als unmittelbar in der Welt handelnde Person: Dass Gott sich »in der Natur« manifestiert (Wetter, Erdbeben, Pandemien etc.), ist auch unter

Christ/innen durchaus eine vorzufindende Überzeugung. Die Frage ist allenfalls, ob Gottes Handeln innerhalb der Naturgesetze erfolgt oder ob diese im Einzelfall durchbrochen werden können. Schwieriger ist die Vorstellung, dass Gott in das menschliche Handeln eingreift – angesichts der empfundenen Willensfreiheit. Hier sind direkte oder indirekte Varianten vorstellbar (Kohlmeyer/Reis 2019; Büttner 2012a; Büttner 2012b). Eine weitere Frage lautet, ob Gottes Handeln im Sinne eines allgemeinen Plans erfolgt (providentia generalis) oder konkret in meinem Leben (providentia specialis). Die erste Option verweist auf die Vaterunser-Bitte »Dein Wille geschehe«. Die zweite Option erwägt, dass Gott mir zuliebe im Detail von seinem Plan abweicht. Dabei zeigt das YouTube-Video »SPIN – God is a DJ« (Winans/Sekiya 2005), dass eine kleine Modulation zugunsten einer Person neue Komplikationen schafft. Hilfreich ist es, sich hier noch einmal Luthers Gedanken (1529a) zur Schöpfung in Erinnerung zu rufen: Der mich täglich erhaltende Gott ist der, der mich erschaffen hat (→ Kap. 2). Luther verbindet die beiden Optionen: zuerst also die eigene Bewahrenserfahrung, die dann generalisiert wird. Es fällt nicht schwer, von hier aus den Bogen zu den Gottesaussagen der Schüler/innen zu schlagen, denen es ja letztlich auch um ihr Bewahrtsein in der Beziehung zu Gott ging – egal, ob als Person oder Macht gedacht. Generell kann man sagen, dass in diesem Modell der Gedanke eines unmittelbaren Eingreifens in der Welt notwendig ist, im Detail aber eher Irritationen und weitere Untermodelle hervorruft. Die Frage nach dem Leid ist hier im Modell geklärt: das Leid ist Teil des Handelns und zugleich macht sie das Modell auch anstößig.

B) Gott handelt als abstrakte Größe: Wir haben bereits gesehen, dass die Stärke der Lehrerintervention darin liegt, dass er in der Lage war, eine Differenz zu ziehen (Person vs. Macht), ohne eine Position zu privilegieren. Mit der Option Macht/Kraft kommt eine Sicht Gottes ins Spiel, die in Richtung Abstraktion verweist. Dieser Spur wollen wir nachgehen. Bereits in der Antike formulieren Philosophen wie Platon und Aristoteles Kritik an den allzu menschlich gezeichneten homerischen Göttern (Gadamer 1985, 187–211). Die christliche Theologie hat ihre Gotteslehre im Lichte dieser Philosophie entfaltet, für die Gott eher als Idee oder Prinzip gedacht wurde. So erscheint es als wichtige Aufgabe, Gott der Vernunft zugänglich zu machen. Dies geschah beispielsweise über die sog. Gottesbeweise. So entwarf Thomas von Aquin im Anschluss an Aristoteles die Denkfigur, dass in einer kausal organisierten Welt am Anfang eine erste Ursache oder ein erster Beweger stehen müsse – also Gott. Anselm von Canterbury hatte dagegen den sog. Ontologischen Gottesbeweis entwickelt. Er definiert Gott als das, dem gegenüber nichts Größeres gedacht werden kann. An diese Größe trägt er nun zwei Möglichkeiten heran – dass sie nämlich auch existiert oder dass sie nicht existiert. Man kann leicht erkennen, dass nur die

Variante der Existenz der ursprünglichen Definition entspricht und der Nicht-Existenz-Variante überlegen ist. Interessanterweise trägt Anselm seinen Beweis im »Proslogion« gebetsartig an Gott gewandt vor (→ Kap. 3.2) – das abstrakte Konstrukt eines (doch wohl irgendwie konkret gedachten) Gegenüber. Wie bereits die Fragerichtung der Gottesbeweise anzeigt, geht es hier nicht so sehr darum, was Gott tut, sondern um sein »Dasein« (Reis 2012a, 31 ff.). Diese Frage verändert sich und spitzt sich zu im Kontext der modernen Welt und ihrer Tendenz zur allumfassenden Deutung durch die (Natur-)Wissenschaft. Die Theologie versucht, darauf mit z. T. nicht-theistischen Entwürfen zu reagieren.

Auch hier bilden sich dann Untermodelle. *Gott handelt in/durch abstrakte(n) Kräfte(n) in der Welt.* Man kann mit Jürgen Moltmann Gott über den Heiligen Geist in reale wirksame physikalische Kraftfelder übersetzen, die nicht mehr direkt personal einzuordnen sind, aber trotzdem offenbar intentional Entwicklungen vorantreiben oder blockieren können (Moltmann 1991, 44–51; Moltmann 1993, 176). Oder mit Thomas Ruster können reale soziale Systeme zu himmlischen Mächten und Gewalten werden, die sehr auf Wohl und Wehe der Welt Einfluss haben (Ruster 2005), mal im Dienst Gottes, mal im Dienst gefallener Menschen. Die Leidfrage braucht hier keine Theodizee, sie ist den gefallenen Menschen und den dadurch gestörten Kräften zuzurechnen – so wie dies auch die Schüler/innen in der Ankersituation tun.

C) Radikale Transzendenz: Der Religionspädagoge und Physiker Andreas Benk (2008) schlägt vor, in der Linie der Religionskritiker wie Feuerbach auf die Prädikate Gottes wie gut, gerecht etc. zu verzichten und die Andersheit Gottes zu akzeptieren. Im Sinne radikaler Transzendenz entwirft er eine »negative Theologie«. Ein solches die menschliche Vernunft übersteigendes Prinzip ist dann auch kompatibel mit den großen Weltentwürfen der Physik. Gleichzeitig entspricht es dem radikalen Bilderverbot der Bibel. Dem begrifflichen Gewinn korrespondiert aber ein Verlust an Zugänglichkeit und wirft auch die Frage nach dem Sinn des Gottesglaubens auf – so wie der Deismus im Grunde auch die Gottesfrage erledigt (→ Kap. 2). Die Leidfrage führt auch hier nicht zur Theodizee, höchstens zur Frage, warum Gott diese Welt überhaupt gewollt hat.

D) Transzendenter Gott und immanenter Jesus: Am ehesten erträglich ist ein solcher nicht theistischer Entwurf von Gott, wenn wir ihn wie Dorothee Sölle (1982) christologisch deuten. Jesus Christus »vertritt« Gott bei uns. Ihm gegenüber ist all das an Beziehung möglich, was der strikt transzendente Gott verweigert. Diese Stellvertretung ist letztlich in der Stellvertretung Jesu auch unsere Aufgabe (Gestrich, 1989). Die Leidfrage stellt sich hier nicht mehr als Theodizee, sondern als Anthrodizee (Sölle, 1982; Reis 2012a, 163–196). So lassen sich grob vier Modellierungen unterscheiden:

Tab. 6: Modellrahmen zur Macht Gottes in der Welt

A) Personal allmächtig	B) Abstrakt intentional allmächtig	C) Transzendent, aber in Jesus/ Geschöpfen immanent	D) Radikal transzendent
Immer und überall, so auch in der Einzelsituation	Immer und überall, aber nur als abstrakte immanente Macht	Da, wo sich Geschöpfe – so wie Jesus – auf ihn beziehen und ihn vertreten	Transzendentes Geheimnis jenseits der Welt
Gott handelt selbst oder in den Zweitursachen	Gott ist der Herr der immanenten Mächte	Gott »handelt«, wo die Menschen in seinem Namen handeln	Gott respektiert von außen die Eigenlogik der Welt
Ungebrochene anthropomorphe Gottesrede	Realistische Gottesrede	Metaphorische Gottesrede	Negative Gottesrede über den unzugänglichen Gott

4.2.2 Gott und das Böse – Denkmodelle

Wenn man negative Ereignisse im Kontext mit Gott thematisiert, dann führt das häufig zur Leidfrage »Warum lässt der liebe Gott das zu?«, in deren Rahmen man Gott verteidigen (Theodizee), anklagen oder negieren kann (Reis 2012a). Dies gilt auch dann, wenn unsere Zehntklässler/innen – entwicklungspsychologisch erklärbar – nicht diesem Muster entsprechen. Bereits in der Antike stellte der Philosoph Epikur fest, dass es schwer sei, angesichts des Bösen an beiden Gottesprädikaten der Allmacht und der Güte gleichzeitig festzuhalten. In der Tat ist ein Erklärungsmodell schwierig, das Gottes Allmacht und Güte mit der Existenz des Bösen und der menschlichen Willensfreiheit zusammen denken kann. Wir skizzieren hier zwei Grundmodelle, die verschiedene klassische Modellierungen zur Theodizee bündeln, mit ihren Stärken und Schwächen (Spaeth/Rupp 2002).

Am einsichtigsten ist das *dualistische* Grundmodell. Hier wird Gottes Schöpfung von der alles bestimmenden Ordnung der Welt gelöst, sodass Gott gegen andere Mächte/Götter der Welt zu kämpfen hat. Dadurch verändert sich die Allmachtsvorstellung, die weniger die eines allmächtigen Gottes ist, der alles kann, was er will (lat. deus omnipotentis), als die eines Allherrschers, der gegenüber allem Mächtigen mächtig bleibt (der griech. theos Pantokrator) (Reis 2012a, 71–76). Die Güte Gottes kann so unbezweifelt bleiben. Die Existenz zweier Mächte fordert den Menschen auf, sich aus der Umklammerung der bösen Mächte zu lösen und sich in Freiheit an Gott zu binden (Röm 8,38f.). Doch stellt sich die Frage, warum der allmächtige Gott dem Bösen so viel Macht und

Tab. 7: Modellrahmen zur Theodizee (Reis/Speuser 2020, 198)

Kriterien / Modelle	Gott als Geheimnis	Leid als Preis der besten aller Welten	Depotenzierung von Leid	Bonisierung von Leid	Mitleiden Gottes	Leid als Herausforderung an den Glauben	Leid und Ohnmacht Gottes	Leid als Preis menschlicher Willensfreiheit	Leid ist Teil der Welt
theoretischer Bezug	(Fideismus)	(Determinierter Deismus; natural law defense)	(Eschatologie)	(Funktionale Theologie)	(Kreuzestheologie)	(biblische Hermeneutik)	(Theologie nach Auschwitz)	(free will defense)	(Freiheitsdeismus)
Ausgangspunkt	Gott ist unbegreiflich	Welt als optimale Schöpfung unter kontingenten Bedingungen	Leid hat keine große Wirkungsmacht	Hinter jedem Übel versteckt sich etwas Gutes	Gott nimmt am Kreuz Anteil an dem Leiden seiner Geschöpfe	Neuinterpretation der Allmacht Gottes	Aufgeben der Allmacht als Eigenschaft Gottes	Die Willensfreiheit der Menschen ist die alles bestimmende Größe	Leid ist Teil der autologischen Welt
Gottesbild	Gott ist als Geheimnis des Lebens unbegreiflich	Gott als der Erbauer eines »sich selbst vollziehenden Uhrwerks«	Gott hat in seiner großen Güte und Providentia den Überblick	Gott ist gütig, da er den Menschen das gibt, was sie brauchen oder verdienen	Gott liebt die Menschen so sehr, dass er sich der Welt gleich macht	Gott ist der Pantokrator und nicht der omnipotente Gott, ist als Wort mächtiger als alles, was allmächtig aussieht	Gott setzt in seiner Allmacht die Welt außer sich und begleitet sie in Güte	Gott als Schöpfer liebt die Geschöpfe in Freiheit und bindet sich radikal an diese Zusage	Gott als von der Welt entkoppelter Versteher und Moralwächter, Alternative: kein Gotteskonzept vorhanden

Argumentationsstruktur	Akzeptanz: Leitfrage unlösbar → Grund: Gott ist ein Geheimnis	Gott sorgt für das Optimum an Güte für alle Geschöpfe, Leid entsteht in der Verrechnung weltlicher Kontingenz	Kompensation von Leiden durch die Zukunft im Jenseits → kein Leiden im Jenseits (theologische Sicht)	Sichtbarkeit des Guten nur im Angesicht des Bösen möglich, Leid als Strafe für die Gerechtigkeit (Pädagogisierung)	Gottes Anteilnahme am Leiden seiner Geschöpfe → Möglichkeit Leiden zu überwinden	Leid kein Bestandteil der Welt, aber Machterfahrung zur Verführung zum Götzenglauben	Erschaffung einer freien Welt durch Gottes Allmacht und Begleitung der Geschöpfe in Liebe	Verantwortung des Leidens tragen Menschen aufgrund ihrer Willensfreiheit	Verantwortung des Leidens durch Menschen Folge von Naturereignissen, keine Beteiligung Gottes
Lösung	Theodizee der Rationalität entzogen	Theoretische Theodizee, wenn man akzeptiert, dass Gott das Leid zugunsten der gesamten Schöpfung nicht aufheben kann	Theoretische Theodizee, aber nicht rational vor biblischen Aussagen, wie Gott das Leid wahrnimmt	Theoretische Theodizee, aber nicht rational vor biblischen Aussagen, die Gott nicht mit schlechten Mitteln handeln lassen	Praktische Theodizee, wenn man die Entstehung des Leidens von Gott entkoppelt	Keine Theodizee nötig, da Gott nicht Verursacher des Leidens ist	Theoretische Theodizee, plausibel unter Transformation des Gottesbildes	Theoretische Theodizee, Gott trägt zugleich die Verantwortung für das Leiden in der Welt	Keine Theodizee nötig
Stärke/Schwäche	Starker Gottesbezug, wird aber auch vom Leid entkoppelt	Das Leid wird rational begreifbar/Distanz Gottes wenig biblisch	Starker Gottesbezug/Verharmlosung des Leides	Starker Gottesbezug, handelnder Gott/Gottes Eifer für die Leidenden unklar	Starke Aufwertung des Leidens als Gottes Ort/Gott ist zugleich Verursacher?	Gottes Handeln wird hermeneutisch/Was heißt dann: Gott ist der Schöpfer?	Konsequente Liebe Gottes/Ist das noch der Gott der Bibel?	Konsistent vom Menschen gedacht/Stimmt die Philosophie auch biblisch?	Keine Probleme/teuer mit dem kaltgestellten Gott erkauft

Raum lässt. Biblische Mythen wie der Engelssturz (Rupp 2002) versuchen zu erklären, warum Gott für einen *begrenzten Zeitraum* auf seine durchsetzende Macht verzichtet. Eine andere Modellierung erklärt den Machtverzicht und die eigene *Verohnmächtigung* im Moment der Schöpfung gerade als seinen Liebesbeweis – wie dies Eli Wiesel, Hans Jonas oder Dorothee Sölle vertreten (Reis 2012a, 178–181). Das Modell der *Kreuzestheologie* erklärt den Machtverzicht so, dass Gott-Vater sich im Leiden des Sohnes solidarisch auf die Seite der leidenden Welt stellt und so seine Machtposition räumt (Reis 2012a, 181 ff.). Das Modell der *free-will-defense* erklärt den Machtverzicht damit, dass Gott das Leid in der Freiheit des Menschen akzeptiert und eine andere Form von Welt, die das Leid komplett vermeiden könne, auch die Freiheit beseitigen würde (Stosch 2014, 99 ff.). Und auch der *Deismus* der Kinder, Jugendlichen und Lehrkräfte (→ Kap. 2), der gerade nicht deterministisch wie bei Leibniz gedacht wird, hat hier seinen Sitz. Und trotzdem bleibt diese dualistische Option biblisch anstößig, sie kommt mit der Einheit des Schöpfungs- und des Erlösungslogos nicht zurecht.

Beim alternativen *monistischen* Modell werden die negativen Mächte als »Seite« des einen Gottes gesehen. Der Kampf der Mächte ereignet sich quasi »in Gott«. Angesichts der Uneinsichtigkeit in diesen innergöttlichen Prozess verlagert sich die Sichtweise auf das Erleben des Menschen: Offenbart sich der liebende Gott (deus revelatus) oder verbirgt er sich (deus absconditus) (so Luther 1525/2006). Das heißt, dass das Modell Gott eher transzendent zeichnet. Das Gute und das Böse zu erkennen, ist selbst ein Akt göttlicher Gnade. Auf solcher Einsicht beruht das Modell der *natural-law-defense,* das Gottfried Leibniz vertritt: Wir lebten in der »besten aller Welten«, weil Gott anhand der Komplexität des Weltenlaufs gegen den Augenschein die Welt »optimal« leite. In seiner Theodizee versucht er zu zeigen, dass wir mithilfe der Vernunft nachvollziehen können, dass das jetzige Leid aus objektiver Perspektive die richtige Lösung in den Situationen ist (Reis 2012a, 174–178). Aber auch schlichtere Modellierungen wie die *Bonisierung des Leides* als Prüfung und Strafe, die *Depotenzierung* im Verweis auf das ewige Leben oder die *Mystifizierung* des Leides als Geheimnis Gottes, dessen Sinn wir jetzt noch nicht nachvollziehen können, gehören zu diesem Grundmodell (Stosch 2014, 108–118). Während das dualistische Modell im Grunde eine Konkretisierung des göttlichen Widerparts, z. B. als Teufel, fordert, kann auf der Grundlage des zweiten Modells darüber nachgedacht werden, ob das Böse eine eigene Existenz habe. Augustinus sieht in ihm nur einen »Mangel des Guten« (Augustinus 397–401/2009, Conf. III,7,12) und Karl Barth spricht vom »Nichtigen« (Barth 1950, § 50). Man könnte die Äußerungen der Schüler/innen, die die Fragestellung ganz auf die Seite des Menschen ziehen, als eine Variante auf der Grundlage des zweiten Modells sehen. Die Thematik lässt eine »Lösung«, die alle Ansprüche befriedigt, nicht zu.

4.3 Lehrer/innentheologische Modellierungen

Bereits unser Ankerbeispiel gibt Auskunft über die Charakteristika des dominierenden lehrer/innentheologischen Modells: Die Schüler/innen haben individuelle, heterogene Gottesvorstellungen, die die Lehrkräfte nicht mehr normativ rahmen können – auch für sich selbst nicht, wie die lehrer/innentheologischen Untersuchungen zur Schöpfung und zum Gebet zeigen. Die lehrer/innentheologische Modellierung setzt deshalb keine bestimmte Gottesvorstellung (zur Leidfrage) dominant, sondern ist eher an einer großen Vielfalt der nebeneinanderstehenden Perspektiven interessiert. Das kann so weit gehen, dass die Vielfalt und ihr Erhalt der Gottesvorstellungen explizit als Vorstellungen bzw. Bilder selbst normativ wird und damit im Grunde nur noch die beiden transzendenten Modelle des Modellrahmens (→ Tab. 7) infrage kommen (Reis/Roose 2020). Das macht es für Schüler/innen durchaus schwer, die Zielrichtung zu erkennen und zu verstehen, dass die eigene Position, die durchaus eine der beiden linken sein kann, nun als subjektive Vorstellung gerahmt wird (Reis/Roose 2020). In der Idealvorstellung wäre die Lehrkraft in der Lage, verschiedene Gotteskonzepte zu unterscheiden, zu benennen und sie diskursiv nebeneinanderzustellen, ohne sie zu bewerten. Wir werden an zwei weiteren Beispielen zeigen, dass dies wesentliche Merkmale sind.

Albrecht Schöll (2003) präsentiert eine Religionsstunde, 9. Klasse Hauptschule, zum Thema Zufall: Ist ein Lottogewinn purer Zufall oder ist Gott daran beteiligt? Theresa Kohlmeyer und Oliver Reis stellen die Haltung des Lehrers in dieser Frage heraus (Kohlmeyer/Reis 2019, 106):

> »Der Lehrer geht [ad hoc] von einer theistischen Vorstellung aus: ›Gott hat überall seine Hand im Spiel‹. Auf diese Vorstellung hin bewertet der Lehrer die Schüler/innenäußerungen. Er geht damit sogar so weit, dass es zu einer Konzeptverschiebung kommt.«

Er deutet das Wort »Schicksal« so, dass es eine »Schickung« von Gott impliziert (Kohlmeyer/Reis 2019, 106). Damit stellt er sich explizit gegen die Sowohl-als-auch-Lösungen, die viele Schüler/innen vortragen. Mit seiner apologetischen Haltung ist die Ausgangsalternative desavouiert und das Ausloten der Sowohl-als-auch-Lösung praktisch verunmöglicht. Das Grundproblem scheint uns darin zu liegen, dass der Lehrer die Gattung »Dilemma« nicht grundsätzlich bedacht hat. Nach Kohlberg und Oser gehören dazu zwei Aspekte: Es muss eine *Handlungs*alternative geben. Man tut entweder dies oder das. Dabei muss es für jede Handlungsoption gute Gründe geben. Ein Dilemma schließt sowohl ein

»als auch« aus. Der Lehrer behandelt also die Ausgangsfrage wie ein Dilemma, obwohl es bei der Frage eher auf graduelle Konglomerate von Geschichtsmächtigkeit Gottes und Eigenmächtigkeit des Menschen ankommt (Kohlmeyer/Reis 2019, 100–104). In der Tat kann man Ereignisse erklären und trotzdem Gott zuschreiben (Büttner/Dieterich/Herrmann u. a. 2007, 114 f.) Insofern waren die Schüler/innen hier eher auf der richtigen Spur.

Die Strategie der Lehrerin einer 5. Gymnasialklasse ist wesentlich voraussetzungsreicher (Büttner/Thierfelder 2002; Choltitz 2002, 53–70). Von Beobachtungen, dass Schüler/innen mit beginnendem Jugendalter gerne mit dem Gottesmodell vom »Marionettenspieler« operieren (Schweitzer/Nipkow/Faust-Siehl u. a. 1995, 12 f.), leitete sie die Idee ab, die Frage des freien Willens explizit zu thematisieren. Nun ist diese Frage theologiegeschichtlich durch die Kontroverse zwischen Luther und Erasmus von Rotterdam gekennzeichnet. Luther bestand darauf, dass der Mensch in Fragen des Glaubens keinen freien Willen habe, was für Erasmus nicht akzeptabel war, da der Mensch zumindest ein wenig für sein Handeln verantwortlich sei. Luthers Position ist – im Gegensatz zu Erasmus – erst einmal kontraintuitiv. So wurde zu Stundenbeginn eine Situation thematisiert, in der ein Kind – gegen seine eigentliche Absicht – aus Wut ein Spielzeug eines Geschwisterkindes zerstört. Die beiden Theologen entfalteten ihre Argumentation in kontroverstheologischer Absicht. Luther (1525/2006) wollte zeigen, dass der Glaube ein Gnadengeschenk Gottes sei, Erasmus (1524/1969) wollte das moralische Bemühen des Menschen betonen. Betrachtet man die Positionen unter entwicklungspsychologischer Perspektive, dann sieht man, dass Luthers Sicht eher der von jüngeren Kindern, Erasmus' Sicht der von älteren entspricht. D.h., dass die Positionen nicht als »evangelisch« oder »katholisch« inszeniert werden, sondern als Denkoptionen. Beide Theoretiker bieten zwei kleine Narrative, mit denen im Unterricht gearbeitet wurde. Luther meint, der Mensch ist ein Reittier, auf dem entweder Gott oder der Teufel reitet. Doch die pferdeerfahrenen Schüler/innen wussten, die meiste Zeit steht das Pferd in der Box. Damit war klar, Luthers Beispiel betrifft die Alltagsentscheidungen nicht. Auch Erasmus' Beispiel vom Kind, das mit viel Unterstützung und einem bisschen eigener Anstrengung schließlich einen Apfel erreicht, wurde anhand einer großen Babypuppe in Szene gesetzt. Im Kontext unserer Fragestellung wird deutlich: Die Lehrerin geht bewusst mit kontroversen Gottesbildern in den Unterricht, wohl wissend, dass es für die Schüler/innen darauf ankommt, viele Bilder ausprobieren zu können und zu erkennen, dass diese als Gleichnisse immer nur einem Teilaspekt sichtbar nachgehen können – also auch Modelle sind. Immerhin konnte in einem späteren Unterricht gezeigt werden, dass mit der skizzierten Modellierung auch in einem anderen Kontext erfolgreich operiert werden konnte.

4.4 Konstruktmodelle der Kinder und Jugendlichen

4.4.1 Schüler/innenmodellierungen der Handlungsmacht Gottes

Dem theologischen Trend der Abstraktion in der Theologie in der Abkehr von den theistischen Modellen in der Fachtheologie und bei den Lehrkräften folgt im Grunde auch die Religionspädagogik. Seit Jahrzehnten ist es üblich, Schüler/innen Gottesbilder malen zu lassen, um so die subjektiven Vorstellungen in Beziehung zur biblischen Überlieferung setzten zu können. Die wissenschaftliche Auswertung dieser Malversuche konzentrierte sich hauptsächlich auf das Auftreten konkreter bzw. abstrakter Bilder. In einer umfassenden Studie verglich Helmut Hanisch (1996) die Bilder Leipziger Schüler/innen mit solchen aus dem schwäbischen Heidenheim. Er kommt zu dem Ergebnis, dass sich die Zeichnungen der Kinder weitgehend ähneln. In beiden Gruppen dominieren anthropomorphe Gottesbilder. Doch die Gruppen der Jugendlichen unterscheiden sich deutlich. Die Bilder der Leipziger bleiben häufig bei anthropomorphen Darstellungen, wohingegen die Heidenheimer Schüler/innen in der Regel abstrakte Darstellungen wählen. Hanisch deutet das so, dass die Weiterentwicklung des kindlichen Gottesbildes kein Selbstläufer ist, sondern der religionspädagogischen Begleitung bedarf. Wo diese – wie in Leipzig – nicht erfolgt, bleibt die Gottesvorstellung auf dem kindlichen Level und wird dann als unangemessen abgelehnt. Die abstrakteren Gottesbilder der Heidenheimer – eine Frucht des Religionsunterrichts! – erscheinen den Heranwachsenden als angemessen. Daraus ergibt sich für Hanisch ein Programm.

Die Forschung zu den Gottesbildern erhielt einen maßgeblichen Impuls durch Stefanie Klein (2000). Diese hatte gezeigt, dass ein bestimmtes Gottesbild noch keine Aussage darüber zulässt, was das jeweilige Kind im Moment über Gott denkt oder wie es mit Gott die Welt bedenkt. Bei Malserien ändert sich oft Art und Inhalt des Dargestellten. Wenn man den Malvorgang begleitet, wird erst deutlich, was die/der Maler/in sich dabei gedacht hat. Somit erweist sich eine Fixierung auf ein bestimmtes Bild als problematisch, entscheidender ist die personale Gottesbeziehung, die z. T. hinter den Bildern verborgen sein kann. Sie lockert so das Dogma etwas, das zuvor unumstritten war und latent parallel zum theologischen Fachdiskurs immer noch in Geltung ist: konkret-anthropomorph-kindlich-vorläufig und abstrakt-symbolisch-reif-nachhaltig.

In dieser Hinsicht noch bedeutsamer sind die Ergebnisse des Kognitionspsychologen Justin Barrett (Büttner/Dieterich 2013, 163 ff.). Dieser hatte bei Kindern durch Versuche ermittelt, dass diese – trotz vordergründig geäußerter anthropomorpher Gottesvorstellungen – sehr wohl wissen, dass Gott sich von Elternimages maßgeblich unterscheidet. Für Erwachsene konnte er zeigen, dass diese »offiziell« zwar meist »theologisch korrekte« abstrakte Gottesvorstellungen artikulieren, doch in lebensweltlichen Kontexten sehr wohl mit konkreten Gotteskonzepten operieren. Daraus leitet Barrett ab, dass Kinder und Erwachsene sowohl über konkrete als auch abstrakte Vorstellungen verfügen, die sie eben nach Anlass aktualisieren können. D. h., es ist religionspädagogisch nicht geboten, Schüler/innen auf eine bestimmte Vorstellung von Gott zu fixieren. Wichtiger ist es zu sehen, dass in bestimmten Kontexten die Personalität und damit eine bestimmte Form von Mächtigkeit bedeutsam ist – wenn z. B. die eigene Existenz in den Blick gerät –, dass es aber in anderen Kontexten mit einer hohen Orientierung an der Normalrealität hilfreich ist, zu abstrakten Mustern zu greifen. Gottesbilder und Gottesvorstellungen zu erheben, ist also keine unschuldige einfach deskriptive Tätigkeit. Sie triggert eine Auseinandersetzung über die Vorstellungen, wie Gott und Welt zusammenhängen oder nicht. Die Fragestellung alleine kann schon ein Modell der Transzendenz und der nur noch bloßen bildhaften Rede von Gott (→ Tab. 6) evozieren. Deshalb ist es entscheidend, auch bei dieser einfachen Aufgabe, die modellierende Rahmung sehr genau vorzunehmen. Der Lehrer im Ankerbeispiel war offenbar so sensibel, dass die Schüler/innen ihre Modelle äußern konnten, ohne dass sie relativistisch in Beziehung gesetzt wurden.

4.4.2 Schüler/innenmodellierungen zur Theodizee

Auch wenn die empirischen Studien zeigen, dass die Gottesvorstellungen der Kinder und Jugendlichen vielfältig sind und bei demselben Probanden bzw. derselben Probandin kurzfristig wechseln können, so lassen sich doch mit verschiedenen Studien auch zur Theodizee strukturelle Aussagen treffen.

Karl Ernst Nipkow (1987) fand in einer Studie an Berufsschüler/innen heraus, dass die Theodizeethematik die Schlüsselfrage der Heranwachsenden darstellte. Diese Erkenntnis bestimmte den Religionsunterricht vor der Jahrtausendwende. Doch in einer Studie von 2006 stellten Werner H. Ritter, Helmut Hanisch, Erich Nestler und Christoph Granzow die universelle Gültigkeit dieses Ansatzes infrage. Nur ein Teil ihrer Probanden verband persönliche und abstrakte Leiderfahrungen mit Gott. Eva Maria Stögbauer (2011) legt schließlich ein differenziertes Modell vor. Verkürzt kann man sagen, dass die Leidfrage nur bei den Zweifelnden eine zentrale Rolle spielt. Dieser Zweifel lässt sich verstehen als Krise der *monistischen Modellierungen,* die ein hohes Maß an Glaubenssicherheit verlangen, um im Vertrauen auf den allmächtigen Gott die Weltkrise im Leid dem gütigen Handeln Gottes zuzuordnen. Die eher Distanzierten bringen Gott gar nicht mit Leid und dem Bösen in Verbindung (Modell: *Leid als Teil der Welt*) und für die Glaubenden ist dies eher ein Motiv zur Stärkung des Gottesglaubens. Sie kommen selbstverstärkend mit einer monistischen Modellierung klar.

Angeregt durch die kognitivistische Entwicklungspsychologie hat Bucher (1992) eine Typologie von Schüler/innenvorstellungen zur Theodizee vorgelegt. Es geht dabei zwar eher um die Frage des menschlichen Leids, doch – wie gleich sichtbar wird – läuft dies weitgehend synchron mit der Frage nach Gott und dem Bösen. Bucher legt seinen kindlichen und jugendlichen Probanden das sog. Hiob-Dilemma aus dem Material Fritz Osers vor (Bucher 1992, 8). In Anlehnung an Osers Stufen des religiösen Urteils findet er drei Antworttypen, die in etwa eine altersinduzierte Entwicklung abbilden:

»Typ 1: Der allmächtige Gott schickt beides: Liebes und Leides« Die Probanden im (frühen) Grundschulalter antworten dann so (Bucher 1992, 9): »›*Manchmal hat er (Gott) die Kraft verloren, da hat er nicht so viel Kraft in den Armen, damit kann er nicht so viel machen.*‹ Mitunter begegnete auch ein ausgesprochen dualistisches Weltbild: Gott macht das Gute, der Teufel hingegen das Böse. Also ›*Gott ist ja bekannt … eben gut, also, dass er alles Gute macht oder, und der Teufel alles Böse. Vielleicht braucht Gott … Gott bestimmt ja auch über den Teufel, und jetzt ist es einfach so, dass Gott vielleicht weniger stark ist, aber vielleicht später, da kann Gott den Teufel besiegen.*‹«

Bei älteren Grundschüler/innen und zu Beginn der Sekundarstufe argumentieren viele im Sinne des zweiten Typus (Bucher 1992, 9): »Typ 2: ›Fit for that‹: Wie der Mensch zu Gott, so Gott zum Menschen.« Ähnlich der Freunde im biblischen Hiobbuch vertreten die Schüler/innen in dieser Stufe die Vorstellung, dass es eine Entsprechung von Tun und Ergehen geben, also Hiob etwas falsch gemacht haben müsse. Eine andere Variante ist der Gedanke, dass Gott ihn auf die Probe stellen wolle. In der Jugendphase erscheint dann – vielleicht aus dem Unbehagen an der Stufe 2 heraus – der Typ 3 (Bucher 1992, 10): »Typ 3: Nicht Rechtfertigung Gottes, sondern Rechtfertigung des Menschen.« Wie in unserem Ankerbeispiel wird die Frage nach dem Leid bzw. dem Bösen nur in Bezug auf den Menschen diskutiert. Eine Zuschreibung an Gott unterbleibt. Bezieht man diese Ergebnisse auf die von Stögbauer (2011), dann wird nachvollziehbar, dass für viele Jugendliche von Typ 3 die Leidfrage als Theodizeefrage erscheint. Es wäre allerdings ein Kurzschluss die Zweifler und die Distanzierten für entwicklungsverzögert zu halten. Das ist nur notwendig, wenn man dem Trend zur transzendenten Abstraktion als implizites religionspädagogisches Ziel folgt.

Was Bucher in der 3er-Typologie nicht modelliert – und was schon bei Oser/ Gmünder ein Problem ist –, das ist die Schwierigkeit über die Stufe 3 hinaus einen alltäglichen, reifen Glauben zu denken. Die Ergebnisse von Harris (2011, 168) oder von Legare u. a. (2012) legen der Religionspädagogik genau hier ein Umdenken nahe. Konkrete und abstrakte Vorstellungen, sektoriale und hybride Formen, schließen sich nicht aus. Eine reife religiöse Entwicklung besteht vielmehr darin, in den verschiedenen Situationen mit unterschiedlichen Realitätsannahmen überhaupt sprachfähig zu bleiben.

4.5 Die Modellierungen der Lehrpläne

Die Lehrpläne machen die Gottesvorstellungen/-bilder der Schüler/innen immer wieder zum Thema (LP|kRU|G|Kl. 1–2|NRW|2008, 173): »Die Schülerinnen und Schüler gestalten und vergleichen ihre Vorstellungen von Gott, indem sie diese in Worten, Bildern, Gebärden oder Klängen auch gegenüber anderen zum Ausdruck bringen.« Aber auch »Gottesbilder der Bibel als Ausdruck unterschiedlicher Gotteserfahrungen« (KLP|kRU|HS|NRW|2013, 31) sollen in der Sek I 5/6 erklärt werden. Dieses Ziel begegnet noch einmal im Lehrplan für die 9./10. Klasse verbunden mit der Fähigkeit, »die Frage nach dem ›Wozu‹ des Leidens (Theodizeefrage) [zu] erläutern« (KLP|kRU|HS|NRW|2013, 37; analog im KLP|kRU|Sek I|Kl. 7–8|NRW|2011, 27). Für das Gymnasium sieht der Lehrplan in der EF sogar vor, dass sich die Schüler/innen auf der Meta-Ebene mit ihren Gottesvorstellungen beschäftigen, u. a. auch in der Nähe zur Leidfrage (KLP|kRU|Sek II|NRW|2014, 27): »Die Schülerinnen und Schüler erläutern Stufen der Entwicklung und Wandlung von Gottesvorstellungen in der Biographie eines Menschen, […] ordnen die Theodizeefrage als eine zentrale Herausforderung des christlichen Glaubens ein.« Welche der angesprochenen Modelle zur Theodizee werden in den Lehrplänen angesprochen? Und welche Formen der Gottesvorstellungen werden als Entwicklungsziele ausgegeben? Auffälligerweise auf beiden Ebenen keine. Der Lehrplan sieht nur vor, *dass* die Gottesvorstellungen gehoben und besprochen werden und mit biblischen Vorstellungen verglichen werden. Genauso wird auch bei der Theodizeefrage kein Modell dominant gesetzt.

Die Gottesfrage bzw. die Leidfrage verändert sich, wenn man sie – wie die Lehrpläne – im Kontext von Gottesvorstellungen aufmacht: Sie wird erstens zu einer unentscheidbaren Frage, sie wird zweitens subjektiviert, sie wird drittens aus einer rationalen diskursiven Wissensstruktur herausgelöst und es gibt viertens keine Norm mehr (→ Kap. 1.1). Was aber ist dann das Lernziel? Man könnte sagen, die Pluralisierung und damit die Differenz zwischen Wissen und Überzeugung selbst ist das Lernziel (Reis/Roose 2020). Und dieses implizite Lernziel ist wichtig, um z. B. die Hermeneutisierung bei der Schöpfung und das persönliche Gebet jenseits der Konfessionstradition zu begleiten. Die Lehrer/innentheologie mit dem Bewusstsein für Vielfalt sowie der Strategie, Vorstellungen formal zu ordnen, orientiert sich durchaus an diesem Modell (→ Kap. 1.1; Stinglhammer 2018). Der Lehrer in der Reihe zum Zufall unterläuft diese Struktur, ohne dadurch aber didaktischen Mehrwert zu erzielen. Die Lehrerin zu Luther und Erasmus überschreitet sie, weil sie genau das tut, was wir mit diesem Buch beabsichtigen: Sie arbeitet nicht mit den Gottesvorstellungen, sondern mit den Modellen und setzt diese in eine konträre Debatte über Freiheit und Gottbestimmtheit, die auch den Schüler/innen des Ankerbeispiels bei der Weiterentwicklung des Gottdenkens zum Leid helfen könnte.

5 Sünde = Verfehlung + Strafe?

5.1 Ein Unterricht über Verfehlung und Strafe

In seiner Abhandlung über den Menschen (Luther 1536/1883) unterscheidet Luther den Blick der Philosophie auf den Menschen (in ihrer Unterscheidung vom Tier) von dem der Theologie (bestimmt durch Schöpfung und Sündenfall). Doch wie soll man mit Kindern über das Sündersein reden? In einem Gespräch über das Bußsakrament stellt Katrin Bederna (2014, 161) Kindern die Frage: »Hat die Schuld eurer Meinung nach was mit eurer Beziehung zu Gott zu tun?« Die Kinder verneinen dies. Von dieser Voraussetzung her scheint es uns legitim, ein Ankerbeispiel aus einer evangelischen Religionsstunde einer sechsten Hauptschulklasse zu präsentieren, obgleich dort das Wort »Sünde« explizit an keiner Stelle fällt. Im Zentrum steht ein Thema, das Schüler/innen am Ende der Kindheit in der Regel sehr interessiert: der Blick auf Erziehungssituationen, wo es ihnen zunehmend besser gelingt, auch die Position von Erziehungspersonen mitzureflektieren.

Zu Beginn der Stunde sprechen alle gemeinsam das folgende Gebet (Faust-Siehl/Krupka/Schweitzer u. a. 1995, 48):

> »Lieber Gott und Vater! Wir danken Dir, dass Du uns auf der Straße bisher behütet hast. Wir bitten Dich für alle Autofahrer, Radfahrer und Fußgänger, dass sie aufeinander achtgeben. Für die Polizei, Ärzte und Sanitäter, dass sie bei Unfällen Menschen das Leben retten können. Für unsere Eltern, Geschwister und Freunde, dass sie gesund nach Hause zurückkehren. Lass uns heute, morgen und noch viele Tage gesundbleiben.«

Das Gebet bietet das Stichwort »Fehlverhalten« (Faust-Siehl/Krupka/Schweitzer u. a. 1995, 49): »Wenn ma sich falsch verhält auf der Straße, dann kann man auch nicht gesundbleiben.« Es geht dann weiter mit verschiedenen Beispielen des Fehlverhaltens, bevorzugt aus dem Verkehrsbereich und hier besonders um das Thema »Fahrerflucht«. Interessant ist dann die Schilderung des Schülers D/m (Faust-Siehl/Krupka/Schweitzer u. a. 1995, 50 f.):

    D/M: Mei Mutter hat gar nicht erst die Polizei geholt ((S? lacht))
    L: Mh.
    D/M: Als die'n Crash gebaut hat.

L: Aber sie hat's dann so geregelt?
D/M: Ja. [...]
F1/M: Das war auch nicht so schlimm, das Auto könnt mein Papa selber machen.

Danach kommt die eigentliche Fragestellung der Stunde – die nach der gerechten Strafe. Grundlage ist eine Szene, in der ein siebenjähriger Junge seine Sonntagskleidung im Zimmer herumfliegen lässt, statt sie aufzuräumen. Seine Mutter räumt daraufhin alles weg, was im Zimmer herumliegt und der Junge stellt wütend fest, dass er mit seiner Alltagskleidung zur Sonntagsschule gehen muss. Obgleich die Szene Irritationen enthält – etwa wegen der Sonntagskleidung – spielen die Kinder die Geschichte mit großer Leidenschaft nach. Dabei zeigen sie Verständnis für die mütterliche Erziehungsmaßnahme. Die zweite Szene wird nur vorgelesen und diskutiert. Es geht um einen fünfjährigen Jungen, der im Supermarkt, ohne dass es die Mutter merkte, Bonbons mitgenommen hat. Als es die Mutter vor dem Laden sieht, bezichtigt sie das Kind des Diebstahls und verprügelt es, auch weil sie das Ganze im Laden wieder in Ordnung bringen muss. Während die Schüler/innen im ersten Fall die Strafe der Mutter angemessen fanden, lehnten sie diese im zweiten Fall durchweg ab (Faust-Siehl/Krupka/Schweitzer u. a. 1995, 63 ff.):

C/M: Unangemessen.
L: Aha. Könntest Du es auch begründen?
C/M: Haja, der weiß es nit besser, der is ja noch zu kloi.
L: Fünf Jahre, nicht? [...]
G2/W: Ich hab das auch geschrieben, dass der das wahrscheinlich gar nicht wusste, und dass sie den dann gleich geschlagen hat, das find ich nicht gut. [...]
D/M: Im Lade, da prügelt man ganz gewiss net herum, weil's ja alle sähe.
L: Hab ich alles schon gesehen.
D/M: Ja, aber des sähet ja andere. Und beim ganz (unte) da, da/die Mutter hätt' ihm erst erkläre müss/solle [...]
F2/M: [Weil] zu Hause darf er wahrscheinlich immer die Bonbons nemme, wenn sie auf dem Tisch liegen und dann, und dann hat er sie halt einge(schobe).

Der Lehrer verteilt dann ein Arbeitsblatt, auf dem drei analoge Szenen abgedruckt sind, jeweils versehen mit drei Vorschlägen zur Bestrafung. Dies dient dem Transfer und der Überprüfung des Gelernten. Zum Schluss macht der Lehrer am Beispiel des Fünfjährigen deutlich, dass ein solches Strafverhalten Vertrauen zerstöre und dadurch später Straffälligkeit provozieren könne.

5.2 Die Signaturen der Stunde – Brücken zum Sündenbegriff

Gegen Ende der Stunde wird deutlich, welche Ziele der Unterricht verfolgt. Die Schüler/innen sollen zwischen angemessenen und unangemessenen Strafen im Bereich von Erziehung und Familie unterscheiden können. Doch explizite Kriterien werden nicht genannt. Man kann sie leicht erschließen. Die Bestrafung soll als gerecht empfunden werden. Dazu sind drei Kriterien zu erfüllen:
1. Die Strafe soll verhältnismäßig sein in Relation zum Fehlverhalten.
2. Das Kind muss verstehen können, wofür es bestraft wird.
3. Es ist wünschenswert, dass die Strafe in dem Feld angesiedelt ist, in dem sich das Fehlverhalten ereignet hat.

Angesichts des kognitiven Entwicklungsniveaus der Schüler/innen ist es wahrscheinlich keine schlechte Idee des Lehrers, darauf zu verzichten, abstrakte Kriterien zu formulieren, die die Schüler/innen dann »anwenden« sollen. Er rechnet vielmehr damit, dass im Sinne einer »narrativen Ethik« die zentralen Aussagen an die verhandelten Narrative gebunden sind und sich von daher auf neue Situationen übertragen. Die Frage stellt sich, ob und gegebenenfalls wie das Thema *theologisch* zu situieren sein könnte. Dazu hilft zunächst einmal die Beobachtung, dass die Punkte 1 und 3 einem Typus von Strafe entsprechen, wie wir ihn im Pentateuch finden und der im Judentum bis heute eine lange Auslegungsgeschichte hat. Wir kennen (und verkennen oft) die Bedeutung des Talionsrechts (Auge um Auge, Zahn um Zahn), das aber eine genaue Kasuistik enthält, welche Kompensation einer bestimmten Schädigung entsprechen soll. Betrachten wir das Elterngebot im Dekalog, dann lässt sich leicht erkennen, dass es diesem Typus nachgebildet ist: So wie sich das Kind zu den Eltern verhält, so soll es ihm später auch ergehen. Eph 6,1–4 weitet die Perspektive im Sinne unseres Beispiels, dass nämlich auch die Väter angesprochen sind, ihre Kinder nicht zum Zorn zu reizen – wohl wissend, dass auch dies entsprechende Folgen haben kann.

Der Unterricht fokussiert Verfehlung und Strafe auf eine Do-ut-des-Konstellation zweier Personen. Das ist vermutlich altersangemessen. Doch er bietet in seiner Anfangsphase Hinweise, dass das Thema Strafe sich darin nicht erschöpft. D/m erzählt von einem (vermutlich kleineren) Unfall seiner Mutter, wo man den Schaden zwischen Geschädigten und Täterin ohne Polizei »geregelt« habe. Damit wird klar, dass der Schaden offenbar zwei Referenzen hat: der Geschädigte im privatrechtlichen Sinne und die durch den Unfall verletzte Straßenverkehrsordnung im strafrechtlichen Sinne. D. h., dass der säkulare Rechtsstaat offensichtlich Ordnungen und Werte verteidigt – zunächst einmal unabhängig davon, ob sich konkrete Menschen davon betroffen sehen oder versuchen wollen, das Problem »privat« zu lösen. Dies betrifft Leben, körperliche Unversehrtheit und Eigentum. In einem christlich geprägten Staat führt das dazu, dass besonders solche Werte und Ordnungen strafrechtlich geschützt sind, die von den Kirchen naturrechtlich (katholisch) oder schöpfungstheologisch (protestantisch) begründet werden. Das ist durchaus konflikthaltig. So stellt der Staat heute Ehebruch oder sexuelle Orientierung nicht mehr unter Strafschutz, sondern überlässt dies der Regelung der Privatpersonen. Im Bereich des Schutzes des ungeborenen Lebens geht es eben gerade darum, ob die Schwangerschaft »Privatsache« der werdenden Mutter sein soll oder ein von der Allgemeinheit zu schützendes Gut. Unser Exkurs verdeutlicht, dass unser Fehlverhalten möglicherweise nicht nur konkrete Menschen betrifft, sondern Ordnungen, die etwa die Gemeinschaft als schützenswert definiert hat. Traditionellerweise werden diese oft auch religiös legitimiert. Damit wäre nachvollziehbar, dass etwa ein kleiner Diebstahl die Eigentumsordnung insgesamt bedroht und – von daher nachvollziehbar – im Dekalog ausdrücklich angesprochen wird. Damit wird angezeigt, dass auch Gott in seiner ordnungsschaffenden Funktion gemeint ist. Dies betrifft einen wichtigen Aspekt dessen, was *Sünde* meint. Das Gebet zu Stundenbeginn etabliert quasi einen Rahmen, der eine solche Deutung nahelegt. Wenn ich Gott bitte, im Bereich des Straßenverkehrs heilsam einzuwirken, spreche ich seine providenzielle Seite an (→ Kap. 4): Gott soll so auf das Geschehen einwirken, dass es für die Verkehrsteilnehmer heilsam ist. Wie dies geschehen kann, ist nicht einfach zu rekonstruieren. Dass dies aber auch durch *ordnungsetzendes* Handeln (Straßenverkehrsordnung) geschieht, ist kaum umstritten. So gesehen geht es bei der Frage von Fehlverhalten und Strafe auch immer darum, was dies in der Perspektive Gottes bedeutet – womit wir bei der Sünde sind. Dabei zeigt die Stunde in ihrem normativen Diskurs eine Schwierigkeit beim Bestimmen dessen, was denn nun Sünde im Einzelfall ist. Über Jahrhunderte wäre es unstrittig gewesen, dass der Bonbon-Diebstahl die Sünde darstellt, auf die die Mutter als Erziehungsperson adäquat mit Schlägen reagiert. Heute jedoch wird man die Tat des Kindes vielfach relativieren, doch einig darüber sein, dass die körperliche Züchtigung eines kleinen Kindes definitiv Sünde sei.

5.3 Der theologische Blick auf den Sündenbegriff

5.3.1 Sündengrade

Der letzte Hinweis macht deutlich, dass auch die Theologie keinesfalls ein einheitliches Sündenverständnis bietet – nicht zuletzt auch deshalb, weil die biblischen Zeugnisse keineswegs eindeutig sind (Roose 2012). Wir versuchen eine modelltheoretische Matrix zu entwerfen, in der die verschiedenen Ansätze verortet werden können. Gehen wir vom Dekalog aus (→ Kap. 13), dann stoßen wir dort auf eine Zweiteilung (sog. erste und zweite Tafel). Die ersten drei bzw. vier Gebote betreffen das Verhältnis des Menschen zu Gott, die anderen dessen Verhältnis zu seinen Mitmenschen. Wir werden sehen, dass diese Unterscheidung essenziell für das Sündenverständnis ist.

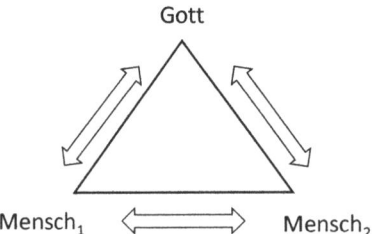

Abb. 7: Sünde im sozialen Verhältnis und in der Gottesbeziehung

In den ersten drei Kapiteln der Genesis wird der Mensch als jemand beschrieben, der in einer fast symbiotischen Beziehung zu Gott lebt: Gottes Geist korrespondiert dem Atemvorgang des Menschen. Diese Symbiose ist durch den mythischen Sündenfall erst einmal zerstört. Die ersten Gebote sollen den Menschen an Gott binden und jede Abirrung an andere konkurrierende Mächte verhindern. Das Sabbatgebot lässt sich als Erinnerung lesen, Gott eine bestimmte Zeit und einen bestimmten Raum in seinem Leben einzuräumen. Nimmt man dieses Programm ernst, dann heißt Sünde, an dieser engen Beziehung zu zweifeln oder sie mutwillig aufs Spiel zu setzen. Vielleicht im Sinne einer pessimistischen Anthropologie kann man daran zweifeln, ob der Mensch zu dieser Treue zu Gott in der Lage ist. Augustinus nannte das *Erbsünde* (o. J./1925, 416–419), in dem Sinne, dass der Mensch – unabhängig von seiner Entscheidungsfähigkeit – letztlich in der einen oder anderen Weise unfähig sei, die enge Beziehung mit Gott dauerhaft zu pflegen. Natürlich kann man als Christ/in nur so denken, wenn man weiß, dass Gott in Jesus Christus uns trotz unseres Unvermögens entgegenkommt und uns annimmt – das meint letztlich der Komplementärbegriff zur Sünde, der der *Gnade* (→ Kap. 6). In dieser Linie liegt dann auch die berechtigte Annahme, dass der glaubenden Verbindung entsprechende Handlungen gegenüber dem Mitmenschen entspringen – im Sinne der Gebote der zweiten Tafel. So gesehen ist die einzelne Verfehlung an unserem Mitmenschen insofern Sünde, als sie einen Mangel in der Gottesbeziehung zum Ausdruck bringt. Dabei zeigt es sich, dass die konkreten (Tat-)Sünden immer schon leichter zu benennen (und zu kontrollieren) waren als die Kardinalsünde der »Trennung von Gott«.

5.3.2 Sünde in Bezug auf Gott und auf Jesus Christus

Die christlichen Überlegungen zum Sündenbegriff im Alten Testament decken sich zwangsläufig an vielen Stellen mit denen des Judentums. Aus der Fülle der Anordnungen der Thora (= 5 Bücher Mose) hat man ein Ensemble von 613 Ge- und Verboten herausgearbeitet, deren Befolgung Jüd/innen nahegelegt wird. Die Konsequenz ist eine *Orthopraxie*, d.h. eine Einstellung, die in der Beachtung der Gebote den Kern des Glaubens sieht (im Islam ist dies ähnlich). Blickt man ins Neue Testament, dann sieht man, dass nach den Synoptikern Jesus in seiner Verkündigung weitgehend dieser Linie folgt. Sünde bedeutet demnach die Nichtbeachtung der Gebote. So bilden die Regelungen des Dekalogs die Richtschnur. Dabei hat Jesu Verkündigung und sein Handeln ganz offensichtlich Anteil am Ringen seiner Zeitgenossen um die rechte Auslegung der Thora. Wir finden etwa in der Bergpredigt (Mt 5–7) Relativierungen und Verschärfungen der Gebote. Die christlichen Kirchen sind dieser Linie in ihren Katechismen und Beichtspiegeln insoweit gefolgt, als dass sie die Frage von Sünde bzw. Nicht-Sünde durchaus im Sinne einer Orthopraxie bis heute schwerpunktmäßig an den Regelungen des Dekalogs prüfen. Dabei kam es zu einigen signifikanten Umbildungen. So wurde unter dem Stichwort »Ehebruch« der ganze Bereich der Sexualität kritisch in den Blick genommen bzw. das Elterngebot zu einem allgemeinen Gehorsamsgebot erweitert. Nicht zuletzt prägen solche Entwicklungen bis heute den Sündenbegriff – bis hin zu seinen säkularen Verwendungen als Diätsünden. Der Sündenbegriff hat zwei weitere Voraussetzungen. Er postuliert einerseits Entscheidungsfreiheit, aber auch Entscheidungsfähigkeit. Von daher wird eine gewisse altersmäßige Reife vorausgesetzt. Zum andern ergibt der Sündengedanke nur dann einen Sinn, wenn erwartet wird, dass das göttliche Gegenüber daraus Konsequenzen ableitet. Dies kann immanente Belohnungen oder Bestrafungen beinhalten, aber auch Konsequenzen für das postmortale Ergehen. Dabei sind strengere oder nachsichtigere Varianten möglich.

Während die Synoptiker ihr Sündenverständnis in der Tradition der Inhalte von *Jesu Verkündigung* her entfalten, denken Paulus und Johannes von der Bedeutung des Glaubens an Jesus Christus her (Roose 2013a). In dieser Argumentation geht es nicht so sehr um Sünden im Plural, sondern um *die Sünde* als Macht. Paulus formuliert in Röm 7 die Erfahrung, eben nicht das Gute zu tun, das er tun will, sondern das von ihm abgelehnte Böse. Demnach dominiert die Sünde unser Handeln. Dieser Macht steht nun Jesus Christus gegenüber, der sie besiegt hat. In der Diktion des Filmmythos »Star Wars« artikuliert heißt das, dass der Glaube an diesen Christus den Weg von der dunklen zur guten Seite (der Macht) eröffnet. Es geht soteriologisch um diesen Herrschaftswechsel, der sich in der christlichen Taufe ereignet. Wer auf der Seite der Christusmacht steht, hat die Sünde überwunden. Deshalb ist der Nicht-Glaube an den Christus nach Johannes letztendlich die einzige wirkliche Sünde. Idealerweise bewirkt der Glaube ein sündloses Leben. Nun zeigt der Augenschein, dass die Christ/innen durchaus sündigen. Der Mensch ist – wie Luther formuliert hat – immer gleichzeitig gerecht(-fertigt) und Sünder. Die Kirche hat diese Konstellation im Weiteren dann so institutionalisiert, dass sie diesen Status der Sündlosigkeit für die ideale Kirche proklamiert, wohl wissend, dass die einzelnen Christ/innen dem nicht entsprechen. Insofern erweist es sich als notwendig, dass der in der Taufe geschehene Herrschaftswechsel vom Reich der Sünde in das des Christus immer wieder *selbstreflexiv* neu inszeniert werden muss. Dies ist Thema der Liturgie (Kyrie eleison), explizit aber auch aller Formen von Beichte, die Modi des Sündenbekenntnisses und der Absolution. D. h., dass für die Christ/innen die Erfahrung des Sünderseins immer unter der Perspektive möglicher Vergebung steht.

Es verwundert nicht, dass sich im Duktus dieses Sündenverständnisses die Akzente verschieben. Wenn die Sünde und die Befreiung von ihr ein existenzieller Akt sind, dann wird Sünde ein Thema meines Selbst-Konzeptes. Paulus hat im Rahmen seiner Heidenmission zudem selbst viele Regelungen der Thora dispensiert (z. B. die jüd. Speisegebote) und das »Leben im Geiste« nicht explizit an bestimmte Gebote gebunden. Anstelle einer Orthopraxie steht eine Orthodoxie, die erwartet, dass der Glaube die entsprechenden Früchte hervorbringen wird. Auch wenn die Reformation diese Linie verstärkt hat, so war auch sie gezwungen, immer wieder auf die Kataloge der diversen Sündenregister als Orientierung zurückzugreifen. Neben dieser Relativierung der Einzelgebote zugunsten von Prinzipien steht in dieser Linie auch die Einsicht, dass das Sündersein nur bedingt durch Einsicht überwunden werden kann und die Macht der Sünde allenthalben erfahrbar bleibt. Man kann die beiden Sünden-Modelle so darstellen:

Tab. 8: Modellrahmen der Sünde/biblisch

	Synoptiker	Paulus (Johannes)
Fokus im Sündenbegriff	Sünden im Plural	Sünde im Singular
Konkretion	Ergeben sich aus den Anordnungen der Bibel	Ergeben sich als Konsequenzen des Glaubens/ Nicht-Glaubens
Entscheidungsfähigkeit	Gegeben	Nur eingeschränkt gegeben
Probleme	Auslegungen und Präzisierungen (z. B. Bergpredigt)	Status des »gläubigen Sünders« (iustus et peccator)

5.3.3 Weiterführung in den theologischen Paradigmen

Wer sein Sündenverständnis am konkreten Beachten der einzelnen Gebote ausrichtet, der hat meist einen Katalog vor Augen, der sich am Wortlaut der Bibel orientiert. Man kann ein solches Sündenverständnis *orthodox* nennen (Sölle 1990, 77 ff.), de facto ist diese Perspektive sehr wohl durch Tradition eigener Art geprägt. So hat man etwa das Elterngebot des Dekalogs gegen seine ursprüngliche Bedeutung im Sinne einer autoritären Pädagogik gelesen, die ausdrücklich das Recht der Prügelstrafe im Sinne von Spr 12,24 mit einschließt. Demgegenüber finden biblische Anordnungen zum Wirtschaftsleben (z. B. Neuverteilung des Eigentums im Jubeljahr) kaum Beachtung. Für unser Ankerbeispiel bedeutet dies, dass die Sünde im zweiten Fall nur das bonbonstehlende Kind betrifft.

Eine *liberale* Sündenauffassung würde vom Liebesgebot her fragen, wie dem Wohl des Kindes am meisten gedient ist. Sünde wäre demnach jede körperliche Bestrafung und die Nichtbeachtung von dessen Entwicklungsstand. Dabei muss man sich dann auch u. U. gegen den Wortlaut der Bibel stellen. Ein liberales Sündenverständnis würde Sünde dort sehen, wo gegen das eigene oder fremde Wohl gehandelt wird. Ja, man kann sogar das Verweigern einer lebensgeschichtlich notwendigen Entwicklung als Sünde deuten.

Wer den Sündenbegriff vom Neuen Testament her entfaltet, der muss sich dabei klar machen, dass die frühen Christ/innen ihr Sündenverständnis in einer gesellschaftlichen Nischenexistenz entwickelten. Sünde ereignete sich im Raum der Familie oder der Gemeinde. Nur sehr vereinzelt übernahmen Christ/innen öffentliche Rollen. Doch spätestens mit dem Kriegsdienst stellte sich die Frage, ob das privat verbotene Töten »im Beruf« erlaubt sein soll. Im Alten Testament tauchen solche Fragen häufiger auf. So kritisiert der Prophet Amos ausdrücklich die Frommen seiner Zeit, weil sie mit ihrem beruflichen Handel wirtschaftliche Ungleichheit und damit Ungerechtigkeit produzieren (Am 5,4–17). Dorothee Sölle (1990) nimmt das mit dem befreiungstheologischen Sündenbegriff auf: Stoßen wir mit unserem formal korrekten Verhalten nicht immer öfter auf die Einsicht, dass dessen Grundlagen ausbeuterisch und umweltzerstörend sind? Ist damit nicht der Kauf eines unter ausbeuterischen Verhältnissen produzierten Kleidungsstücks Sünde? Eine solche Sichtweise zeigt die Grenzen des orthodoxen Sündenbegriffs. Die Sünde in Strukturen verweist dagegen auf die Sünde als »Macht« im Sinne des Paulus.

Wie kann man sich als Christ/in im Kontext der verschiedenen Sündenmächte bewegen? Dietrich Bonhoeffer (1949/2010, 125–136) diskutiert diese Situation und präzisiert sie. Ein orthodoxes Sündenverständnis bietet die individualistische Perspektive, durch Nicht-Handeln dem Sündigen zu entgehen.

Doch ist Sündlosigkeit angesichts sündiger Strukturen möglich? Bonhoeffer sieht die Sünde nicht nur dämonologisch als Macht, sondern er identifiziert sie mit konkreten sozialen, wirtschaftlichen und politischen Größen. Im Kontext der Vorbereitung des Attentats auf Hitler – dessen Mitwisser er war – diskutiert er diese Frage im Hinblick auf den Tyrannenmord. Dabei ist für Bonhoeffer unstrittig, dass auch der Tyrannenmord ein Mord ist – und somit eine Sünde. Doch bedeutet in dieser Situation der Nicht-Mord keinesfalls Sündlosigkeit (1949/2010, 87, 267). Damit skizziert Bonhoeffer das ethische Verhalten des Menschen im Kontext sündiger Konstellationen als eine Art Dilemma. Es kann also nicht um Gut versus Böse gehen, sondern um Besser oder Schlechter bzw. die Wahl des am wenigsten Schlechten. Wer hier eine ethische Wahl vornimmt, kann nicht auf Sündlosigkeit hoffen. Bonhoeffer bringt hier explizit den Begriff der »Schuldübernahme« (1949/2010, 275 f.) ins Spiel. D. h., dass auch der »richtig« Handelnde schuldig wird und eine Sünde begeht. Dies kann der Christ bzw. die Christin machen, weil er/sie weiß, dass man als Sünder/in vor Christus auf Vergebung hoffen darf. Doch ist dies gerade kein Vergebungsautomatismus im Sinne einer »billigen Gnade« (→ Kap. 6), sondern Resultat christlicher Verantwortung.

Tab. 9: Modellrahmen für Sünde aus systematisch-theologischer Sicht

Das orthodoxe Modell	Das liberale Modell	Das befreiungstheoretische Modell
Sünde ist der Verstoß gegen heteronome Regeln.	Sünde markiert die negative Seite von Prinzipien.	Sünde sind machtvolle gesellschaftliche Strukturen, die die Menschen zu ihrem Handeln nötigen.
Ein extern vorgegebener Katalog von Ge- und Verboten bestimmt das gute Leben. Für die Erfüllung bzw. Nichterfüllung dieser Regeln werden Belohnung oder Strafe in Aussicht gestellt. Buße und Reue lassen Vergebung erhoffen. Sünde wird hier anderen zugeschrieben.	Selbstannahme und Nächstenliebe (Mt 22,39) sollen das Leben der Christ/innen bestimmen. Um dies zu realisieren, bilden die biblischen Gebote eine Richtschnur, doch es geht nicht um ein Abhaken, sondern um die Entwicklung der mitgegebenen Gaben und die Verwirklichung von Liebe. Dabei kann es notwendig sein, sich im Einzelfall über Einzelgebote hinwegzusetzen. Sünde bedeutet letztlich an seiner Lebensaufgabe zu scheitern – wobei auch hier am Ende ein vergebender Gott steht.	Die Partizipation an einer ungerechten Wirtschaft oder Rechtsordnung lässt die einzelnen Rollenträger zwangsweise »sündigen«, auch wenn die Menschen versuchen im Individuellen den Geboten zu entsprechen. *Verantwortliches* Handeln bedeutet dann nicht Nicht-Handeln, sondern u. U. bewusste Schuldübernahme in radikalem Vertrauen auf Christi Vergebung.

Die Orientierung an Dorothee Sölles Unterscheidung (1990) suggeriert, dass die drei von ihr unterschiedenen Paradigmen logisch gesehen auf einer Ebene lägen. Dies ist aber modelltheoretisch nicht der Fall, denn sie unterscheiden sich maßgeblich durch den Grad ihrer Komplexität. Das impliziert – wie wir in den folgenden Abschnitten zeigen werden –, dass diese Modelle unter dem Aspekt von Einfachheit versus Komplexität unterschieden werden können und damit ihre Zugänglichkeit für Schüler/innen differiert. Dies wird im Schema von Tab. 9 sichtbar.

5.4 Lehrer/innenmodelle von Sünde

Das Thema »Sünde« ist erst einmal ein Thema der gymnasialen Oberstufe. D. h., dass wir zuerst einmal elaborierte Modelle in den Blick nehmen, die diesem Diskurs entsprechen. In einem zweiten Schritt werden wir aber fragen müssen, was Sünde in Kontexten wie etwa dem Ankerbeispiel bedeutet und – als neue Perspektive – was das Thema im Kontext der klassischen Pubertätsthemen Liebe, Drogen, Devianzen bedeuten kann. In einem Unterricht einer Münchner Kursstufe zum Thema reflektiert die Lehrerin ihr zugrundeliegendes Modell und dessen Modifizierung im Laufe der Stunde (Grill 2003b, 41). Sie entspricht damit exemplarisch der Intention dieses Buches:

> »Geplant hatte ich ursprünglich, dass am Schluss das Beziehungsdreieck Gott – Mensch – Mitmensch an der Tafel stehen sollte, wobei die Verbindungslinien in Form von Blitzen unterbrochen sein sollten.«

In einem Tafelbild hatte sie notiert (Grill 2003a, 36):

Die vier Dimensionen der Sünde

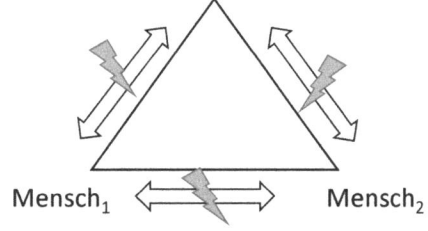

Störung in der Beziehung zu Gott
Störung in der Beziehung zum Mitmenschen
Störung in der Beziehung zur Umwelt
Störung in der Beziehung zu sich selbst

Abb. 8: Angeschriebenes Beziehungsverhältnis und das geplante Beziehungsdreieck

Die Argumentation der Lehrerin setzt bei der strukturellen Bestimmung des Verhältnisses Gott-Mensch-Mitmensch an und entfaltet dies im Sinne des liberalen Sündenverständnisses (offen für das befreiungstheologische). Da der Unterricht auf Gen 2 und 3 rekurriert, ist verständlich, dass eine christologische Dimension fehlt. Doch auch die Handlungsdimension von Mensch *und* Gott wird noch nicht sichtbar, dass Gott also auch mit der Sünde umgehen muss. Diesen Bezug fordern die Schüler/innen regelrecht von der Lehrerin ein (Grill 2003a, 37–40):

> CHRISTINE: Ich find's auch noch auffällig, dass Gott trotzdem gerecht bleibt, also nicht sagt, dass Sünde mit Sünde wiedergutgemacht wird, also sozusagen, oder gerächt werden darf. [...]
> L.: [...] Gott hält die Hand über ihm und schützt ihn, also er soll nicht dem, nem weiteren Mord zum Opfer fallen, sondern soll geschützt werden.

Gott schafft einen »Rahmen«, der die Sünde im Zaun hält.

> TIMO: Naja, irgendwie, vielleicht dass der Mensch generell also sündigt, also nicht unbedingt gut ist, und dass es irgendwie den Glauben oder dass die Religion braucht, damit er, um ihn im Zaun zu halten, [...].
> DOMINIK: Der Rahmen, das ist die Gemeinschaft. Der Rahmen ist die Gemeinschaft, und die Gemeinschaft muss sozusagen, darf nicht kaputtgehen durch die Sünde. [...]
> CHRISTINE: Aber vielleicht dass der innere Rahmen eher das Individuum ist, weil es heißt ja auch, dass die Freiheit des Einzelnen dort aufhört, wo die Freiheit des anderen anfängt.
> L: Aha. Und der äußere Rahmen?
> CHRISTINE: Ja, das ist dann die Gemeinschaft, in der man lebt, und dann könnte man sozusagen, vielleicht noch einen dritten machen, und das ist dann, dass das dann Gott ist, [...].
> DOMINIK: Aber es soll jetzt nicht so sein, dass jegliche Sünde in diesem Rahmen bleibt. Es gibt durchaus auch Sünden, die diesen Rahmen sprengen.
> L: [...] Genau, das würd ich auch sagen, das sprengt den Rahmen, weil es die Beziehung beendet. Gibt's das auch für den äußersten Rahmen? Was meinen Sie?
> TIMO: Da muss sich der Mensch schon sehr anstrengen, um das zu sprengen. [...] Weil die Grenze ist ja wohl da, wo der Mensch irgendwie, ja besser, toller ist wie Gott, also ich weiß nicht. [...]
> L: Ja, diese Möglichkeit gibt's. Da wo der Mensch sich sozusagen an die Stelle dieses äußersten Rahmens setzen will, de facto setzt, da wäre das auch

gesprengt, für diese Situation hat Luther ne Wendung gebraucht: Der Mensch ist simul iustus et peccator, er ist Sünder, aber er ist zugleich gerecht, weil dieser Rahmen immer stärker ist als die Möglichkeit des Menschen zu sündigen.

So führt das Gespräch zu einer anderen, ungeplanten Skizze (Grill 2003a, 40):

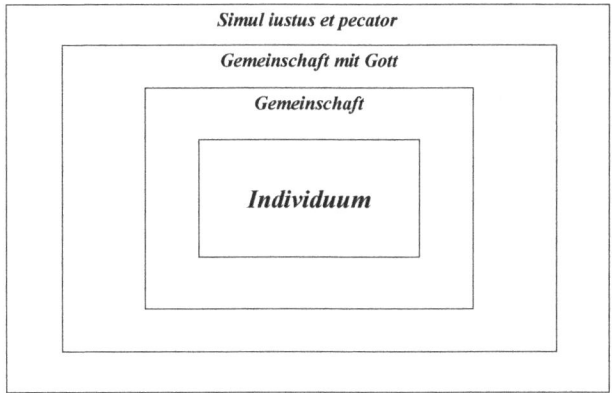

Tafelanschrift

Abb. 9: Schädigungen der Sünde durch alle Beziehungsschichten

Bestimmend für das Modell der Lehrkraft ist nun der Gedanke der Rahmung. Das ist insoweit plausibel, als der Begriff der »Sünde« überhaupt nur deshalb sinnhaft wird, wenn er den Gedanken gegenseitiger Schädigung dadurch präzisiert, dass er ihn mit Gott in Verbindung bringt. Durch diese Bezugnahme wird jeder Akt des Sündigens aus einer weiteren Sicht deutbar und durch die Einbeziehung Gottes bedeutsam, gleichzeitig aber auch vergebbar. Es wird aber auch deutlich, dass Sünde nicht durch das Abhaken eines Katalogs verstanden werden kann, sondern ein Risiko bleibt, da sie auch den Rahmen sprengen könnte. Die Lehrerin rahmt das Modell dann in der Luther-Formulierung doppelt: Sie erkennt an, dass für die Schüler/innen die Sünde die Macht haben muss, den Rahmen zu sprengen, und rahmt diese Macht zugleich noch einmal in der Gerechtigkeit des Menschen. Dafür muss Gott aus seinem gerahmten Kästchen noch einmal nach ganz außen springen können. Mit einer deistischen Vorstellung ist diese Kraft Gottes, Beziehung auch unter schwerster Sünde aufrecht zu halten, nicht vereinbar. Die Sünde ernsthaft zu bedenken, formt also auch Gottes Möglichkeiten.

Wir konnten feststellen, dass die Modellierung des Sündenbegriffs nicht nur verschiedene Referenzen zur theologischen Tradition hat, sondern auch unterschiedliche Komplexitätsgrade aufweist. Carsten Gennerich (2010, 66–129) hat nun aus der Psychologie eine Matrix übernommen, die sich als Passepartout erweist. Das Schema ermöglicht die Zuordnung verschiedener Haltungen in einem Wertefeld und bildet auch bestimmte Milieus ab. Es lassen sich vier Quadranten unterscheiden. Von der Entwicklungslogik her empfiehlt sich eine Vorgehensweise im Sinne einer umgekehrten S-Kurve. Im Quadranten I rechts unten findet eine Orientierung an Ordnungswerten statt, die Sicherheit versprechen. Im Quadranten II werden diese Werte eher abgelehnt, um eine optimale Verwirklichung der eigenen Freiheitsvorstellungen zu realisieren. Bei der »Rückbewegung« in den Quadranten III rechts oben findet eine Einordnung des eigenen Weges in die gegebenen Strukturen statt. Im Quadranten IV wird diese Orientierung weitergeführt im Sinne von Individuation und einer Orientierung an Prinzipien. Man erkennt hier leicht eine entwicklungspsychologische Perspektive. Es lassen sich jedoch auch kirchliche Milieus und Frömmigkeitstypen abbilden: eher konservative Orientierungen rechts unten, bildungsbürgerliche rechts oben bzw. links oben.

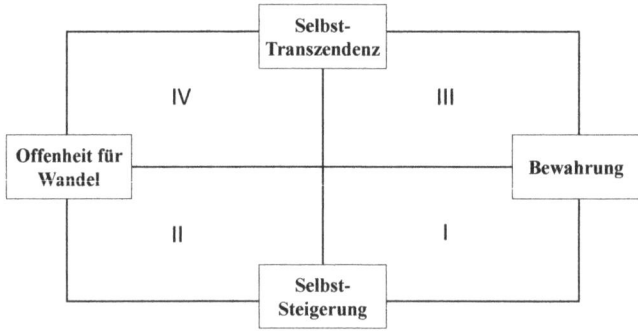

Abb. 10: Wertefeld Gennerich zur Sünde

Dabei haben sich in der Auslegung dessen, was Sünde ist bzw. sein soll, über die Jahre hinweg eigenwillige Veränderungen vollzogen (s. o.). Doch trotzdem lassen sich die Vorstellungen dessen, was Eigentum und was Diebstahl bedeutet, in dieser Matrix zuordnen.

5.5 Die unterrichtliche Relevanz der Gennerichschen Sündenmodelle

Liest man die Gennerichsche Matrix entwicklungspsychologisch, dann treffen unsere Ausführungen zum Sünden-Modell der zitierten Lehrerin in den Quadranten III (rechts oben). Hier werden die Diskurse relevant, die der Lehrplan für die gymnasiale Oberstufe vorsieht: entlang der theologischen Überlegungen zu Sünde, Gnade etc. Gelegentlich kann dann der Blick auf den vierten Quadranten erfolgen (links oben). Hier geht es darum, wie weit jeder gewissermaßen seinem inneren Ruf folgen soll, auch wenn ihn dieser jenseits der Konvention (des Sündenverständnisses) hinaustreibt. Diese Dimension wird aber unterrichtlich eher selten angespielt (etwa im Kontext der Frage nach dem Leben von Heiligen). Doch wie stellt sich das Thema Sünde jenseits des expliziten systematisch-theologischen Diskurses – d. h. bei jüngeren Schüler/innen – dar? Wir richten dazu den Blick auf eine Grundschulklasse, in der der Religionsunterricht im Klassenverband stattfindet (Asbrand 2000, 175): Ein muslimisches Mädchen erläutert den rechten Umgang mit dem Koranbuch und was man tun muss, wenn man mal etwas falsch gemacht hat:

> AISE: [...] Gott mag ja nicht die Teufel und der Koran ist Gottes Buch und wenn die Teufel den Koran nicht sehen, setzen sie sich neben dich hin. [...]
> FELIX: Hast du schon mal Teufel gesehen?
> AISE: Nein, die kann man nicht sehen. Z. B. wenn man Kaugummi kaut, wenn man Koran liest, kommen auch die Teufel!

Wir erkennen hier ein klares Modell von Sünde. Die Regeln sind eindeutig und auch für den Fall der Übertretung gibt es meist eine Lösung. Nach Gennrich kann diese Matrix Ausdruck kindlichen Denkens sein, aber auch Ausdruck eines bestimmten Frömmigkeitsstils. Kinder tendieren häufig zu eindeutigen Regeln – das hat entsprechende Konsequenzen für das entsprechende Sündenverständnis – dies gilt auch für christliche Kinder. D. h., dass Lehrkräfte mit solchen Argumentationen rechnen können – dies zeigt auch das Ankerbeispiel. Doch diese Einstellung verändert sich mit dem Pubertäts- bzw. Jugendalter. Für den zweiten Quadranten (links unten) ist eine Haltung charakteristisch, die es geradezu darauf anlegt, bestehende Normen infrage zu stellen. Ein Sündenkonzept im Sinne des ersten Quadranten (rechts unten) ist kaum akzeptabel. Der Religionsunterricht sieht deshalb in diesen Altersstufen Themen wie Sexualität und Süchte vor, wo es für die Heranwachsenden darum geht, Grenzen auszuloten und Erfahrungen zu machen. Frühere RU-Lehrpläne sahen deshalb für dieses Alter eine Unterrichtseinheit »Gewissen« vor. Dort fanden sich Ziele wie (Schmidt/Thierfelder 1978, 284 ff.):
- »Gewissenskonflikte beschreiben, wie sie im Erfahrungsbereich der Schüler vorkommen können.
- Begreifen, wie es in bestimmten Situationen zum Mahnruf des Gewissens kommt.
- Die Zehn Gebote für die Orientierung für das Gewissen erkennen.«

Dieser Zugriff verändert die Perspektive in dem Sinne, dass – jetzt altersgemäß – Sünde keine primär externe Setzung ist, sondern dieses Konzept Teil der Entwicklung eines eigenen Werteverständnisses wird. Es geht demnach – z. B. beim Sündenbegriff – weniger um externe Setzungen als um die Entwicklung eines eigenen Wertekompasses.

5.6 Schüler/innenmodelle von Sünde

Welche Sündenmodelle sind bei Schüler/innen zu erwarten? Mirjam Zimmermann (2005b) hat in ihren kindertheologischen Forschungen versucht herauszufinden, wieweit Grundschulkinder unter optimalen Bedingungen den Sachverhalt nachvollziehen bzw. selbst konstruieren können. Zimmermann resümiert die Antworten der Grundschüler/innen (Zimmermann 2005b, 148 f.):

»Kinder verstehen Sünden als ›Tatsünden‹. Sie können absichtliches von unbeabsichtigten Sündigen unterscheiden. Sie kennen den Zusammenhang zwischen der Schädigung des Anderen und Gottes und leiten davon ab, dass eine Entschuldigung gegenüber Gott allein nicht genügt. Sie entwickeln Gedanken von einer grundsätzlichen Sündhaftigkeit im Sinne einer Erbsünde. Gleichzeitig können sie Vergebung definieren als Erfahrung, dass einem ›ein Stein vom Herzen‹ genommen wurde.«

Von daher verwundert es Mirjam Zimmermann, dass das Thema in der Grundschule faktisch kaum vorkommt.

Ein komplexes Sündenverständnis begegnet uns bei dem Abiturienten Dominik. Er sieht die Sünde als Teil des Lebensprozesses (Grill 2003a, 35 ff.):

DOMINIK: [...] wenn man sich überlegt, dass ich nur dann leben kann, sozusagen, auf Kosten von anderen sozusagen ... das ist ja auch schon wieder ein Teil einer Sünde, wenn ich jetzt mein Essen esse, was ja dem anderem sozusagen fehlt. Und er dann nichts zu essen hat ... Dadurch, dass wir ein Gemeinschaftswesen sind, ich glaube, unser Auftrag ist es, zu sündigen, um zu verstehen, was wir falsch gemacht haben [...]. Der Rahmen, das ist die Gemeinschaft. [Und die] darf nicht kaputtgehen durch die Sünde, sondern soll durch die Sünde lernen [...] und soll sich durch die Sünde festigen, deswegen ist der Mensch, um seine Gemeinschaft zu stärken, zumindest eben in diesem Rahmen der Gesellschaft zum Sündigen da.

Dominik gibt ein Beispiel dafür, dass es (in den beiden oberen Gennerichschen Quadranten) beim Thema Sünde um mehr geht als um Richtig und Falsch. Dominik hat mit Recht festgehalten, dass die Sünde nicht grundsätzlich vermeidbar ist und auf ihre Weise auch den »Fortgang« der Welt fördert. Dabei »vergisst« er deren zerstörerische Seite. Sein Beitrag gibt einen Eindruck von der spekulativen Kraft, die der Sündenbegriff im Rahmen des befreiungstheologischen Modells bei kompetenten Schüler/innen der Sekundarstufe enthalten kann.

5.7 Die Modellierungen der Lehrpläne

Wie oben angedeutet fehlt das Thema »Sünde« in den Plänen der Grundschule weitgehend. So vermeidet der Lehrplan (LP|eRU+kRU|G|BW|2016, 26 ff.) unter dem Stichwort »Mensch« jegliche Aussagen zu den negativen Erfahrungen des Menschseins, z. B. das »Schuldig-Werden« durch unser Handeln. Man fragt sich, wie man die vorgesehene Jakobs-Geschichte erzählen kann, ohne diese Thematik zu berühren. Im Lehrplan (KLP|kRU|Gym|BAY|2004, 32) wird für die Sek I ein Vorgehen vorgeschlagen, das an menschliche Grunderfahrungen anschließt und von dort her »Sünde« thematisiert, ohne den Begriff zu benutzen. Es heißt dort u. a.:

»Zum Menschsein gehört das Gespür, schuldig zu werden oder andern etwas schuldig zu sein, – […] In ihrem Verhalten orientieren sich Menschen an allgemein gültigen Regeln und an ihrem Gewissen. – Für Christen bedeutet Orientierung, in der konkreten Situation nach dem Willen Gottes fragen. Schuld drängt nach Aufarbeitung. Gottes Vergebung befreit den Menschen aus seiner Verstrickung und ermöglicht einen bedingungslosen Neuanfang.«

Für den Oberstufenunterricht wird mit verschieden Sündenvorstellungen gerechnet. So formuliert der Lehrplan (KLP|eRU|Gym|NRW|2014, 40) die Kompetenz: »beurteilen sie die Konsequenzen aus einem unterschiedlichen Verständnis von Sünde, Schuld und Vergebung für das individuelle Leben und die gesellschaftliche Praxis«. Es bestätigt sich der Befund von Hartmut Rupp (Rupp 2005, 178):

»Addiert man schließlich jene Inhalte, die zwar nicht mehr direkt von der Sünde sprechen, aber diese komplementär voraussetzen, so ›Gerechtigkeit Gottes‹ oder ›Opfertod Jesu‹ bzw. ›für uns gestorben‹ und fügt Inhalte wie ›Himmel und Hölle‹, ›Opfer‹ und ›Erlösung‹ sowie ›Satanismus‹ und ›destruktive Kulte‹ hinzu, dann entsteht die überraschende Einsicht, dass die Sünde ein Hintergrundthema aller Lehrpläne des Religionsunterrichtes ist, das nur selten explizit thematisiert wird, aber faktisch immer präsent ist.«

Interessant an der Beobachtung ist für uns, dass ohne den Sündenbegriff die *Komplementäre* bei anderen Gegenständen fehlen und sich dies dort auf die Modellierungen auswirkt. D. h., das weitgehende Fehlen des Sündenbegriffs lässt nicht nur die innere Ordnung dieses Modellrahmens unsichtbar werden, sondern das Fehlen wirkt sich auch auf die anderen Modellrahmen aus. Aber zeigt sich im Lehrplan der Oberstufe nicht ein Modellbewusstsein? Nein, gerade nicht. Denn dort wird auf die Verständnisse im Sinne von *Vorstellungen* abgehoben und damit ein subjektives Verständnis ohne diskursiven Rahmen aufgemacht (→ Kap. 4). Wenn Gott heute offenbar für die zentralen Unterrichtsakteure nicht spricht (→ Kap. 1.1; 3) und der Mensch nicht sündigt – auch nicht mehr z. B. in dem Modell der selbstreflexiven Spur des Paulus, die stark von der Vergebung und Barmherzigkeit Gottes her gedacht ist –, dann fällt ein zentrales Strukturelement der Gott-Mensch-Beziehung aus, auf das z. B. auch das Gebet angewiesen ist.

6 Rechtfertigung

6.1 Das Thema »Rechtfertigung« in einer Sek II-Klasse

Das Thema gilt als theologisch höchst bedeutsam – gerade in seiner kontroverstheologischen Profilierung. Damit gehört es in den Religionsunterricht, auch wenn es zu Recht als schwierig gilt. Es taucht explizit im Themenbereich der »Anthropologie« auf, wenngleich es auch die Gottesfrage, Christologie und die Ekklesiologie tangiert. Es wird bei Themen wie »Paulus« oder »Reformation« oft eher gestreift. Deshalb haben wir eine Oberstufenklasse gewählt, wo das Thema explizit im Mittelpunkt der Stunde steht. Die Lehrerin möchte die Relevanz des Themas dadurch verdeutlichen, dass sie mit einem Werbeflyer einer Handyfirma einsteigt. Man sieht ein junges Paar in Unterwäsche, das vermutlich Geschlechtsverkehr hatte. Dazu folgender Dialog: Er: »Wie – Olli und Mark kommen auch gleich?« Darauf sie: »Na, ich brauch doch 'nen direkten Vergleich.« Die Schüler/innen reagieren irritiert (Grill 2005, 34 f.):

> CORNELIA: Ja, also vielleicht wird dadurch ja jetzt gleich die Stimmung klar, oder jedenfalls kann man diese, diese Personen ein bisschen charakterisieren.
> LEHRERIN: Aha, und was ist das für eine Stimmung, die für Sie da klar wird?
> CORNELIA: Ja, bisschen ungut, jedenfalls, dass es sie so anscheinend, na ja, man weiß eher, der Vergleich. [...] Er freut sich natürlich nicht darüber und sie erhebt irgendwelche Ansprüche – [...]
> LEHRERIN: Was für Gefühle hat er denn? Was meinen Sie?
> CORNELIA: Minderwertigkeit.

Paula erläutert das später so (Grill 2005, 36): »[D]ass seine Freundin ihn (räuspert sich) ihn so akzeptiert, ohne andere Vergleiche zu brauchen, also dieser, diesen Olli und den Mark. Und dass sie ihn so akzeptiert, wie er ist.« In diesem Gesprächsgang wird also die lebensweltliche Differenz zwischen *Minderwertigkeitsgefühl* und *Akzeptiert-Werden* herausgearbeitet. Dieser Klärung folgt eine Textarbeit mit Martin Luthers rückblickender Erinnerung an seine reformatorische Entdeckung, dass Gott nicht die Gerechtigkeit des Menschen zum Maßstab nimmt, sondern diesen aus Gnade gerecht macht, wenn er dies im Glauben annimmt. Die Schüler/innen sehen das so (Grill 2005, 42):

DALIA: Also, dass im Alten Testament, is ja so, dass man Sünder ist und äh, die Gerechtigkeit Gottes einen strafen, also wo man halt auf seine Taten reduziert wird, was man macht und was man nicht, und kommt dann eben in Himmel oder Hölle.
LEHRERIN: Mhm.
DALIA: Und ähm, er sagt jetzt, dass durch den Glauben an sich, also dass man glaubt, ist man vor Gott schon gerechtfertigt, also da –
LEHRERIN: – mhm –
DALIA: – der Glaube macht das dann aus, also, ähm, also man wird jetzt nicht nur auf die Taten sozusagen reduziert, sondern wenn man glaubt, dann ähm is also, is man vor Gott schon – gerechtfertigt.
LEHRERIN: Gerechtfertigt schön. Des ham Sie eigentlich schon so druckreif formuliert. […] NIKLAS.
NIKLAS: Ähm, man kann es auch so drehen, dass der Gerechte, dass er gerecht ist, weil er eben glaubt. Also, dass er durch den Glauben schon die Gerechtigkeit erfährt.

Die Schüler/innen haben offenbar den Luther-Text gut verstanden. Sie stoßen aber auch auf die Schwachstelle dieses Gedankens (Grill 2005, 45):

SARA: Gut, aber zum Beispiel auch ja auch in der Hitlerzeit, oder so was, also ich mein je jeder der da der Meinung war, er er glaubt ja, und gehört der Kirche an –
CORNELIA: – oder auch jetzt wieder –
SARA: oder auch jetzt –
CORNELIA: – auch mit Bush, die beten alle, bevor sie in Kampf gehen. So ungefähr.
LEHRERIN: Mhm.
NADINE: Was bringt des halt als sozusagen Rechtfertigung, des is irgendwie so man muss nicht mal mehr ein guter Mensch sein!
LEHRERIN: Mhm.
NADINE: Es langt sozusagen zu glauben und da is sozusagen der Haken an der ganzen Sache.

Die Schüler/innen merken selbst, dass das, was sie als Rechtfertigungslehre gelernt haben und aus unserer Sicht eine gängige Praxis beschreibt, offenbar aber nur die Hälfte der Sache wirklich trifft.

6.2 Die Argumentationsfigur der Stunde

Der originelle Einstieg rahmt die Unterrichtsstunde. Religionspädagogisch ist die Zugangsweise auf ihre Weise konventionell. Es ist – vor allem in der Sek I – durchaus üblich, das Rechtfertigungsthema in den Kontext von Leistung und Konkurrenz zu stellen. Im Ringen um Anerkennung erfahren Jugendliche nicht selten Niederlagen, die sie fragen lassen, wer jetzt in Liebe zu ihnen steht. Dies wird dann gerne in Bezug gesetzt zu Luthers Ringen um einen gnädigen Gott. Damit dient der erste Fall als Beispiel für den zweiten. Doch ist dies durchaus riskant. Der Vergleichspunkt scheint der Einzelne zu sein, der um seine Anerkennung ringt, die ihm vorenthalten oder gewährt wird. Doch kann man Gott so einfach mit entsprechenden Mitmenschen vergleichen? Ein anderes Problem ergibt sich aus der Frage, ob denn die Gewissheit der Annahme durch Gott im Moment der Zurückweisung durch die Freundin wirklich helfen kann. Wird die Konkurrenzsituation dadurch wirklich gemildert? Man merkt, dass die Anthropologisierung einer theologischen Figur nicht so ohne Weiteres funktioniert. So wie der Luther-Text die Rechtfertigung des Sünders einführt, stellt dieser die Lehre einseitig vor. In seiner Freiheitsschrift nennt Luther den Christenmenschen zwar einen »freien Herrn, niemanden untertan«, doch zugleich einen »dienstbaren Knecht« und »jedermann untertan« (Luther 1520/1897, 21). Luther rechnet also damit, dass der von Sünden befreite Mensch jetzt freiwillig »gute Werke« tun und nicht nur seine Befreiung genießen will. Diese Haltung beschreiben die Schüler/innen. Dietrich Bonhoeffer (1937/2002, 29) spricht hier von der »billigen Gnade«, die er im Grunde als Häresie kritisiert. Vielleicht ist der Ausgangspunkt bei den Anerkennungsproblemen heutiger Menschen dann doch nicht der ideale Weg zur didaktischen Erschließung des Themas.

Wir schlagen deshalb vor, die Stunde quasi von hinten her nochmals zu betrachten. Gerade der Verweis auf den US-Präsidenten Bush lässt das Wort *Rechtfertigung* nochmals in einem anderen Licht erscheinen. Außerhalb der Theologie kennen wir das Wort in einem anderen Zusammenhang – meist im reflexiven Gebrauch »sich rechtfertigen«. Auch hier nimmt man einen Menschen oder eine Situation, die eher misslich ist, zum Ausgangspunkt. Umso wichtiger ist es dann, sich *zu verteidigen,* sich in ein besseres Licht zu setzen, kurzum: *sich zu rechtfertigen.* Das verbindet das Wort mit dem verwandten Wort *entschuldigen.* Auch hier ist der reflexive Gebrauch heute bestimmend – obgleich es eigentlich absurd ist. Wenn ich jemanden verletzt habe, kann ich nur *um Entschuldigung bitten* – ohne sicher zu sein, dass sie mir gewährt wird. Wenn ich *mich* entschuldige, nehme ich dies bereits als sicher vorweg. Wir sehen, dass unserem Alltagsgebrauch von »rechtfertigen« und »entschuldigen« eigentlich ein Zug dessen innewohnt, was Bonhoeffer mit billiger Gnade meint: Jegliche Verschuldung scheint mit einem »Ich entschuldige mich!« sofort getilgt zu sein. Ganz so einfach geht die »Rechtfertigung des Sünders« nun aber nicht vonstatten.

Mit der Anerkenntnis, dass wir Sünder vor Gott und den Menschen sind, verbindet sich ja immer zweierlei: Wir können auf dieser Welt von unserer Natur her nicht so existieren, wie es von Gott her gewollt ist. Dies manifestiert sich in zahllosen Handlungen und Unterlassungen, die dies zum Ausdruck bringen. Nun können wir erwarten, dass Gott uns – um Jesu Christi willen – unsere Sünden vergibt und uns liebt. Soweit der Duktus der Stunde. Was dort nicht auftaucht, ist die Einsicht, dass diese Vergebung voraussetzt, dass uns diese Sünden leidtun und wir sie bereuen. Es soll also keinen Automatismus geben in dem Sinne, dass ich denselben Fehler wieder mache, weil ich weiß, dass er eh verziehen wird. Erwartet wird vielmehr eine Haltung, die meine Einstellung ändert (griech. Metanoia = Sinnesänderung), auf Deutsch weniger bildhaft *Buße*. Der Luther-Text beschreibt dessen Erkenntnis bei der Lektüre des Römerbriefes. Doch der Akt der Rechtfertigung des Sünders sollte vielleicht weniger als eine Erkenntnis am Schreibtisch, sondern als liturgischer Akt beschrieben werden. Nicht nur dort, wo explizit anhand eines Beichtspiegels konkreter Sünden gedacht wird und eine ausdrückliche *Absolution* erfolgt, finden Buße und Vergebung und damit letztlich die Rechtfertigung des Sünders statt, sondern der normale Gottesdienst enthält solche Elemente der Anerkenntnis des Sünderseins und den Zuspruch von Gottes Vergebung. In der katholischen Kirche wird diese Erfahrung als Bußsakrament (Werbick 1985) begriffen, Luther hat die Buße theologisch dem Taufsakrament zugeordnet. D. h., dass demnach in jeder Bußhandlung die in der Taufhandlung stattfindende Abwendung vom Bösen wiederholt wird – als Nachwirken und Erneuerung des ursprünglichen Geschehens. Begreift man die Buße als Sinneswandel, dann ergibt es sich quasi von selbst, dass diese neue Haltung »Früchte« in Gestalt »guter Werke« hervorbringt. So gesehen impliziert die *Rechtfertigung* die *Heiligung*. Nun kann man im Einzelnen darüber nachdenken, was dies jeweils heißen kann – zumal im Kontext jugendlicher Schüler/innen. Doch wo diese Perspektive eines Willens zur guten Tat gar nicht auftaucht, wird man zwangsläufig bei der »billigen Gnade« landen. Bezieht man dies auf die Szene mit der Telefonwerbung, dann wird deutlich, dass die Frage von Sünde und Rechtfertigung sich nicht darin erschöpfen kann, wie der junge Mann mit seiner Brüskierung umgeht. Es geht in der Szene deshalb um Sünde, weil sich hier offenbar jemand auf Kosten eines anderen einen Vorteil verschafft und dabei den anderen kränkt – nicht wegen der Sexualität. Der junge Mann wird sich dann wieder »gut fühlen« können, wenn er sich mit der Partnerin so ausgesprochen hat, dass Verzeihung möglich ist. Im angesprochenen Modell von Rechtfertigung und Heiligung könnte man dann erwarten, dass die Beteiligten zumindest im Moment willens sind, so etwas in Zukunft zu vermeiden.

6.3 Ein strukturelles Modell zum Zusammenhang von Gnade und Werken

Das Themenfeld der Rechtfertigung des Sünders berührt die Grundfrage des Verhältnisses zwischen Transzendenz und Immanenz – zwischen Gott und den Menschen. Der Religionswissenschaftler Pascal Boyer (2004) stellt fest, dass es in keiner Religion Gottheiten gibt, die keinerlei Bezug zu und keinerlei Interesse am Menschen haben. Konzentrieren wir unsere Aufmerksamkeit auf die drei monotheistischen Religionen, dann können wir nachvollziehbare Muster zu der Beziehung zwischen Gott und den Menschen in ihren verschiedenen Varianten erkennen. Wir erläutern das exemplarisch anhand des Judentums. Im Pentateuch (jüdisch: der Thora) geht es an zentraler Stelle um die Bedeutung der Gebote, die Gott dem Volk Israel im Anschluss an den Exodus gibt. In einem Bundesschluss nimmt Israel die Gebote an – wissend, dass deren Befolgung über Segen oder Fluch entscheidet (Dtn 30,15 ff.):

> »Siehe, hiermit lege ich dir heute das Leben und das Glück, den Tod und das Unglück vor, nämlich so: Ich selbst verpflichte dich heute, den HERRN, deinen Gott, zu lieben, auf seinen Wegen zu gehen und seine Gebote, Satzungen und Rechtsentscheide zu bewahren, du aber lebst und wirst zahlreich und der HERR, dein Gott, segnet dich in dem Land, in das du hineinziehst, um es in Besitz zu nehmen. Wenn sich aber dein Herz abwendet und nicht hört, wenn du dich verführen lässt, dich vor anderen Göttern niederwirfst und ihnen dienst – heute erkläre ich euch: Dann werdet ihr ausgetilgt werden; ihr werdet nicht lange in dem Land leben, in das du jetzt über den Jordan hinüberziehst, um hineinzuziehen und es in Besitz zu nehmen. Den Himmel und die Erde rufe ich heute als Zeugen gegen euch an. Leben und Tod lege ich dir vor, Segen und Fluch. Wähle also das Leben, damit du lebst, du und deine Nachkommen.«

Die sich hier zeigende Struktur ist leicht erkennbar. JHWH bietet seinem Volk ein glückliches Leben, wenn es sich an die Gebote hält – falls nicht, droht Israel der Tod. Doch selbst wenn man die Erfüllung aller Gebote für prinzipiell möglich hält, stellt sich die Frage, was mit denen geschieht, die diese nicht erfüllen.

Hier konkurrieren dann unterschiedliche Varianten in Hinblick auf die Gott zugeschriebenen Eigenschaften. In der Regel dominiert dabei Gottes Gnade und Barmherzigkeit, die auch das menschliche Unvermögen zu kompensieren bereit ist. Dabei ergeben sich verschiedene Nuancen der Zuordnung von Gnade und Gebotserfüllung zwischen den Religionen und Konfessionen und innerhalb derer. Die unterschiedlichen Auslegungen der Rechtfertigungslehre (Lutherischer Weltbund/Päpstlicher Rat 1999) lassen sich in dieses Modell einzeichnen. Dies zeigt das folgende Schema:

Tab. 10: Modellrahmen Rechtfertigung

Gott ist gnädig und barmherzig, straft aber auch		Gott ist gnädig und barmherzig, prinzipiell strafbereit		Gott ist gnädig und barmherzig – aus Liebe verzichtet er auf Strafe
Juden und Muslime: Orthopraxie → strikte Gebotserfüllung	Katholiken: fromme Werke, Protestanden: (bes. Reformierte) Kirchenzucht	Geregelte Prozesse der Sündenvergebung		Die »billige Gnade« verpflichtet nicht wirklich zu einer Einhaltung der Gebote (wenngleich dies erhofft wird)
		Katholisch: Kirche als vermittelnde Instanz (verfügt über die guten Taten der Heiligen als Kompensation)	Evangelisch: Sündenbekenntnis – Absolution – gute Werke als Dankbarkeit → neue Orientierung an den Geboten	

Die »billige Gnade« findet sich affirmativ weder in katholischen noch protestantischen Verlautbarungen, ist aber gleichwohl eine soziale und kirchliche Realität. Es lässt sich zeigen, dass der mit dem Stichwort »Rechtfertigung« angesprochene Sachverhalt ein durchaus kompliziertes Konstrukt ist. Die von Luther nicht zuletzt an der problematischen Ablasspraxis seiner Zeit festgemachte Kritik, sich durch »Werke« gewissermaßen den Himmel erkaufen zu können, ohne ernsthafte Buße, zeigt die Problematik einer »Werkgerechtigkeit«. Die obige Unterrichtsstunde gibt aber einen Hinweis, dass der Gedanke einer tatkräftigen Selbsterlösung hierzulande innerhalb der Kirchen wohl eher schwächer vertreten ist als in der säkularen Welt mit ihrem Zwang zur Selbstoptimierung. Dennoch ist Luthers Erkenntnis unhintergehbar, dass der erste Schritt von Gott in Jesus Christus erfolgt ist und unser Verhalten immer nur der zweite sein kann. Die gottesdienstliche Praxis der Kirchen verweist immerhin darauf, dass die Erfahrung der Rechtfertigung vielleicht weniger ein mentaler Akt ist als ein performativer. Die Unterrichtsstunde macht zudem darauf aufmerksam, dass die Problematik derzeit eher im Bereich der »billigen Gnade« liegt – mit der Frage, welche Konsequenzen sich denn aus unserem Christ/insein ergeben.

Nehmen wir den Modellstatus unserer Überlegungen ernst, bieten wir hier eine Navigationsmöglichkeit in dieser Frage. Man kann im Prinzip jedes Statement in diesem Modell verorten. Damit wird auch deutlich, dass idealerweise der Unterricht gerade die unterbelichteten Aspekte in den Blick zu nehmen hat. Es ist etwa leicht, in unseren Augen rigide Praktiken im Islam zu kritisieren, die ständig auf die Unterscheidung *hallal* oder *haram* fixiert zu sein scheinen. Doch was bedeutet es, dass sich Christ/innen in ihrer Alltagspraxis nicht von Nicht-Glaubenden unterscheiden lassen? Der Religionsunterricht muss hier keine verbindlichen Lösungen angeben, doch das Feld der Entscheidungen transparent machen.

6.4 Lehrer/innentheologie

Wenn wir versuchen, die Theologie der Lehrerin zu rekonstruieren, dann müssen wir schauen, wie sie den Schlüsseltext von Martin Luther einführt. Luther trägt dort gegen Ende seines Lebens eine Erinnerung an seine »reformatorische Entdeckung« vor, die gravierende Veränderungen in seinem Gottesbild zur Folge hatte. Es handelt sich de facto um eine Art Leseanleitung zu einem Schlüsseltext des Römerbriefs (Röm 3,21 f.). Für die Lehrerin ergibt sich daraus das Dilemma zu entscheiden, wie sie diesen Text gegenüber den Schüler/innen situieren soll (Grill 2005, 60):

> »Es müsste gelingen, die Botschaft von der Rechtfertigung in der Erlebniswelt der Schüler zu verorten und eine Sprache zu finden, die den Inhalt verstehen lässt. Anders werden die theologischen Begrifflichkeiten, zumal die Rechtfertigung des Sünders, lediglich auswendig gelernt wie eine Vokabel aus dem Fremdsprachenunterricht und verlören so ihre Polyvalenz.«

Doch als *historischer Text* führt Luthers Erinnerung in eine »fremde Welt« ein. Für Luther und seine Zeitgenossen stand die Existenz Gottes außer Frage. Entscheidend war vielmehr, ob dieser Gott zu fürchten ist oder ob man sich ihm anvertrauen kann. Dabei spielt natürlich bei Luther eine Frage die zentrale Rolle: Kann ich denn als Sünder – ungeachtet meiner religiösen Anstrengungen – vor Gott so gerecht erscheinen, dass er mich annehmen kann? Das Problem ist nun, dass sich diese Frage heute faktisch nirgends mehr stellt. Wer sich heute von einem strengen, strafenden Gott trennt, der verabschiedet sich dann von Gott überhaupt (→ Kap. 3 u. 4) und ist nicht froh über die befreiende Entdeckung, dass Gott liebend ist. Doch die Frage von Anerkennung bleibt und stellt sich im säkularen Kontext nicht weniger dringlich. Kann der von der Lehrerin unternommene Versuch einer Verschiebung der Lutherschen Fragestellung gelingen? Die Schülerin Paula bringt zum Stundenende einen gewichtigen Einwand (Grill 2005, 46):

> [K]ann ich denn, wenn ich jetzt an jemand glaub, wie kann ich dann denn von dem angenommen sein? Also wenn ich, wenn ich jetzt, ähm, sag o.k., ich glaub jetzt nicht an Gott, dann kann ich auch nicht von ihm angenommen sein, weil ich davon ausgehe, dass es ihn gar nicht gibt, das heißt, ich muss da ja an ihn glauben, damit ich angenommen werde, wollt ich nur mal sagen.

Diese Bemerkung macht die Hermeneutik der Lehrkraft fragwürdig. Sie liest als evangelische Religionslehrerin den Luther-Text erst einmal nicht als historisches Dokument, sondern als einen *autoritativen Text,* von dem sie erwartet, dass er eine deutende Kraft für heutige Fragestellungen beinhaltet. Sie prüft nicht die historische Lücke in der Wahrnehmung der Gottesexistenz, die als Prämisse heute die Aneignung blockiert. Gleichzeitig ist sie sich dessen aber auch nicht sicher und bietet die lebensweltliche Szene nicht nur als Einstieg, sondern in gewisser Hinsicht als »Supplement« im Sinne einer erweiterten Leseanleitung: Schaut mal, ob und gegebenenfalls wie sich die Fragestellung Luthers in eurer Lebenswelt finden lässt! Dabei zeigt Paulas Hinweis, dass sich die Fragestellung grundlegend verändert, wenn Gott nicht als Konstante vorausgesetzt wird, sondern durch den Glaubensakt praktisch selber »geschaffen« werden muss. Von daher ist zu fragen, ob es an dieser Stelle nicht konsequenter wäre, die Fragestellung im historischen Kontext im Sinne einer »fremden, aber eigensinnigen Welt« zu lesen (Reis/Ruster 2012). Die Frage eines Transfers müsste dann offenbleiben oder ergibt sich nicht so unmittelbar. Doch woher sollen die Interpretamente kommen, wenn nicht aus der Lebenswelt der Schüler/innen?

6.5 Schüler/innentheologie – im Kontext

Wie konstruieren Schüler/innen das schwierige Thema »Rechtfertigung«? Annike Reiß (2008) hat es unternommen, im Hinblick auf die obige Stunde die Voten einzelner Schüler/innen im Duktus darzustellen und zu analysieren. Dabei zeigte sich, dass eine der Protagonistinnen, Paula, zwar wichtige Beiträge zur Frage von Anerkennung bietet, die explizit theologische Thematik aber eher umgeht. Wir konzentrieren uns deshalb auf die Beiträge von Cornelia, die kongeniale Mitspielerin der Lehrerin. Reiß (2008, 50 f.) resümiert im Hinblick auf das Thema der Rechtfertigung:

> »Auf die Frage der Lehrerin, welche Frage die Rechtfertigungslehre beantworte, äußert Cornelia zuerst ihre Skepsis und ihr Missfallen. […] Und zwar kritisiert sie, dass der Glaube eines Menschen über seine Schwächen und negativen Eigenschaften und Taten hinwegsehen lasse. Auffällig an ihrer Aussage ist, dass Cornelia Gott überhaupt nicht erwähnt, obwohl es doch in dem zuvor gelesenen Text um die Frage Luthers, wie er vor Gott bestehen könne, geht. Vielmehr verortet sie den Akt der Rechtfertigung in das menschliche Miteinander. […] Ein bedingungsloses Angenommensein kann Cornelia nicht nachvollziehen – und ›allein‹ den Glauben als Bedingung kann sie schon gar nicht akzeptieren.«

Es ist interessant, den Fokus an dieser Stelle auf die Schülerin zu richten, die den Unterricht mit ihren Beiträgen stark bestimmt und somit als Indikator dafür angesehen werden kann, wieweit das Thema »Rechtfertigung« überhaupt in den Verstehenshorizont dieser Schüler/innen eingerückt ist. Annike Reiß beobachtet an dieser Stelle zweierlei: erstens, dass es ungerecht sei, den Glauben gegenüber dem realen Verhalten zu priorisieren. Zweitens erscheint der Glaube in diesem Kontext selbst als eine Art Leistung. Es fehlt in ihrer Argumentation der besonders von Luther hervorgehobene Gedanke der *Gnade* (sola gratia). Gnade impliziert einmal ein bestimmtes Gottesbild und die Hinnahme einer Asymmetrie zugunsten der Menschen. Genau diese Asymmetrie ist für die Jugendlichen aber fragwürdig (→ Kap. 3), sodass die in der Gnade gewährte erneute Hinwendung zum Leben unklar bleibt und unnötig wird. Im Zwischenmenschlichen gibt es diese Asymmetrie nicht, nicht das erlösende Moment der Gnade. In der zwischenmenschlichen Welt ist ein Glaube ohne eine ethische Praxis, an der sich der Glaube messen lassen muss, problematisch. Die Jugendlichen heute kennen religiöse oder weltanschaulich radikale Terroristen, die aus ihrem Glauben heraus für diesen schreckliche Taten vollbringen. Solche Glaubensbezüge sind tatsächlich problematisch. Interessant ist aber, dass Cornelia hier den Glaubensbegriff implizit anders als Luther eben als das Vertreten eines individuellen, im Kern subjektivierten Gottesbildes versteht – hier also gerade Gott nicht als reale Person denkt, die Erwartungen hat und die die Sünde (→ Kap. 5) genau als solche beurteilt. Es lohnt sich deshalb einen Blick auf das Gottesverständnis zu werfen und auf die Entwicklung der Gerechtigkeitskonzepte.

Auch wenn gewiss gewagt ist, eine Einzeläußerung in den Kontext einer großen Befragung von Teenagern zu stellen, können dadurch trotzdem einige Aspekte dieser Stunde plausibilisiert werden. Eine große US-amerikanische Studie zur Religiosität von Teenagern kam zu dem überraschenden Befund, dass ungeachtet der Zugehörigkeit (liberale und konservative Protestanten, Katholiken und Juden) ein gemeinsames Profil erkennbar wurde, das durch die folgenden Merkmale charakterisiert wird (Smith/Denton 2005, 162 f.):

»1. Es existiert ein Gott, der die Welt geschaffen und wohlgeordnet hat und über das menschliche Leben auf Erden wacht.
2. Gott möchte, dass die Menschen gut, freundlich und fair miteinander umgehen, wie es die Bibel und die meisten anderen Weltreligionen lehren.
3. Das zentrale Lebensziel ist, glücklich zu sein und sich gut zu fühlen.
4. Gott muss nicht unbedingt in alle Einzelheiten des Lebens involviert sein, außer wenn er benötigt wird, ein Problem zu lösen.
5. Gute Menschen kommen, wenn sie sterben, in den Himmel.«

In einem solchen Entwurf hat der Gedanke einer rechtfertigenden Gnade eigentlich keinen Ort. Gott ist eine Art Ressource, auf die man im Notfall zurückgreifen kann, der uns aber ansonsten kaum behelligt oder gar etwas von uns erwartet. Karen Marie Yust (2010) spricht in diesem Zusammenhang von Gott als »therapeutischem Butler«. Angesichts einer solchen Voraussetzung ist es nicht überraschend, dass in der untersuchten Unterrichtsstunde das Thema *Akzeptanz* allein im mitmenschlichen Kontext verhandelt wird. Das Entwicklungsmodell von Oser und Gmünder (1996) kann einzelne Aspekte aufklären. Betrachten wir das Strukturmodell (→ Kap. 6.6), dann erkennen wir, dass es vor allem um Varianten einer Do-ut-des-Konstellation geht. Was gibt Gott und was der Mensch? Geht man entlang des Modellrahmens (→ Tab. 10) von links nach rechts, dann löst sich dieses Schema zugunsten einer nicht mehr klaren Beziehung immer weiter auf (Oser spricht von Deismus). Wir finden also in unserem Strukturmodell die beiden Entwicklungsstufen abgebildet, die für das Schüler/innenalter auch zu erwarten sind.

6.6 Eine entwicklungspsychologische Perspektivierung des Gnadenkonzepts

Wenn – wie kirchlicherseits postuliert – die Frage von Gnade und Rechtfertigung einen solch zentralen Status einnehmen soll, dann kann sie nicht auf die gymnasiale Oberstufe konzentriert sein. Und in der Tat werden prominente Gleichnisse Jesu in diesem Sinne schon früh gelesen: z. B. das vom »Verlorenen Sohn« oder das von den »Arbeitern im Weinberg«. Nun hat gerade letzteres (Mt 20) zur Frage Anlass gegeben, inwieweit vor allem jüngere Schüler/innen (aber nicht nur sie!) verstehen können, dass das Verhalten des Winzers, der trotz unterschiedlicher Arbeitsleistung alle Arbeiter gleich belohnt, ein *positiv gemeintes* Beispiel für Gottes Gnade sein solle. Anton Bucher (1990) hatte gezeigt, dass erst junge Erwachsene in der Lage waren, das Gleichnis so zu verstehen, dass im Handeln des Winzers Gottes gnädiges Verhalten zum Ausdruck kommt. Jüngere beharrten darauf, mit diesem ungerechten Weinbergbesitzer könne keinesfalls Gott gemeint sein. Eine Tübinger Forschergruppe hat untersucht, wie das Thema in Religionsklassen der Stufe 6 bzw. 10 zur Sprache kommt, und kommt zu dem Ergebnis, dass das Zusammendenken von Güte und Gerechtigkeit Gottes durchaus schwerfällt (Schweitzer/Nipkow/Faust-Siehl u. a. 1995, 118 f.): »Ein charakteristisches Problem in den zehnten Klassen betrifft die Frage, ob Gott gerecht und gütig oder ›nur‹ gütig handelt bzw. ist. Für die Schülerinnen und Schüler besteht zwischen gütig und gerecht ein Unterschied.« Als die Lehrerin zu erklären sucht, wie notwendig die Zahlung des vollen Arbeitslohnes auch für Tagelöhner und ihre Familien sei, die nur wenige Stunden gearbeitet haben, besteht der Schüler aber darauf: »Gütig wär's, [...] aber gerecht wär's deshalb trotzdem nicht.«

Wir sehen hier, dass der theologische Zentralbegriff der Gnade äußerst schwierige Voraussetzungen hat in einer Welt, in der man nichts geschenkt haben möchte, auf das man eigentlich einen Anspruch hat. Mit dem Rekurs auf Gottes Gnadenhandeln setzt Religionspädagogik womöglich mehr voraus, als wirklich unterrichtlich möglich ist.

6.7 Modellierungen in den Lehrplänen

Unsere Beispiele haben deutlich gemacht, dass die Modellierung des Themas »Rechtfertigung« darunter leidet, dass bestimmte Vorentscheidungen nicht getroffen sind und damit die Modellierung zwangsläufig unscharf bleibt. Jenseits der Curricula wurde das Problem nicht zuletzt anlässlich des Luther-Jubiläums von 2017 deutlich. Angesicht von fragwürdigen Vereinnahmungen Luthers in den früheren Hundertjahrfeiern wird – unserer Ansicht nach zu Recht – darauf gedrungen, die historische Differenz zwischen Luther und heute transparent zu machen. D. h., man hat zu zeigen, wie Luther im Kontext seiner Zeit zu seiner reformatorischen Entdeckung vom gnädigen und gerechten Gott kam, welche Prämissen er dabei voraussetzt und was wirklich die theologische Entdeckung ist. Das ist komplex genug, wenn man Luthers Gegenspielern nicht die Ernsthaftigkeit ihrer Argumente absprechen will. Dies spricht für eine gemeinsame modellbezogene Behandlung von Reformation und Gegenreformation als diskursive Themen des Religionsunterrichts. Die Betonung der *fremden Welt* kann dennoch das erkenntnistheoretische Problem nicht vermeiden, dass Verstehen zwangsläufig eine Assimilation an die Kategorien der eigenen Lebenswelt bedeutet. Doch was beinhalten diese? Es geht um die Thematisierung der Do-ut-des-Beziehung zu Gott (→ Kap. 2). Spielt unser Verhalten gegenüber Gott eine Rolle? Kann es ihm je genügen? Was können wir von ihm erwarten? Wir stellen fest, dass wir dabei auf die zentrale Frage nach der »Gnade Gottes« stoßen (Reinert 2014). Doch dies hat curricular keinen eigenen Ort. Man kann und sollte es aber – z. B. anhand von Mt 20 – thematisieren (Büttner/Kessler 2014). Eine Durchsicht der Lehrpläne ergibt so das folgende Schema:

Tab. 11: Lehrpläne zur Rechtfertigung

Mt 20 findet sich in zahlreichen LP der Sek: eRU|KS|BW|2001, 33: Gerechtigkeit als Ermöglichung von Leben in Freiheit, Mt 20,1–16; eRU|Sek I|HE|2010, 23: Teilen von Zeit (Mt 20,1–16); kRU|Sek I|RP|2012, 66: Mt 20: Reich Gottes; Gerechtigkeit; Grundintention: Schüler und Schülerinnen erweitern und vertiefen ihr bisher erworbenes Verständnis des christlichen Gottesglaubens und nehmen kritisch zu alltagsweltlichen Gottesvorstellungen und zur Behauptung der Nichtexistenz Gottes Stellung.	eRU|Sek I|HE|2010, 26: Kernstücke Reformatorischer Lehre: Rechtfertigungslehre; Bedeutung der heiligen Schrift; Priestertum aller Gläubigen; Kritikpunkte: Ablassstreit; Bindung von Thron und Altar; religiöse Praktiken; »Gute Werke«; Ämterkauf. kRU|Sek I|HE|2010, 44: Auseinandersetzung in der Kirche; von der Reformation zur Ökumene: Wie Martin Luther in seiner Situation suchen Menschen auch heute nach Sicherheiten und nach Antworten auf existentielle Fragen im Evangelium. Katholische Christen beziehen auch die Tradition der Kirche ein. Auf die ihn bedrängende Frage »Wie finde ich einen gnädigen Gott?« gibt es für Martin Luther nur die Antwort des Gerechtwerdens aus der Gewissheit der Barmherzigkeit Gottes, nicht der Rechtfertigung auf Grund eigener Werke.

Dass Mt 20 zur Frage des Reiches Gottes und zur Gerechtigkeit herangezogen wird, ist erwartbar. Gleichnisse sind auf ihre Weise »offene Kunstwerke«, doch scheint uns die Ethisierung des Gleichnisses zu kurz zu greifen. Umso eindrücklicher ist der Hinweis im katholischen Lehrplan von Rheinland-Pfalz, der das Mt-Gleichnis in den Kontext einer veränderten Sicht auf Gott stellt und dabei keine Gottesvorstellung meint. Genau eine solche Reflexion eröffnet einen Blick auf Einsichten im Sinne Luthers. Im Blick auf die Reformation als historisches Ereignis lohnt sich der Vergleich der evangelischen und der katholischen Variante im Lehrplan Sek I von Hessen. Die evangelische Version fokussiert die klassischen Topoi, eher in historischer Perspektive; die katholische Version präsentiert Luther eher als eine – auch heute noch mögliche? – Variante des Zugangs zu Gott. Sie ist gewiss anschlussfähiger an die heutige Lebenswelt, doch läuft sie auch Gefahr die historische Differenz der heute nicht mehr voraussetzbaren Gottesexistenz und Gottesbeziehung zu überspielen. Aber auch die zweite in diesem Kapitel entwickelte Problematisierung bearbeiten die Lehrpläne nicht, da sie im Modellrahmen (Tab. 10) das rechte Modell der »billigen Gnade« nahelegen. Vermutlich geschieht dies nicht bewusst, aber durch die bipolare Spannung Werke oder Gnade – mit der Entscheidung für die Gnade – wird nicht nur der Zusammenhang von »Reue – Rechtfertigung – Werke« bei Luther unterlaufen, sondern auch der zwischen Barmherzigkeit und Strafe zugunsten der individuellen Gottesvorstellungen, sodass die Rechtfertigung letztlich ins Leere läuft. Die Lehrpläne setzen durch die kontrovers-konfessionelle Perspektive also ein bestimmtes Modell dominant, das auch in den Lehrinterventionen erkennbar wird. Aber dieses Modell ist durch die doppelte Halbierung gegenüber den Werken und der Strafe gerade in sich nicht konsistent. Die Anfragen an das theologische Konzept der Schüler/innen sind von daher plausibel. Will man hier etwas ändern, dann müsste man Schüler/innen die feine Synchronisierung bestimmter Modelle in verschiedenen Modellrahmen bei Luther zeigen, wie sich ein plausibles (konfession-generierendes) Netzwerk gebildet hat, das heute in allen Bestandteilen problematisiert ist und zwar mit dem therapeutischen Butler aus einem anderen stabilen Netzwerk heraus, das ebenfalls Modelle über verschiedene Modellrahmen hinweg zusammenfügt.

7 Jesus, der Christus

7.1 Ankerbeispiel: Kann ich zu Jesus beten?

Hanna Roose berichtet aus einem Unterricht in einer 7. Realschulklasse (2006b, 138):

> »Die Studentin behandelt die Erzählung von der Sturmstillung. Die didaktische Umsetzung der Wundergeschichte folgt dem Ansatz einer (partiellen) Identifikation der SchülerInnen mit den Menschen, deren Not der Wundertäter Jesus wendet. Die SchülerInnen versetzen sich ansatzweise in die Situation der Jünger, die zunächst angsterfüllt um Hilfe rufen und dann dankbar für ihre wunderbare Rettung sind. Diese Dankbarkeit sollen die SchülerInnen in der Form eines Gebetes zum Ausdruck bringen.«

Bei der Durchführung lässt die Unterrichtende die Schüler/innen die Geschichte bis zu dem Hilferuf (»Herr, hilf uns!«) pantomimisch nachspielen (Roose 2006b, 139):

> »Anschließend sollen die SchülerInnen anhand eines Arbeitsblattes, das die ängstlichen Jünger im Boot auf stürmischer See zeigt, mögliche Gedanken der Jünger schriftlich formulieren. Die Ergebnisse werden vorgelesen. Anschließend trägt die Studentin das Ende der Erzählung vor. Unter der Fragestellung ›Wie fühlen sich die Jünger jetzt?‹ erarbeitet sie, dass die Jünger froh und dankbar sind für ihre Rettung. Die SchülerInnen sollen auf einem zweiten Arbeitsblatt, das die lächelnden Jünger im Boot auf ruhiger See zeigt, je ein Dankgebet von zwei Jüngern formulieren. Die Kinder beginnen zu arbeiten. Nach einer Weile kommen aber Rückfragen: ›Zu wem sollen wir jetzt beten, zu Gott oder zu Jesus?‹ fragt eine Schülerin. Die Studentin antwortet: ›Zu Jesus.‹ Dagegen regt sich Widerspruch. Ein Schüler wendet ein: ›Wieso muss ich zu Jesus beten, wenn er neben mir steht?‹ An dieser Stelle greift der Lehrer ein und fordert die Kinder dazu auf, in der einen Sprechblase Jesus anzusprechen, in der zweiten Gott. Die Stunde endet damit, dass einige SchülerInnen ihre Gebete vorlesen. Zu einer Diskussion kommt es aus Zeitgründen nicht mehr. Die SchülerInnen gehen aufgrund der unterschiedlichen, nicht weiter erläuterten Arbeitsaufträge mehr oder weniger irritiert aus der Stunde.«

Die unterrichtende Studentin folgt der seit Ingo Baldermann (1991) religionspädagogisch breit akzeptierten Idee, durch Nachempfinden die Wundergeschichten quasi »von innen her« nachzuerleben und so über die bloße Diskussion, ob so etwas möglich sein könne, hinaus zu kommen. Intuitiv hat sie wahrgenommen, dass sich in der Wundertat Jesu etwas Numinoses manifestiert, das es angemessen erscheinen lässt, dass die Jünger ihren Dank gegenüber Jesus nicht nur in der üblichen Weise artikulieren, sondern in der Gestalt eines Gebets (an ihn!). Der Gedanke ist insoweit plausibel, als die Neuinszenierung der Geschichte im Klassenzimmer die Frage des »präsentischen Christus« stellt. Dass wir uns diesem gegenüber im Modus des Gebets annähern können, ist theologisch erst einmal unbestritten. Gleichzeitig wird – nicht zuletzt durch den Einwand der Schüler/innen – deutlich, dass die Frage des Gebets zu Jesus offenbar doch komplizierter ist – und damit hineinführt in die komplexe Frage nach dem Status von Jesus Christus, von seiner irdischen Existenz bis zu seiner göttlichen Verehrung. Interessanterweise stoßen wir in einer Dokumentation eines Unterrichtes in einer 7. Klasse bei der Behandlung desselben Themas auf dieselbe Problematik. Die Lehrerin versucht dort die Erfahrungen von Angst und Geborgenheit zu inszenieren und stößt dabei ebenfalls auf die christologische Frage – in der Diktion Martina Kumlehns (2012, 114 f.): »Im Grunde arbeitet sich die Lehrerin permanent an den Folgen ab, die sie mit ihrer missverständlichen Ausgangsfrage: ›Ist es selbstverständlich, dass Jesus so etwas konnte?‹ ausgelöst hat.« Man gewinnt hier den Eindruck, dass auch konzeptionell gut durchdachte Stunden zum Thema »Jesus Christus« dort in Schwierigkeiten geraten, wo die Frage der Christologie nicht explizit bedacht worden ist.

7.2 Welches christologische Modell ›passt‹?

Die Frage der Schüler/innen »Wieso muss ich zu Jesus beten, wenn der neben mir steht?« offenbart, dass zumindest an dieser Stelle unterschiedliche Modelle dessen, was in der Stunde ablaufen sollte, aufeinandergestoßen sind. Folgt man dem Motivrepertoire von Wundergeschichten, so ist es nicht überraschend, dass der »Chorschluss« Jesus göttliche Züge zuschreibt. Dies wäre bei einer diachronen Betrachtung der Sturmstillungsperikope wahrscheinlich eher beiläufig registriert worden. Doch die synchrone Zugangsweise nach dem didaktischen Ansatz von Baldermann (1991) bringt die Schüler/innen bewusst in die Situation, dass auch sie sich der Frage der Jünger stellen müssen (Mk 4,41): »Wer ist der? Auch Wind und Meer sind ihm gehorsam!« Nun wissen zumindest die Kinder, die die Frage artikulieren, dass man allein zu einem göttlichen Wesen beten darf. Im Hinblick auf den Jesus »im Himmel« ist dies unproblematisch, wie das Tischgebet »Komm Herr Jesus, sei du unser Gast!« eindrücklich bestätigt. Doch dem Menschen Jesus, der in der szenischen Imagination »als Mensch« neben ihnen steht, kommt das Gebet nach Ansicht der Schüler/innen nicht zu. Damit manifestieren sie eine Sichtweise, die davon ausgeht, dass Jesus ihnen offensichtlich in verschiedenen »Naturen« begegnen kann, die sorgfältig zu unterscheiden sind. Wir sehen, dass es an dieser Stelle offensichtlich einer systematisch-theologisch fundierten Modelldiskussion bedarf, d. h., dass eine bloße Didaktik der Wundergeschichte hier zu kurz greift. Wir werden sehen, dass die Curricula dies dadurch zu vermeiden suchen, dass sie sich bei den neutestamentlichen Wundergeschichten meist auf die Heilungswunder konzentrieren, die sich notfalls im Rahmen eines »historischen« Modells interpretieren lassen. Die Wahl eines »Naturwunders« führt aber, das zeigt das Beispiel, zwangsläufig dazu, dass sich die christologische Frage stellt. Diese lautet in ihrer Grundform: *Wie hängt dieser Jesus von Nazareth mit Gott zusammen?* Angeregt durch die Diskussionen der ersten christlichen Jahrhunderte und unsere Leitunterscheidung »Immanenz – Transzendenz« lassen sich erst einmal drei Grundpositionen unterscheiden.

- »Jesus ist ein jüdischer Mensch« der Antike, der durch seine Botschaft und sein Handeln in besonderer Weise auf den Gott Israels hingewiesen hat. Damit gehört er in den Bereich der Immanenz, der aber in seinen Manifestationen immer wieder auf die Transzendenz verweist. Damit steht er in einer Reihe mit ähnlichen Figuren. In der biblisch-jüdischen Linie ist hier besonders auf die Propheten zu verweisen und auf die Gestalt des Messias, der Hoffnungsgestalt des Judentums von der nachexilischen Zeit bis heute. Im Kontext der hellenistisch-römischen Welt wird man an die sog. »göttlichen Menschen« (»theios aner«) denken, ebenfalls Menschen, die durch ihre Besonderheit über sich hinaus auf das Göttliche verwiesen haben. Aus Respekt vor dem jüdischen Monotheismus waren es in der Anfangszeit wohl vor allem Judenchristen, die Jesus in einem solchen Zusammenhang sahen. In dieser Linie liegt auch das Jesusbild des Koran.
- Die Gegenposition verortet Jesus im Kontext der Transzendenz. Er ist ein »wahrer Gott«, dessen menschliche Existenz nur »scheinbar« ist (deshalb spricht man von *Doketismus*) (Löhr 1999, 925 f.). Die orientalischen Kirchen, die allein bzw. hauptsächlich Jesu »göttliche Natur« betonen, werden deshalb als »Monophysiten« bezeichnet. Von einer solchen Sichtweise her wäre Jesu Auftreten in der Sturmstillungsgeschichte dann nicht weiter überraschend.
- In den frühchristlichen Auseinandersetzungen zwischen diesen Extrempositionen lassen sich zahlreiche vermittelnde Vorschläge ausmachen. Dogmatisch bestimmend ist die Einigungsformel von Chalzedon von 451, mit der Formel, Jesus sei »wahrer Mensch« und »wahrer Gott« und diese Naturen seien »ungetrennt« und »unvermischt« (DH 2005, 301 f.). Diese paradoxe

Formel provoziert dann immer wieder auch die Frage, in welcher Situation welche »Natur« sichtbar bzw. »wirksam« sei. Im Kontext der Schulstunde wird von den Schüler/innen wohl in der Richtung gedacht, dass der »irdische« Jesus eher mit der menschlichen »Natur« in Verbindung zu bringen sei und erst nach der Auferstehung bzw. Himmelfahrt mit seiner »göttlichen Natur«, bei der dann auch ein Gebet als sachgemäß angesehen würde.

Modellmäßig können wir also von drei Grundfigurationen ausgehen:

Tab. 12: Modellrahmen zur Christologie

Immanenzorientiert	Spezifische Immanenz-Transzendenz-Beziehung	Transzendenzorientiert
Betonung der menschlichen »Natur«, Einzeichnung in Tradition bedeutender Menschen mit religiöser Bedeutung (→ Referenz auf Transzendenz)	Lösungen: modal → erscheint in der einen oder anderen Natur; temporal → erst irdisch → dann himmlisch; paradox: beides zugleich	Betonung der göttlichen »Natur«, Einzeichnung in Modelle von Götterepiphanien; menschliche Existenz nur scheinbar (→ Doketismus)
Typische christologische Positionen: Antionchenische Schule	Logoschristologie; Origenes, Bekenntnis von Chalzedon (451 n. Chr.)	Typische christologische Positionen: alexandrinische Schule, Monophysiten
Typische trinitarische Positionen: Adoptianismus, Linksorigenisten, Subordinatianismus, Arianismus	Drei Kappadozier, Bekenntnis von Konstantinopel (381 n. Chr.)	Typische trinitarische Positionen: Rechtsorigenisten, Modalismus

7.3 Theologische und religionspädagogische Probleme und Modelle

Die paradoxale Chalzedon-Formel ist im Prinzip offen genug, um die biblischen Erzählungen von Jesus in ihrer Breite abbilden zu können. Dass Merkmale beider »Naturen« sich z. T. in unmittelbarer Nachbarschaft finden lassen, zeigt etwa die Perikope Joh 11, wo Jesus einerseits (menschlich) über den Tod des Lazarus weint und ihn anschließend (göttlich) wieder vom Tod auferweckt.

Nun steht aber quer zu dieser Modellierung eine andere Unterscheidung. Mithilfe historischer Methoden wird seit der Aufklärung versucht, *hinter* den Evangelien die historische Gestalt Jesus von Nazareth herauszupräparieren. Man zieht dazu auch archäologisches Material heran und außerbiblische Quellen, soweit diese etwas über analoge Phänomene aussagen. Dabei stellt sich immer wieder die Frage nach der Kriteriologie. Um dies am obigen Beispiel zu dokumentieren: Kann ein Mensch ein Unwetter beenden? Unser heutiges Wirklichkeitsverständnis sagt: »Nein!« Ein Blick in antike Quellen zeigt, dass es durchaus Berichte zu analogen Wundertaten gibt (z. B. Apollonius von Tyana). Die Frage des Abgleichens hat dabei in den letzten Jahrzehnten nochmals eine wichtige Umorientierung erfahren. Nach dem sog. *Differenzkriterium* hielt man vor allem solche Phänomene für »echt jesuanisch«, die sich vom Judentum und dem Hellenismus seiner Zeit unterscheiden. Das neuere *Plausibilitätskriterium* geht dagegen davon aus, dass die Züge dem historischen Jesus zuzuschreiben sind, in denen er sich gerade nicht von seinen Zeitgenossen unterscheidet. Ließ das erste Kriterium noch eine Sonderstellung Jesu denkbar werden, so verbietet das zweite eine solche grundsätzlich. Das Konstrukt des »Historischen Jesus« (Theißen/Merz 2011) stellt nun eine theologische Herausforderung dar. Einerseits ist es unaufgebbar, schon um die »Realität« des Auftretens Jesu im Bildungskanon der Schule und im öffentlichen Diskurs vertreten zu können. Da es unmöglich ist, den »historischen Jesus« in unser obiges Modell einzuordnen, suchte und sucht die Theologie nach Möglichkeiten, dieses Konstrukt anschlussfähig zu machen. Das Konstrukt des »geglaubten Christus« ist auf der Subjektseite angesiedelt und unterscheidet sich einerseits grundlegend vom »historischen Jesus«, ist aber gleichzeitig doch auf diesen bezogen. Es ist letztlich Ausdruck individualisierter Frömmigkeit. Ein performatives Pendant könnte die eucharistische Präsens Christi in der Abendmahlsfeier sein, was sich in der Praxis (→ Kap. 11) als ebenfalls nicht so einfach erweist. Wir werden sehen, dass der implizite und explizite Bezug der Curricula auf den »historischen Jesus« die didaktische Behandlung des Christologie-Themas nicht erleichtert.

Andererseits hat Petra Freudenberger-Lötz (2007b) gezeigt, dass ein Eingehen auf die Beiträge der Grundschulkinder durchaus genau auf die Fragestellungen der Chalzedon-Formel hinführt. Interessanterweise geschieht dies bei ihr nicht im Zusammenhang einer Wundergeschichte wie oben, sondern im Anschluss an ein Gleichnis (Freudenberger-Lötz 2007b, 188): Wer ist der »gute Hirte«? Jesus oder Gott? Freudenberger-Lötz (2007b, 198 ff.) nimmt dies zum Anlass, mit den Kindern anhand von Bibelstellen die Alternativen eines »menschlichen Jesus« bzw. »göttlichen Jesus« zu bedenken und die Schüler/innen um eine Option zu bitten. Sie verbindet dies mit einem Blick auf »Chalzedon«, wo verschiedene Bischöfe jeweils für eine der beiden Optionen plädierten. Schließlich wird durch einen weiteren »Bischof« die Option ins Spiel gebracht, dass beide »Naturen« Jesu zutreffend sein könnten. Auch wenn man nicht davon ausgehen darf, dass alle Schüler/innen die Dimensionen der Chalzedon-Formel völlig verstanden haben (Reich 1992), so zeigt der Unterrichtsversuch, dass die

Einführung dieser theologischen Unterscheidung den Schüler/innen half, ihr Verständnis von Jesus Christus zu klären. Es ist leicht nachvollziehbar, dass die Kenntnis dieses theologischen Modells es auch im Falle des Ankerbeispiels erleichtert hätte, sich der »Person« Jesu in der Perikope angemessen zu nähern.

7.4 Christologie-Modelle von Lehrer/innen

Folgt man der Studie von Rudolf Englert u. a. (2014), dann kann man davon ausgehen, dass Religionslehrer/innen eher zurückhaltend mit ihrer eigenen theologischen Position umgehen. Eine Sichtweise, die Jesus so unmittelbar mit der Gottesfrage identifiziert, wie dies in der Unterscheidung der Naturen geschieht, impliziert nun aber doch, dass die Lehrperson ihr eigenes Verhältnis zu Jesus Christus bedenkt. Gerade die Schüler/innen der Sekundarstufen registrieren, dass eine Konzentration auf den »historischen Jesus« unbefriedigend bleibt und von daher nach einer Klärung des »Glaubens« – auch der Lehrperson – ruft. Dabei zeigt sich, dass es diesen nicht immer leichtfällt, ihr implizites Christologie-Modell zu explizieren.

Im Rahmen einer Unterrichtsstunde ergibt sich in einer katholischen Realschulklasse die folgende Gesprächssequenz (Faust-Siehl/Krupka/Schweitzer u. a. 1995, 247 f.):

138 A/w: Lebet Sie nach ihrem Glauben, oder? [...]
140 A/w: Und wenn Sie's machet, dann saget Sie mir, wie Sie's machen.
141 B2/w?: Sie hent [haben] den Glauben doch [auch] von ihren Eltern übertragen kriegt.
142 L: Das ist richtig, ja.
143 B2/w?: Und wenn Sie des net erfahren hätten, da? Es Gott uns Jesus gibt, na tätet Sie ja bestimmt auch net dran glauben. [...]
147 L: [...] Die Frage, A/w, »Leben Sie Ihren Glauben?«, die fordert natürlich raus, gell? Da muß ich erstmal kurz nachdenken.
148 A/w: Das glaub I net, daß Sie das machen.
149 L: Ich kann dir nur soviel sagen, daß ich/daß ich an Jesus glaube. Ja? Nicht nur an eine historische Figur, sondern auch/
159 A/w: ((Fällt L ins Wort:)) Glauben und was Tun, das ist zweierlei.
160 L: Ja, warte doch! Sondern, daß ich auch versuche, seine Lehre ein Stück weit in meinem Leben zu versuchen. Ja? Daß mir das allenthalben nicht gelingt und immer wieder Rückfälle zu verzeichnen sind, das ist ganz klar. Aber ich versuch's. Ich versuch einfach ein Stück weit die Menschen – ja – zu

mögen, auch das gelingt mir nicht überall und nicht immer. Und vor allem dann nicht, wenn sie so viel schwätzen wie der D1/m. Dann ist das Gebot ganz besonders schwierig.

Die Szene lässt etwas von dem Christologie-Modell der Lehrerin erschließen. Thematisch ist hervorzuheben, dass sie sich von einer bloßen historischen Zugangsweise distanziert. Ihr Glaube an Jesus macht sich für sie an ihrem Handeln fest. Wer an Jesus Christus glaubt, der sollte versuchen, in dessen Geist zu handeln. Dabei wird deutlich, dass eine solche Aussage riskant ist, weil sie ja auch für den Moment des Sprechens gilt. D. h., dass das Jesus-Bekenntnis jederzeit einklagbar ist. Immerhin wird hier explizit so etwas wie eine Nachfolge-Christologie erkennbar.

Im Rahmen ihrer Forschungswerkstatt mit Oberstufenschüler/innen unterrichten jeweils zwei Studierende eine Kleingruppe. Auch hier werden die Unterrichtenden explizit nach ihrer Christologie befragt (Freudenberger-Lötz 2012, 51 f.):

CHRISTIAN: Glauben Sie an Jesus Christus?
KATHARINA: Ja, ich glaube, dass er der Sohn Gottes ist und Gott ihn auf die Erde geschickt hat, um den Menschen zu zeigen, nach welchem Maßstab wir leben sollen.
CHRISTIAN: Das heißt, Sie glauben auch an die Wunder, die er vollbracht hat?
KATHARINA: Man muss die Wunder aus der Zeit heraus interpretieren.
ANTHEA: Das hängt wieder davon ab, wie du die Bibel verstehst.
KATHARINA: Nun ich lese zum Beispiel die Stillung des Seesturms als Wunder. Es ist für mich so, dass Jesus zeigen wollte: Ihr könnt auf Gott vertrauen und an ihn glauben. Oder die Speisung der Fünftausend kann zeigen: Keiner muss hungern, wenn wir richtig leben und uns bemühen zu teilen und unserem Umfeld Gutes zu tun.
SOPHIE: Das heißt, ihr versteht das nicht wörtlich, dass es wirklich so war, sondern ihr interpretiert das für euch?
KATHARINA: Ja, ich für mich habe diesen Weg eingeschlagen.
SOPHIE: Weil ich mir das eigentlich auch nicht vorstelle, dass das so passiert ist.
ANTHEA: Also ich lese die Bibel auch nicht als Tatsachenbericht. [...]
BEN: Ich sehe da ein Problem. Sie glauben an Gott. Gott ist allmächtig. Jesus ist sein Sohn und stammt von Gott ab. Er hat auch was Göttliches, aber alles, was er gemacht hat, war im übertragenen Sinne? Also kann er demnach nichts Besonderes, er ist sozusagen auch nur ein Mensch? Oder ist da auch was Göttliches? Kann das Göttliche sich zeigen? [...]

KATHARINA: Nein, ein ganz normaler Mensch [ist Jesus] nicht. Er hat etwas Göttliches. Er ist für mich eine Person, die auf die Erde gekommen ist, um anzukündigen, wie es sein soll. Er hat viele Taten vollbracht und mit seinem Leben und seinem Verhalten gezeigt, wie die Menschen eigentlich zusammenleben sollten. [...]
ANNA: Ob er also Wunder tun kann und heilen? [...]
KATHARINA: Ich denke schon, dass er geheilt hat. Dass er Heiler war und so aufgetreten ist. Aber ich weiß nicht, ich habe mir selbst noch nie Gedanken gemacht, wo ich jetzt was verorte. Da müsste ich nochmal drüber nachdenken. Können uns gern nochmal drüber unterhalten. Aber dafür brauche ich ein bisschen Zeit.

Angesichts der intensiven und differenzierten Nachfrage sind die unterrichtenden Studentinnen gezwungen, ihr Modell von Christologie einerseits zu entfalten und dabei festzustellen, dass es unterkomplex ist und Bens differenzierter Argumentation letztlich nicht genügt. Wenn wir uns auf Katharina konzentrieren, erkennen wir, dass sie ein sendungschristologisches Modell vertritt: Gott hat Jesus als seinen Sohn auf die Erde geschickt, damit er hier beispielhaft zeigen soll, wie die Menschen ihr Zusammenleben gestalten sollen. Die ethische Konsequenz verbindet ihre Überlegung dabei mit den meisten hier erwähnten Modellen. Auch die Wunder Jesu liest sie als Zeichen – letztlich mit einem ethischen Impetus. Die letztlich von der Zwei-Naturen-Lehre inspirierte Argumentation Bens kann ihr Modell aber nur bedingt bedienen. Genügen die Heilungswunder, um Jesu Göttlichkeit zu demonstrieren? An dieser Stelle wird deutlich, dass das Verständnis der Wunder Jesu allein in einem »historischen« Sinne zu kurz greift. Das selbst bemerkt zu haben, ist eine der Stärken von Katharinas Modell.

7.5 Schüler/innenchristologien – exemplarische Konstruktmodelle

7.5.1 Schüler/innenmodelle in Isomorphie zu den theologischen Modellen

Die Modelle der Schüler/innen zum Thema Christologie sind – nicht überraschend – stark alters- bzw. entwicklungsabhängig. Im Prinzip ist die Beschäftigung mit »Zeit und Umwelt Jesu« dabei in allen Altersstufen unproblematisch und wird auch gern unterrichtet, zumal hier inzwischen sehr gutes Unterrichtsmaterial vorliegt. Im Hinblick auf die Einordnung und theologische Bewertung gibt es allerdings einen erheblichen Unterschied zwischen der Grundschule und der Sek I. Gerade für die jüngeren Kinder ist ein helfender Jesus, der ähnlich wie Gott handelt, durchaus plausibel. Insofern ist es stimmig, im Kontext des Ankerbeispiels zu prüfen, wie die Schüler/innen in und nach der Pubertät mit der theologischen Einordnung Jesu umgehen. Dies geschieht – wie die bisherige Argumentation nahelegt – im Kontext der Wunderthematik. Dabei lassen sich zwei Merkmale der Schüler/innenargumentation entwicklungspsychologisch gut erklären. Das kindliche Weltbild enthält Elemente, die ein wunderhaftes Auftreten einer Heldenfigur wie Jesus erklären – Piaget sprach hier von Artifizialismus und Finalismus. In der Sek I gilt jedoch das in der Erwachsenenwelt dominierende naturwissenschaftlich orientierte Weltbild, das »Übernatürliches« im Prinzip ausschließt. Zum andern orientieren sich die Jugendlichen in diesem Alter an unterschiedlichen, ihnen wichtig erscheinenden Personen und Gruppen. Dies erklärt, warum wir bei den Schüler/innen auch zur Jesusthematik mit unterschiedlichen, z. T. sich direkt widersprechenden Positionen rechnen können und müssen. Das zeigt sich auch im Hinblick auf die Schüler/innen, die Annike Reiß (2015) untersucht hat. Auch sie referiert Kleingruppengespräche aus einer »Forschungswerkstatt«, in der Studierende unterrichten. So formulieren Schüler/innen in einer Schreibwerkstatt zur Person Jesu (Reiß 2015, 458):

I. Jesus ist ein Mensch, der viel Wissen und Macht über andere Leute bezogen auf das Gläubige hat
II. Jesus ist auch der Sohn Gottes
III. Nein!
IV. Echt nicht?
V. Wieso soll Jesus übermächtige Fähigkeiten besitzen?!
VI. Tut er nicht
VII. Jesus = Mensch
VIII. WIE JETZT?
IX. Ich denke, er war ein normaler Mensch, der durch Gottes Hilfe Wunder vollbrachte

Diese Aussagen dürften das Spektrum möglicher Positionen zu Jesus Christus in etwa abbilden. Das Problem liegt nun darin, dass man natürlich nie weiß, ob und gegebenenfalls welche detaillierten Überlegungen sich hinter diesen Schlagworten verbergen. Annike Reiß (2015, 504) hat es nun unternommen, auf der Grundlage ihres Materials eine Logik der Jesusvorstellungen zu rekonstruieren. Ausgangspunkt der Überlegungen ist das heilende (ärztliche) Handeln Jesu.

»Die Anwendung unbekannter Heilpraktiken hat die Genesung schwerkranker Menschen bewirkt und führte Augenzeugen zu der Überzeugung, es mit einem Wundertäter zu tun zu haben.
Mit dem Verständnis der Person Jesu als Arzt lassen sich jedoch lediglich die Heilungs- und ggf., die Totenerweckungserzählungen deuten. Im Blick auf die Naturwunder gestehen die Schüler/innen Jesus ein Charisma zu, das in anderen Personen besondere Kräfte freigesetzt hat.
Die Bezeichnung Jesu als Sohn Gottes führen die Jugendlichen außerdem auf seine besondere Beziehung zu Gott sowie auf seine ethische Vorbildfunktion zurück. An Jesus konnten und können die Menschen erkennen, wie sie an Gott glauben und wie sie sich ihren Mitmenschen gegenüber verhalten sollen. Der Forderung der Schüler/innen auf Logik und Nachvollziehbarkeit im Blick auf die Person Jesu zeigt sich also zum einen in der o. g. Deutung seiner Person und seines Wirkens. Auf der anderen Seite äußert sich dieser Anspruch in vehementen Zweifeln an jeglichen Glaubenssätzen, die auf die ›Übermenschlichkeit‹ Jesu anspielen wie z. B. die Auferstehung von den Toten oder die Vergebung der Sünden durch Jesu Kreuzestod.«

Das skizzierte Modell scheint uns die Jesusauffassung vieler Jugendlicher zu treffen. Trotz vieler skeptischer Züge geht es aber deutlich über eine Position hinaus, die Jesus auf eine ethische Vorbildgestalt reduziert. Annike Reiß macht deutlich, dass sich die Schüler/innen – wenn auch mit äußerster Skepsis – der »numinosen« Seite dieses Jesus annähern, indem sie ihn, wenngleich in undeutlicher Weise, mit Gott in Verbindung bringen. Dies geschieht immer dann, wenn die Lehrpersonen diese Denkoption zumindest anbieten, übrigens gilt dies auch für die östlichen Bundesländer (Liebold 2001).

7.5.2 Schüler/innenmodelle in entwicklungspsychologischer Perspektive

Die Entwicklung des Jesus- bzw. Christuskonzeptes für das Kinder- und Jugendalter ist inzwischen gut erforscht. Es lässt sich ein Dreischritt beobachten. Für die jüngeren Kinder ist Jesus erst einmal eine besondere religiöse Figur – in mancher Hinsicht Gott nicht unähnlich. Dies differenziert sich im Laufe der Grundschulzeit, Jesus wird jetzt eigenständig konzipiert. Dabei spielen die verschiedenen Geschichten über ihn und die Kenntnis seiner sozialen Umwelt eine wichtige Rolle. Doch auch seine besondere Beziehung zu Gott ist wichtig. Im Laufe der Sek I bekommt der subjektive Zugang zu Jesus eine immer wichtigere Funktion. Angesichts zunehmender Skepsis im Hinblick auf Details der biblischen Überlieferung spielt das individuelle Erleben eine immer zentralere Rolle. Nur in Verbindung mit diesem ergibt die symbolische Deutung verschiedener Geschichten überhaupt einen Sinn. Büttner und Dieterich (2013, 199) fassen die Entwicklung in folgender Tabelle zusammen:

Tab. 13: Zuordnung des entwicklungspsychologischen Verlaufs zu den theologischen Modellen

Altersgruppe	Entwicklungspsychologischer Befund	Theologisch relevante Beobachtung
1.-3. Klasse	Jesus hilft in konkreten Notlagen (artifizialistische bzw. finalistische Sichtweise).	Gott und Jesus eng verbunden (Vater und Sohn), Mitunter Verwechslung beider Personen (Modalismus).
4.-7. Klasse	Übergang von artifizialistischem zu naturgesetzlichem und weiter zu subjektorientiertem Handeln Jesu (er gibt Mut, Kraft etc.).	Jesus und Gott deutlich getrennt. Jesus bittet Gott um Beistand, Gott gibt Jesus Macht und Kraft (aber nicht in jeder Situation) (Subordinitianismus).
8. + 9. Klasse	Subjektorientierte Christologie, orientiert an der individuellen Erfahrung.	Bedeutung des »besonderen Menschen« Jesus als Repräsentant Gottes (z. B. Darsteller Gottes) (Adoptianismus).

Für die Sek II lassen sich die Schüler/innenmodelle nochmals differenzieren. D. h., dass jetzt die jeweiligen Grundoptionen den Umgang mit den biblischen Informationen zu Jesus so steuern, dass eigene, mehr oder weniger durchdachte Modelle erkennbar werden. Frieder Spaeth (2012, 157) hat die entsprechenden Ergebnisse von Ziegler (2006) so zusammengefasst:

»1. Das Theodizee-Problem: Jesus hat zwar damals Leute vor Not, Krankheit und Tod gerettet, heute aber wird diese Erfahrung nicht mehr gemacht.
2. Jesu göttliche und menschliche Natur: Die göttliche Natur wird in erster Linie in den weltüberlegenen Machtattributen gesucht. Das mindert die beim irdischen Jesus gesuchte und in der Kindheit auch gefundene Nähe und Identifikationsmöglichkeit.
3. Jesus als ethisches Vorbild: Jesus wird als idealisierter Moralprediger gesehen, gesucht wird aber eine befreiende Ethik.
4. Jesus als Wunschbild und Erfindung: Supranaturale Züge machen ihn unwahrscheinlich. Die Nachrichten über ihn gehen in sagenhafte Zeiten zurück. Er trägt die Züge einer illusorischen Phantasiegestalt.
5. Jesus ohne beweisbare heutige Auswirkung: Wo und bei wem kann man sehen, dass der Glaube an Jesus tatsächlich etwas verändert?

6. Jesu Exklusivität als Erlöser: Da Gottes Erlösungswillen allen Menschen gilt, erscheint die Einschränkung auf Jesus als Erlöser willkürlich.«

Die Skepsis gegenüber der Position, die die Transzendenz radikal setzt oder sie an die Immanenz koppelt, ist schon in den vorherigen Kapiteln begegnet. Sie passt gut zum Deismus bei der Schöpfung (→ Kap. 3) und den abstrakten Verbildlichungen in der Machtfrage, die auch die Theologisierung der Leidfrage in der Theodizee überflüssig macht (→ Kap. 4). Während bei den Gottesvorstellungen der theologische und religionspädagogische Trend synchron verläuft, zeigt er sich hier asynchron. Der Trend bei den Schüler/innen vom Modalismus zum Adoptianismus ist theologiegeschichtlich anders gelaufen (Reis 2014b), da beide Pole immer gleichzeitig aufgetreten sind und dagegen die paradoxale Position errungen wird. Genau das fehlt in der religionspädagogischen Struktur, dass die Schüler/innenmodellierungen theologisch herausgefordert werden. Diese Herausforderung könnte zum einen im Gegenmodell liegen, das aber nicht gleichzeitig für die Schüler/innen sichtbar ist, oder zum anderen in der funktionalen Aufgabe, die in der Christologie zu lösen ist. Schüler/innenmodellierungen zeigen deutlich, dass komplexere christologische Positionen heute keine leistungsstarke Funktionalität mehr von selbst entfalten, im Gegensatz zur Jesulogie, die mit den Identifikationsmöglichkeiten als ethisches Modell punkten kann. Gerade der Ausfall der soteriologischen Bedeutung ist für die Christologie fatal, weil genau das soteriologische Argument gegen Arius auf der Ebene der Trinitätslehre die Homousie von Vater und Sohn notwendig gemacht hat: Wenn der Sohn nicht die göttliche Vollmacht besitzt, kann er nicht um unseres Heils willen unter uns gewohnt haben. Weil er aber unser Erlöser ist – das ist das Axiom – und die Erlösung als Theosis/Vergöttlichung gedacht wird, muss Jesus Christus deshalb Gott von Gott sein. Dann folgt aus dieser trinitarischen Festlegung eine sekundäre christologische Herausforderung, die in der paradoxalen Lösung sinnvoll war, um einerseits dem Bekenntnis von Nizäa/Konstantinopel und andererseits der Erfahrung der Evangelien gerecht zu werden, dass den Menschen Jesus als Mensch begegnet ist (Reis 2014b). Wenn nun aber die Schüler/innen mit der Selbsterlösung ein anderes Erlösungsmodell wählen (Barz 1992, 129), dann fällt diese ganze funktionale, auf theologische Konsistenz bedachte Kette zusammen. Auf der Grundlage des Deismus wird die Selbstverantwortung der Menschen plausibler als die Fremderlösung durch Gott und jesulogische Konzepte wirken nachvollziehbarer als komplexe christologische.

Die befragten Lehrkräfte und Schüler/innen zeigen genau diese Funktionalität (»sonst könnte er ja nicht …«/»weil er das nicht kann, ist er nur …«).

Die Aufgabe müsste also sein, wie bei der Rechtfertigung (→ Kap. 6) diese historische funktionale theologische Kette als Hintergrund zu kennen, um dann die Konsequenz der komplexen Christologie im Gegenüber der alternativen Optionen nachzuvollziehen. Will man das Thema theologisch für heute gewinnen, dann ist genauso darauf zu achten, dass man erstens die Differenz der Modellierungen als konkurrierende plausible Konzepte im Blick hat und dass man zweitens funktional eine Situation schafft, in der Modelle der Schüler/innen eine Konsequenz haben, die strittig ist. Im Sinne eines operativen Konstruktivismus ist eine komplexe christologische Position A nur plausibel, weil A gravierende Konsequenzen hätte (Reis 2012a, 11–30). Didaktische Entscheidungen, die vor allem die Differenz zwischen dem Historischen Jesu und dem Christus des Glaubens bearbeiten, unterlaufen das Problem: Sie bestätigen den immanenten Jesus als (ethische) Identifikationsfigur und machen den Christus des Glaubens entweder zu einer symbolisch-irrelevanten oder einer supranaturalistisch-abzulehnenden Figur. Die eingeforderte Funktionalität kommt so nicht in den Blick. Sind die Lehrpläne auf diese Herausforderung eingestellt?

7.6 Die Modellierungen der Lehrpläne

Ein interessantes Vorgehen bietet der LP|kRU|G|Kl. 3–4|BW|2016. Er situiert die Person Jesu erst einmal im Judentum, um dann mit derselben Semantik (Gott als Vater – Gottes Sohn) die Stellung Jesu in besonderer Nähe zum Vater eher trinitarisch zu entfalten, was dann sekundär die christologische Position unterstützen würde:

Tab. 14: Auszug aus dem Lehrplan (LP|kRU|G|BW|2016, 34)

Schülerinnen und Schüler können ...
1. an Beispielen belegen, dass Jesus Jude war (zum Beispiel Sabbat, Pessach, Synagoge).
2. anhand biblischer Überlieferungen aufzeigen, dass Jesus Gott als seinen Vater anspricht (Mt 6,7-13) und Gott Jesus seinen Sohn nennt (Mt 3,13-16).

Bedenkt man dieses Ziel genauer, dann bleibt diese Beziehung ein vager Anker, da es formal zunächst einfach nur die Anrede und die Beziehung meint, aber noch nicht nahelegt, diese Beziehung auch trinitarisch oder christologisch zu bearbeiten. Und wenn man dann die Studien zu den christologischen Vorstellungen der Grundschulkinder ernst nimmt, dann würde die starke Differenz zwischen Gott und Jesus noch die Jesulogie der Sek I befeuern.

Der Lehrplan LP|kRU|Sek I|RP|2012 lässt sich demgegenüber stark von der Denkfigur eines »historischen Jesus« leiten – mit offenen Fragen im Hinblick auf eine »hohe Christologie«:

Tab. 15: Auszug aus dem Lehrplan (LP|kRU|Sek I|RP|2012, 67)

Der Mensch Jesus der Christus und Messias	Benennen Stationen im Leben und Sterben Jesu – Geburt, Taufe, Berufung, Passion, Tod – sowie seine Verkündigung	Vergleichen kritisch die Frage nach dem historischen Jesus und dem Glauben an Jesus, den Christus

Wie genau geht der kritische Vergleich? Hier würde sich Modellarbeit anbieten, die genau die beiden Formen historischer Jesus und Jesus Christus des Glaubens zueinander in Beziehung setzt. Die Lehrkräfte erhalten hier keine Hilfe. In eine ähnliche Richtung weist der Lehrplan KLP|eRU|Sek II|2014. Die beiden inhaltlichen Schwerpunkte lauten:
– Reich-Gottes-Verkündigung Jesu in Tat und Wort
– Jesus von Nazareth, der Christus: Kreuz und Auferweckung

Doch es fällt nicht leicht, die Christusfrage (etwa des Ankerbeispiels) in den folgenden Angaben zu finden:
– Die Schüler/innen beschreiben in Grundzügen die christliche Akzentuierung des Gottesverständnisses durch die Person, die Botschaft und das Leben Jesu Christi; sie vergleichen kriterienorientiert verschiedene Jesus-Deutungen.

Hier werden erneut die schon beobachteten Vorstellungen als Deutungen zueinander ins Spiel gebracht (→ Kap. 4), aber nun wird darauf verzichtet dazu aufzufordern, die Deutungen als Modelle auf ein bestimmtes Ziel hin zu bearbeiten. Es wird eher flächig an additiv nebeneinanderstehende Deutungen gedacht, sodass durch die fehlende Aufdeckung der Funktionalitäten der jeweiligen Deutungen auch die Irrelevanz verstärkt wird. Die Modellierung der Lehrkräfte und die der Lehrpläne geben sich so untereinander kaum Impulse, über die Christologie mit den Schüler/innen theologisches Schließen zu lernen. Dabei zeigen die verschiedenen Transkript-Dokumente in diesem Kapitel, dass die Schüler/innen die Lehrkräfte durchaus auf den Transzendenz-Pol drängen. Aber deren Antworten sind so ernüchternd, dass der Eindruck der Schüler/innen berechtigt ist, dass die Transzendenz der Christologie gegenüber der Jesulogie kaum etwas austrägt.

8 Jesus und seine Reich-Gottes-Botschaft

8.1 Eine Stunde zu Mt 20

Die zentrale Bedeutung der Reich-Gottes-Botschaft für das Reden und Handeln Jesu ist unbestritten. So bildet dieses Thema auch im Unterricht besonders der Sek I das zentrale Thema in Gestalt von Unterrichtseinheiten zu Wundern, Gleichnissen und Bergpredigt. Unser Ankerbeispiel stammt aus einer katholischen 6. Gymnasialklasse (Faust-Siehl/Krupka/Schweitzer u. a. 1995, 258 ff.). Wir präsentieren eine Zusammenfassung dieser Stunde (Faust-Siehl/Krupka/Schweitzer u. a. 1995, XXVI ohne Angabe der Interakte) und thematisieren dann einige Schlüsselpassagen:

A Gemeinbesitz in der Urgemeinde
1 Stundenanfang, Text, Klärung des Sachverhalts. Besprechung von Einzelproblemen
2 Wie beurteilen die Schüler dieses Vorgehen?

B Das Gleichnis von den Arbeitern im Weinberg als Erzählung vom Gartenbesitzer in X
1 Erzählung unter Beteiligung der Schüler bis zur Auszahlung des Lohns
2 Überlegungen zur Fortsetzung. Ansätze zur Beurteilung
3 Im Alltag sollen Leistung und Lohn zueinander passen – Meinungen der Schüler zum Handeln des Gartenbesitzers

C Das Gleichnis von den Arbeitern im Weinberg (Mt 20)
1 Ausgabe der Arbeitsblätter, Begriffserklärung Gleichnis, Textvortrag
2 Vergleich Bibeltext – Lehrererzählung unter besonderer Berücksichtigung des Schlusses

D Im Gottesreich ist es anders als im Alltag
1 Im Gleichnis geht es um die Gottesherrschaft und nicht um den Alltag
2 Vergleich Gottesreich – Alltag. Was ist anders?
3 Die Güte und die Großzügigkeit des Hausherrn als Maßstab des Gottesreiches
Klärung; Warum wird Gott als Winzer bezeichnet

Eine Stunde zu Mt 20   131

4 Am Beispiel der Urgemeinde wird deutlich: Die Gemeindemitglieder haben die Maßstäbe des Gottesreichs an die Stelle der Alltagsmaßstäbe gesetzt
5 Vortrag von zwei Texten Scheitern der Urchristengemeinde an ihrem Anspruch

Der Unterricht zeigt einen theologisch informierten Lehrer. Er weiß aus der zeitgenössischen Gleichnistheorie, dass es sich bei der Perikope um eine *Parabel* handelt, d.h. eine spezifische Gleichnisform. Eine ihrer Merkmale ist ihre *Extravaganz*. Damit wird ausgedrückt, dass es sich bei der Handlung um etwas Außeralltägliches handelt – was der Leser erst einmal als Überraschung erfährt. Weiter weiß der Lehrer, dass die Perikope von Matthäus in seinem Evangelium so eingebettet und erzählt wird, dass dessen Leser/innen die Jesusgeschichte transparent für ihre Situation empfinden sollen. So sieht er sich genötigt, das Thema »Urgemeinde« ausdrücklich zu thematisieren. Nun liest er (und dies tun auch seine Schüler/innen) die Perikope als Zeitgenosse, dem sowohl die Matthäus-Welt als auch die Jesus-Welt erst einmal fremd und erklärungsbedürftig erscheinen. So enthält der Unterrichtsplan drei Rahmen: den der Gegenwart (in der Stadt, der Schule), die Matthäuszeit in der Urgemeinde und dann die Jesuszeit, in der die Parabel erzählt wird, die im Prinzip als gleichzeitig zu Jesus gedacht wird. Für die Schüler/innen der 6. Klasse, die sehr wohl ihre eigenen Modelle mit der Perikope verbinden, ist jedoch ein Setting, das ein Springen zwischen drei verschiedenen Rahmen vorsieht, dann oft zu komplex. Andererseits situieren der Lehrer und mit Einschränkung auch die Schüler/innen den Unterrichtsgegenstand »Reich Gottes« theologisch und nicht bloß ethisch, wie dies oft geschieht (Faust-Siehl/Krupka/Schweitzer u.a. 1995, 270ff.):

D1/W: In der Gottesherrschaft ist es wie in dem Weinberg, mit dem Missionieren ist es vielleicht, dass wenn einer also, äh, sein ganzes Leben darauf wartet, und keiner kommt/da kommt kein Missionar vorbei, da kann er gar nichts dafür, dass er nicht katholisch war. Und dann vielleicht am Schluss äh/äh, von seinem Leben, kommt da vielleicht einer und bekehrt ihn und der wird dann ein richtiger Christ, dann kommt er vielleicht genau in den Himmel wie einer, der sein ganzes Leben Christ war.

L: Viel einfacher! Jesus bestreitet nicht, dass der Alltag seine eigenen Gesetze hat, aber er lehrt uns, dass das Gottesreich-?

E3/W: Genauso ist.

L: Wie der Alltag?

L: Eben nicht wie der Alltag.

H1/M: Achnjee (ja) [...]

L: Ja. ((TA: Im Gottesreich ist es anders wie im Gleichnis. Dort gibt es niemanden.)) So, ich hab schon einmal ein bisschen weitergemacht. Was ist jetzt im Gottesreich anders als im Alltag? Das beschreibt er ja in dem Gleichnis. Gehen wir mal durch, C/w?

C/W: Dort gibt's niemand, der unzufrieden ist.

L: Gut ((TA: der unzufrieden ist.))** Was ist im Gottesreich noch anders als bei uns im Alltag? Im allgemeinen? Schaut's euch an. Geht nochmal durch. Hm? G2/w?

G2/W: Also, dass man/da braucht man ja gar nicht arbeiten. Also man braucht da kei/[keine] Arbeit zu tun.

L: Hm. Jetzt bist du auf 'ner richtigen Spur. Man braucht nicht Leistung zu bringen und bekommt -?

G2/W: Trotzdem Geld dafür [...]

L: Also. Ich sag's jetzt es bissle moderner, vielleicht wenn du einverstanden bist, dort gibt es kein Leistungs-Lohn-Denken. Kein Leistungs-Lohn-Denken. [...]

A2/M: Und das gibt's ja auch [...]. Alle Menschen sind vor Gott gleich oder irgendwie so was.

L: Irgendwie so was, ja? Ja, warum? Jetzt frage ich mal andersrum. Wie/wie kommt das denn vielleicht, möglicherweise,/dass die/wie kommt das denn, dass die da immer noch stehen? Bis abends, dass da/dass die/wie kommt das denn, dass die keiner haben will? Wie ist das im Alltag vermutlich?

A2/M?: [...] (die hat niemand eingestellt).

L: Oder sie können vielleicht gar nicht richtig schaffen, gell? Arbeitslos, im Reich Gottes ist das nicht so. Im Reich Gottes bleibt keiner stehen. Gibt es keine Pechvögel [...]. Im Reich Gottes bleibt ((wird unterbrochen von Zwischenfrage von F2/m))

F2/M: Herr L?

L: War das Dritte Reich auch das Reich Gottes, weil da war auch keiner arbeitslos?

Der Lehrer verweist auf die verdeckte Arbeitslosigkeit, die z. B. in der DDR durch sinnlose Beschäftigungsmaßnahmen kompensiert worden sei.

Der Unterricht erweist sich deshalb als so schwierig, weil dem Lehrer nicht bewusst ist, dass das »Reich Gottes« im Sinne Blumenbergs (2007) letztlich unansehnlich und unzugänglich ist. Deshalb redet Jesus nur narrativ und metaphorisch davon. D. h., dass es zahlreiche Szenen und Zeichen gibt, von denen man sagen kann, dass so Gottes Wirklichkeit sein könnte. Doch sobald man versucht, dieses Bild festzuhalten und zu definieren, entgleitet es. Denn es ist etwa gewiss eine Schlüsselerfahrung, angenommen und wertgeschätzt zu werden – doch ist das dann immer und wiederholbar »Reich Gottes«? Der Lehrer steht nun vor der undankbaren Aufgabe, von dem jesuanischen »Anschauungsmodell« Reich Gottes ein didaktisches Anschauungsmodell für die Schüler/innen zu erstellen – und das noch anhand eines schwierigen Gleichnisses mit vergleichsweise jungen Schüler/innen.

8.2 Modelle des »Reiches Gottes«

Die Thematik stellt sich theologisch und religionspädagogisch als komplex dar. Es gibt zwar vergleichsweise viele Äußerungen zur Thematik im NT und einen weitgehenden Konsens darüber, dass die Reich-Gottes-Botschaft den Kernbestand von Jesu Botschaft bildet, doch eröffnet die metaphorische Rede auch ein breites Deutungsspektrum. Zusätzlich zu der Immanenz-Transzendenz-Dimension kommt noch eine zeitliche dazu. Es gehört zu den Grunderkenntnissen, dass Jesus das Reich Gottes sowohl als gegenwärtig als auch als zukünftig bezeichnet. Dass diese Botschaft eng mit seiner Person und seinem Auftreten verbunden ist, ist nicht strittig, eher die Frage, wie es von den kleinen Anfängen zu seiner Vollendung kommen soll, welcher Personenkreis primär angesprochen wird und irgendwie auch, was genau darunter zu verstehen ist. Jesu Auftreten lässt sich einzeichnen in zwei verwandte, aber deutlich zu unterscheidende Strömungen: den Messianismus und die Apokalyptik. Seit der Exilszeit erwartet Israel eine *Retterfigur*, den Messias. Dabei stehen mehrere Vorstellungen im Raum: von einer innerweltlich zu denkenden politischen Gestalt – z. B. als David redivivus –, aber auch als transzendente Manifestation Gottes und einer neuen Heilszeit. Letzteres erwartet auch die *Apokalyptik*, eine Neuschöpfung von Himmel und Erde, verbunden mit der Auferstehung der Toten und einem direkten Wohnen Gottes bei den Menschen. Die Trennung von Immanenz und Transzendenz wäre dann aufgehoben. Wie bereits der Plan des Lehrers deutlich gemacht hat, geht es auch um eine zeitliche Zuordnung. Die Aussagen der Jesuszeit müssen in der Generation der Evangelisten und der frühen Kirche neu reflektiert werden, zumal dann, wenn die von Jesus angekündigten Ereignisse so zeitnah nicht eingetreten sind.

Dieser Zwang hat sich im Rahmen der Kirchengeschichte fortgesetzt und er gilt bis heute. In der matthäisch zusammengestellten »Bergpredigt« (Mt 5,1–7,29) begegnet uns vielleicht am klarsten ein geschlossenes Konzept vom »Reich Gottes«. Es geht um ein Leben in Frieden und Gerechtigkeit, ohne Angst und mit genügend Nahrung, aber auch einem bestimmten *Stil des Miteinanders.* Diese Verheißung erwartet aber auch ein entsprechendes ethisches Verhalten. Jene Linie fand und findet bis heute in der Weise Aufnahme, dass es um die Etablierung einer *besseren Gesellschaft* im Kleinen und im Großen geht. Mal hat man das nur *bestimmten Gemeinschaften* (Orden) zugetraut, dann wieder daraus ein *allgemeinpolitisches Programm* gemacht, das sich z. T. von Jesus selbst auch abgetrennt hat. Diese Entkopplung wird schon biblisch problematisiert: Das Johannesevangelium skizziert, dass die Leute Jesu Wundertaten dankbar zur Kenntnis nahmen. Sie haben sich in der Mehrzahl jedoch geweigert, diese Wundertaten unmittelbar mit dem Glauben an Jesus als Christus zu verknüpfen. Matthäus, der vom Himmelreich (statt vom Reich Gottes) spricht, macht ebenfalls deutlich, dass die Gottesherrschaft nicht nur ein besonderes Gemeindemodell darstellt. Vielmehr verbindet es eine bestimmte, von Gott her gewollte und in den Interaktionen auch von außen erkennbare Logik des Zueinanders (Transzendenz im sozial-räumlichen Sinne) im irdischen Leben und mit dem postmortalen Leben (Transzendenz im zeitlichen Sinne). Wir werden sehen, dass dies auch dem Denken vieler Schüler/innen entspricht. Es ergibt sich also erst einmal das folgende theologische Modell:

Tab. 16: Modellrahmen des Reiches Gottes (= RG)

	Jesuszeit	Gegenwart als Erfüllung der bzw. als weitere Zeit unter der Jesus-Verheißung	Zukunft für alle Gegenwarten
Immanenz	– Thoratun, wie es die Pharisäer forderten, aber selbst nicht tun (Mt 23,3).	– *Ethischer Impuls* zur »Nachfolge« – »Reich-Gottes-Arbeit« = Caritas und Diakonie – *Politische Reform:* neue Lebensformen gegen das herrschende System	– »Neuer Himmel und neue Erde« – »Wohnen« Gottes bei den Menschen – Auferstehung der Toten – Christus als Weltenrichter – Zusammenfallen von Immanenz und Transzendenz
Transzendenz in der Immanenz	– Mit Jesus fängt RG an: – Wundertaten, Ruf in die Nachfolge – Vollendung durch Gottes Eingreifen	– RG manifestiert sich in der »Kirche«, z. B. als »Präsenz« Jesu in der Eucharistie und der *eucharistischen Gemeinschaft* des Festmahls oder auch in der Kirche als Heilsinstitution bzw. als Gemeinschaft unter dem Wort. – *Apokalyptische Hoffnungserwartungen* erfüllen sich heute	
Transzendenz	– *Apokalyptischer Horizont* d. Auftretens Jesu (»Menschensohn« Dan 10) → postmortale Dimension (»Heute wirst du mit mir im Paradies sein!«)	– Erwartung der Präsenz des RG vom Himmel her (Vaterunser)	

Man erkennt leicht, dass das Modell für die Unterrichtsplanung zu komplex ist. Die Religionspädagogik hat deshalb die Themen für die Grundschule und die Sek I nach den neutestamentlichen Gattungen vorgenommen: Wundergeschichten, Gleichnisse, Bergpredigt. Betrachtet man diese genauer, kann man erkennen, dass auch diese sinnvoll nach der Leitunterscheidung Immanenz – Transzendenz beobachtet werden können.

Tab. 17: Textbezogene didaktische Komplexitätsreduktion

	Gleichnisse	Wundergeschichten	Bergpredigt
Immanenz	Bildspender ∇	Bedürftige	Anspruch ∇
Transzendenz-Immanenz-Kopplung	Reaktion des Bildempfängers in der Logik des Bildes	Doppelte Rolle als Beobachtende und Bedürftige	Gemeint sind alle, aber volle Wirklichkeit bleibt vielen entzogen
Transzendenz	Bildempfänger	Wundertäter Δ	Zuspruch Δ

Dieses Schema verdeutlicht, welche Balance der Unterricht anstreben sollte und wo er Gefahr läuft, diese zu verlieren. Das *Gleichnis* ist zunächst einmal eine gewöhnliche oder außergewöhnliche Geschichte. Spannend und immer wieder neu zu bestimmen ist die Frage, in welcher Weise hier die Transzendenz – häufig in Gestalt des »Reiches Gottes« – thematisiert wird. Nun geschieht es nicht selten, dass man es – besonders in der Grundschule – bei der »schönen Geschichte« vom verlorenen Schaf oder Sohn belässt und die Hörenden nicht in die Bildwelt eintauchen und sich als Bürger/innen des Gottesreiches verwickeln lassen. Wenn man Jesus als den Erzähler markiert, kommt es dann häufig dennoch zu Überspringen in Richtung Transzendenz. Dies muss aber nicht sein. Beim *Wunder* lässt sich die Transzendenzdimension nicht ausschließen. Dennoch fällt auf, dass die Curricula am ehesten Heilungswunder präferieren, vermutlich auch deshalb, weil man so die Frage des Supranaturalen am ehesten umgehen kann, um so den Fokus doch auf die Immanenz zu setzen. Die Bedürftigkeit besteht häufig in individuellen Selbstbehinderungen. Die *Bergpredigt* wird häufig allein ethisch verstanden und somit der Immanenz zugeschrieben. Der verheißende Zuspruch Jesu, etwa in den Seligpreisungen, wird dann auf eine psychologische Aussage reduziert. Nun verweist aber die Mittelpunktstellung des Vaterunser-Gebets darauf, dass Verheißungen und ethische Forderungen in einem Kontext erfolgen, in dem von Gott erbeten wird, dass »sein Reich komme« und damit deutlich eine äußere gesellschaftliche Wirklichkeit gemeint ist, die z. B. im Konflikt zwischen Herodes und Johannes dem Täufer auch politische Züge annimmt (Mt 3–4).

8.3 Zwei lehrer/innentheologische Modelle zum Thema Bergpredigt

Die Bergpredigt bildet einen komplexen Unterrichtsgegenstand. Sie umfasst drei Kapitel des Mt-Evangeliums und enthält so unterschiedliche Gattungen wie die Seligpreisungen, die Antithesen oder das Vaterunser-Gebet. Von daher wird das Thema meist gegen Ende der Sek I oder in der Kursstufe unterrichtet. Damit ist dann oft ein eher bibelkundlicher oder systematisch-theologischer Zugriff ins Auge gefasst. Die Hoffnung jedoch, dass Gottes Reich »kommen« möge, ist andererseits schon bei jüngeren Schüler/innen ein zentrales Thema. Die Curricula sehen deshalb entsprechende Elemente der Bergpredigt bereits für frühere Klassen vor. Umso mehr kommt es dann darauf an, in welcher Weise sich die Lehrkräfte diesem Thema annähern – d. h. auch, welches Modell vom Reich Gottes sie selbst antreibt. Wir werden im Folgenden zwei solche Modelle skizzieren.

Ingo Baldermann (1991) hält es für notwendig, die Vision von Gottes besserer Welt bereits mit Grundschüler/innen zu thematisieren. Er formuliert seine Vorüberlegungen und zeigt dann einen konkreten Unterrichtsverlauf (Baldermann 1991, 21 ff.):

> »Wir wollen, dass der Traum Jesu die Kinder so direkt wie möglich anspricht. Deshalb verzichten wir auf jede erzählerische Einrahmung und beginnen den Unterricht […] mit einem Satz an der Tafel. Wir brauchen dazu einen Satz, der ein Stück dieser Vision so elementar wie möglich ausspricht. […] Weinende werden lachen, Hungernde werden satt, Sanftmütige werden die Erde besitzen. […] In den Weinenden finden sie [die Kinder] sich selbst wieder, bei den Hungernden denken sie an die Bilder aus der Tagesschau, die Sanftmütigen aber werden ganz ausdrücklich zu Hoffnungsträgern für die Kinder. Ganz erstaunlich ist, was da in den Gesprächen zutage kommt: wie die Kinder leiden an der Gewalt, die in der Schöpfung geschieht, besonders an den Tieren, und wie sie sich sehnen nach einer Welt, in der diese Gewalt keinen Raum mehr hat. Dafür stehen die Sanftmütigen. […] Das stärkste Wort für die Kinder war: Getröstet. […] Die Kinder hatten für die Gegenspieler der Sanftmütigen einen treffenden Namen gefunden, sie hießen für sie: die Rauhen. Ich war neugierig und schrieb unter die Reihe der Sätze: Die Rauhen … Spontan kam die Ergänzung: ›… werden vernichtet!‹ Ein Mädchen sagte: Das geht nicht, dann wären die Sanftmütigen ja selbst Rauhe. Und schließlich sagte ein anderes Mädchen: Ich weiß, was da stehen muss: Die Rauhen werden sanft! – So begegnet mir die uralte biblische Hoffnung,

dass die Rauhen und Gewalttätigen nicht vernichtet, sondern überwunden und überzeugt werden, und umkehren (Jes 11), neu im Munde der Kinder.«

Baldermann zeichnet Jesu Reich-Gottes-Botschaft ein in die große apokalyptische Hoffnungtradition der Propheten einerseits und sagt sie hinein in die konkrete Lebenswelt der Kinder andererseits. Er identifiziert diese kindliche Lebenswelt mit seiner eigenen und vor allem macht er die gemeinsame Zukunft zum Ort des Reiches Gottes, die Verheißung gilt weiter. Das Modell der Erfüllung der jesuanischen Verheißung in der Gegenwart kommt bei ihm vielleicht manchmal zu wenig in den Blick – so als wäre die Gegenwart nicht auch der Ort, an dem frühere Senfkörner schon gewachsen sind. Es ist interessant, dass die Transzendenz-Kopplung bei Baldermann also eher durch die Verschiebung in die Zukunft an Realität gewinnt.

Eine alternative Modellierung zeigt uns eine Unterrichtsstunde aus einer 7. Klasse in Sachsen-Anhalt. Die Stunde will eine Schlüsselthematik der Bergpredigt aufnehmen: Wer gehört zur Bergpredigtgemeinde und was qualifiziert diese? Die Lehrerin hat diese Thematik so umgestaltet, dass es einer fiktiven »Jesus-Gruppe« darum geht, ob sie zwei unterschiedlichen Personen den Zutritt zu ihrer Social-Media-Gruppe gestatten wollen (PTI Drübeck 2013, Transkript 2):

»Heute wollen wir aus den Merkmalen, die wir in der letzten Woche aus der Bergpredigt erarbeitet haben, zwei bis drei Kennzeichen uns aussuchen und näher untersuchen. Wir entscheiden als Reli-VZ-Moderatoren, wer in die Jesusgruppe eintreten darf. Die haben wir ja in der letzten Woche auch gegründet. Und als dritten Punkt wollen wir dann diskutieren, ob man mit diesen Merkmalen, die wir uns heute aussuchen, auch wirklich feststellen kann, ob jemand wie Jesus lebt. Das heißt konkret für euch: Am Ende der Stunde kannst Du wichtige Merkmale der Jesusgruppe nennen und sie auf Lebensgeschichten anwenden.«

Die operationale Struktur dieser Stunde ist damit klar. Es gibt eine Menge von Menschen (Schüler-VZ-Gruppe), die über bestimmte Merkmale definiert ist (Kriterien extrahiert aus der Bergpredigt). Es ist zu prüfen, ob andere mit ihrem Lebensstil zu dieser Menge »passen«. Aus einer früheren Stunde werden die Stichworte aufgelistet und von der Lehrerin reduziert auf: »Liebe zu allen Menschen«. Die Schüler/innen wählen dann dieses und »gerecht sein« zu den beiden Leitkriterien aus. Kandidaten, über die befunden werden soll, sind Martin Luther und die Pop-Sängerin Katy Perry.

Während Baldermann (1991) sich nahe an der neutestamentlichen Fragestellung bewegt und nach Anschlussstellen sucht, um die transzendente Welt aus

Jesu Verkündigung in dieser leidvollen Profanwelt zu identifizieren und dann einen apokalyptischen Blick in die Zukunft zu werfen, ist der zweite Zugriff stärker von der Ethisierung der Gegenwart geprägt. Die VZ-Gruppe ist die Gruppe mit den Verhaltensmerkmalen der Mitglieder im Reich Gottes, es ist eine Frage der Haltung, diese Merkmale einzuhalten oder nicht. Die Kriterien Liebe und Gerechtigkeit werden im Hinblick auf die sich an der Bergpredigt orientierende Jesus-Gruppe allein als ethische Postulate formuliert. Diese sind, so wie sie uns hier begegnen, erst einmal Ausdruck einer durchaus profan zu denkenden Ethik und damit der Immanenz. Da Jesus in diesem Duktus nicht weiter erläutert wird, bleibt er nur als Logo für die Internet-Gruppe sichtbar. So fehlt die Transzendenz-Dimension doppelt: Jesus ist erst einmal nur ein »guter Mensch« (→ Kap. 7), damit fehlen aber auch jegliche Impulse, die dem Leben der Schüler/innen »transzendent« einen existenziellen Hoffnungsimpuls geben könnten.

8.4 Modelle der Schüler/innen

Rainer Oberthür (1995, 161) zitiert die kleine Geschichte eines Drittklässlers:

> »Einmal sagten die Jünger zu Jesus: ›Du hast viel von Gott erzählt, erzähle uns einmal von dem Himmelreich.‹ Da erzählte Jesus: ›Es war einmal eine Mutter, die hatte großen Kummer. Ihr dreijähriger Sohn hatte eine schwere Grippe und der Arzt befürchtete, dass das Kind sterben müsse. Aber die Mutter versorgte und pflegte das Kind, auch wenn sie wusste, dass es bald sterben würde. Doch sie gab nicht auf. Die letzten Tage seines Lebens sollte es der Junge so schön wie möglich haben. Doch eines Tages sagte der Arzt, dass es dem Jungen viel besser ginge und zwei Wochen später war er ganz gesund. Diese Geschichte habe ich euch erzählt, dass ihr merkt, dass die Liebe stärker als der Tod ist.‹ Damit endete Jesus die Geschichte, und alle verstanden, dass, wenn sich eine Mutter so um ihr Kind sorgt, das wirklich wie im Himmelreich ist.«

Anhand dieses Textes lässt sich trefflich zeigen, um was es Schüler/innen bei der Reich-Gottes-Verkündigung geht. Bestimmend ist der von Baldermann herausgestellte Gedanke, dass die Jesus-Wirklichkeit in der Lage ist, Hoffnung in scheinbar hoffnungslose Situationen zu bringen. Der Form nach handelt es sich um ein Gleichnis, genauer eine Parabel. In gewisser Weise schimmert aber auch der Gedanke an Jesu Wunder durch, die ja auch ausdrücklich als »Zeichen« verstanden werden wollen. Und auch der Begriff »Himmelreich« findet expliziten Ausdruck. Stärker noch als bei Baldermann ist hier das Hereinleuchten der Zukunftshoffnung in die konkrete Gegenwart erkennbar.

Dieser Text ist sicher kein typischer Text von Grundschüler/innen. Es gibt eine längere und differenzierte Diskussion zur Fähigkeit von Kindern, Gleichnisse zu verstehen. Man kann dabei festhalten, dass die Übertragung des Bildes auf einen anderen Sachverhalt grundsätzlich nicht einfach ist und im Grundschulalter keinesfalls als selbstverständlich vorausgesetzt werden darf. Von daher spricht vieles dafür, eher kurze und einfache Gleichnisse zu präferieren (verlorenes Schaf, Senfkorn). Eine zusätzliche Schwierigkeit ergibt sich dadurch, dass die gewählten Gleichnisse oft für die Schüler/innen in einer für sie fremden Welt spielen (→ unser Ankerbeispiel).

Diese Debatte zur Form ändert aber nichts daran, dass die Kinder durchaus die eigentümlichen Verschiebungen auf der Zeitachse und die damit bleibend eschatologische Frage nach der Gegenwart des Gottesreiches als in der Welt und zugleich nicht einfach in der Welt identifizierbar gut nachvollziehen können. Wir wollen dafür den Blick auf ein von Petra Freudenberger-Lötz (2003) beschriebenes Gespräch einer dritten Klasse lenken. Sie hat ähnlich wie Baldermann die Jesaja-Vision von einer paradiesischen Welt zum Ausgangspunkt genommen – in Gestalt eines Bildes von Sieger Köder. Den Kindern fällt dabei auf, dass dort, wo die schönsten Friedensvisionen sind, die Farben so »komisch« seien (Freudenberger-Lötz 2003, 9):

> KONSTANTIN: Vielleicht will er [der Maler] zeigen, dass das gar nicht sein kann, so eine schöne Welt. Das gib's gar nicht.
> ANDREAS: Bei Gott aber schon. Er schaut nach oben in seine Welt.
> JAN: Warum ist er dann aber mitten im Bösen?
> LEHRERIN: So habe ich das Bild noch nie verstanden. Aber ihr habt Recht. Da müssen wir weiter drüber nachdenken. Jan hat gefragt, warum Gott mitten im Bösen ist.
> ANDREAS: Ich hab dazu 'ne Idee. Gott ist jetzt mitten im Bösen, weil er bei uns ist. Das ist doch übrigens seine Welt, unsere Welt. Im Fernsehen habe ich übrigens auch solche Bilder gesehen mit Rose am Kanonenrohr. Das soll Frieden bedeuten.
> JAN: Vielleicht kann man auch sagen: Mit Gott fängt im Krieg der Frieden an.
> JULIA: Vielleicht soll die Rose in dem Bild bedeuten, dass mitten im Bösen ein bisschen Platz ist für das Gute. Das geht bestimmt nur mit Gott.

Das Gespräch zeigt, dass bereits Grundschulkinder in der Lage sind, entsprechende Impulse so aufzunehmen, dass sie ein theologisches Konstrukt wie »Reich Gottes« dann weiter ausbauen und etwa die Weiterexistenz des Bösen thematisieren. Es zeigt sich, dass die theologischen Bausteine dieser Stufe im Grunde dazu in der Lage sind, letztlich das ganze oben geschilderte Programm abzubilden. Es kommt in den höheren Klassen und bei den Lehrkräften nur darauf an, die kindlichen Bilder ernst zu nehmen, ohne bei ihnen stehen zu bleiben. Da den religiösen Himmel (Heaven) noch keiner gesehen hat – und ihn auch keiner sehen kann –, sind Bilder nötig und legitim (auch die Bibel macht hier Angebote). So können Kinder an märchenhafte Szenarien denken, in denen Gott »wohnt« und wo auch die Verstorbenen lokalisiert werden. Gerade weil diese Konkretionen ab dem Jugendalter nicht mehr ohne Weiteres beibehalten werden können, bleibt der kindliche Bildkern als Anreger wichtig. Von diesem Repräsentanten ausgehend können dann bereits Grundschulkinder der Metapher nachgehen, was der »Himmel auf Erden« sein könnte. Dabei werden zeitlich Faktoren berücksichtigt (Anfang – Vollendung; jetzt – später). Der folgende Ausschnitt zeigt, dass die Grundschulkinder in der Tat fast das ganze theologische Repertoire berücksichtigen und ihr Modell wesentlich komplexer ist als eines der oben zitierten Lehrer-Modelle (Freudenberger-Lötz/Müller 2003, 10):

> JANA: Das Senfkorn ist wie das Reich Gottes. Erst fängt es klein an und wird immer größer.
> SILKE: Das Reich Gottes fängt klein an und wird größer, so wie das Senfkorn.
> JONATHAN: Es ist so: Wenn einer das Reich Gottes gemerkt hat, dann sagt er es weiter und so breitet es sich aus.
> LEHRER: Da habt ihr zwei ganz wichtige Gedanken geäußert. Was meinen die andern dazu? Deborah hat betont, das Reich Gottes sei nach dem Tod. Da ist man bei Gott.
> SEBASTIAN: Hab ich auch gemeint.
> LEHRER: Was du gesagt hast, war nicht falsch, Deborah. Sebastian hat noch einen Gedanken dazu.
> SEBASTIAN: Oder wenn jemand wieder gesund ist. Das ist wie bei Gott, zum Beispiel wie bei Jesus [...]. Auch wenn man schon gemeint hat, alles ist zu spät.
> DEBORAH: Jesus ist ja wie Gott.
> SEBASTIAN: Hab ich auch gemeint.
> LEHRER: Du meinst, weil Jesus wie Gott ist, kann er Menschen heilen und ihnen neue Hoffnung geben. Und das Reich Gottes, was hat Jesus mit dem Reich Gottes zu tun?
> MARTINA: Jesus hat viele Geschichten erzählt. Auch von Gott oder vor allem von Gott. Er ist ja Gottes Sohn. Und er hat das Samenkorn gesät oder ähnlich.

JONATHAN: Wie ich vorhin gesagt habe: Der eine hat's gehört und weitererzählt und so weiter. Da wächst das Reich Gottes. Wie in der Geschichte mit dem Senf.
LEHRER: Schön, dass du uns noch einmal daran erinnerst, was du vorhin gesagt hast. Cordula, du hast noch einen Gedanken.
CORDULA: Vielleicht kann man auch sagen: Jesus hat den Anfang gemacht, wie das kleine Senfkorn. Jetzt muss es weiterwachsen. Wie der Jonathan meint.
JONATHAN: Wenn man vom Jesus erzählt, die Geschichten weitererzählt.
SEBASTIAN: So wie seine Folger.
LEHRER: Meinst du Jünger?
SEBASTIAN: Ja, ich habe an das Lied gedacht: Folge mir, sagt Jesus. Die haben es auch weitererzählt.

Das Gespräch zeigt mit Blick auf den Modellrahmen einmal die Verwendung des Gottesreiches als jenseitigen Ort nach dem Tod, in diesem Modell ist es der Gegenwart der Kinder entrückt. Vermutlich nicht deswegen gleich bedeutungslos, aber hier ist die Transzendenz in der Zukunft klar. Dann entwickeln die Schüler/innen über das konkrete Bild von Senfkorn und Pflanze eine theologische Struktur, die einerseits die Gegenwart als Erfüllung dessen denkt, was in Jesus begonnen hat, und zugleich als Ort, an dem die Erfüllung noch aussteht, sodass auch durch das Weitererzählen der Geschichten das Senfkorn noch weiter wachsen kann. Hier wird also wirklich die ganze Geschichte seit Jesus bis zum Ende der Tage unter seiner Verheißung gesehen, auch wenn die Welt nicht identisch mit der Verheißung ist. Abgesehen von sicherer Begrifflichkeit werden auch ältere Schüler/innen kaum komplexer argumentieren.

8.5 Das »Reich Gottes« als Lehrplanthema

Im katholischen Lehrplan für die Grundschule (LP|kRU|G|BW|2016, 33) kommt das Thema explizit zur Sprache: »Die Schülerinnen und Schülerinnen beschreiben, wie Jesus in Gleichnissen vom Reich Gottes Menschen Hoffnung schenkt (zum Beispiel Lk 10,25–37, Mk 4,30–32, Lk 14,15–24, Mt 13,44).« Das Programm ist einerseits klassisch, bringt aber mit dem »Barmherzigen Samariter« und dem »Gastmahl-Gleichnis« zwei Textvorschläge, die Grundschüler/innen eher überfordern. Es ist interessant, dass der evangelische Parallelplan den Sachverhalt eher kindgemäß umschreibt und das Thema »Gleichnisse« bzw. »Reich Gottes« der Sek I überlässt. Hier wird vom Modellrahmen (→ Tab. 16) her die jesuanische Zeitschicht fokussiert und dann sollen sich über die Textformen Übertragungen in die Gegenwart ereignen. Der Zielkorridor mit Blick auf Transzendenz/Immanenz wird nicht vorstrukturiert. Der sächsische Lehrplan (LP|eRU|Gym|SA| 2019, 17) sieht für die siebte Klasse im Rahmen einer ethisch orientierten Unterrichtseinheit die folgenden Punkte vor:

Tab. 18: Auszug aus dem Lehrplan (LP|eRU|Gym|SA|2019, 17)

- Sich positionieren zu ausgewählten Ansätzen christlicher Lebensgestaltung	- Nachfolge Jesu, Erfüllung der Gottes- und Nächstenliebe, Weltgestaltung nach der Verheißung Gottes (Verweis → Bergpredigt; Barmherziger Samariter)

Interessant ist dabei die radikale synchrone Lesart der biblischen Texte im Sinne einer ethischen Orientierung hier und jetzt. Das Reich Gottes liegt nun als Anspruch in den Haltungen der Menschen. Dass sich das Reich Gottes mit seiner ihm eigenen Zukünftigkeit diesem ethischen Zugriff entzieht, wie es die Kinder formuliert haben, sieht der Lehrplan nicht vor.

Der bayrische Lehrplan für die gymnasiale Oberstufe (LP|kRU|Sek II|BAY| 2004) koppelt die Thematik mit der Zukunftsfrage:

»Die Schülerinnen und Schüler
- setzen ihre eigenen Zukunfts- und Jenseitsvorstellungen anhand geeigneter Textstellen zu biblischen Bildern einer vollendeten Zukunft im Reich Gottes in Beziehung und erwägen mögliche Konsequenzen dieser Hoffnungsperspektive für ihr eigenes Leben.
- Zeigen anhand konkreter Beispiele auf, inwiefern die biblischen Bilder einer vollendeten Zukunft im Reich Gottes dazu motivieren können, der gesellschaftlichen Verantwortung in Bezug auf Friede, Gerechtigkeit und der Bewahrung der Schöpfung gerecht zu werden.«

Dieser Ansatz greift einerseits die apokalyptische Struktur auf, die Gegenwart im Blick aus der Zukunft auf die Gegenwart neu zugewinnen. Auffällig ist aber, dass dieser Blick dann verantwortungsethisch immanent gefüllt wird. Dadurch wird die besondere Sprechsituation der Apokalyptik, die eigentlich Ohnmacht der Seher und der Gemeinde in Macht Gottes transformiert und genau darin mächtig für die Gegenwart wird (Taxacher 2010), zur Legitimation der ethischen Beanspruchung benutzt. Diese Beanspruchung wird zugleich abgedämpft durch den Bezug auf die individuellen Schüler/innenvorstellungen und die biblischen Bilder. Hier laufen wieder die schon beobachteten Prozesse der Subjektivierung, Abstraktion und Hermeneutisierung des Gegenstandes (→ Kap. 4), ohne eine

Struktur vorzuschlagen, wie die Schüler/innenvorstellungen zueinander in Beziehung gesetzt werden, damit überhaupt die Spannung im Gegenstand aktiviert werden kann, die die Schüler/innen oben formuliert haben. Setzt man den Deismus (→ Kap. 2), die Selbsterlösung (→ Kap. 5, 6 und 7) und die Selbstverantwortung (→ Kap. 2) als die dominanten Konstruktmodelle der Schüler/innen in der Sek I und II voraus, dann besteht die Gefahr, dass die Schüler/innen die Botschaft vom anbrechenden Reich-Gottes als einen der letztlich irrelevanten externen normativen Ansprüche wie Schöpfungs-/Umweltverantwortung, 10 Gebote oder die Kirchenregeln verstehen, ohne überhaupt in die Frage verwickelt zu sein, wie sie selbst in das Wachsen und Kommen des Reiches mit ihrer Beteiligung mitgedacht sind. Dafür reicht es nicht, den Gegenstand wegen seiner Bildseite als ein Bild – das ist eine unterkomplexe Verwechslung – flächig neben andere Jenseitsvorstellungen nach dem Tod zu setzen. Dann kann das Wachsen des Reiches seit Jesus bis in unsere Gegenwart und wieder darüber hinaus gar nicht sichtbar werden.

9 Jesu Passion

9.1 »Sünde und Kreuz« in einer 6. Gymnasialklasse

Wie gehen Schüler/innen mit der theologischen Aussage um, dass Jesu Kreuzestod für uns Heilsbedeutung habe? Unser Ankerbeispiel versucht, dieser Frage mittels einer Bezugnahme auf ein Passionslied in der Stundeneröffnung nachzugehen (Büttner 2008a, 200 ff.):

»Der Unterricht begann mit der folgenden Geschichte:

> Einige Tage vor Ostern treffen sich Isabell und Jürgen. Isabell erzählt von ihrer Oma, die in letzter Zeit abends manchmal so komische Lieder singe. ›Die Melodie geht ja noch‹, meint sie, ›aber die Texte, total traurig.‹ ›Wieso singt die bei dem schönen Wetter so traurige Lieder, es ist doch bei euch niemand gestorben oder so?‹, erkundigt sich Jürgen. ›Nee, das hängt irgendwie mit der Passionszeit zusammen, weil doch der Jesus da gestorben ist‹, versucht Isabell zu erklären. ›Aber das ist doch schon so lange her!‹ Jürgen kann das nicht verstehen.
> ›Soll ich dir mal so einen Liedervers vorlesen?‹ Noch bevor Jürgen etwas dagegen sagen kann, fängt Isabell an:
> ›Herzliebster Jesus, was hast du verbrochen, dass man ein solch scharf Urteil hat gesprochen? Was ist die Schuld, in was für Missetaten bist du geraten?‹
> ›Hat denn der Jesus was ausgefressen? Ich denk', der war immer zu allen Menschen so lieb und hat denen geholfen.‹
> Isabell ist ein bisschen sauer, weil Jürgen mitten in ihren Vortrag reingeplatzt ist. ›Warte doch mal, es geht doch noch weiter!‹
> ›Was ist doch wohl die Ursach solcher Plagen? Ach, meine Sünden haben dich geschlagen; ich, mein Herr Jesu, habe dies verschuldet, was du erduldet.‹
> ›Jetzt versteh ich gar nichts mehr. Wer ist denn dann schuld am Kreuzestod Jesu? Ist das der Liederdichter? Was ist denn das für ein fieser Typ, dass der so schwer bestraft werden sollte?‹
> ›Meine Oma hat gemeint, der Liederdichter spräche über die Sünden aller Menschen, also auch über deine und meine.‹
> Doch da empört sich Jürgen. ›Wegen meiner paar Sünden hätte der Jesus nicht sterben brauchen!‹

Was kann Isabell antworten?«

Wie ein Cantus firmus zieht sich der Gedanke durch die weitere Stunde, dass alle Menschen sündigen. Dies wird festgemacht am Beispiel der totgeschlagenen Fliege. Immer wieder beziehen sich die Schüler/innen auf dieses Beispiel. Einerseits betonen sie damit, dass Mensch und Tier vor Gott gleichwertig seien. Andererseits wird angeführt, dass man eine Fliege auch unwillentlichen im Schlaf töten könne. Will man nicht den Kuriositätencharakter dieses Beispiels überbetonen, dann scheint dahinter eine Ahnung im Hinblick auf das Konzept der »Erbsünde« zu stehen. In unserem kreatürlichen Verhalten kommen wir nicht darum herum zu sündigen. Dies gilt selbst für den Schlaf, in dem wir nicht Herr unserer Sinne sind. Interessanterweise stellen die Schüler/innen dieser Sünde dann einen eher strengen, strafenden Gott gegenüber. Dies zeigt sich in den Antworten auf die Frage, warum Jesus Christus für uns am Kreuz sterben musste (Büttner 2008a, 201 f.):

1. N: Damit wir uns nicht mehr fürchten, weil wir 'ne Fliege getötet haben.
2. L: Sind wir wieder bei der Fliege. Ja. Damit wir uns nicht mehr schlecht fühlen. [...] Wenn ich weiß, Jesus ist für mich am Kreuz gestorben, [...] fühl ich mich dann nicht mehr schlecht? Hm. Ilonka.
3. I: Ja, dann erst recht, weil der ja für mich gestorben ist.
4. L: Ja. Soll'n wir uns dadurch schlecht fühlen?
5. N: Nein, [...] wir sollten uns nicht schlecht fühlen, aber wir sollten das halt nicht wieder tun. Und ja, wir sollten dann halt denken, dass wir so was einfach nicht mehr machen.
6. L: Hm. David.
7. D: Damit wollte Gott denen, glaub' ich, klar machen, [...] dass die das auf keinen Fall mehr machen sollen, dass der dann [...] deswegen sogar seinen eigenen Sohn tötet.
8. L: Nochmal deutlich: Wer soll was nicht machen?
9. D: Also die Menschen sollen keine Sünden mehr begehen. Das sollen die wissen und [...] als Zeichen hat er dann seinen eigenen Sohn getötet.
10. [...]
11. L: Ja, also wir sollen uns bewusstwerden, dass das nicht gut ist. Und dafür hat Gott seinen Sohn getötet? Was ist das denn für'n Gott?
12. N: Vielleicht hat [...] Gott ja auch seinen Sohn getötet, damit wir uns so schlecht fühlen. Und damit wir [...] uns [...] bewusstwerden, dass der allgemein wegen uns gestorben ist und dass wir dann [...] keine Sünden mehr begehen.
13. [...]
14. L: Ja, aber wenn das so ein Gott ist, warum [...] lässt er dann zu, dass sein eigener Sohn gekreuzigt wird? Wenn er doch ein liebender Gott ist? Rebekka.

15. R: Damit wir daraus lernen.
16. L: Was sollen wir daraus lernen? [...] Jana.
17. J: Keine Sünden mehr zu machen. Keine Fliege zu töten oder keine Ameise.
18. L: Mit der Fliege ham wir's heute. Ja. Also, wir sollen daraus lernen, wir sollen erst mal keine Sünden begehen. Das hat er aber doch schon in den 10 Geboten im Alten Testament uns gesagt. Warum musste er dafür seinen Sohn sterben lassen und dann auch noch auf so grausame Weise? Anna.
19. A: Als Bekräftigung, also [...], damit wir das richtig merken. Der meint das einfach richtig.
20. L: Also, deutliches Zeichen. David.
21. D: Ja, auch dann halt, 'n deutliches Zeichen und, dass er jeden tötet, der was gemacht hat.
22. L: Aber wir haben doch gerade gesagt, der ist ein verzeihender Gott.
23. N: Ja, aber wir haben ja auch schon besprochen, dass er manchmal auch ein strafender Gott ist.
24. L: Im Alten Testament, in diesem Bereich im Alten Testament. Durch Jesus hat sich da ja 'was geändert.
25. N: Vielleicht hat der das auch gemacht, weil die das mit den 10 Geboten noch nicht so richtig gerafft haben, weil die das noch nicht so richtig geglaubt haben. Und dann wollte er das nochmal klar machen.

Im weiteren Gespräch kommt dann das Auferstehungsgeschehen zur Sprache, einmal in Bezug auf Jesus, dann auch als mögliche Hoffnungsperspektive für uns. Der folgende Unterrichtsausschnitt zeigt, wie das Geschehen um Kreuz und Auferstehung als Frage der Beziehung zwischen Gott und Jesus aufscheint (Büttner 2008a, 202 ff.):

1. L: Und er verheißt uns was mit der Auferstehung. War das 'n einmaliges Geschehen – nur Jesus ist auferstanden? David.
2. D: Nee, also dazu wollt ich jetzt nichts sagen, aber er war ja vor der Jesusgeschichte ein strafender Gott und danach ein liebender Gott und vielleicht hat er dann ja auch gedacht: Scheiße, jetzt hab ich was Falsches gemacht und dann hat er ihn wieder auferstehen lassen.
3. L: Also mal schnell seinen Fehler kaschiert durch die Auferstehung. Hm. Glaubt ihr das auch, dass das so ein Fehler von Gott war und dann hat er den wieder berichtigt? Tipp-Ex drüber – einmal neu? [Lachen] Oder wie war das? Marvin.
4. M: Nee, also, ich glaub, der hat das schon mit Sinn gemacht. Nicht so ups, Mist.

5. L: Dumm gelaufen, ja. Welchen Sinn könnte er denn/was könnte er sich dabei gedacht haben, welchen Sinn könnte das haben?
6. N: Vielleicht, dass er/dass er erst mal denen zeigt, dass er die dann zu sich holt, wenn sie was Böses machen, 'ne Sünde begehen, und das hat er dann erstmal bei Jesus gezeigt, und dann hat er den auferstehen lassen, weil er hat ja nix gemacht.
7. L: Aha, also die Verheißung, dass wir auferstehen werden.
8. N: Oder ich glaub', er hat das alles geplant und weil er ja ein liebender Gott ist, ist er bestimmt auch ein lernender, also ein lehrender, und er …
9. L: Lehrender Gott.
10. N: Und dann wollt er uns was lehren damit.
11. L: Was genau? Das wir das einmal auf den Punkt bringen.
12. N: Das weiß ich nich', aber ich wollt' sagen, dass/vielleicht ist das gar nicht so schlimm, wenn man tot ist. Kann man ja nicht wissen, ob das jetzt schlimmer ist. Kann man da fliegen oder so. Vielleicht hat er ja Jesus damit auch einen Gefallen getan.
13. L: In welcher Weise einen Gefallen?
14. N: Ja, dass die andern/die andern Menschen, wir wissen ja auch nicht so genau, wie die zu Jesus waren, vielleicht haben die den ja auch immer geärgert und so. Vielleicht wollte er ja sogar, dass er stirbt.
15. L: Dass das aufhört, dass Jesus erlöst wird von diesen. Ja. Marcel.
16. M: Also, ich glaub äh, die Menschen vorher, die haben nicht gewusst, was Sünde ist und da hat er denen einfach vorgemacht, was 'ne Sünde ist.
17. L: Also, auch der Gott, der Lehrer, der zeigt: Das, das ist es. David.
18. D: Ja, ähm …
19. L: Is' weg? Kommt vielleicht gleich wieder. Markus.
20. M: Vielleicht wollte er uns ja auch nur zeigen, dass er ewiges Leben verleihen kann.
21. L: Richtig. Gott kann ewiges Leben verleihen. Jetzt David.
22. D: Aber ich würd' mir das jetzt nicht so vorstellen, dass Jesus erlöst werden wollte, weil ihn vier, fünf Leute gehänselt haben, sondern weil er sich das ganze Leid auf Erden nicht mehr antun konnte.
23. L: Das ganze Leid auf Erden. Sarah.
24. S: Vielleicht wollte der ja auch zeigen, dass das gar nichts nützt, wenn man einen umbringt, weil er ihn ja wieder auferweckt, also dass das gar nicht sinnvoll ist.
25. N: Und wir hatten ja auch gesagt, dass der Weg sehr hart ist und dass es wirklich schwierig für Gott, also nicht Gott, sondern Jesus, das war ja auch so 'ne Art Prophet, vielleicht, also, dass er's nicht mehr verkraften konnte.

Die Unterrichtsequenz organisiert ein offenes Gespräch zu der theologisch zentralen Frage, welche Bedeutung der Kreuzestod Jesu für uns hat. Als strukturelle Vorgabe gilt der in bekannten Passionsliedern eindrücklich formulierte Gedanke, dass Jesu Kreuzestod die Kompensation für unsere Sünden sei und somit einen entscheidenden Beitrag zu unserer »Erlösung« darstellt. Der offene Gesprächsduktus verzichtet an dieser Stelle darauf, über den Textimpuls hinaus explizite Ziele zu formulieren. Im Prinzip geht es hier um drei Fragen:
- Was ist denn mit der Rede vom stellvertretenden Leiden Jesu »für uns« gemeint?
- Inwieweit sind Schüler/innen willens und in der Lage, diese Aussage auf sich selbst zu beziehen?
- Warum produziert dieser Gedanke auch innerhalb der Kirchen zunehmend kritische Nachfragen?

Die Stunde folgt damit einem religionspädagogischen Imperativ, nach dem im Unterricht theologisch kontroverse Positionen so dargestellt werden, dass die verschiedenen Positionen für die Schüler/innen transparent sind (Roose 2013b; Reis/Roose 2020).

9.2 Modellierungen der Thematik

Das Thema »Kreuz und Auferstehung Jesu« findet sich in allen Curricula. Dabei erscheint die Frage der Passion Jesu komplizierter zu sein als die der Auferstehung. Letzteres lässt sich im Kontext der offensichtlichen Manifestationen der Transzendenz (→ Kap. 7) gut einordnen. Die Passion erscheint als Thema deshalb so kompliziert, weil sich hier zwei Perspektiven kreuzen. Einerseits ist die Frage des Leidens und Sterbens Jesu substanzieller Bestandteil einer Darstellung des »historischen Jesus«. Hier ist es der Religionspädagogik wichtig, darauf zu verweisen, dass die Römer die eigentlichen Protagonisten von Jesu Hinrichtung waren (und eben nicht, wie über Jahrhunderte behauptet wurde, »die Juden«) (Rothgangel 1997). Andererseits steht die Passion im Credo in einer Reihe mit der wundersamen Geburt, Auferstehung und Wiederkunft. In vielen Altarbildern bildet die Kreuzigung das Mittelstück zwischen Geburt und Auferstehung. Dies weist darauf hin, dass es hier um mehr geht als um einen Justizskandal in der Antike. Bereits die Evangelien machen deutlich, dass Jesu Tod nicht »sinnlos« war, sondern »für uns« geschah. Nun gibt es eine Fülle von Deutungen, wie dieses »für uns« gemeint sein soll (Frey 2005). Schlüsseldeutungen sind für die westlichen Kirchen gewiss die Gedanken Anselms von Canterbury,

Modellierungen der Thematik   149

nach denen Jesu Tod eine Sühneleistung für unsere Sünden darstellt, um Gottes Zorn über die menschlichen Vergehen zu besänftigen. Wir begegnen diesem Gedanken als explizite Soteriologie in den Eingangsfragen des Heidelberger Katechismus. Dieser beginnt mit der berühmten Frage: »Was ist dein einziger Trost im Leben und im Sterben?« Darauf folgt als Antwort (Weber 1978, 15):

»Dass ich mit Leib und Seel, beide im Leben und im Sterben, nicht mein, sondern meines getreuen Heilands Jesu Christi eigen bin, der mit seinem teuren Blut für all meine Sünden vollkömmlich bezahlet und mich aus aller Gewalt des Teufels erlöset hat und also bewahret.«

Die zweite Frage hebt die Zentralität dieser Aussage hervor, wenn sie auf die Fragestellung, was man zu diesem seligen Leben und Sterben wissen müsse, antwortet (Weber 1978, 15 f.):

»Drei Stücke: Erstlich, wie groß meine Sünde und Elend seien. Zum anderen, wie ich von allen meinen Sünden und Elend erlöset werde. Und zum dritten, wie ich Gott für solche Erlösung soll dankbar sein.«

Nach den Worten des Herausgebers Otto Weber findet sich in dieser ersten Frage und Antwort »bereits das Ganze des Christseins ausgesagt« (Weber 1978, 6).

Neben diesen beiden Extrempositionen findet sich aber noch eine weitere, die den Verlauf von Jesu Passion als existenzielles Ereignis und als Spiegel individuellen und kollektiven Ergehens sieht. Ordnen wir diese Modellvarianten der Grundunterscheidung von Immanenz und Transzendenz zu, dann ergeben sich vier Grundtypen, zwei Extreme und zwei, die in der Kopplung von Transzendenz und Immanenz unterschiedliche Schwerpunkte setzen (→ Tab. 19 auf der nächsten Seite).

Betrachtet man die vier Modelle im Einzelnen, dann erkennen wir grundlegende Vorentscheidungen, denen dann unterschiedliche Unterrichtsstrategien entsprechen. Das *erste Modell* erfüllt eine wichtige Funktion. Über Jahrhunderte hat die Christenheit die Passionsgeschichte so gelesen, dass »die Juden« im Laufe des Auftretens Jesu in immer größere Gegnerschaft zu Jesus gerieten, bis es ihnen nach seiner Ankunft in Jerusalem dann gelungen sei – trotz eines zögerlichen römischen Statthalters Pilatus –, ihn am Kreuz töten zu lassen. Diese Sichtweise war insofern folgenreich, als sie dafür verantwortlich war, auch gegenwärtige Juden für diesen Tod zu behaften. Inzwischen konnte die historische Forschung hier wichtige Klarstellungen erzielen:

Tab. 19: Modellrahmen zur Erlösungsbedeutung des Kreuzes

	1. Immanenzorientiert	2. Transzendenz in den Tiefen der Immanenz	3. Immanenz in den Höhen der Transzendenz	4. Radikal transzendenzorientiert
Bedeutung der Passion	Rekonstruktion des Prozesses gegen Jesus und der brutalen Bedingungen seiner Hinrichtung	Jesu Passion als exemplarischer Ausdruck menschlichen Leidens; in Jesus nimmt Gott Anteil am menschlichen Leid (z. B. bei D. Bonhoeffer)	Jesu Passion als Ausdruck von Gottes »Ratschluss der Erlösung«; juridische Deutung von Anselm von Canterbury bis Paul Gerhardt	Die Passion berührt Gott nicht; der Christus verlässt Jesus vor dem Leiden
Bedeutung des Kreuzes	Kreuzigung als Todesart	Das Kreuz als Zeichen der Horizontverschmelzung von Himmel und Erde damals wie heute (Splitter des Hl. Kreuzes als wertvolle Reliquien)	Kreuzeszeichen als himmlisches Bundessiegel mit exorzistischer Wirkung	Letztlich ist es egal, eigentlich braucht die Erlösung kein Kreuz
Wirkung	Unter Konstantin als Siegeszeichen aufgeladen, seitdem ein irdisches Herrschaftszeichen	In der Annahme des Leides wird erst das ganze Menschsein erlösungsfähig; Nachahmung im Kreuztragen ist der Weg der Erlösung (Ignatius v. Antiochien)	Performative Vergewisserung in der Eucharistie im fortwährenden Opfer Jesu Christi	Die Irrelevanz des Kreuzes muss gegen andere Modelle verteidigt werden
Rezeption	Darstellung in Historienfilmen und populären Dokumentationen	»Christus im Elend« in der gotischen Kunst, Kreuzwege, Hungertücher; Rezeption auch in säkularer Kunst	Neuere Diskussion um Opfer-Verständnis	Z. B. in der Anthroposophie R. Steiners oder im Islam

– Jesus und seine Anhänger bilden eine Gruppe innerhalb des Judentums seiner Zeit. Trotz der polemischen Auseinandersetzungen stand er den Pharisäern wohl durchaus in vielen Punkten nahe. Seine jüdischen Gegner finden sich wohl eher bei den Sadduzäern, die durch sein Auftreten politische Unruhen befürchteten.
– Das Recht zur Todesstrafe hatten allein die Römer, die misstrauisch alle messianischen Bewegungen in Israel beäugten und schnell zu unterdrücken suchten. Von daher sieht man die Rolle des Pilatus und der Römer in der Bibel wohl zu positiv. Er ist für den Kreuzestod politisch verantwortlich.

– Das Synedrium, vor dem das Verhör stattfand, war von verschiedenen Parteien bestimmt. Die Pharisäer waren in dieser Situation wohl gegenüber den Sadduzäern in der Minderheit.

Das heißt, dass es gewiss zum Bildungsauftrag des Religionsunterrichts gehört – angesichts der Schreckensgeschichte gegenüber den Juden – hier den Schüler/innen historische Abläufe zu vermitteln, gerade auch dann, wenn sie sich aus den biblischen Narrativen nicht unmittelbar so ergeben.

Das *zweite Modell* knüpft an unmittelbare Erfahrungen mit dem Passionsnarrativ an. Die Geschichten vom leidenden Jesus lösen zunächst einmal *Mitleid* aus. Hatten die Künstler der Romanik Jesus auch am Kreuz noch als *Sieger* dargestellt, so ist es seit der Gotik üblich, Jesus als *Schmerzensmann* abzubilden. Dabei geht es nicht nur darum, unser Mitleid zu erheischen, sondern der dargestellte Jesus kommt seinen leidenden Betrachtern entgegen. So zeigt der berühmte Isenheimer Altar Jesus am Kreuz mit denselben Flecken am Körper (dem sogenannten »Antoniusfeuer«), wie sie bei den im Hospital untergebrachten Menschen – angesichts einer Mutterkorn-Vergiftung – auch erkennbar waren. Diese Tradition setzt sich fort in den Kreuzwegen und Hungertüchern – gerade auch in den armen Ländern Afrikas, Asiens und Lateinamerikas. Dieses Modell wird gestützt von neueren Theolog/innen wie Bonhoeffer und Sölle, die darauf hinweisen, dass der leidende Christus in seiner Ohnmacht zu den Elenden dieser Welt kommt, der – in den Worten des Paulus (Phil 2,6–8) – sein göttliches Privileg gerade nicht nutzt, sondern sich gemein macht mit den Erniedrigten bis hin zur letzten Konsequenz: dem Kreuzestod (→ Kap. 4). Die Transzendenz ist hier nicht ausgeschlossen, sondern sie manifestiert sich ausdrücklich in der Immanenz und scheint dann allenfalls in Gestalt der Auferstehung hervor. Interessanterweise ist dieses Modell auch für säkulare Künstler/innen von heute immer wieder attraktiv, auch wenn ihre »Transzendenz« oft implizit bleibt. Diesem Modell neigt auch eine Sichtweise zu, die die Opfervorstellung von ihrer Fixierung auf das »blutige« Kreuzesgeschehen lösen möchte zugunsten einer Sichtweise, die Jesu Auftreten insgesamt als »Lebensopfer« sieht, bei dem der Tod dann nur noch ein Moment darstellt. Logischerweise treten dann auch die Gegnerschaften, die Jesu Auftreten provoziert, stärker in den Blick.

Das *dritte Modell* ist klassisch. D.h., es bildet in gewisser Weise das Herzstück christlichen Glaubens. Gleichzeitig sind die damit gesetzten Vorstellungen von Schuld und Sühne dem heutigen Denken eher fremd. Für die Religionspädagogik bedeutet das, dass ihr Ansetzen an menschlichen Grunderfahrungen hier nicht funktioniert. Diese Erfahrung teilt sie mit einem Großteil des Kirchenvolkes. Doch zu Recht formuliert Jörg Frey (2005, 7f.):

»Sowohl für eine eucharistisch zentrierte katholische Frömmigkeit als auch für einen auf die Rechtfertigung des Gottlosen fokussierten evangelischen Glauben gilt, dass in dem Heilsgeschehen im Tod Jesu ›für uns‹ der tragende Grund berührt ist.«

Das *vierte Modell* begleitet als Doketismus die christologische Reflexion seit den Anfängen. Gott ist der Welt so grundlegend gegenüber transzendent, dass eine echte Inkarnation, in der Gott sich den Bedingungen der Welt unterwirft, undenkbar ist, gerade damit die Welt in der Theosis überhaupt noch erlösungsfähig bleibt. Wie schon in Kap. 6 dargestellt, hat dieses vierte Modell eine bestimmte Erlösungsvorstellung vor Augen, die es unerträglich findet, Gott zum Geschöpf in Jesus zu erniedrigen. Das führt zu der Vorstellung eines *zweifachen Christus* in der Gnosis oder in der Anthroposophie. Auch der Islam sieht den Kreuzestod eher doketisch.

Der Modellrahmen zeigt eine Spannung der Modelle zueinander, die es unverzichtbar macht, dass ein christlicher Religionsunterricht sich am Verstehen dieses Theologumenons beteiligt. D. h. dann z. B. auch, dass die Auseinandersetzung mit dem von Anselm von Canterbury klassisch formulierten Gedanken vom Sühnetod Jesu im dritten Modell erst einmal unverzichtbar ist. Die Schüler/innen sollen zumindest die dahinter liegenden Gedanken kennen – unabhängig davon, ob sie ihnen zustimmen wollen. Zumal wir im nächsten Abschnitt zeigen werden, dass die sich in dieser Frage manifestierende Erfahrung offenbar doch weiter virulent ist und sich in der Mythenwelt von Popsongs, Filmen und entsprechender Literatur niederschlägt.

9.3 Modellpräferenzen von Theologie und Religionspädagogik im Gespräch

Nach menschlichem Ermessen wäre einer wie Jesus, der große Erwartungen geweckt hat und dann widerstandslos am Kreuz umgebracht wird, als gescheitert angesehen worden. Im NT wird angedeutet, dass dieser Eindruck auch bei den Anhängern Jesu erst durch die Erscheinungen des Auferstandenen relativiert wurde. Gleichwohl ergab sich die Notwendigkeit einer Erklärung, damit das Kreuz Christi von einem Ärgernis und einer Torheit zur Gotteskraft werden konnte (1 Kor 1,18). Dabei wurde der Tod Christi in verschiedenen Bildern bedacht, die alle beinhalteten, dass Jesu Leiden stellvertretend »für uns« geschehen sei. Anselm von Canterbury hat nun im 11. Jh. eine Interpretation des Kreuzestodes Jesu vorgelegt, die die neutestamentlichen Traditionen aufnahm, aber theologisch in einem großen Narrativ verdichtete. Das Werk »Cur deus homo« (Warum wurde Gott Mensch?) ist als Gespräch gestaltet. Boso, der fragende Partner Anselms, trägt die folgende Überlegung vor (Anselm von Canterbury 1094–98/1993, 19 ff.):

> »Das ist es, was die Ungläubigen so sehr wundert, dass wir diese Befreiung ›Erlösung‹ nennen. In welcher Haft, so sagen sie, oder in welchem Kerker oder in wessen Gewalt wurdet ihr gehalten, aus der euch Gott nicht befreien konnte. Es sei denn, er erlöste euch durch so viele Mühen und schließlich durch sein Blut? Wenn wir ihnen sagen: er erlöste uns von den Sünden und von seinem Zorne und von der Hölle und von der Gewalt des Teufels, den er persönlich zu bekämpfen kam, da wir es nicht vermochten, und er erlöste uns für das Himmelreich; und weil er das alles auf diese Weise tat, zeigte er, wie sehr er uns liebt: so antworten wir. Wenn ihr sagt, Gott hätte all dies durch einen bloßen Befehl tun können, er, von dem ihr sagt, er habe alles durch einen Befehl geschaffen, so widersprecht ihr euch selber, weil ihr ihn ohnmächtig macht.«

Anselm von Canterbury macht deutlich, dass die durch unsere Sünden verletzte Ehre Gottes wiederhergestellt werden müsse. Dies kann nur jemand leisten, der selbst sündlos ist und durch seine Strafübernahme die Sünden kompensiert und somit die Ehre Gottes wiederherstellt. Das Modell beruht auf Voraussetzungen, die heute schwer nachzuvollziehen sind. Wir teilen heute das Verständnis von Ehre, objektiver Schuld, Sühnevorstellung etc. kaum noch, sodass das sich in diesem Narrativ manifestierende Gottesbild große Probleme aufwirft. Wenn man jedoch das Geschehen trinitarisch deutet, dann ist es Gott selbst, der die Passion auf sich nimmt. So entfaltet etwa die Mystikerin Mechtild von Magdeburg 200 Jahre später den Gedanken eines innertrinitarischen »Ratschlusses der Erlösung«. In diesem Sinne denkt dann auch Martin Luther (Nüssel 2005, 79):

> »Im Zuge [seiner] soteriologischen Einsicht versteht Luther Gott nicht primär als Empfänger der Satisfaktionsleistung, sondern als denjenigen, der im Sühnetod Jesu Christi selbst die Sünde der Welt überwindet. Die Notwendigkeit des Todes Jesu Christi resultiert bei Luther dabei nicht in erster Linie aus der Ehrverletzung Gottes, sondern aus der Tatsache, dass die Sünde in ihrer Radikalität nicht anders als mit dem Tod bestraft werden kann. […] Um die Macht des Todes als einer von Gott trennenden Strafe für die Sünde zu brechen, ist Christus gestorben.«

Wir erkennen gegenüber Anselm wichtige Nuancierungen im Gottesbild. Gleichfalls ist die gesamte Konstruktion in einer Zeit schwierig, die die Todesstrafe ablehnt, in der die Sünde als Begriff kaum noch nachvollziehbar ist und in der Deismus das Welt-Gott-Verhältnis dominiert (→ Kap. 5 und 6).

Trotzdem ist das dritte Modell didaktisch nicht aufgebbar. Denn auch theologische Neuansätze zur Christologie, etwa Dorothee Sölles »Stellvertretung« (2006), an die das zweite Modell anknüpft, grenzen sich mit ihrer immanenten Kreuzestheologie von der kosmischen ab und versuchen das Heilsgeschehen »für uns« greifbarer zu machen. Vom Bildungsaspekt her ist der Gedanke vom Sühnetod Christi weiterhin zentrales Element der Abendmahls- bzw. Eucharistietheologie; er manifestiert sich zudem in den berühmten Passionsliedern Paul Gerhardts und in Bachs Passionen. Der Religionsunterricht kommt deshalb um die Auseinandersetzung mit diesen beiden Modellen im Zueinander eigentlich nicht herum. Dennoch stößt nach Mirjam Zimmermann die ganze Theologisierung des Kreuzes in ihrem Überblick der religionspädagogischen Zugänge hier eher auf Defizite (Zimmermann 2005a, 622, 630):

»Die Rede von der Heilsbedeutung des Kreuzes spielt eine untergeordnete bis marginale Rolle. Die synoptischen Evangelien werden als Quellen unter historischer Fragestellung bevorzugt [...]. Insgesamt zeigt sich, dass das Thema des Leidens und Sterbens Jesu [...] nicht die zentrale Stellung einnimmt, die sich von der theologischen Tradition her nahelegen würde.«

Zimmermann verweist zugleich darauf, dass gerade die Bücher und Filme der Popularkultur genau den Zusammenhang von Tod und Erlösung thematisieren, was im öffentlichen religionspädagogischen Diskurs eher vermieden und stattdessen auf den Zusammenhang von Tod und Auferstehung gesetzt wird. Wie auch Werner H. Ritter (2003) sieht Zimmermann aber im Zusammenhang von Tod und Erlösung einen wesentlichen Zugang zur Thematik des Kreuzestodes.

9.4 Die Modellierung einzelner Lehrkräfte

Wir werden sehen, dass die Curricula sich in der Ausformulierung dessen, was der Kreuzestod Jesu für uns heute bedeuten kann und soll, eher zurückhalten. Die einzelnen Lehrkräfte sind also aufgefordert – ähnlich wie in dem Ankerbeispiel – eigene Überlegungen anzustellen, wie sie den Schüler/innen einmal die gedanklichen Voraussetzungen und dann die Logik der theologischen Argumentation vermitteln können. Wir präsentieren hier drei Unterrichtsvorschläge, die auf unterschiedliche Altersstufen gemünzt sind. Es ist bei allen deutlich, dass sie bemüht sind, einen zentralen Gedanken der oben skizzierten Modelle unterrichtlich umzusetzen.

In einer illustrierenden Aufgabe zum LehrplanPLUS für die Grundschule 1/2 zum Thema »Wieso musste Jesus sterben?« findet sich die folgende Anforderungssituation (Staatsinstitut für Schulqualität und Bildungsforschung o. J., 2):

> »Im Unterricht schaut Tina immer wieder auf das Kreuz im Klassenzimmer. ›Wie kann das sein, dass Jesus am Kreuz sterben musste, er hat doch so vielen Menschen geholfen?‹ Tina kann das einfach nicht verstehen. Warum ist das geschehen?«

Die Fragestellung ist gut nachvollziehbar, da die den Grundschüler/innen bekannten Jesus-Geschichten diesen als freundlichen und hilfsbereiten Menschen präsentieren. Wer sollte etwas gegen ihn haben? Die Verfasser/innen gehen mit den Kindern genau diesen Weg, indem sie erst einmal diesen Eindruck aus den bekannten Geschichten rekonstruieren. Doch im Sinne des oben skizzierten weiteren Opferverständnisses wollen sie verdeutlichen, dass Jesu Handeln von Anfang an auch Widerspruch ausgelöst hat. Sie wählen dazu einen Sabbatkonflikt (Staatsinstitut für Schulqualität und Bildungsforschung o. J., 2):

> »Auseinandersetzung durch Perspektivenerweiterung anhand der Erzählung von der Heilung eines Mannes am Sabbat (Lk 6,6–11):
> SuS begegnen durch Lehrerdarbietung der Heilungserzählung mit integrierten einfachen Informationen über die Bedeutung des Sabbatgebots und die Einstellung der Pharisäer.
> SuS entwickeln kurze Sprechszenen:
> Der Geheilte erzählt seiner Familie oder seinen Freunden von der Begegnung mit Jesus:
> ›Stell dir vor, dieser Jesus …‹
> Ein Pharisäer unterhält sich mit einem Bekannten über Jesus: ›Wenn Jesus so weitermacht, dann …‹
> Austausch und Reflexion im Plenum: Warum denken die Menschen unterschiedlich über Jesus? Wäre es besser gewesen, Jesus hätte aufgehört Menschen zu helfen? Wie würdest du das erklären? Gib Tina eine Antwort.«

Man kann diese Überlegung als einen grundschulgemäßen Versuch ansehen, den Gedanken zu entfalten, dass Jesu zuwendendes Verhalten einerseits nicht so unkompliziert von seinen Zeitgenossen empfunden wurde, wie dies die

Jesusgeschichten suggerieren und dass andererseits Jesu Treue zu dieser Haltung letztendlich zu seinem Tod (»für uns«) geführt hat. Doch der Vorschlag berücksichtigt nicht, dass ein breiter exegetischer Konsens darüber existiert, dass die Pharisäer keinesfalls die Hauptgegner Jesu waren, sondern die Evangelien eine spätere Kontroverse zwischen dem pharisäisch geprägten Judentum und dem frühen Christentum in die Jesuszeit zurückspiegeln und ernsthafte Streitgespräche zu bedrohlichen Auseinandersetzungen werden lassen. So bedient der Vorschlag unbeabsichtigt antijudaistische Tendenzen. Insofern wären andere Texte (z. B. zur Tempelreinigung) der Sache dienlicher (Büttner/Wittmann 2005). Außerdem nimmt diese Planung eine rationalisierende Perspektive vor. Sie macht den Kreuzestod verständlich und lagert ihn deshalb beim ersten Modell der radikalen Immanenz an. Die Spannung ist nicht mehr erhalten, dass der Kreuzestod rational und Ausdruck einer wahnsinnig gewordenen Welt ist, in der sich Rationalität in Sünde verkehrt hat – wie dies vor allem im dritten Modell betont wird.

Peter Noß (1997) versucht mit Schüler/innen der Klassen 7–9 einen explizit theologischen Weg zu gehen (Noß 1997, 11):

»Ich habe aus der Vielzahl der Motive, die den Tod Jesu deuten, Phil 2 ausgewählt. Paulus ergänzt einen traditionellen Hymona, in welchem er den Tod als Tod am Kreuz spezifiziert (Phil 2,8). Er holt die Bedeutung des Kreuzes auf dem Wege der Erniedrigung ein. Der Gott gleich war, nahm Knechtsgestalt an und wurde den Menschen gleich; er erniedrigte sich bis zum Tod am Kreuz (Phil 2,6–8).«

Damit skizziert er den Weg Jesu als ein »göttliches Geschehen«. Jesus Christus ist im Gestus seiner Erniedrigung selber Handelnder. Für die Schüler/innen bedeutet das (Noß 1997, 13):

»Am Zeichen des Kreuzes kann den Schüler/innen die Bewegung der Erniedrigung als Geste der Befreiung (aus Schuld und Scham) einsichtig werden. Die Erfahrung, dass sich ein Unerreichbarer (der Gottessohn) zu Geringeren (den Menschen) hinablässt, ist heilsam und befreiend, aber selten. Sogar wenn einige der Schüler/innen solche Solidarität in ihrem Leben noch nicht zu spüren bekommen haben, ist ihnen dieses Ereignis zugänglich.«

Angesichts der Schwierigkeit, diese Erfahrung in der eigenen Lebenswelt zu identifizieren, greift Noß dann auf eine literarische Konstruktion von Ralf Johnen zurück (Noß 1997, 14):

»»Ein König gibt ein großes Fest. Viele angesehene Bürger sind eingeladen. Die meisten Gäste kommen mit vornehmen Kutschen. Es beginnt zu regnen. Vor der Toreinfahrt bildet sich eine große Pfütze. Ein vornehm gekleideter, älterer Herr steigt aus, bleibt am Trittbrett hängen und fällt der Länge nach in die Pfütze. Mühsam erhebt er sich wieder. Er ist von oben bis unten beschmutzt und sehr traurig. Denn so kann er sich auf dem Fest ja nicht mehr sehen lassen. Ein paar andere Gäste machen spöttische Bemerkungen. Ein Diener, der den Vorfall beobachtet hat, meldet ihn seinem Herrn, dem König. Dieser eilt sofort hinaus und kann den beschmutzten Gast gerade noch erreichen, als dieser zurückfahren will. Der König bittet den Gast, doch zu bleiben, ihm würde der Schmutz an seinen Kleidern nichts ausmachen. Doch der Gast hat Angst.‹
Hier ist die Geschichte zu unterbrechen, und die Schüler/innen sind nach ihrem Fortgang zu befragen.
›Da lässt sich der König mit seinen schönen Gewändern in dieselbe Pfütze fallen, sodass auch er von oben bis unten voller Dreck ist. Er nimmt den Gast an der Hand und zieht ihn mit sich. Sie gehen beide, beschmutzt wie sie sind, in den festlich geschmückten Saal.‹«

Noß folgt hier dem Modell 2. Er hebt damit – in der Linie von Paulus – die Solidarität Gottes mit den »besudelten« Menschen hervor. Doch eine Soteriologie ist dies nur in Ansätzen, weil die Gleichbesudelung aus den Gästen noch keine reinen Könige macht. Hier wird auch die Schwäche des zweiten Modells deutlich, die wir in Kap. 4 schon bei den Modellen der Verohnmächtigung Gottes angeführt haben und die auch Baso an Anselm anfragt. Die Verohnmächtigung ist nur dann kein Problem, wenn unter der Hand der Machtbegriff verändert wird.

Eine soteriologische Perspektive bietet Michael Beisel (2009) in seinem Entwurf für die Kursstufe. Er rekurriert einerseits auf die Argumentation Anselms und bietet ansonsten zahlreiche Belege aus der bildenden Kunst und Filmen. Interessanterweise greift er auf eine »Wanderlegende« zurück, einen ohne Autor/innenangabe zirkulierenden Text von »Schemil dem Gerechten«, in dem es um die Alternative »Gerechtigkeit oder Liebe« geht (Beisel 2009):

»Ein Feldherr gilt als streng aber gerecht. Als es zu Diebstählen in seiner Truppe kommt, werden dem Täter drastische Strafen angedroht. Schließlich wird der Täter gefunden – es ist die Mutter des Feldherren, die er sehr liebt. Wie lässt sich nun für den Feldherrn das Dilemma lösen. Im letzten Abschnitt heißt es: ›Liebe oder Recht, das ist die Frage.‹ Am nächsten Morgen ertönt der Trompetenstoß, der die Truppe auf dem Platz versammelt. Der Feldherr, ein wenig bleicher als sonst, tritt aus seinem Zelt. Aus dem anderen Zelt führt man gefesselt die Mutter hervor. Dann spricht Schemil der Gerechte sehr ruhig: ›Der Täter ist gefunden, die Strafe wird vollzogen.‹ Schon greifen die Büttel nach der Frau, da fährt er fort: ›Aber vollzogen wird sie an mir.‹ Erstarrt müssen die Leute mitansehen, wie der Mann, den sie alle lieben, sich brutal zusammenschlagen lässt und blutend weggetragen wird. Dabei erfasst sie das große Erstaunen darüber, dass hier beides geschieht, dass das Recht zum Zuge kommt – das Wort wird nicht gebrochen, die Tat wird geahndet! – und dass auf der anderen Seite die Liebe zum Zuge kommt: Der Richter zieht die Schuld auf sich, der Richter wird zum Gerichteten. Nicht Liebe *oder* Gerechtigkeit, sondern Liebe *und* Gerechtigkeit. Und beides in einem, beides ganz und ohne Kompromiss.«

Die Geschichte, die Beisel ausgewählt hat, kann gewiss helfen, zum Kern der soteriologisch akzentuierten Sühnetheologie vorzustoßen, die auch zum vierten Gottesknechtslied Jes 52,13–53,12 passt: Im Vollzug des Rechts wird die eigene Erbarmungslosigkeit ansichtig, der hier Schemil – dort der Gottesknecht – seine Liebestat entgegensetzt und damit eine Umkehr einleitet, die das Recht selbst verändert. Hier zeigt sich im Unterrichtsvorschlag eine didaktische Adaption des dritten Modells in der Variante, dass der erlösende Akteur selbst frei das Opfer bringt und dass Gott selbst die Erbarmungslosigkeit mit seiner Liebe überwindet. Wir begegnen diesem Modell in den Darstellungen von Matthias Grünewald, den Chorälen von Paul Gerhard und den Passionen von Johann Sebastian Bach, sodass deren Kenntnis bedeutsam ist – unabhängig von der Frage, ob wir für unseren individuellen Glauben genau in dieser Weise denken. Es ist an dieser Stelle vielleicht wichtig, einmal die Genderperspektive ins Spiel zu bringen. Carol Gilligan (1991) hat plausibel machen können, dass das Dilemma zwischen Recht und Liebe einen deutlichen Geschlechterbias hat: Männer präferieren Recht, Frauen Mitgefühl. Von daher wird man fragen müssen, ob die Denkwelt von Anselm und Schemil nicht doch sehr männlich bestimmt ist. Wie sieht die Kreuzestheologie der Marien unter dem Kreuz wohl aus?

9.5 Die Konstruktmodelle der Schüler/innen

Gerade ein Thema wie die Kreuzigung Jesu zeigt die Notwendigkeit, die Domänenspezifik des Themas immer mit zu bedenken. Hier spielt das Wissen eine bedeutende Rolle. Einerseits kann man nur auf der Grundlage von Wissen überhaupt differenzierte Modelle entwickeln. Andererseits – dies wird zu zeigen sein – bedeutet die kognitive Beherrschung eines bestimmten theologischen Modells noch lange nicht, dass man sich dies existenziell zu eigen machen will.

Sabine Benz gibt uns einen Einblick in die Anfänge der schulischen Konstruktion eines Verständnisses vom Kreuz Jesu. Wir präsentieren hier zwei Ausschnitte aus einem Klassengespräch aus dem 1. Schuljahr (Benz 2015, 279):

»Beachtenswert ist, dass die Zumutung des Kreuzestodes des erwachsenen Jesus von den Schülerinnen und Schülern offenbar wenig wahrgenommen wird. Für sie war es dagegen eine undenkbare Zumutung, wenn dem Baby Jesus etwas Schlimmes widerführe. Nahezu beruhigend klingt ihr Ausschluss der Möglichkeit, dem Kind könne ein Leid geschehen mit der schlichten Tatsache der Kreuzigung des Erwachsenen.

JULIA: Meine Freundin ... die hat gesagt, dass Jesus genagelt wurde.
VIC: Aber erst als er erwachsen war, nicht als er ein Baby war. [...]
ELENA: Ich denke, dass er als Erwachsener ans Kreuz genagelt worden ist.
MICHAEL: Ich weiß es ganz genau. Als er erwachsen war, [...]
VIELE: Erwachsen.«

In der zweiten Sequenz erfahren wir etwas über die Reaktion der Freunde Jesu (Benz 2015, 277):

L: Als der Jesus gestorben ist, wie ging es da den Freunden? Stelle euch mal vor, die waren ja Freunde von Jesus, wie ging's denen wohl, als der Jesus gestorben war? Was denkt ihr?
JONAS: Nicht gut.
(L: Aha)
ELENA: Die waren ganz traurig.
(L: Aha)
VIC: Bei uns in der Geschichte da stand, dass ähm, die waren traurig an dem Kreuz (Mhm) gestanden. *(Ende unverständlich)*
L: An dem Kreuz waren nämlich die Frauen. Ein paar von den Freundinnen von Jesus ham ihn nämlich begleitet und waren ganz in seiner Nähe, als er gestorben ist und die haben bestimmt geweint. [...]
LINNEA: Ich hatte zuhause auch mal nen Fisch (Mhm) und der ist dann auch gestorben (Mhm) und da war ich auch traurig.

Die erste Reaktion auf die Kreuzigung Jesu ist ganz offensichtlich Empathie. Es ist das Mitleiden mit einem Sterbenden, was bei einem Erwachsenen schwer zu ertragen ist und für ein Baby als völlig unzumutbar erscheint.

Nach dem Ende der Grundschulzeit haben die Schüler/innen Anschluss an die kollektiven Deutungsangebote zum Kreuz Jesu Christi gefunden. In einer Studie legte Mirjam Zimmermann (2010, 340) Schüler/innen der Klassen 5–7 die folgende Frage vor:

»Stell dir vor, du machst mit einem Jungen einen Spaziergang, der als Austauschschüler aus Indien bei euch zu Besuch ist. Dabei lauft ihr an diesem Wegkreuz [...] vorbei, an dem der gekreuzigte Jesus hängt. Der Junge bleibt stehen und fragt dich: ›Warum hängt der da?‹ Was würdest du ihm antworten?«

Die offene Fragestellung ermöglicht mehrere Antworten, wobei die meisten Schüler/innen sich auf eine Begründung konzentrierten. Mirjam Zimmermann (2010, 352) sieht fünf idealtypische Antworten (orthog. korr.):

- »Es gab vor 2000 Jahren einen Mann in Nazareth und der hieß Jesus. Er behauptete in der Öffentlichkeit, der Sohn Gottes zu sein. Das glaubte ihm ein Mann nicht, ließ ihn ein großes Kreuz tragen und nagelte ihn darauf fest. Dort starb Jesus. Später wurde er begraben.
- Das ist Jesus, der hängt hier, weil er von seinen Freunden verraten wurde. Warum er verraten wurde? Er hat eine eigene Religion gehabt und die Menschen, die in seiner Zeit gelebt haben, wollten das nicht.
- Das ist Jesus. Der hängt dort, weil er unsere Sünden auf sich genommen hat! Er ist nämlich Gottes Sohn und ist in menschlicher Gestalt auf die Erde gekommen, um uns zu helfen. Und wir haben so sehr gesündigt, dass wir bestraft werden sollten. Aber Jesus hatte uns so lieb, dass er unsere Schuld auf sich genommen hat. Er wurde gekreuzigt und das hier ist eine Gedenkstätte.
- Wir Christen glauben an Christus, den Messias, Gottes Sohn. Nachdem er in seinem Leben viele wunderbare Dinge vollbracht hat, ist er für uns gestorben. Er hat für uns auch gelitten. Später ist er dann auferstanden und zu Gott gegangen. Und damit die Menschen sich daran erinnern, dass Jesus für uns gestorben ist, stellt man solche Kreuze auf. Diese findet man auch häufig auf Friedhöfen.
- Das ist Jesus. Er ist der Sohn von Gott. Er hat viel Gutes getan, z. B. einen Blinden geheilt. Er hat gelitten unter Pontius Pilatus, gekreuzigt, gestorben und begraben. Am dritten Tage auferstanden von den Toten, hinaufgestiegen in den Himmel.«

Die Antworten der Schüler/innen sind im Einzelnen z. T. fragmentarisch, doch sie zeigen dann doch jeweils eine bestimmte Modellbildung. Diese Modelle sind gut in die oben skizzierten vier Modelle einordbar. Auffällig ist, dass die explizit theologischen Überlegungen sich relativ eng an die Formulierungen des Credos anschließen. D. h., wir erleben eine theologische Argumentation am ehesten dort, wo wir eine geprägte Semantik vorfinden. Ob eine bzw. welche Anschauung hinter diesen Begriffen steht, ist dann eine andere Frage. Zusätzliches Wissen scheint eine differenziertere Antwort zu fördern. Wieweit im Einzelnen von einer Identifikation *(Wir Christ/innen)* auszugehen ist, bleibt erst einmal offen. So resümieren Kraft und Roose (2011, 116) im Hinblick auf Jugendliche:

»Michaela Albrecht (2007) stellt u. a. fest, dass Jugendliche der 11./12. Jahrgangsstufe z. T. traditionelle Deutungsmuster zum Tod Jesu referieren, ohne sich diese in irgendeiner Form persönlich anzueignen. Nur wenige sehen den Kreuzestod als Heilsereignis. Der für die Expertentheologie fundamentale enge Zusammenhang von Christologie/Kreuzesgeschehen und Soteriologie (also der Frage ›Wie geschieht (meine) Erlösung?‹) ist also nur für die wenigsten Jugendlichen nachvollziehbar.«

Sobald – spätestens in der Grundschule – die entscheidenden Passionserzählungen bekannt sind, gibt es zwar mit wachsendem Alter und steigender Bildung mehr Möglichkeiten einer differenzierteren Argumentation, doch bewegt sich diese im Prinzip immer innerhalb der ersten drei genannten Modelle. Dabei scheint hier bei der Frage einer soteriologischen Deutung (für mich) eine besonders ausgeprägte Dissonanz zwischen Wissen und Glauben zu bestehen.

9.6 Die Modelle der Lehrpläne

Der bayrische Kernlehrplan für den katholischen Religionsunterricht der Grundschule entfaltet die Christologie konsequent vom Gedanken der Passion her (KLP|kRU|G|BAY|2020):

»Die Schülerinnen und Schüler
- stellen Fragen nach Leid und Tod und diskutieren unterschiedliche Antwortversuche.
- legen Leiden und Tod Jesu aus als Konsequenz seiner Liebe zu den Menschen und seines Vertrauens auf das Handeln Gottes, sie deuten die Auferweckung als rettendes Handeln Gottes an Jesus.

– verstehen, dass das Glaubenszeugnis von Leben, Tod und Auferweckung Jesu für Christen der Grund ihrer Hoffnung und Zuversicht ist.«

Hier hofft der Lehrplan, dass sich das erste Modell und das dritte Modell schon fügen werden. Die immanente Sicht wird auf Jesus und die transzendente Sicht auf Gott und sein Auferstehungshandeln verteilt. Die Erlösung »für uns« wird so aber nicht plausibilisiert. Trotzdem wird so immerhin die existenzielle und die theologische Dimension locker miteinander verbunden – auch wenn diese Lösung eher zur arianischen Lösung im Verhältnis von Gott und Jesus führt (→ Kap. 6).

Der Gymnasialplan (LP|eRU|Sek I|BW|2016) sieht für das Ende der Sek I vor:

»Die Schülerinnen und Schüler können
– die Bedeutung des Todes und der Auferstehung Jesu Christi für christliche Hoffnung beschreiben.
– christliches Verständnis von Tod und Auferstehung mit anderen religiösen und philosophischen Vorstellungen vergleichen.«

Die Angaben sind weitgehend modellleer, so als wäre die Bedeutung des Todes geklärt – was aber bei den Akteur/innen nicht der Fall ist. Wie der angestrebte Vergleich angesichts eines letztlich ungeklärt bleibenden christlichen Verständnisses des Todes Jesu aussehen soll, ist für uns offen. Vielleicht wird hier aber die Bedeutung des Kreuzes auch schon von der Auferstehung gelesen, sodass das Tot- und Lebendigsein zentral ist, um mit dem zweiten Modell gegen das vierte Modell die Annahme des menschlichen Lebens Jesu in Geburt und Tod zu betonen. Vor allem wird – wie so oft, wenn es darum gehen würde, unterschiedliche Modelle mit unterschiedlichen Transzendenz-Immanenz-Vorstellungen aufeinander zu beziehen – auf die Vorstellungen abgehoben, um auch hier Normativität zu vermeiden.

Eine Ausnahme bildet der hessische Lehrplan der Sek II für den katholischen Religionsunterricht, der ausdrücklich die soteriologische Deutung von Passion und Auferstehung Jesu thematisiert (LP|kRU|Sek II|HE|2010, 71):

»Die soteriologische Bedeutung des Todes Jesu (Mk 14,22–25/Jes 53)
Jesu Leidens- und Kreuzesannahme als Zeichen dafür, dass Gott sich hineinziehen lässt in die Welt des Unzulänglichen, Gebrechen, gerade dadurch aber Erlösung schafft, zur Liebe befreit.«

Hier zeigt sich eine klare Anweisung, das Kreuz vom zweiten Modell her zu lesen. Das kommt sicher einzelnen Lehrkräften entgegen, andere wie Beisel müssten die Unterrichtsreihe verändern. Diese Dominanzsetzung eines Modells würde letztlich auch bei diesem Gegenstand die Chance verbauen, gerade in der Oberstufe die realen dominierenden Schüler/innenmodelle der konsequenten Immanenz äußern zu können.

Nach unserer Wahrnehmung ist dieser Gegenstand didaktisch sehr unaufgeräumt. Lehrkräfte zeigen die ganze Breite an möglichen Modellen, die Lehrpläne sind mal vage, mal eng. Trotzdem wird spürbar: Wir sind hier im Zentrum relevanter Glaubensaussagen, aber die Lehrpläne sind zugleich defensiv, weil sie schon ahnen, dass sich die Schüler/innen nur kaum an eine theologische Struktur binden werden, nach der die Sünde der Menschen von außen erlöst werden muss. Die Jesus-Figur – und nicht die nicht-geglaubte Christus-Figur (→ Kap. 6) – kann diese Aufgabe dann auch nicht übernehmen. Dass die Schüler/innen mal völlig überfordert sind von der Fragestellung, mal eher spekulativ neugierig, überrascht nicht wirklich. Aber die Kluft zwischen der hohen theologischen Bedeutung für die christlichen Kirchen und der Belanglosigkeit in den reflexiven Vollzügen ist schon enorm. Ohne eine Modellbearbeitung, die genau diese Differenz offenlegt und die auch das dritte und vierte Modell einbezieht, scheint es uns kaum möglich, produktive Lernprozesse zu diesem Gegenstand zu eröffnen.

10 Kirche als Gebäude

10.1 Das Ankerbeispiel: Planung und Durchführung eines Kirchenbesuchs

Sabine Friebolin hat mit einer 9. Klasse eines Gymnasiums in Baden-Württemberg eine Reihe im evangelischen Religionsunterricht zum Thema Kirchenraum durchgeführt. Ihr Programm ist angeregt durch die theoretischen Überlegungen von Hubertus Halbfas (1993) und Christoph Bizer (1995). Die Planung umfasst die folgenden Schritte (Friebolin 1999, 33):

»1. Den Klassenraum zum Kirchenraum umgestalten
2. Die Kirche als Weg (1. Unterrichtsgang)
3. Grundelemente des Kirchenraumes (Gruppenpuzzle)
4. Kirchen erzählen Gegengeschichten
5. Die Stadtkirche erfahren (2. Unterrichtsgang)
6. Die Stadtkirche zum Reden bringen (Deutung von Ostung und Deckenbemalung)
7. Kirchen sollen auch von uns erzählen (Gruppenarbeit; eigene Entwürfe zum Kirchenbau).«

Die Planung ist durch die folgenden Ideen bestimmt (Friebolin 1999, 32):

»Die Kirche ist also nicht ein in sich heiliger Raum, aber sie ist auch mehr als ein Versammlungsraum; sie ist Zeichen der auf Erden pilgernden Kirche, Gleichnis für die unsichtbare Kirche (die sichtbare Kirche gibt der unsichtbaren Raum zum Wirken) und Hinweis auf den heiligen Gott. […] Die Kirche [wird] also als eine wunderbare Geschichtenerzählerin [wahrgenommen], als unerschöpfliche Predigerin. Der Kirchenraum als ein Raum, der Menschen zur inneren Mitte zu führen vermag, weil er transparent werden kann für die Gegenwart Gottes und der uns Staunen machen kann. Wir Heutigen geraten nicht mehr so leicht ins Staunen, schon gar nicht ins heilige. Aber staunen ist wichtig; es ist nicht allein, nach Platon, der Anfang aller Philosophie, es gehört auch zum Glauben dazu: das Erstaunen über die Größe Gottes.«

Leitend ist bewusste Wahrnehmung einer mittelalterlichen Kirche in einer mittelalterlichen Stadt. Dabei wird erwartet, dass die sich einstellende Raumerfahrung durch Wissen fundiert wird und die Schüler/innen dann ihrerseits in die Lage versetzt werden, begründet Vorstellungen zur (erwünschten) Gestalt von Kirche zu artikulieren. Auffällig ist, was in dem Modell fehlt. So finden zwar wichtige Aspekte des Baus wie Ostung, Säulen und Lichtgestaltung ausdrückliche Aufnahme – doch von den Zentralsymbolen nur der Altar. Vielleicht ist es typisch protestantisch, dass eucharistische Bezüge fehlen – in einer vermutlich ehemals katholischen Kirche. Auch die spezifische Akzentsetzung durch die konfessionell unterschiedlichen »Symbole« findet nicht statt. Eine Referenz auf den »normalen« Gottesdienst findet sich nur indirekt – im Zusammenhang mit den liturgischen Elementen. Wie wird nun dieses Modell realisiert? Wir blicken dazu nochmals in zwei der Stunden (Friebolin 1999, 34):

Im Klassenzimmer soll zu Beginn ein »Kirchenraum« nachgebildet werden: »Wie vertraut sind sie [die Schüler/innen] mit Kirchenräumen? Was konstituiert für sie einen solchen Raum? Welche Erwartungen haben sie an die Kirche? Dies drücken sie beim Umbau ihres Klassenzimmers ganz praktisch aus (auch, wenn manchen vielleicht die Worte dafür fehlen würden). [...] Die Schüler/innen erhalten verschiedene Materialien (Tücher, Kerzen, Teelichte, Bibeln, bunte Kreide, Blumen und was sie im Klassenraum vorfinden).« Als Fazit hält Friebolin fest: »Nicht unwichtig war, dass ich die Räume fotografisch festgehalten habe. Die Schüler/innen fühlten ihre Arbeit ernst genommen und ich hatte wertvolles Material für späteres Arbeiten. Die Schüler/innen waren in dieser Stunde mit hoher Motivation und viel Kreativität bei der Sache. Gerade Schüler/innen, die im ›normalen‹ Unterricht abgelenkt oder verschwindend ruhig waren, blühten bei diesem handfesten Tun sichtlich auf.«

Der zweite Blick gilt der eigentlichen »Begehung« (Friebolin 1999, 35):

»L gibt eine Einführung in das Bevorstehende:
›Heute eine längere Zeit in der Kirche verbringen. Im ersten Teil ausprobieren, genau hinzuhören und hinzusehen, dazu ist es wichtig, still zu sein. [...] Ihr seid in dieser Zeit alleine und ihr sprecht nicht!‹ [...] Treffen in der Sakristei, Gespräch über die Erfahrungen der letzten halben Stunde.
Im 2. Teil geht es um die akustische Erkundung des Raumes.
(Ich hatte die Schüler/innen aufgefordert, ihre Instrumente mitzubringen, v. a. wollte ich aber mit ihnen singen.)
L verteilt Noten eines einfachen Taizé-Liedes [...] und übt die Melodie mit den S ein [...] Abschluss mit dem nochmaligen Singen ›unseres‹ Liedes und einem im Wechsel gelesenen Psalm (aufeinander hören!) und/oder dem Vater Unser.«

Das didaktische Modell der Lehrerin nimmt gerne die traditionellen Elemente einer mittelalterlichen Kirche in Anspruch und füllt sie mit einer gruppenbezogenen Nutzung, die an traditionellen liturgischen Elementen orientiert ist und zugleich aber versucht diese z. B. durch die Liedauswahl zu aktualisieren. Dieses Vorgehen passt gut zu den Vorstellungen von 14 zehn- bis elfjährigen Jungen wie Mädchen eines Gymnasiums mit kleinstädtisch-dörflichem Einzugsgebiet, die Rebecca Finkeldei in einer Gruppendiskussion im Rahmen einer Forschungsarbeit des Praxissemesters erhoben hat (Finkeldei 2018, X–XVIII):

L: Was gefällt euch in der Kirche besonders?
B8: Für mich ist der Raum der Kirche eher so einer der Freuden [...]
B10: (.) Wo man Gott treffen kann.
B11: (.) Und in seiner Nähe ist.
B2: Trotzdem ist das ja auch Tradition.
B6: Aber langweilige Tradition (.) leider.
B3: Ja, das stimmt.
B8: Ist ja auch keine Tradition der Kirche, dass das/die im Moment so (.) ohne Lieder ist. Früher haben die da bestimmt auch da Lieder gesungen und da gab's bestimmt auch eine Wandlung.
B9: (.) Ich glaube früher haben die das besser gemacht.
B1: (.) Es gibt manche Messen, die sind sehr schön wie Weihnachten mit dem Krippenspiel oder Ernte-Dank, wo dann alles schön geschmückt ist, oder Kerzengottesdienste, wo nur Kerzen brennen und ansonsten gar kein Licht. Aber manche Gottesdienste sind auch sehr langweilig, weil da einfach nur was gesungen wird, manchmal sind es dann auch noch die ödesten Lieder, die eh keiner kennt und die dann gar keinen Spaß machen.
B8: Also ich finde Kirche eigentlich immer gut, aber manchmal gibt es halt auch so Tage, an denen man einfach keine Lust auf Kirche hat, aber wenn man dann wieder da ist, dann macht es eigentlich doch immer ganz viel Spaß.
B12: (.) Ich finde die Lieder in der Kirche könnten vielleicht ein bisschen schöner und peppiger sein.
B10: In der Kirche ist mir wichtig, dass alles hell und schön erleuchtet und schön geschmückt ist und dass es nicht so langweilig ist.
B1: Damals in Ritterszeiten war der Kirchenraum eigentlich der sicherste Ort, weil die Kirche für die Ritter heilig war und man durfte sie nicht angreifen, deswegen war es auch sehr sicher und deswegen fühle ich mich heutzutage auch noch sehr sicher.
B10: Ich fühle mich auch sehr geborgen.

B13: Ich fühle mich in der Kirche auch sehr geborgen und freue mich immer, wenn ich dahin gehen kann. Und mit Gott Gemeinschaft haben darf.

B9: Ich find's gut, weil ich weiß, dass Gott bei mir ist und man dann an nicht so viel denken muss und ähm ja (.)

B5: Wenn ich in der Kirche bin, fühle ich mich nah bei Gott und bei Jesus. Und denke immer daran, dass Jesus ohne Grund gestorben ist.

B10: Ich fühle mich auch gelassen im Kirchenraum, weil man dann einfach mal abschalten kann und ähm in Gedanken an Jesus denken kann und Gott.

B12: (.) Ich finde, dass die Kirche auf jeden Fall geordnet sein muss. Unsere Kirche zum Beispiel ist ziemlich groß, da findet man sich, wenn viele Leute da sind, manchmal schon nicht mehr zurecht oder verliert sich und das finde ich dann auch nicht so gut. Ich würde die dann vielleicht nicht zu groß machen, aber vielleicht so mittelgroß.

B4: (.) Ich würde es mal gut finden, wenn zum Beispiel der Pastor mit den Kindern, die noch etwas kleiner sind und die Kirche noch nicht so gut kennen, oder auch Erwachsene in die Kirche gehen und den Pastor dann fragen dürfen, was was ist. Weil (.) jaa so kleinere Kinder wissen wahrscheinlich noch nicht, was der der Altar ist und wofür er gedacht ist. Damit man dann so gewissermaßen schon früher die Kirche kennenlernt als (.) ähm, wenn man sie erst spät kennenlernt, weil das heutzutage wahrscheinlich auch so ist.

B3: Als wir hier in unserer Kirche einen neuen Pastor bekommen haben, da haben wir auch mit dem Pastor in der Kirche verstecken gespielt. Damit wir ähm damit er quasi die Kirche kennenlernt.

Die Kirche ist ein Ort, an dem frühere Zeiten und ihre Traditionen (Mittelalter, nur Kerzen, jahreszeitliche Feste) lebendig sind. Manchmal wenn die Wiederholung zu stark ist, bräuchte es Varianz, etwas Pepp. Es ist aber auch ein Ort, der erklärt werden muss, der unverständlich ist. Kirche ist ein Ort, an dem auch verrückte Sachen gemacht werden können, damit man ihn richtig kennenlernt. Und schließlich ist es ein Raum der Gottesnähe und Gotteserfahrung, der eigentlich fast gar nichts braucht. Da kann man einfach da sein und das Gebäude spricht schon für sich. Es ist erstaunlich, wie genau die Kinder hier Kirche im Sinne eines Gotteshauses, eines Ortes bestimmter Praktiken, als Ort eigener Bedürfnisse und als bestimmtes Zeichensystem differenzieren. Dafür nehmen sie die im Gebäude gespeicherten Traditionen auf, aber die bloße Wiederholung dieser Traditionen reicht nicht aus, damit das Gebäude auch seine anderen Funktionen erfüllen kann. Sie zeigen schon eine enorme Breite an Zugangsmöglichkeiten zum Kirchenraum, die wir als Modelle weiter entfalten wollen.

10.2 Grundlagen einer Modellbildung

10.2.1 Modelle der Kirchenraumpädagogik

Bereits die beiden skizzierten Abschnitte fokussieren unterschiedliche Aspekte dessen, um was es im Kirchenraum geht. Der Rekonstruktionsversuch eines Gottesdienstraumes »im Klassenzimmer« ist ein Verweis darauf, dass man im Grunde jeden Raum mittels bestimmter Requisiten zum »Gottesdienstraum« machen kann. Die zweite Szene gibt dagegen einen Hinweis darauf, dass bestimmte Räume offenbar eine gewisse »Sakralität« besitzen. Dabei ist erst einmal unklar, woher diese im Einzelnen rührt. Die inzwischen elaborierte Diskussion zum Thema »Kirchenpädagogik« hat versucht, die unterschiedlichen Zugangsweisen zu Kirchengebäuden systematisch zu erfassen (Dörnemann 2014, 96 ff.). Es zeigt sich, dass die Modelle auf unterschiedliche Weise Immanenz und Transzendenz in ihrem Verhältnis zu dem vorgegebenen Raum bestimmen. Wir unterscheiden vier Modellvarianten:

Tab. 20: Der Modellrahmen zu Kirche als Gebäude

1. Das ästhetische Modell	2. Das biografisch-persönliche Modell	3. Das gemeindebezogene Modell	4. Das sakramentale Modell
Kirche als *Kunst-Raum*, als Speicher einer ästhetischen Auseinandersetzung mit der Welt	Kirche als *Ich-Raum* eigener Spiritualität	Kirche als *Wir-Raum* für die gespeicherten und aktuellen Erfahrungen	Kirche als *Gottes-Raum* für die sakrale Gegenwart Gottes unter seinem Volk
Das Transzendente erscheint in der Gestalt des Erhabenen und Staunenswerten	Das Transzendente erscheint in Gestalt des Selbstberührtseins der eigenen Geschichte in dem Fluss von Spiritualität	Das Transzentente erscheint in Bezug auf die den Gottesdienst feiernde Gemeinde	Das Transzendente manifestiert sich in den Symbolen der Heiligkeit in Gestalt Sakramentalität der Eucharistie
Führungen, die die Geschichte des Gebäudes erzählen	*Erkundungen* der Resonanz durch das Gebäude	*Erschließungen* der Gebäude-Textur mit dem Ziel der Integration	*Mitfeiern* der Gottesgegenwart unter den Menschen
Säkulares Raummodell		*Sakral-ontologisches Raummodell* (eher katholisch)	
	»Heilig«-relationales Raummodell (eher evangelisch)		

Alle diese Modelle gehen von der systemtheoretisch postulierten Verdoppelung der Wirklichkeit im Religionssystem aus. Wenn wir den Kirchenraum in Augenschein nehmen, dann begegnet uns dort zunächst einmal dessen Materialität.

Diese lässt sich genau beobachten und auch im Detail bestimmen. Wann wurde das Taufbecken aus welchem Material gemacht? Wie wird es im Einzelnen benutzt? Die Details der Taufhandlung können mit einem ethnografischen Blick beschrieben werden: Was ist mit dem Taufwasser? Welche Gesten werden bei einer Taufe vollzogen? Welche Texte dabei gesprochen? Damit dies gelingt, müssen all diese Dinge gut vorbereitet werden. Doch damit verbleiben wir erst einmal im Bereich der Immanenz.

Religion postuliert, dass all dies eine Zweitcodierung enthält. Der Taufstein ist dann nicht nur ein Ort, an dem mit Wasser geplätschert wird, sondern einer an dem sich eine grundsätzliche Wandlung vollzieht. Das Wasser steht für das »Ersäufen« des »alten Menschen«. Die Getauften gehören jetzt als Wiedergeborene (zu) Jesus Christus und haben Teil am ewigen Leben. Wenn aber dies geglaubt wird, dann bekommt der Taufstein eine Bedeutung über seine materielle Verfasstheit hinaus. D. h. aber im Hinblick auf den Kirchenraum, dass dieser uns interessiert, weil sich hier Transzendenz in Gestalt von Kirche manifestiert. Sie tut dies aber notwendigerweise immer auch in immanenter, ja sogar materieller Gestalt. Die vier oben genannten Modi stellen nun grundlegende – sehr unterschiedliche – Unterscheidungsweisen von Immanenz und Transzendenz dar.

Es gehört zu den Konsequenzen der doppelten Codierung der Wirklichkeit, dass die Transzendenz sich in Phänomenen der Immanenz manifestiert. Nun erfolgt diese Manifestation nicht ganz zufällig. Die Erbauer von Kirchen strebten schon immer nach dem Außeralltäglichen. Ihre Gebäude sollen in ihrer Höhe und Ausdehnung, in ihrer schmuckvollen Ausgestaltung, ihrer Lichtführung (z. B. durch Fenster oder Kerzenlicht) eine Atmosphäre erzeugen, die den Eintretenden in besonderer Weise berührt. Dieser Effekt wird im *ersten Modell* auch bei einer bloß touristischen Sichtweise wahrgenommen. Wenn man sich klar macht, dass zahlreiche ursprünglich für Kirchen konzipierte Kunstwerke in der Zwischenzeit in Museen ausgestellt werden, dann wird deutlich, dass die ursprünglich kirchlich konnotierte Aura gerne auch in museale Räume übertragen wird, wobei Museen sich z. T. bewusst diese Erfahrung bei der Präsentation der Kunstwerke zu Eigen machen. Wenn wir einen Blick auf das Ankerbeispiel werfen, dann wird hier deutlich, dass die Lehrperson ganz bewusst diesen Modelltypus aktiviert. Es geht um das Staunen als Beginn einer numinosen Erfahrung.

Im *zweiten Modell* wird in einer Zeit individualisierter Religion davon ausgegangen, dass auch die Begegnung mit einem Kirchenraum in dieser Weise vonstattengeht. D. h., dass wir nicht vom Wiedererkennen habitualisierter Formen (da ist mein Platz!) ausgehen, sondern mit individuellen, z. T. erinnerungsgestützten Vorgaben. Von daher erklären sich die Erkundungsaufgaben wie »Suche dir deinen Platz in der Kirche!«. Dabei wird auch eine individuelle Spiritualität vorausgesetzt, der es eher um ein spezifisches »Genießen« von Raum und Stille oder Geborgenheit geht. Die offizielle Religion des Kirchenraumes muss dabei keine bestimmende Rolle spielen. Das bedeutet, dass die Transzendenz in diesem Modell ganz stark an die individuelle Erfahrung des einzelnen Subjekts gebunden ist.

Beim *dritten Modell* ist das anders. Hier wird der Kirchenraum als Gottesdienstraum wahrgenommen. Die Gegenstände und Symbole gewinnen hier eine Funktion im gemeindlichen Leben. Hier geht es dann um ein »Probehandeln« in dem Sinne, dass bestimmte gottesdienstliche Praktiken zumindest punktuell nachvollzogen werden. Das Probehandeln ermöglicht eine Balance zwischen nachvollziehendem Verstehen einzelner Elemente des Gottesdienstes und einer wie auch immer gearteten gottesdienstlichen Praxis. So bilden das Singen eines Liedes, das Sprechen und Hören eines Bibelwortes oder das Beten eines Gebets schon selbst die Grundfigur einer »Andacht« im Sinne einer kleinen gottesdienstlichen Form. Mit letzterem Schritt tritt dann auch ein Funktionswandel des Kirchengebäudes ein. Es wird integraler Bestandteil eines Gottesdienstes und gewinnt so in besonderer Weise seine Sakralität. Wie wir sehen werden, unterscheidet sich diese Form der In-Gebrauch-Nahme dann – für Protestanten – nicht grundsätzlich von einem »offiziellen« Gottesdienst. Transzendenz ist in diesem Modell an die gottesdienstliche Praxis gebunden. Man wird den Unterricht von Friebolin (1999) der Intention nach hier verorten können. Doch in der Praxis kommen auch das erste und zweite Modell in ihrem Vorgehen vor.

Das *vierte Modell* sieht das Gebäude selbst als Manifestation der Transzendenz. Von daher bedeutet bereits der Eintritt bzw. Austritt einen qualitativen Schritt von einer profanen in eine sakrale Welt. Die Sakralität bestimmt sich dabei anhand konkreter Qualifizierungen. Das Gebäude ist geweiht und der Bezug auf den dort stattfindenden Gottesdienst wird materiell symbolisiert durch die Anwesenheit Christi in der Hostie im Tabernakel. Auch der Altar als Ort der Eucharistie und Bilder bzw. Statuen von Heiligen konstituieren eine »Heiligkeit«, die auch existiert, wenn kein Mensch das Gebäude betritt. Hier ist die Differenzunterscheidung zwischen Immanenz und Transzendenz konkret an der Schwelle des Gebäudes festmachbar. Für die faktische Wahrnehmung wird man in Rechnung stellen können, dass die ästhetisch erzeugte auratische Bedeutung des Gebäudes vermutlich größere Wirkung erzeugt als das Wissen um theologische Zuschreibungen.

Wir werden allerdings sehen, dass die theologischen Modelle einerseits gut verständlich machen, dass und warum die Begegnung mit dem Kirchenraum eine gute Möglichkeit ist, sich nachvollziehbar im Unterricht mit der konfessionellen Differenz zu beschäftigen bzw. mit dem dahinter liegenden Kirchenbegriff. Doch es wird auch deutlich werden, dass sich die theologischen Modelle nicht einfach konfessionell vereinnahmen lassen.

10.2.2 Die theologischen Grundmodelle

Diese Denkmodelle der Kirchenraumpädagogik spannen sich zwischen zwei Polen auf, die sich gut in zwei theologischen Grundmodellen fassen lassen (→ Tab. 20). Auch wenn evangelischerseits eine gewisse Reserve besteht, bei Räumen mit dem Begriff der *Heiligkeit* zu operieren, so kann sich die theoretische Modellbildung dessen, wofür Kirchenräume stehen und inwieweit sie auf »die Kirche« verweisen, nicht den Mechanismen entziehen, die Religionswissenschaftler mit der Unterscheidung »heilig – profan« markieren. So formuliert Mircea Eliade (2016, 23) programmatisch: »Für den religiösen Menschen ist der Raum *nicht homogen;* er weist Brüche und Risse auf; er enthält Teile, die von den übrigen qualitativ verschieden sind«. Er erläutert diese Inhomogenität des Raumes anhand einer Kirche in einer Stadt (Eliade 2016, 26):

> »Für den Gläubigen hat diese Kirche an einem anderen Raum teil als die Straße, in der sie steht. Die Tür, die ins Innere der Kirche führt, zeigt einen Bruch der Kontinuität an. Die Schwelle, die die beiden Räume trennt, bezeichnet auch den Abstand zwischen den beiden Seinsweisen, der profanen und der religiösen. Die Schwelle ist die Schranke, die Grenze, die zwei Welten trennt und einander entgegengesetzt, und zugleich der paradoxe Ort, an dem die Welten zusammenkommen, an denen der Übergang von der profanen zur sakralen Welt vollzogen werden kann.«

Eliade macht aber deutlich, dass der profane Mensch diese Differenz nicht oder kaum registriert. Von daher bedarf es erst einmal einer veränderten Wahrnehmung, um symbolisch konnotierte Welten nicht bloß von ihrer oberflächlichen Ästhetik oder ihrer Materialität her in den Blick zu nehmen. Eliade verdeutlicht dies anhand eines Steins (Eliade 2016, 15):

> »Indem ein beliebiger Gegenstand das Heilige offenbart, wird er zu etwas *anderem* und hört doch nicht auf, *er selbst* zu sein, denn er hat weiterhin Anteil an seiner kosmischen Umwelt. Ein *heiliger* Stein bleibt ein *Stein*, scheinbar (genauer von einem profanen Gesichtspunkt aus) unterscheidet ihn nichts von allen anderen Steinen. Für diejenigen, denen sich ein Stein

als heilig offenbart, verwandelt sich seine unmittelbare Realität in eine übernatürliche Realität.«

Diese religionsphänomenologische Hinführung erweist sich als hilfreich, wenn es darum geht, »das Heilige« genauer zu differenzieren. Sie hat auch Auswirkungen auf die theologische Deutung dieses Phänomens. Sieht man einmal von den dogmatischen Details ab, die gerade das Thema »Kirche« kontrovers-theologisch interessant machen, dann liegt eine offensichtliche Differenz in der Konzipierung von Heiligkeit. Im Vorgriff kann man sagen, dass die »empfundene Heiligkeit« des Kirchenraums protestantischerseits eher als problematisch empfunden wird, katholischerseits eher als Aspekt der entfalteten Vorstellung von der »Heiligkeit« der Kirche.

Holger Dörnemann, dem wir hier folgen, zeigt eine graduelle Differenzierung im Hinblick auf die Heiligkeit des Kirchenraumes – über die konfessionelle Unterscheidung zwischen evangelisch und katholisch hinaus. Für die evangelische Sicht referiert er (Dörnemann 2014, 138 f.) Wolfgang Huber (2006, 33 f.):

»Evangelischer Glaube kennt keine geweihten Räume im Sinne der Absonderung von der Welt, sehr wohl aber gewidmete und gewürdigte Räume im Sinne einer Hervorhebung aus den Räumen um sie herum. […] Unsere Kirchen sind nach evangelischem Verständnis in usu heilig, heilig im Gebrauch. Denn heilig ist nach reformatorischer Vorstellung, was den Glauben weckt und fördert.«

Doch setzt dem der ebenfalls evangelische Theologe Manfred Josuttis eine andere Sicht von Heiligkeit entgegen (Dörnemann 2014, 139 f.; Josuttis 2004, 37 f.): »Es geht um die Installation eines symbolischen Kraftfeldes, das für die Rezeption göttlicher Gegenwart wie für zwischenmenschliche Kommunikation gleichermaßen geeignet ist.« Man kann hier mit Hartmut Rupp (2016, 22) von einem *ontologischen Raumverständnis* sprechen: »Der Kirchenraum ist heilig, weil Gott darin wohnt. Dieses Raumverständnis kennt ›heilige Orte‹, über die die heiligen Räume errichtet sind und oder weiß um die Kräfte und Energien, die in einem Raum wirken.« Wir erkennen hier eine breite Spannweite. Huber dagegen argumentiert mit einem *relationalen Raumverständnis* in Analogie zur evangelischen Abendmahlslehre. Vor und nach dem Gebrauch sind die Elemente Wein und Brot das, was sie sind. Nur im Abendmahl werden sie zu Leib und Blut Christi. So gesehen kann auch der Kirchenraum nicht mehr als ein würdiger Ort sein, an dem zeitweilig Heiligkeit sichtbar werden kann. Josuttis und Rupp sehen hier eine rationalistische Verkürzung. Sie rechnen mit einer Realität des Heiligen – unabhängig vom menschlichen Tun, und sie vermuten, dass die pragmatischen Reduktionen (ein Altar ist nur ein Tisch!) den impliziten und unbewussten Suggestionen heiliger Orte nicht gerecht werden. Das offizielle »evangelische Skript« geht eher in Richtung der Aussage Wolfgang Hubers und man kann auch erkennen, dass sich die dokumentierte Unterrichtseinheit daran orientiert.

Auch katholischerseits ist die Frage nach der Heiligkeit des Raumes nicht eindeutig beantwortet. Es gibt Vertreter mit einer Nähe zum relationalen Grundmodell, dass allein die In-Gebrauch-Nahme des Raumes im Gottesdienst diesen »heiligt«. Der Raum wird »von der versammelten Gemeinde und dem im Raum sich vollziehenden Geschehen her verstanden, sodass dem Raum selbst keine Heiligkeit zugeschrieben wird« (Dörnemann 2014, 141). Die eher klassische katholische Modellierung formuliert Joseph Pieper (1988, 15) von der Eucharistie her: Sie ist die heilige Handlung in einem hervorgehobenen Sinn, »in deren Vollzug das Wirklichkeit wird, wovon die redende Verkündigung bestenfalls spricht und was in allen menschlichen Kulten vorausgeahnt, ersehnt, meistens auch präfiguriert ist: nämlich die wahre Präsenz Gottes unter den Menschen.« Erst auf der Grundlage dieser Erfahrung gewinnt dann auch der Kirchenraum eine Bedeutung, die über die eigentliche gottesdienstliche Haltung hinausgeht. Diese Tatsache wird dann in der »Kirchweihe« festgehalten (Dörnemann 2014, 145).

10.2.3 Die theologischen Modelle im kontroverstheologischen Kontext und die Auswirkungen für die religionspädagogische Praxis

Kirchenräume werden gerne auch dazu genutzt, um konfessionelle Differenzen zu zeigen und dabei wird in der Regel die Ausstattung mit Artefakten fokussiert. Und natürlich lassen sich oberflächliche Unterschiede in der Ausstattung in der Regel feststellen. Es stellt sich aber die Frage, wie weit man durch einen oberflächlichen Vergleich bis zu den essenziellen Differenzpunkten vorstößt. So zeigt sich etwa die grundlegende Ablehnung des Kirchenstatus der Evangelischen Kirchen durch die Katholische Kirche letztlich nicht bei einem phänomenologischen Zugriff auf den Raum (z. B. Kongregation für die Glaubenslehre 2000). Es scheint andersherum zu sein, dass hinter dem Kirchenraum eine konfessionelle Denkwelt steht, die sich punktuell auch räumlich ausbildet. Dafür wird das Verhältnis von Raum und Denkwelt wieder stark vereindeutigt.

Katja Böhme (2008) verweist zurecht darauf, dass der *katholische Kirchenraum* ein geweihter Ort ist. Im Rahmen einer Begehung manifestiert sich das darin, dass sich an der Eingangstür ein Gefäß mit Weihwasser befindet. Beim

Betreten schlägt die Katholikin bzw. der Katholik nach dem Eintauchen der Finger in dieses Becken ein Kreuz mit Blick zum Tabernakel und macht eine leichte Kniebeuge. Dieses Ritual wird beim Verlassen wiederholt, oft auch bei der Annäherung an Altar oder Tabernakel. Durch die Anwesenheit von eucharistisch »gewandelter« Hostie im Tabernakel wird Christus als in der Kirche »anwesend« gedacht und mit verschiedenen Praktiken auch anwesend gemacht. Somit enthält der Kirchenraum bleibende »Heiligkeit«, die synchronisiertes Verhalten einfordert. Diese Dignität beanspruchen *evangelische Kirchenräume* erst einmal nicht. Seit den Bilderstürmen der Reformationszeit gibt es besonders in der reformierten Tradition (im Gegensatz zum Luthertum) eine Tendenz, den Gottesdienstraum auf seine reine Funktion für den eher liturgisch schlichten Ablauf zu reduzieren. Doch auch in lutherischen Kirchen, deren Abendmahlsverständnis näher beim katholischen liegt, bezieht sich die »Heiligkeit« nur auf den Moment des Gottesdienstes selbst. Vorher und nachher eignet dem Kirchenraum keine besondere Qualität. Die konfessionelle Differenz – so könnte man sagen – wird nicht auf der Ausstattungsebene, sondern auf der Ebene der Praktiken erfahrbar.

Blickt man von dieser theologischen Verräumlichung auf das erste Ankerbeispiel, dann erkennt man, dass die dort beschriebenen Vorgänge durchaus quer liegen zu diesen Unterscheidungen. D. h. konkret, dass es auch evangelischerseits ganz offenbar Ziel der Kirchenbegehung ist, etwas von der »Aura« dieses Gebäudes zu vermitteln – wenngleich diese theologisch nur schwach herleitbar ist. Die Schüler/innendiskussion im zweiten Ankerbeispiel zeigt andersherum, dass auch katholische Schüler/innen gewohnt sind, den sakralen Raum auch für alltagspraktische Vollzüge zu nutzen, die die Sakralität durchaus dekonstruieren können. Es lassen sich also einerseits konfessionelle Praktiken im Raum unterscheiden, aber andererseits scheint der Raum in seiner Modellierbarkeit selbst phänomenologisch offener zu sein, als es die üblichen Vergleiche über die Ausstattungsmerkmale suggerieren. Die Schüler/innen sind für diese Mehrdeutigkeit des Raumes besser vorbereitet als auf konfessionelle Schematisierungen, deren Denkwelt sie nur unzureichend kennen und die sie aufgrund der fehlenden Konfessionalisierung nicht als Akteur denken können.

Diese Doppeldeutigkeit der Kirchen als sakral-auratische und als sozialfunktionale Orte jenseits der konfessionell-kontroversen Eindeutigkeit begleitet die Christenheit von Anfang an. Wir können in Trier bis heute sehen, dass der Grundtypus der *Basilika* in der kaiserlichen Markt- und Versammlungshalle liegt und eben nicht in den heidnischen Sakralräumen, d. h. den Tempeln. Die alttestamentliche Tradition bietet zwei Grundtypen an: Der Tempel als Opfer- und Gebetsstätte wird an mehreren Stellen explizit als Ort des »Wohnens« Gottes genannt. Doch spätestens im 3./2. Jh. v. Chr. bildete sich mit der Synagoge ein eigener religiöser Ort heraus – ohne Opfer mit dem Lesen und Studieren der Thora als Zentrum. In der Entwicklung des Kirchenbaus lässt sich erkennen, dass die Faszination der Heiligkeit eines Tempels auch die christliche Kirche ergriff. Mit dem Chorraum der Mönche wurde ein sakraler Raum abgetrennt durch einen Lettner – z. T. so, dass der Gemeinde noch nicht einmal ein Blick auf diesen Raum blieb (Höring 2012, 44 f.). Diese Separierung des Altarraumes ist bis heute in katholischen Kirchen erfahrbar – auch wenn dies eher pragmatische Gründe hat. Gleichwohl ist die Absicht klar, heilige Gegenstände vor unsachgemäßer Berührung zu schützen. Diese Absicht gilt natürlich auch in evangelischen Kirchen, wenngleich dort die Gefahr eines Sakrilegs eher als geringer eingeschätzt wird.

Kirchenpädagogische Praxis lässt sich so einerseits in den konfessionellen Modellierungen rekonstruieren und zugleich wird sie eine konfessionelle Enge sprengen. Dies lässt sich an dem zunächst evangelischen kirchenpädagogischen Programm von Hartmut Rupp nachzeichnen, in dessen Linie auch das erste Ankerbeispiel steht (Rupp 2016, 229):

»Wer Kirchen erschließt, inszeniert Lernprozesse. […] Kirchenerschließung zielt auf Alphabetisierung im Hinblick auf sakrale Sprache, persönliche Spiritualität und religiöse Beheimatung. Ihr Gegenstand ist der Kirchenraum mit all seinen äußeren und inneren Gegenständen und Aspekten. Sie braucht dazu Mal- und Notizblöcke, Musikinstrumente, Bilder, Ton, Papier u. a. m.«

Rupp möchte dabei die einzelnen Gegenstände des Kirchenraums jeweils in ihrer Funktion zur Geltung bringen. Für die Kanzel bedeutet das, von dort aus einen biblischen Text zu verlesen bzw. auszulegen. Man »muss also, das tun, was dorthin gehört« (Rupp 2016, 229):

»Wendet man diese Prinzipien auf andere Elemente des Kirchenraumes an, so gehört zum Taufstein die offen gestaltete Tauferinnerung, zum Altar das Gebet sowie das Teilen von Brot und Wein, zum Beichtstuhl die Beichte, zur Kirchenbank das bewusste Sitzen und Stehen, zum Kirchenfenster das andächtige Betrachten.«

Es lässt sich hier eine Strategie erkennen, die durch »Probehandeln« sehr nahe an die gottesdienstlichen Vollzüge des *Wir-Raumes* kommen möchte, der – wie gesehen – evangelisch und katholisch gedacht werden kann. Dies erfordert viel Takt und ein Gespür für Grenzüberschreitungen. Denn Rupp überschreitet schließlich auch das evangelische Kirchenraumverständnis in der Begegnung mit dem Heiligen. Rupp setzt hier auf eine bewusste Hinführung (Rupp 2016, 229 f.):

»Bei der Annäherung soll der Eigenart des Raumes Rechnung getragen werden, denn die Stätte der Begegnung mit dem Heiligen bedarf einer respektvollen, behutsamen, verlangsamten Annäherung. Bevor die Teilnehmer/innen in den Kirchenraum eintreten, sollen sie vorbereitende Erfahrungen machen, so wie man sich ja auch auf einen Kirchgang vorbereitet (angemessene Kleidung, Gesangbuch, sich öffnen für das gottesdienstliche Geschehen).«

Rupps implizite Aussage lautet also dahin, dass es bei einer Kirchenraumerschließung nicht nur um ein Wahrnehmen eines äußeren Programms gehen kann, sondern immer auch um ein – wenn auch nur punktuelles und probeweise geschehendes – liturgisches Mitvollziehen von Funktionen und Handlungen, die zu diesem konkreten Gotteshaus gehören und die es dann faktisch als Heiliges Haus denken lassen. Interessant sind an dieser Stelle dann wieder seine rahmenden evangelischen hermeneutischen Prinzipien. Rupp geht von der Realitätsverdoppelung aus: Die Gegenstände des Kirchenraums haben eine materielle Qualität. Man weiß, welcher Steinmetz aus welchem Stein eine Skulptur gemeißelt hat und welcher Goldschmied den Altarkelch gefertigt hat etc. Dennoch erfüllen viele Gegenstände im Kirchenraum daneben noch eine andere Funktion, sie sind Repräsentanten der himmlischen Wirklichkeit, ohne ihre materielle Qualität zu verlieren. Rupp verweist in diesem Zusammenhang auf den sog. »vierfachen Schriftsinn« (Rupp 2016, 235). Es wäre demnach im Gottesdienstraum jeweils zu lernen, welchen »Aufforderungsgehalt« jedes Zeichen, für mich, aber auch für die feiernde Gemeinde haben kann oder soll. Rupp folgt dabei einer semiotischen Sicht. D. h., dass er erst einmal davon ausgeht, dass kein Zeichen für sich allein schon etwas bedeutet. Bedeutung entsteht erst in der In-Gebrauch-Nahme. Radikale Konsequenz eines solchen Denkens ist dann die eher evangelische Überlegung, dass in einer leeren Kirche, in der kein Mensch ist, letztlich auch keine Heiligkeit existieren kann. Diese »entsteht« erst dadurch, dass Menschen mit den Zeichen kommunizieren. An dieser Stelle ergibt sich ein signifikanter Unterschied zum katholischen Modell, bei dem das »ewige Licht« signalisiert, dass Christus in Gestalt der Hostie im Tabernakel präsent ist – auch wenn dies in einer leeren Kirche gerade niemand zur Kenntnis nimmt. Deshalb sind traditionell katholische Kirchen geöffnet, um dem Glaubenden Zugang zu dieser »Heiligkeit« zu ermöglichen, die er z. B. zu Hause so nicht haben kann. Einen solchen Mehrwert kann und will ein evangelisches Gotteshaus nicht bieten, weil es – vom subjektiven Erleben einmal abgesehen – keinen Unterschied macht, ob ich meiner Andacht zu Hause oder in der Kirche nachgehe. Es stellt sich an dieser Stelle die Frage, wie weit ein Modell des Kirchenraumes, wie es aus den Überlegungen Piepers hergeleitet wird, eine andere kirchenpädagogische Strategie erfordert. Jenseits der Teilnahme an der Messe selbst dürften sich – die Respektsbezeugungen einmal außer Acht gelassen – die didaktischen Modelle im Rahmen der von Hartmut Rupp beschriebenen Skizze bewegen.

10.3 »Kirche« als Modell von Religionslehrer/innen

Ausgehend von einer Studie in Niedersachsen (Feige/Dressler/Lukatis u. a. 2000) und Nachfolgestudien in Baden-Württemberg (Feige/Tzscheetzsch 2005) liegen inzwischen zahlreiche Profile evangelischer und katholischer Religionslehrer/innen aller Schularten vor. Dabei lassen sich durchaus auch differenzierte Profile von deren Kirchenverständnis erkennen. Doch ergeben sich daraus normalerweise keine Hinweise darauf, wie diese in ihrem Unterricht das Thema »Kirche« als Gebäude unterrichten wollen. Am ehesten aussagefähig sind Hinweise zu Schulgottesdiensten. Wir werden von daher versuchen, Modellvorstellungen von Lehrer/innen zu dieser Thematik im nächsten Kapitel zu dokumentieren.

10.4 »Kirche« in der Modellierung von Schüler/innen

Bei den Schüler/innen stehen wir vor einem ähnlichen Dilemma. Vermutlich haben Kinderbuchautorinnen wie Irma Krauß (2006) recht, wenn sie von der Annahme ausgehen, dass Kinder die Kirche in einem unmittelbaren Sinne für die »Wohnungen Gottes« halten. Andererseits besuchen jüngere Kinder wohl eher selten Kirchengebäude, um sich einen eigenen Eindruck zu verschaffen. In der empirischen Literatur stoßen wir meistens auf solche Aussagen von Kindern, die ihren Kirchenbesuch mit dortigen Erfahrungen verbinden – in der Regel bestimmte Formen von Gottesdiensten oder religiösen Feiern. Dabei tritt überraschenderweise ein Grundzug zutage, der vom Kindergartenalter bis zur Kursstufe des Gymnasiums bestimmend ist. Die von uns ausgemachte Leitunterscheidung von Immanenz und Transzendenz wird nur indirekt erschließbar. Die Perspektive der Kinder und Jugendlichen ist geprägt – das bestätigen auch einige Äußerungen aus der Gruppendiskussion des zweiten Ankerbeispiels – aus der Unterscheidung des Unterhaltungssystems: spannend versus langweilig.

Diese Differenz bezieht sich auf die Wiederholung (die fehlende Varianz) der kirchenraumbezogenen Praktiken. Um dies ermessen zu können, zitieren wir an dieser Stelle Fulbert Steffenskys Beobachtung (2007, 70): »Kinder lernen Religion nicht zuerst und nicht hauptsächlich als Lehre, sondern als eine Art Heimatgefühl, das sie mit bestimmten Zeiten und Rhythmen, mit Orten und Ritualen verbinden. Sie lernen Religion von außen nach innen.« Und er zitiert dazu eine Kindheitserinnerung des Dichters Stefan Anders (Steffensky 2007, 72):

»An der Kirchentür hob mich mein Vater zum Weihwasserkessel. Ich sah, das macht man wie zu Haus, und so bekreuzigte ich mich eifrig. Der Vater zog mich auf die rechte Seite, wo nur Männer waren. Vater setzte mich auf eine Bank, während er sich zunächst hinkniete, das Kreuz schlug und eine Weile still verharrte. Ich sah: Die Bauern waren alle säuberlich rasiert und hatten weiße Kragen an, ihre Anzüge rochen, wie es im Kleiderschrank riecht.«

Eine solche Erfahrung ermöglicht es dem Kind, Kirche und Gottesdienst als Welt sui generis kennenzulernen und für die Besonderheit von Ort und Kommunikationsmodus sensibel zu werden. In der Sprache der Entwicklungspsychologie würde man sagen, dass hier eine eigene Wissensdomäne erschlossen wird. Wo dies gelingt, wird dann auch deutlich, dass man die dortigen Erfahrungen möglichst nicht nur nach den Modi vorhandener Wahrnehmungssysteme wie etwa dem der Unterhaltung codieren sollte, sondern nach dem von profan und heilig bzw. immanent und transzendent. Dies würde eine entsprechende domänenspezifische Wahrnehmung voraussetzen. Wer im Osten Deutschlands nach einer Haltung zum Thema »Glaube« fragt, erhält als Antwort meist »normal«, worunter ein Nicht-Verhältnis verstanden wird. D. h., dass dort im Laufe der Entwicklung in Bezug auf diese Domäne der Novizen-Status nie verlassen wird. Konkret heißt das, dass ein Kindergartenkind mit Kirchenerfahrung kompetenter ist als viele kirchenferne Erwachsene. Im Hinblick auf Religionsunterricht modifiziert sich diese Sicht etwas, weil der Wille zur Teilnahme ja auch bei kirchenfernen Kindern bereits ein Minimalinteresse an der Sache impliziert. Unser Versuch an dieser Stelle kann nur darin bestehen, die bisher vorgenommenen kleinen Studien in der Weise zu verbinden, dass Charakteristika bestimmter Alterskohorten zusammengefasst werden.

In ihrer Studie über Kindergartenkinder zeigt Simone A. de Roos (2005), dass die Vorschüler/innen an ihre sinnlichen Erfahrungen anknüpfen. Über die verschiedenen Denominationen hinweg kommt sie zu der wichtigen Erkenntnis (Roos 2005, 79): »Die Kinder sprachen meist über aktive Aspekte des Kirchenbesuchs wie über das Singen, den Besuch der Sonntagsschule und darüber, dass sie bestimmte Sachen machen, wenn sie erklärten, was sie in einer Kirche tun.« Dabei gibt es Modifikation. Katholische Kinder betonen häufiger »Gottes Wohnen« in der Kirche (Roos 2005, 72), protestantische denken eher an dort gehörte biblische Geschichten (Roos 2005, 86). Wir sehen hier ein wichtiges durchgehendes Element der Haltung gegenüber Kirche. Eine (positive) Konnotation ist in der Regel verbunden mit Formen *aktiver Teilnahme*. Gerade für Kindergartenkinder ist der Besuch einer Kirche bzw. eines Gottesdienstes ein besonderer Anlass – wenn es sich um eine Kasualie wie Taufe, Hochzeit oder Beerdigung handelt oder um einen »besonderen« Gottesdienst, der den Kindern einen spezifischen Platz einräumt.

Eine kleine Stichprobe von Grundschüler/innen in Ostdeutschland zeigte bei der Auswahl von Motivkarten zwei Schwerpunkte ihres Kirchenverständnisses. Heide Liebold (2005) fokussiert dabei in erster Linie das Kirchengebäude und zweitens Kasualien wie Taufe, Hochzeit und Beerdigung. Dabei wird – wie in dem titelgebenden Satz »Kirchen sind ziemlich christlich« – bereits die distanzierte Perspektive sichtbar. Eine Alternative stellen die von Anton A. Bucher (2005) untersuchten Ministrant/innen dar. Wie in der Kindergarten-Studie wird dabei deutlich, dass die aktive Teilnahme die Einstellung prägt (Bucher 2005, 93): »Offensichtlich macht die Ministrantentätigkeit die Kirche generell attraktiver.« In dieser Logik liegt auch, dass die Ministrant/innen Events wie Hochfeste und Prozessionen dem »normalen« Gottesdienst vorziehen. Im Hinblick auf die Kirchenpädagogik zeigen alle drei hier skizzierten Studien, dass die Aura der Kirchengebäude allein für Kinder noch nicht ausreicht, um einen Bezug zu Kirche zu gewinnen. Entscheidend sind eigene aktive Tätigkeiten, die möglichst nicht nur Routinen umfassen sollten.

Altersstufenmäßig bewegen wir uns jetzt bereits in der Sekundarstufe. Für das Verhältnis zur Kirche sind hier die Studien im Zusammenhang mit der Konfirmation einschlägig. Ähnlich wie für katholische Kinder in der Zeit der Erstkommunionvorbereitung findet jetzt im Jugendalter eine explizite Auseinandersetzung mit Kirche und Gottesdienst statt. »Kirchenpädagogische Übungen erscheinen zu Beginn des Konfirmationsalters besonders wichtig, um die Jugendlichen mit den Orten, Angeboten und Menschen der Gemeinde vertraut zu machen« (Hochuli-Wegmüller 2016, 187). Doch die genauere Kenntnis dessen, was beim Gottesdienst abläuft, führt nicht zu einer Wertschätzung (Hochuli-Wegmüller 2016, 182): »Eine Mehrheit der Konfirmandinnen und Konfirmanden findet Gottesdienste meist langweilig – nicht nur am Anfang des Konfirmationsjahres, sondern auch und noch verstärkt gegen das Ende hin.« Diese Skepsis weitet sich über das Gottesdiensterleben zur generellen Frage (Nipkow 1990, 379): »Helfen die Menschen, die sich Christen nennen und sogar Amtsträger sind, in der Frage an Gott weiter?« D. h. dann aber auch, dass das kognitive Wissen – sofern es behalten wurde – eine Relevanz und ein weiteres Interesse nur dann erzeugen kann, wenn es mit zusätzlichen Motivationen verknüpft wird.

In einer kleinen Erhebung haben Beate Großklaus und Ulrich Löffler Schüler/innen der Kursstufe zum Thema befragt. Dazu drei Ausschnitte (Großklaus/Löffler 2017):

- »Gottesdienst langweilig, altbacken. Meiner Meinung nach nicht mehr zeitgemäß.«
- »Letzte Begegnung mit der Kirche hatte ich bei einer Beerdigung. Trotz des traurigen Umstandes eine positive Erfahrung. Die Kirche ist viel zu altmodisch; sie muss sich eben wie alles andere auch weiterentwickeln. D. h., die Lieder müssen moderner werden. Die Kirche muss anders aussehen. Und vielleicht ist es auch besser, den Gottesdienst nicht früh am Sonntagmorgen zu machen. Die Kirche ist nämlich in den nächsten Jahren auf die jungen Leute angewiesen, da die alten Menschen sterben.«
- »Gottesdienst: Die Kirche war sauber und gut geheizt. Es waren nur sehr wenige Leute dort. Man hat sich dort wohl gefühlt. Mehr persönlichen Zugang zu den Menschen, die jeden aufnimmt und gleichbehandelt. Die Konfessionen sind anders und doch irgendwie gleich.«

»Kirche« präsentiert für Schüler/innen erst einmal eine »fremde Welt«. Gibt der (historische) Anders-Text noch einen Eindruck davon, was es bedeutet, dass sich Kinder dieser Welt annähern und deren Muster dann übernehmen, so fällt schon jüngeren Kindern auf, dass sie hier einer Welt begegnen, die einer anderen Zeitstruktur folgte als die den Alltag bestimmende der Massenmedien. Suggeriert die Liturgie eine große Kontinuität (»von Ewigkeit zu Ewigkeit«) mit der impliziten Botschaft der Wiedererkennbarkeit des Gleichen, so postulieren die Schüler/innen im Prinzip den Eventcharakter jedes Gottesdienstes. Dieser stellt sich dann am ehesten dort her, wo sie beteiligt sind. Die von vielen Erwachsenen akzentuierte Erfahrung – etwa des auratischen Raums –, tritt bei den Schüler/innen dagegen stärker zurück. Dies wird im nächsten Kapitel dann stärker herausgestellt.

Insgesamt kann man sagen, dass die entwicklungspsychologische Sicht stark durch die Domänenspezifik bestimmt ist. Die geringe Erfahrung mit dem Thema, wie sie v. a. im Osten Deutschlands vorherrscht, lässt dann auch kaum eine altersspezifische Weiterentwicklung des Konzeptes »Kirche« zu. Bei den Kirchenerfahrenen wird erkennbar, dass die eigenen Erfahrungen zunehmend »verstanden« und kognitiv eingeordnet werden können. Schwierigkeiten bereitet wohl den meisten, sich einer vorgegebenen »Liturgie« (in einem umfassenden Sinne verstanden!) unterzuordnen. Der Wunsch, dass auch Kirche sich der Eventstruktur ihrer Alltagswelt unterordnen möge, wird immer wieder sichtbar.

10.5 Lehrplanmodellierungen zum Kirchengebäude

Der Lehrplan für die Grundschule sieht katholischerseits – wie auch evangelischerseits – die Erkundung des Kirchengebäudes über die Ausstattungsmerkmale vor (LP|kRU|G|NRW|2008, 178):

Tab. 21: Auszug aus dem Lehrplan (LP|kRU|G|NRW 2008, 178)

Bereich: Leben und Glauben in Gemeinde und Kirche	Schwerpunkt: Christliche Gemeinden erkunden
- Kompetenzerwartungen am Ende der Schuleingangsphase - Die Schülerinnen und Schüler	- Kompetenzerwartungen am Ende der Klasse 4 - Die Schülerinnen und Schüler
- erkunden einen Kirchenraum, beschreiben und deuten einige Elemente der Innengestaltung: Taufbecken, Altar, Kreuz, Osterkerze	- beschreiben die Innengestaltung der Kirche und erläutern ihre Bedeutung für den Gottesdienst: Ambo, Tabernakel, Ewiges Licht, Kreuzweg
- kennen die Kirche als Ort der Versammlung und Feier christlicher Gemeinde - verhalten sich angemessen im Kirchenraum und bei Gottesdiensten	

Hier zielt der Vorgang der Deutung auf die theologische Denkwelt hinter dem Raum ab. Eine spezifische Modellierung, die diese Ordnung strukturieren könnte, ist nicht vorgegeben. Insgesamt wird das Kirchengebäude als Wir-Raum konzipiert. Das eher katholische Modell könnte etwas deutlicher in der Klasse 3/4 hervortreten, wenn Gegenstände wie Tabernakel und Ewiges Licht eingeführt werden, die schon so etwas wie (konfessionelle) Modellmarker des ontologischen Modells sein könnten. Die Rahmung bleibt allerdings auch hier der Wir-Raum. Insgesamt lässt der Lehrplan hier den Kindern Distanz zum Raum und bleibt eher bei kognitiven Lernzielen. Die Erprobung der Artefakte mit ihrem Aufforderungscharakter bei Rupp (2016) wird nicht aufgerufen.

In der Sek I spielt der Kirchenraum katholischerseits gar keine Rolle und evangelischerseits wird die kognitiv-hermeneutische Arbeit noch wichtiger. So fordert der Lehrplan für den evangelischen Religionsunterricht an der Hauptschule (KLP|eRU|HA|Sek I|NRW|2013, 39): »Die Schüler/innen können einen

Kirchenraum beschreiben und ihn im Hinblick auf seine Symbolsprache deuten.« Das Modell des Gottesraumes spielt in beiden Konfessionen keine Rolle. In der Sek II wird trotz des großen Inhaltsschwerpunktes Ekklesiologie das Kirchengebäude nicht behandelt.

Diese Befunde überraschen etwas, denn Schüler/innen besuchen durchaus Kirchen, sei es für Schulgottesdienste, sei es im Rahmen interreligiöser Begegnungen. Das Kirchengebäude mit den damit verbundenen Praktiken wäre deshalb der ideale Lernort, um die unterschiedlichen Modellierungen von Transzendenz-Immanenz-Kopplungen einer Religion nachzuvollziehen. Aber die schon bei verschiedenen Unterrichtsgegenständen zu beobachtende Zurückhaltung gegenüber Modellierungen, die die Transzendenz im Spiel halten, wirkt sich hier offenbar auch aus. Die archaische Faszination der Kirchengebäude mit ihrem spezifischen Aufforderungscharakter erschließt sich so leider nicht. Es muss dabei gar nicht direkt die Teilhabe-Perspektive im Zentrum stehen und man kann aus guten Gründen auch die performativen Akte bei Rupp kritisch sehen (→ Kap. 3). Es geht darum, überhaupt das Geflecht von Raum, Artefakten und Praktiken zu verstehen, was nach Cress (2019) schon die ganze Religion sichtbar macht. Dichter als in einer genutzten Kirche kann man den christlichen Konfessionen nicht kommen.

11 Kirche als liturgische Gottesdienstfeier

11.1 Ein Schulanfangsgottesdienst zum Thema »Segen« als Ankerbeispiel

Neben dem Kirchengebäude stellt der Gottesdienst die zweite wichtige Kontextualisierung von Kirche dar, die sich von der Grundschule bis zur Sek I als expliziter Unterrichtsgegenstand durchzieht und im Grunde bis zum Ende der Schullaufbahn mit den diversen Abschlussgottesdiensten ein Erfahrungsort von Kirche ist. Der Unterrichtsgegenstand des Gottesdienstes verweist eindeutig auf die gottesdienstliche Praxis. Macht es hier überhaupt Sinn, Modellierungen zu unterscheiden? Ist ein Gottesdienst nicht einfach ein Gottesdienst, an dem die Schüler/innen teilnehmen und sich vielleicht noch aktiv einbringen? So einfach ist das nicht, denn woran die Schüler/innen teilnehmen und wie sie sich einbringen können, hängt dann doch erneut vom Verständnis des Gottesdienstes ab, wie es sich in der gottesdienstlichen Praxis selbst zeigt. Das erste Ankerbeispiel zeigt einen Planungsvorschlag aus dem Bistum Eichstätt (Meyer/Sierck 2007) für eine Segensfeier der neuen Fünftklässler/innen an der weiterführenden Schule. Man kann sich die Veranstaltung in einem Kirchenraum vorstellen, aber auch in einem der Schule.

> Die Begrüßung erfolgt durch einen Vertreter der Schule, z. B. eine/n Religionslehrer/in (Meyer/Sierck 2007, 1):
>
> »Den Tag heute habt Ihr sicher mit Spannung erwartet. Eine neue Schule, lauter neue Gesichter, neue Schulfächer. Wenn ich so zu Euch reinschaue: Manche schauen noch recht verdutzt und wissen nicht recht, was da auf sie zukommt. Vielleicht denkt sich der eine oder andere: Ob das wohl gut geht? Naja, einige sind auch dabei, die sind sich sicher: Ich pack das schon. In so einer neuen Situation ist es ganz normal, dass man unsicher ist, manchmal sogar Angst hat. Wir beginnen das Schuljahr hier in der Kirche, weil wir möchten, dass Gott uns in dieser Unsicherheit und in der Angst begleitet. Dass Gott uns begleitet, das nennen wir Segen. Menschen wünschen sich gegenseitig manchmal diesen Segen, sie sprechen ihn sich zu. Vielleicht kennst du den Segen vom Ende eines Gottesdienstes, oder deine Mutter oder Oma hat dich schon einmal gesegnet. Segen heißt: Du bist mir

wichtig, ich wünsche dir Gutes, ich wünsche dir Gottes Nähe. Gott soll dich behüten, auf dich aufpassen. Unter diesen Segen stellen wir uns auch am Anfang jedes Gottesdienstes mit dem Kreuzzeichen, und das wollen wir auch jetzt tun.«

Diese Begrüßung wird mit dem Kreuzzeichen abgeschlossen. Das Gebet nimmt die Thematik der Begrüßung auf. Es folgt als Lesung die Geschichte von Abrahams Aufbruch (Gen 12,1–3). Danach kommt die Erläuterung und die Durchführung des Segens für die neuen Schüler/innen (Meyer/Sierck 2007, 2):

»Segen heißt: Gott soll dich begleiten. Ich wünsche Dir Gutes. Auch wir Lehrer wünschen Euch Gutes zum Schulstart. Ob ihr das glaubt oder nicht. Deshalb wollen wir Lehrer euch segnen: Mit Öl wird jedem einzelnen ein Kreuz in die Hand gezeichnet und dazu der Segensspruch gesagt: ›Der Herr segne dich und behüte dich.‹ Ihr kommt dazu bitte bankweise nach vorne. Lehrer werden die Bänke einzeln auffordern. Du gehst dann zu einem der Lehrer. Das muss nicht deine Klassenleiterin sein. Bitte teilt euch möglichst gleichmäßig auf. Nach dem Segen gehst du am Rand wieder in Deine Bank zurück.«

Es folgt der angekündigte Einzelsegen aller Schüler: Mit Öl wird ein Kreuz in die Hand gezeichnet: »N.N., der Herr segne dich und behüte dich!« Dazu wird ein Segenslied gesungen. Danach werden thematisch abgestimmte Fürbitten gesprochen und dazu mit Kerzen im Mittelgang ein Kreuz gebildet. Nach einem weiteren Lied kommt das Vaterunser, dann ein weiteres Lied, der Aaronitische Segen und die Entlassung.

Der hier skizzierte Schulgottesdienst ist in vielerlei Hinsicht typisch: Er erfolgt an den Übergangsstellen zu Schuljahresanfang bzw. -ende. Er wird von Lehrer/innen durchgeführt, erhält traditionelle christliche Elemente (Kreuzzeichen, biblische Bezüge, Formel des Aaronitischen Segens) und er liefert eine korrelative Übersetzung in die aktuelle Situation der neuen Schüler/innen – es ist ein Gottesdienst mit hoher Funktionalität, um den Schulwechsel leichter zu bewältigen. Um Gott selbst geht es nur am Rande, entscheidender ist die Praxis, die einen Rahmen für den Übergang schafft. Die Kinder nehmen hier weniger mit Gott Kontakt auf als mit der neuen Schule, ihrer Willkommenskultur und den Lehrkräften. Dadurch ist die christliche Rahmung stark im Hintergrund, sie wird auch für heterogene Schüler/innen- und Elternschaften durchaus aushaltbar sein.

In dieser »kleinen Form« wäre er prinzipiell auch für eine einzelne (Religions-) Klasse möglich – eben auch im Klassenzimmer. Für die evangelische Tradition sind Gottesdienste dieser Art nicht ungewöhnlich. Dagegen wäre für die katholische Praxis noch vor Jahren ein Gottesdienst ohne Priester und Eucharistie eher ungewöhnlich gewesen. Die Lehrer/innen treten in diesem Gottesdienst als Spender des Segens auf, auch dies ist nicht ganz selbstverständlich. Hier deuten sich schon Gottesdienstvariationen an, die noch weiter zu entfalten sind. Hinter diesen Variationen in der Gottesdienstform werden aber erst die eigentlichen Modelle des Unterrichtsgegenstandes Gottesdienst sichtbar, die das zweite Ankerbeispiel aufschließen soll. Es bezieht sich auf ein Unterrichtsgespräch mit einer vierten Grundschulklasse, das im Rahmen der Elementarisierung die Schüler/innen zum Konzeptwechsel in Bezug auf ihre Gottesdienstvorstellungen anregen will (Temmen 2019, Anhang 4, V–Anhang 5, II). Zum Einstieg werden den Kindern zwei Videos eines afrikanischen und eines deutschen Techno-Gottesdienstes gezeigt und sie werden gefragt, ob beides Gottesdienste sind:

B7: Ja und ich finde es egal, wie man den Gottesdienst feiert oder wo, man kann auch einen Gottesdienst feiern, wo es tausende von Zecken gibt, weil (…)
B1: In einem Flüchtlingslager zum Beispiel.
B7: Und deswegen, und deswegen, ich finde halt auch, wenn man fast nur im Gottesdienst tanzt (…) man betet, man hat, am Ende haben die ja gebetet, habe ich ja gesehen, und deswegen, ich glaube, ich finde, dass die Gottesdienste halt beide super sind.
B6: Also ich finde auch beide gleich gut, also es ist ja auch eigentlich egal, welchen Stil die dort haben, also es muss ja nicht immer so sein, dass man beim Gottesdienst entspannt sein muss. Es gibt, also es ist ja eigentlich, jeder kann ja selbst entscheiden, wie er seinen Gottesdienst feiern will. Und die Leute, sie, die in Afrika sagen, der Gottesdienst gefällt mir einfach gar nicht, da muss man dann ja auch nicht hingehen. Deswegen, es ist ja eigentlich die Entscheidung von den Leuten, wie die den Gottesdienst feiern wollen und was die dort machen.
L: Also glaubst du, dass es eigentlich weniger darauf ankommt, wo man das macht und wie man das macht, sondern eher, was man dabei fühlt?
B6: Ja, also ob es einem dort gefällt. Weil man soll ja auch nicht zu Gottesdiensten hingehen, wo man sagt, »Boa das ist ja auch so blöd!«.
Die anderen Kinder stimmen zu.
B3: Ich finde auch, wenn man jetzt nicht oft in einen Gottesdienst geht, dann sollte, (…) dann muss man nicht in einen Gottesdienst gehen. Vielleicht

gefällt es einem auch nicht oder man hat keine Zeit, dann muss man ja auch keinen zwingen dazu. Man kann aber auch dahingehen, weil wenn die das total cool finden, dann gehen die vielleicht auch jedes Mal, wenn da ein Gottesdienst ist, hin. Ja. [...]

L: Was muss so ein Gottesdienst denn haben, damit er ein Gottesdienst ist.

B6: Da muss man eine Verbindung mit Gott haben.

B2: Weil bei einem Techno-Gottesdienst hat man ja Licht und Licht, dann hat man ja Freude.

B1: Und auch Helligkeit ins Dunkel. Und beim afrikanischen, hatten wir ja besprochen, hatte die Frau ja gesagt, hat man eine Verbindung zu Gott. Und deswegen ist das auch ein Gottesdienst und unser (...)

B2: Der ist so normal (...)

L: Und was muss der haben?

B1: Ein Kreuz, das Kreuz von Jesus.

B5: Aber, manche Gottesdienste haben ja gar kein Kreuz (...) die denken nicht an (B2: Gott) doch an Gott, aber vielleicht einen anderen Gott oder an mehrere.

B2: Allah.

B3: In Afrika haben wir ja auch kein Kreuz gesehen.

B5: Oder manche glauben nicht an Jesus. Das ist bei jedem unterschiedlich. Aber die müssen (...) aber ein Gottesdienst soll ganz viel Verbindung an den, also woran die glauben.

B7: Also, ich finde, dass man für einen Gottesdienst auch ein Gebet braucht, weil ein Gottesdienst (...) weil ein Gebet, ist ja für einen Gottesdienst wichtig.

B6: Ich glaube, es liegt auch daran, an dem Glauben, ob man an Gott glaubt oder nicht, das ist ja auch wichtig. Weil man soll ja auch eigentlich nicht, wenn man eigentlich so denkt, das ist doch nur eine Erfindung, den gibt es doch gar nicht und Jesus gibt es auch nicht, dann ist das, dann sollte man vielleicht auch gar nicht mehr in den Gottesdienst gehen, weil ein Gottesdienst das hat ja eigentlich den Sinn, dass man Verbindung mit Gott aufbaut. (B2: Aber, aber)

B3: Deswegen heißt es ja auch Gottesdienst.

B6: Ja.

B3: Also ich finde, dass man (...) Gottesdienst braucht man halt einen Altar, Kerzen, Gebete, wie sie ja schon gesagt hat und (...) Lieder (...) und wenn jetzt z. B. Pfingsten ist oder so halt, oder Ostern, dass man halt auch darüber redet oder so, weil es hat ja auch was mit Jesus oder Gott zu tun. Und, das finde ich halt wichtig, weil dann macht man ja nichts Normales sozusagen wie immer in der Kirche, weil dann müsste man ja immer das gleiche machen und man braucht auch mal unterschiedliche Gebete. Ich finde das »Vater Unser« ist jetzt, das bete ich auch oft.

Die Kinder orientieren sich in ihrem Gespräch an einer anderen Leitunterscheidung. Der eine Pol ist die freie Gestaltung, um so zu feiern, wie man selbst das möchte. Der andere Pol gibt eine implizite Norm vor, da es im Gottesdienst darum geht, mit Gott eine Verbindung aufzunehmen. Dafür braucht es einen (»normalen«) Rahmen wie das Kirchengebäude (→ Kap. 10), aber auch Praktiken wie das Gebet (→ Kap. 3), dafür braucht es aber auch den Glauben an Gott, der mit Jesus und der Kirche eng verbunden ist. Ohne diesen Glauben »sollte man vielleicht gar nicht mehr in den Gottesdienst gehen«. Andererseits ist diese Erwartung im Stil aber auch wieder variantenreich. Hier entsteht eine Skala an Modellen des Gottesdienstes, die sich zu den Gottesdienstformen verhält. Denn je nach Position auf der Skala der Gottesdienstverständnisse ist fraglich, ob z. B. die obige Segensfeier als Gottesdienst durchgeht oder nicht.

11.2 Modellbildung zum Gottesdienst

11.2.1 Modelle der Gottesdienstpraxis im Kontext Schule

Perspektivieren wir das Thema »Kirche« im Kontext von »Schule«, dann müssen wir auch an dieser Stelle bei der Modellbildung den Horizont von Immanenz und Transzendenz aufspannen. Es ist üblich, dass Schulen ihre Tätigkeit von Zeit zu Zeit selbstreferenziell beobachten. Dies geschieht besonders an Gelenkstellen wie dem Schuljahresanfang bzw. -ende oder an kulturell hochbesetzten Festen wie Weihnachten. Solche Feiern können explizit unreligiös, ja sogar antireligiös konnotiert sein. Dennoch ist es auch hier das Ziel, Übergangsrituale wie Schuleintritt oder -entlassung als Passageriten zu begehen und damit aus dem Schulalltag herauszuheben. Dabei entsteht zwangsläufig ein Stück »Transzendenz« – zumindest in der weiten Fassung der von Thomas Luckmann angesprochenen »unsichtbaren Religion« (1991). In dem Maße, in dem sich die Schüler/innenschaft multireligiös zusammensetzt, werden Schulfeiern dann »interreligiös« gefeiert. Damit wird explizit die durch die Passagesituation aufgebaute Transzendenz im Sinne expliziter Religion aufgenommen. Dabei kann man davon ausgehen, dass das faktisch ablaufende Geschehen einer solchen Feier von den Teilnehmenden durchaus unterschiedlich interpretiert werden wird. Der Ablauf ermöglicht ein Neben- und Miteinander je nach inklusions- oder exklusionsorientierter Sichtweise. Dazu kommen immer auch säkulare Deutungen. Der beschriebene Gottesdienst setzt nun explizit eine innerchristliche Perspektive voraus. Transzendenz wird durch den Kirchenraum und die explizit biblisch-christliche Semantik garantiert, ebenso die Aufnahme von wichtigen Elementen des christlichen Gottesdienstes, die beiden Konfessionen gemeinsam sind. Im protestantischen Verständnis findet hier ein Gottesdienst statt, ohne Einschränkung und trotz des schulischen Rahmens. Dies gilt auch katholischerseits – allerdings mit der Einschränkung, dass die letzte Qualität eines katholischen Gottesdienstes die Feier der Eucharistie – »der Quelle und dem Höhepunkt des ganzen christlichen Lebens« (Lumen Gentium 11) – und damit die Anwesenheit eines Priesters erfordert. Nur dort ist die Transzendenz dann in ihrer Fülle in der Immanenz präsent. Von daher ergeben sich bei der Durchsicht entsprechender Materialien zu Schulgottesdiensten gerade an der Stelle Unterschiede, an der angezeigt wird, ob sie im Rahmen einer Messfeier konzipiert sind (z. B. Hoffsümmer 2010) oder ohne (Vierling-Ihrig/Zimmermann 2007). Es ergibt sich also das folgende Schema:

Tab. 22: Modellrahmen der schulischen Gottesdienstpraxis

1. Schulfeier	2. Interreligiöse Schulfeier	3. Christlicher Gottesdienst	4. Christlicher Gottesdienst mit Eucharistiefeier
Transzendenzerfahrung durch Feierlichkeit und Identitätsstärkung	Transzendenzerfahrung im Kontext verschiedener Religionen möglich; Feierlichkeit und Identitätsstärkung	Transzendenzbezug durch Referenz auf biblisch-christliche Semantik und Gottesdienstpraxis; Transzendenzerfahrung durch »Gottes Wort« und Gemeinschaftserleben	Wie 3. besondere Präsenz des Transzendenten in der Eucharistie

Schulen begleiten zentrale Übergänge gerne rituell. Für den Anfang geht es dabei um die Suggestion des gemeinsamen (Neu-)Anfangs und der Konstitution von Schul- bzw. Klassengemeinschaft (Zirfas 2004) bzw. deren Beendigung (Göhlich 2004). Dieses Ritual kann selbstverständlich auch säkular inszeniert werden und wird es auch. D. h. aber auch, dass eine entsprechende gottesdienstliche Feier diese säkulare Funktion mit erfüllt. Wenn ein Gottesdienst diese Fragen thematisiert, gibt es – systemtheoretisch gesprochen – ein Re-Entry der pädagogischen Frage der Selektionsfunktion von Schule ins Religionssystem. Im gegebenen Beispiel erinnert der Verweis auf Abraham, der auf Gott hört, daran, dass man das Risiko des Scheiterns vermeiden kann, wenn man auf die Lehrer/in hört, die auch das Beste für das Kind will. Die (Schul-)Gottesdienstpraxis wird dementsprechend auch adaptiv so gewählt, wie sie schulfunktional ist. Gleichzeitig sorgt der Schulgottesdienst als Erfahrungsraum für einen Rahmen, in dem sich Kirche – gerade weil er an Schule gebunden ist und deren Disziplinierung übernehmen kann – nicht über die Mitgliedschaft, sondern über die situative aktive *Teilnahme* definieren kann, die viele Grade der Beteiligung von passivem Dasein bis zur aktiven Mitgestaltung zulässt (Kohlmeyer/Reis 2018, 251–255). Der skizzierte Schulgottesdienst lässt sich so auch als ein Ereignis fassen, in dem Schüler/innen im öffentlichen Rahmen der Schule Kirche in ihrer liturgischen Gestalt erleben und sich diese gleichzeitig in ihren Liturgien diesem besonderen Ort funktional anpasst. Diese Wechselwirkung beeinflusst die didaktische Entscheidung, in welchem theologischen Gottesdienstmodell Kirche in Schule gezeigt wird.

Dass das erste Ankerbeispiel für die didaktische Ausbalancierung eine Segensfeier zeigt, ist kein Zufall. Denn das Segnen bzw. Gesegnet-Werden bildet als Ausdruck »liturgischer Präsenz« (Stäblein 2003) einen paradigmatischen Begegnungsort zwischen Schule und Kirche. Betrachtet man die obige Unterscheidung, dann wird deutlich, dass im zweiten Modell ein Zuspruch von göttlicher Bewahrung (im Sinne von Segen) explizit für alle teilnehmenden Schüler/innen erbeten wird, d.h. bewusst über den Kreis der Anhänger/innen des eigenen Glaubens hinaus. Trotzdem bleibt diese Segenshandlung im Rahmen der Immanenz-Transzendenz-Struktur der christlichen Kirche. Diese *Offenheit bei gleichzeitiger Bestimmtheit* eignet den Segen besonders gut für das pädagogische Feld (Domsgen 2016). Doch auch im innerkirchlichen Diskurs ist das Segensthema von Relevanz. Schon biblisch erscheint der Segen zweifach: als familiale Praxis und als Ausdruck priesterlichen Handelns. Beides wird im Alltagskontext sehr wohl unterschieden. Eine Lehrerin, die morgens ihr Kind selbstverständlich mit dem »Wuschelsegen« (dem liebevollen Durchs-Haar-Streichen) verabschiedet, würde sich u. U. durchaus dagegen sträuben, am Ende der Religionsstunde explizit den trinitarischen oder den Aaronitischen Segen zu sprechen, weil sie diesen für Pfarrer/innen reserviert sieht. Der Segen zeigt so die ganze Spannbreite liturgischer Handlungen von Alltagsritualik zur sakralen Hochform, die im nächsten Schritt als Modellrahmen entfaltet wird.

11.2.2 Theologische Denkmodelle zum Gottesdienst

Die traditionelle Betonung der Eucharistiefeier als Vollform der Liturgie hängt katholischerseits damit zusammen, dass die Eucharistiefeier ein festgefügtes Narrativ ist, in dem Gott-Vater und Jesus Christus vom Himmel her als auctores – als eigenständige Akteure – in die Wirklichkeit eintreten und diese je nach Eucharistie-Modell (Reis 2018) auf unterschiedliche Weise heilvoll verändern. Gerade weil die Eucharistiefeier 1. im Festmahl Himmel und Erde verbindet, 2. die institutionalisierte Kirche in der Präsenz Christi als sakramentales Gemeinschaftssubjekt konstituiert, 3. im ewigen und fortwährenden Opfern Jesu für die Sünde Leben spendet oder 4. in der aktualisierenden Erinnerung den Bund mit seinem Volk erneuert, ist die Eucharistiefeier das Modell für Liturgie schlechthin. Liturgie macht Gott zum Akteur, der in Resonanz zu den Menschen tritt. Gott so zum Akteur zu machen, ist ein verletzlicher Akt. Die sich wiederholende Praxis als Heilige Liturgie kann diesen stabilisieren. Es bilden sich aber auch Modelle aus, die diesen transzendenten Akteur Gott unterschiedlich stark in die Immanenz hineinwirken lassen (Gärtner 2015; Gerhards/Kranemann 2006; Lumma 2010). Das *erste Modell* von Gott als Herr der Liturgie (→ Tab. 23) denkt Liturgie genau so, radikal von Gott her. Je weniger der Mensch eingreift und einen Ablauf entwickelt hat, der als heilig gesetzt ist, umso besser ist Gottes Position geschützt. Hier ist die Idee wiedererkennbar, die wir in der Christologie schon kennen gelernt haben: Gerade weil die Welt so sehr auf die Transzendenz für ihre Erlösung angewiesen ist, muss Gott selbst deshalb möglichst wenig in Kontakt mit menschlicher Aktivität in Berührung kommen (→ Kap. 7). Trotzdem ist dieses erste Modell selbst schon häretisch, weil es das Werk der Menschen so stark abwertet, dass keine Liturgie im eigentlichen Sinne mehr zustande kommt.

Das *zweite* – katabalische – und *dritte* – katabalische und anabalische – Modell sind immer noch legitime Möglichkeiten Eucharistie zu feiern, die die Katholische Kirche spätestens mit der Liturgiekonstitution Lumen Gentium z. B. durch die aktive Partizipation der Gemeinde, die Ausdifferenzierung der verschiedenen liturgischen Formen (nach Gruppen und Anlässen), die neue Wertschätzung für den Wortgottesdienst oder die Kontextualisierung durch die zugelassenen Landessprachen anderen Modellierungen eröffnet hat. Bei aller Öffnung würden diese beiden Modelle von Liturgie darauf achten, dass der Rahmen des Gottesdienstes *erlebt* wird (Luhmann 1981), er ist – wie beim Gebet – keine menschliche Leistung (→ Kap. 3). Der Rede der Menschen geht der Impuls Gottes voraus: Er ruft zusammen, lädt ein, begrüßt, hält eine Rede, bittet zu Tisch, hält Mahl und entlässt mit guten Wünschen. Die Variationen steigern sich vom zweiten zum dritten Modell, die still-aktive *Teilhabe* des zweiten Modells wandelt sich im dritten Modell in eine aktive Kooperation der *Teilgaben* (Kohlmeyer/Reis 2018): Die Menschen sind eigenständige Akteure, die dialogisch einstimmen und z. B. in den Fürbitten auch eigenständig Anliegen vorbringen, während das zweite Modell die Menschen eher responsiv denkt.

Tab. 23: Der Modellrahmen zum Gottesdienst

Modelle (Kategorien)	1. Gott ist der Herr der Liturgie	2. Gott offenbart sich dem Menschen im Ritus (katabatisch)	3. Gott und Mensch im Dialog (katabatisch und anabatisch)	4. Der Mensch bringt sich vor Gott (anabatisch)	5. Der Mensch ist der Herr der Liturgie
Zusammenfassende Kernaussage des Modells	Der Gottesdienst muss Gott zeigen, wie sehr die Menschen an ihn glauben und er muss ihm gefallen.	Der Gottesdienst muss an Gott erinnern und auf ihn verweisen.	Der Gottesdienst muss Gott und den Menschen gefallen, indem er eine Kommunikation ermöglicht.	Der Gottesdienst muss dem einzelnen Menschen guttun.	Der Gottesdienst muss den Menschen gefallen, die sonst nicht mehr in den Gottesdienst gehen.
Die Rolle Gottes	Der Transzendente	Der im Ritus zu Erkennende	Der Gesprächspartner des Menschen	Der Zuhörer	Der im Hintergrund Stehende
Die Rolle des Menschen	Der Glaubende	Der tätig teilnehmende Glaubende	Der tätig teilnehmende Gesprächspartner	Der Anstoß für eine Reaktion Gottes/der auf Gott Zugehende	Der Zuschauer einer auf ihn zugeschnittenen Vorstellung
Die Rolle des Priesters	Der Vorschreibende	Der Übermittler der göttlichen Anliegen	Der Vermittelnde zwischen Gott und Mensch	Der Übermittler der menschlichen Anliegen	Der Moderator
Zweck der Liturgie	Der Gottesdienst ist zweckfrei und hat keinen Lebensweltbezug, da allein die Verkündigung des Werkes Gottes im Fokus steht, auf die der Mensch vertrauen soll.	Der Gottesdienst verweist auf die Anliegen Gottes.	Der Gottesdienst verweist in der Art und Weise auf die Anliegen Gottes, dass die Bedeutung von Liturgie aufrechterhalten wird und der Mensch darin eine Bedeutung für sein eigenes Leben erkennen kann.	Der Gottesdienst gibt dem Menschen die Möglichkeit, sich zu öffnen und sich mit persönlichen Anliegen ernst genommen zu fühlen.	Der Gottesdienst unterhält den Menschen auf kreative Art mit den Themen, die ihm Mut machen, indem Liturgie so aktualisiert und verfremdet wird, dass die Transzendenz verschwindet und ein Anthropomorphismus deutlich wird.
Gegenstand der Liturgie	Festgefügte theozentrische Elemente	Auf den Menschen angepasste Symboliken und Riten zur Versprachlichung theozentrischer Aspekte	Deutungsmöglichkeiten des eigenen Lebens und Chancen zur Distanzierung von Alltagserfahrungen	Individuelle Sorgen, Wünsche und Anliegen der Menschen	Elemente, die die Interessen der Menschen aufgreifen
Form	Sie ist fest vorgegeben und lässt keine Veränderungen zu.	Die Form muss verständlich sein, deshalb ist die Landessprache sinnvoll.	Sie ermöglicht innerhalb eines Rahmens Raum für individuelle Gestaltung.	In der freien Interpretation tauchen traditionelle Elemente auf.	Sie ordnet sich den Interessen der Menschen unter.
Argumentation	Die liturgische Sicht steht über allem.	Gott ist auch da, wenn die Menschen ihn nicht erkennen.	Durch die Korrelation kann die Wechselbeziehung zwischen menschlicher Wirklichkeit und christlicher Botschaft aufgedeckt werden.	Gott benötigt die Anliegen der Menschen, um sich offenbaren zu können.	Der Mensch steht über allem.

Das *vierte* und das *fünfte* Modell stellen das menschliche Tun in den Vordergrund. Liturgie fügt sich den Bedürfnissen und Funktionen der Menschen. Transzendenz wird so weit gedacht, wie es die Situation erfordert. Während im vierten Modell auch in der Erfindung von Liturgie noch in vorgegebenen Sprachmustern *gehandelt* wird (Luhmann 1981), wird Liturgie aus dem fünften Modell heraus radikal als freie Selbstüberschreitung vollzogen. Sie ist dann schon strenggenommen keine Liturgie mehr, Gott als Gegenüber kommt gar nicht mehr zu Wort.

Die im Modellrahmen beobachtete Spannung lässt sich im Übrigen auch auf evangelischer Seite rekonstruieren. Während auf katholischer Seite eher das zweite und dritte Modell dominieren, verschiebt sich der Fokus auf evangelischer Seite in Richtung drittes und viertes Modell. Nach dem einschlägigen Dokument evangelischer Ekklesiologie, dem Art. 7 der Confessio Augustana (1530), ist das gut nachvollziehbar. Dort heißt es:

»Denn das genügt zur wahren Einheit der christlichen Kirche, dass das Evangelium einträchtig im reinen Verständnis gepredigt und die Sakramente dem göttlichen Wort gemäß gereicht werden. Und es ist nicht zur wahren Einheit der christlichen Kirche nötig, dass überall die gleichen, von den Menschen eingesetzten Zeremonien eingehalten werden.«

Hier wird zum einen die göttliche Weisung und zum anderen ein reines Verständnis bei der Predigt betont. Die Zeremonien sind aber schon von Menschen eingesetzt, sodass die ersten beiden Modelle ausfallen. Mit Blick auf das relationale Modell im Kirchenraum (→ Kap. 10) wird Liturgie »heilig« durch den rechten, gläubigen Gebrauch des Wortes. Deshalb kann in dem ersten Ankerbeispiel aus evangelischer Sicht ohne Zweifel ein Gottesdienst beobachtet werden, aus katholischer Sicht ist die Segensfeier von der Eucharistie als liturgischem Standard her problematischer. Aber da auch auf katholischer Seite mit der Offenbarungskonstitution Dei Verbum betont wird, dass die Vollzüge Gottes Wort in Menschenwort sind (Dei Verbum 11), und sowieso das ontologische Modell heute eher randständig ist, sind auch katholische Gottesdienstpraktiken erlebbar, die vom vierten Modell her konzipiert sind. Hier zeigt sich der Zusammenhang der beiden Modellrahmen: Wenn die Gottesdienstpraxis stärker von der allgemeinen, niemanden ausschließenden funktionalen Feier mit leichten Assoziationen an die christlichen liturgischen Formen konzipiert wird, dann werden die Akteur/innen den Gottesdienst vom vierten Modell her denken. Bestehen sie auf der Eucharistiefeier bzw. Evangelium und Predigt, dann treiben die Akteur/innen das zweite oder dritte Modell des Gottesdienstes an. Dann werden sie auch darauf achten, dass die liturgischen Rollen mit Priestern und Pfarrer/innen besetzt sind. Wenn umgekehrt immer weniger Rollenpersonal für Schulgottesdienste zur Verfügung steht, werden sich die Praktiken verändern und damit auch die Modelle zum Gottesdienst, die Kinder erfahren können – auch wenn sich wie schon bei den Kirchenräumen die theologischen Prämissen noch gar nicht groß verändert haben. Die katholischen Kinder des zweiten Ankerbeispiels zeigen schon, dass sie Gottesdienste in deutlicher Bandbreite an Formen erlebt haben und flexibel reagieren. Sie kennen die Eucharistiefeier als »normalen« Standard noch, um mit Gott in Verbindung zu kommen, aber sie wissen, dass Menschen anderer Kulturen andere Gottesdienste entwickeln werden und dürfen (gegen das erste Modell). Sie lehnen aber das fünfte Modell genauso ab, da für sie ein bestimmter Rahmen und vor allem eine bestimmte Intention, die mit der konkreten Kirche verbunden ist, entscheidend sind. Sie würden situative Lösungen bevorzugen. Zu bestimmten Festen wie Ostern und Pfingsten ist die Variation wichtig, damit es lebendig ist. Es braucht aber im Alltag die Wiederholung, um zu entspannen und zu sich zu kommen. Entscheidend ist das Gebet – hier ließen sich wieder die Gebetsverständnisse aus Kap. 3 anführen –, weil es das Zentrum des Gottesdienstes darstellt, mit Gott zu sprechen.

11.2.3 Gottesdienste als unterrichtliche Praxis?

Das erste Ankerbeispiel zeigt eine christliche Schulfeier an der Grenze zur säkularen Feier bzw. einen Gottesdienst an der Grenze zum vierten Modell. Dadurch wird die Exklusivität vermindert. In religiös pluralen Kontexten stellen vielleicht multireligiöse Feiern eine Alternative dar, um den Gottesdienst als Liturgie überhaupt noch zu erhalten (Ahrnke/Rupp 2017). Wenn Religionslehrer/innen zusammen mit ihren Schüler/innen eine religiöse Feier inszenieren, um Gottesdienst erfahrbar und verstehbar zu machen, inwieweit sind sie dann Kirche? Folgt man Helmuth Kittel, einem Theoretiker der »Evangelischen Unterweisung«, dann ist ein entsprechender Religionsunterricht mit getauften Schüler/innen selbstverständlich eine Form von Kirche, sodass jedes liturgische Handeln im Religionsunterricht als kirchliches Handeln legitim ist (Kittel 1947). Man wird – in heutiger Diktion formuliert – kaum abstreiten wollen, dass der obige Gottesdienst dem entspricht und auch viele Religionsstunden in einem weiteren Sinne »Kommunikation des Evangeliums« (Grethlein 2003) praktizieren. Es genügt, dass dazu durch Vocatio oder Missio beauftrage Lehrpersonen entsprechend agieren. Andererseits, wenn die Schüler/innenschaft immer heterogener wird, ist diese Sichtweise dann überhaupt noch legitim? Wird dann nicht massiv gegen das von den Kindern geforderte Merkmal der Intention verstoßen? Wenn der Unterrichtsgegenstand vor allem im Modus der Teilnahme im Sinne des zweiten bis vierten Modells gedacht wird, ist diese überhaupt als allgemeine Erwartung einzufordern? Das fünfte Modell ist voraussetzungsfrei, sprengt aber auch den liturgischen Rahmen. Katholischerseits sind die Hemmungen der Religionslehrkräfte durch die Rollenteilung noch größer. Gerade wenn wir Gottesdienste in den ersten drei Modellen denken, dann sind performative Formen ohne geklärtes Einverständnis eine Einführung in eine spezifische konfessionelle Realität – was auch durch die immer noch zu beobachtende Kopplung der Schulgottesdienste mit der Eucharistiefeier unterstützt wird. Hier lässt sich als ein Grundproblem des Gegenstandes erahnen, dass er nicht ohne die Teilnahme, aber auch nicht über die Teilnahme unterrichtbar ist, denn man kann scheinbar entweder ein Modell wählen, das Liturgie als solche ersetzt oder man eröffnet wirklich liturgische Räume zur Teilhabe und Teilgabe und muss mit fehlenden Teilgabemöglichkeiten und/oder mit Widerstand rechnen, sobald die schulische Disziplinierung nicht gelingt. Beide Alternativen beschädigen aber den Gegenstand.

11.3 Modelle von Religionslehrkräften

Zur Bedeutung von Schulgottesdiensten in der Praxis kann uns eine Studie aus dem Rheinland Auskunft geben (Lück 2017, 51):

> »An vielen Schulen im Einzugsgebiet der rheinischen Landeskirche finden nach Auskunft der Befragten regelmäßig Gottesdienst bzw. Andachten zu schulischen Anlässen (z. B. Einschulung, Schulabschluss) statt (59,1 %). Thematische, sowie kirchenjahresbezogene Schulgottesdienste und Andachten werden an zahlreichen Schulen zudem zu christlichen Festen (z. B. Weihnachten, Buß- und Bettag) regelmäßig angeboten (43,2 %).«

Es ist nicht leicht, aus den zahlreich vorliegenden Religionslehrer/innenporträts zu erschließen, in welcher Weise das Thema »Kirche« dort perzipiert wird – insbesondere in dem hier angesprochenen Duktus des Gottesdienstes. Insofern ist es schwer einzuschätzen, ob der hier skizzierte Unterrichtsvorschlag repräsentativ ist. Es lässt sich aber erschließen, wie mögliche Zusammenhänge rekonstruierbar sein könnten. Clauß-Peter Sajak (2006) stellt einen im Grund- und Hauptschul-Bereich tätigen Lehrer aus Baden-Württemberg vor (Sajak 2006, 123 f.):

> »Auf Fragen nach seinem Religionsunterricht antwortet der katholische Kollege Weissenberger mit Verweis auf den letzten Schuljahresabschlussgottesdienst.« Deshalb vermutet Sajak dass der Lehrer hier kaum einen Unterschied

sieht. »Es ist offensichtlich, dass Herr Weissenberger seine durch die Liturgie ausgelöste Begeisterung und Ergriffenheit mit den SchülerInnen teilen will, denn er hält diese für eine notwendige und heilsame spirituelle Erfahrung.«

D. h., dass dieser Lehrer der Praxis des gemeinsamen Gottesdienstes auch für das Thema »Kirche« eine konstitutive Funktion zuschreiben wird. Wo er diese Erfahrung als gelungen ansieht, da fällt es ihm dann auch leicht, die Wissenselemente, die mit diesem Thema verbunden sind, entsprechend zu positionieren. Die für das dritte und vierte Modell der Gottesdienstpraxis bestimmte Vorlage unseres Ankerbeispiels ist mit seinem Modell gewiss kompatibel. Die Begeisterung für und Ergriffenheit von der Liturgie deuten auf ein Gottesdienstverständnis des zweiten oder dritten Modells hin, das den Beteiligten zur Quelle des Christ/inseins werden soll.

11.4 Schüler/innenmodelle zum Thema

Wenn wir das entwicklungspsychologisch orientierte Schema des letzten Kapitels zu den Kirchräumen betrachten, dann kann man sehen, dass Schüler/innen das Thema »Kirche« durchaus altersgemäß unterschiedlich perspektivieren. Doch aus den vorhandenen Studien lässt sich keine Feindifferenzierung entnehmen, die etwa die Kirchenräume deutlich von dem unterscheidet, was sich dort ereignet. Wir referieren deshalb an dieser Stelle zwei Befunde, die zeigen, in welcher Weise Schüler/innen zwei wesentliche Inhaltspunkte von Gottesdienst wahrnehmen: den Segen und die Eucharistie.

Der diskutierte Entwurf zum Thema »Segen« ist vermutlich konzipiert für eine Schulwelt, in der die Mehrheit der Schüler/innen christlich sozialisiert ist und auch die anderen einen solchen Schulgottesdienst als erwünscht ansehen. D. h., dass man annehmen kann, dass der dort erteilte Segen wohlwollend wahrgenommen wird. Marcell Saß berichtet nun von einem Segensgottesdienst zu Schulbeginn in Sachsen-Anhalt, an einer Schule, wo dies bislang keine Tradition hatte und von dieser selbst auch eher unwillig akzeptiert wurde. Dennoch überschritt die Anzahl der Erstklässler/innen und ihrer Eltern deutlich die Zahl der Kirchenmitglieder. Saß (2010, 135) gibt uns nun einen Einblick, wie diese Kinder das Thema Segen (in der Kirche) wahrgenommen haben:

> ANJA: Vielleicht beschützt uns der Jesus, dass keiner so, sofort gemein ist oder nicht gut in der Schule ist, darum geht man vielleicht in die Kirche, darum.
> TOM: Der Gott beschützt mich bei ganz weiten Wegen.

I: Wie macht Gott das?
TOM: In meinem Kopf drin.
KIM: Ja, und dann sollten wir immer daran glauben, aber ich will's nicht glauben. Weil überhaupt es keinen richtigen Gott gibt.
TOM: Doch, früher.
KIM: Ja.
I: Früher?
JILL: Ja, es gibt noch einen Gott, stimmt's?
I: Was meint ihr?
TOM: Gott gibt's immer.
I: Du hast gerade »früher« gesagt?
TOM: Bei der Taufe, der hat Menschen schon mal beschützt.
I: Jill?
JILL: Ja, es gibt den noch heute.
I: Hm. Was macht der?
JILL: Der schützt immer die Leute.

Doch Saß berichtet auch von religiös völlig sprachlosen Kindern (Saß 2010, 136): »Dieselben Kinder, die vielfältig Auskunft geben über Freunde, Familien und Medien, schweigen bei Nachfragen zu Inhalt und Bedeutung konkreter christlicher Themen. Einige raten lediglich, wer da vorn im Gottesdienst agiert.« D. h., dass dort, wo diese jungen Kinder überhaupt ein Modell dessen entwickelt haben, was ihnen in diesem Anfangsgottesdienst begegnet ist, am ehesten auch der Gedanke Raum gewonnen hat, dass es »um Gottes Schutz« geht, der in irgendeiner Weise auch im eigenen Kopf Raum gewinnt. Obwohl dies nicht explizit wird, könnte auch die Raumerfahrung in der Kirche solche Vorstellungen stützen. Es ist nun interessant an der Stelle zu schauen, wie Kinder nach einer expliziten Hinführung zur Eucharistie diese im Zuge der Erstkommunionvorbereitung wahrnehmen. Hierzu existiert eine größere empirische Studie der Forschungsgruppe Religion und Gesellschaft (2015). Norbert Mette (2014, 41 f.) fasst zusammen:

»Der Gemeinschaftsaspekt der Kommunion – Gemeinschaft mit Christus, Gemeinschaft mit Gläubigen – findet hohe Zustimmung […]. Mit der Sündenvergebung durch das Abendmahl weiß offensichtlich nur der kleinste Teil etwas anzufangen. […] Mit ›Kommunion‹ verbinden sie [die Kinder] das Fest der Erstkommunion, selten die Kommunionhandlung speziell, also den Empfang von Brot und ggf. Wein im Gottesdienst. […] In verschiedener Hinsicht wird der Erstkommuniontag als besonderer – ein Kind sagte ›heiliger‹ – Tag erfahren. […] Wenn über die nähere religiöse Bedeutung der Kommunion gesprochen wird, fallen beispielsweise folgende Äußerungen: ›*Da is ma Gott scho a wenig näher oder da feiert man mit Gott*‹.«

Betrachtet man die diversen Aussagen im Hinblick auf mögliche Modellbildungen bei Schüler/innen, dann wird man hier mit einer breiten Streuung rechnen müssen. Dabei zeigt Mette (2014, 49), dass sich auch während der Kommunionsvorbereitung die Einstellungen kaum verändern. Wichtig ist – wie im letzten Kapitel schon erläutert – das Event, der Fluss des Geschehens. An diesem bildet sich dann mehr oder weniger ausgeprägt eine Vorstellung dessen, was in einem Gottesdienst passiert und was »Kirche« über das entsprechende Gebäude hinaus sein kann. Wie schon die Kinder des zweiten Ankerbeispiels unterscheiden auch diese Kinder zwischen dem Geschehen, der geplanten Bedeutung und der eigenen Bedeutung. Diese drei Sinndimensionen sind nicht einfach identisch. Interessanterweise gehen die Befunde einer kleinen Studie von Gernot Meier zum Abendmahlsverständnis von Konfirmand/innen in eine ähnliche Richtung. Meier (2015, 107) spricht von einem »leeren Signifikant«, d. h., dass der erstmals erlebten Abendmahlshandlung durchaus unterschiedliche Bedeutungen zugeschrieben werden (Meier 2015, 106):

»Abendmahl wird in der Kirche verortet, ist irgendwie etwas Besonderes und hat auch das Potential, mit anderen zusammen als etwas sehr Schönes (›gruselig‹) erlebt zu werden. Abendmahl hat irgendwie mit Blut und mit Auswendiglernen zu tun.«

Das bedeutet (Meier 2015, 99):

»Die Ergebnisse zeigen, dass die Konfirmandinnen und Konfirmanden zwar aktiv am Abendmahl partizipieren, dieses selbst aber in einer eigentümlichen Distanz bleibt. Konfirmandinnen und Konfirmanden beschreiben soziale Bedingungen und Ereignisse beim Abendmahl, ohne dem Abendmahl selbst theologische bzw. religiöse Bedeutungsinhalte zuzuschreiben.«

11.5 Modellierungen des Lehrplans

Die Lehrpläne von der Grundschule bis zur Sek I unterscheiden drei Lerndimensionen: Im Zentrum steht tatsächlich die Teilnahme in den beiden Partizipationsdimensionen der Teilhabe im Modus des Erlebens und der Teilgabe im Modus des Handelns (LP|kRU|G|Kl. 1–2|NRW|2008, 178): »Sie erfahren Kirche als Ort der liturgischen Feier von gläubigen Menschen; sie gestalten einige Elemente gottesdienstlicher Feiern.« In der Sek I wird die Teilgabe so ausgebaut, dass die Jugendlichen selbstständig liturgisch handeln. Das muss nicht als Modellwechsel z. B. des dritten zum vierten Gottesdienstmodell gemeint sein, sondern kann auch einfach nur meinen, dass die Eigenverantwortlichkeit steigt. Insgesamt wird durch die Rahmung des Erlebens, in die dann Eigenaktivität tritt, das dritte Gottesdienstmodell adressiert. Das ist sinnvoll, weil es in diesem Modell mit dem vorausgesetzten Rahmen noch etwas zu lernen gibt und zugleich auch wirklich für die Person im Lernen ein eigener Ausdruck möglich ist. Passend dazu lässt sich als zweite Lerndimension das kognitive Ziel erkennen, liturgische Elemente zu benennen und zu erklären (LP|kRU|G| Kl. 1–2|NRW|2008, 179). Dies wird auf die Formen der Wort-Gottes-Feier/ Segensfeier bezogen, die Schüler/innen aus der Gottesdienstpraxis kennen sollten, sodass sich insgesamt ein sinnvoller Lernzirkel ergeben könnte. Auffällig ist, dass sich diese gesollte Praxisteilnahme auf Gottesdienstpraktiken des dritten Modells bezieht. Der Lehrplan hält in der Kombination dieser beiden Modellierungen die Teilnahme und Teilgabe für zumutbar, auf die Heterogenität der Schüler/innen in den Teilgabemöglichkeiten geht der Lehrplan nicht weiter ein.

Die Lehrpläne differenzieren deutlich, wenn es um das vierte Modell der Gottesdienstpraxis, die Eucharistiefeier, geht. Hier wird keine Teilhabe formuliert, sondern es geht als dritte Lerndimension nur um kognitive Lernziele zum Eucharistiemodell (LP|kRU|G|Kl. 3–4|NRW|2008, 179): »Sie erklären, dass die Kirche entsprechend dem Auftrag Jesu Eucharistie feiert: Das letzte Abendmahl Jesu; sie erläutern, dass die Eucharistie Gemeinschaft mit Jesus und untereinander schafft und dass in der Eucharistie Tod und Auferstehung Jesu vergegenwärtigt werden.« Hier werden die Eucharistiemodelle der gewandelten Präsenz Jesu und der Anamnese der Heilstaten Gottes angesprochen. Die Schüler/innen bleiben Beobachtende, die von außen »die Bedeutung der Eucharistie für das Leben der katholischen Christen erläutern« (KLP|kRU|HA|Kl. 9–10|NRW|2013, 39).

Wie kommt es, dass die Lehrpläne bei diesem Gegenstand mit der christlich geprägten Feier im dialogischen Modell ausdrücklich die Transzendenz-Immanenz-Kopplung dominant setzen und dann sogar ausdrücklich die Teilnahme verlangen? Das ist erstaunlich und ist bei keinem anderen Gegenstand der Fall. Vielleicht liegt es daran, dass diese Kombination in der Praxis tatsächlich funktioniert und die theoretischen Befürchtungen der Übergriffigkeit nicht greifen. Aus der Gruppendiskussion der Schüler/innen im zweiten Ankerbeispiel lässt sich folgender Zusammenhang erkennen: Die Liturgie ist zwar stark auffordernder Interaktionsfluss, aber solange die Lehrkräfte klug genug sind, neben der pflichtgemäßen Teilhabe, die mit der Schuldisziplin ausreichend eingefordert werden kann, die Teilgabe auf Freiwilligkeit zu beschränken, solange bietet die Liturgie die Möglichkeit mitzumachen und dabei in einem eigenen Modell-Film zu sein. Diese innere Vielfalt an Konstruktmodellen kann von den offenen, eher unbestimmten Gottesdienstpraktiken wie einer Segensfeier gerade ausgehalten werden. Dazu kommen noch die Gemeinschaftserfahrungen und die situativ ungewöhnlichen Aktionen. Das reicht zur Teilhabe in der Ritualik und das reicht, um ein Grundverständnis dieser liturgischen Praxis zu erlangen sowie einzelne funktionale Botschaften der Orientierung und des Schutzes mitzubekommen. Die genauen Inhalte und manche performativen Intentionen können anscheinend in der eigenen Modellierung mitverarbeitet werden, ohne zum Abbruch zu führen. Das ist schade aus Sicht der Durchführenden, aber so scheint es trotz zunehmender Heterogenität zu gehen.

12 Kirche manifestiert sich im Kirchenjahr

12.1 Eine zweite Klasse zum Thema »Weihnachten« als Ankerbeispiel

Kirche impliziert nicht nur eine Raum- und Feierdimension, sondern auch eine Zeitdimension. Dies manifestiert sich in den Lehrplänen und auch darin, dass Lehrkräfte immer wieder die christlichen Feste jahreszeitgemäß thematisieren. Das folgende Ankerbeispiel entstammt einer zweiten Klasse einer niedersächsischen Grundschule. Der Religionsunterricht findet im Klassenverband statt (PTI Drübeck 2013). Konkret geht es darum, diesen Kindern Grundzüge des Adventsbrauchtums nahezubringen. Dabei wird – angesichts der großen Zahl muslimischer Kinder gut nachvollziehbar – ein religionskundlicher Ansatz gewählt. In einem Interview vor der Stunde gibt die Lehrerin die wichtigsten Informationen zur Klassenzusammensetzung, zum Feiern der Jahresfeste in der Klasse und zum erwarteten Vorwissen (PTI Drübeck 2013):

> »[E]s sind 17 Kinder, 10 davon sind muslimisch, sechs sind evangelisch, drei ohne Bekenntnis und ein Kind ist eigentlich katholisch, die Mutter ist aber gewechselt jetzt zu den Zeugen Jehovas. [W]ir nehmen eigentlich alle Feste auf, die so, ja die eben, die bei den Kindern zu Hause oft keine Rolle mehr spielen, feiern das hier dann aber umso intensiver. Das sind sowohl christliche Feste, als auch muslimische Feste. Also auch das Zuckerfest und der Ramadan werden hier [...] zum Thema gemacht. Und im Dezember ist natürlich Advent 'n wichtiges Thema. Die Kinder kennen von zu Hause aus oft wenig, umso mehr feiern wir das hier, wir haben den Weihnachtsbaum geschmückt, es wird unter'm Weihnachtsbaum vorgelesen. In der Klasse haben wir Adventskalender hängen, es wird vorgelesen, gesungen, gebastelt, gebacken.
> Ich [...] muss in der Regel erst mal von sehr geringem Vorwissen ausgehen. Die wissen schon, jetzt kommt die Zeit, da glitzert's und da glimmert's, aber das Wissen, das Hintergrundwissen ist sehr gering. Und deshalb, ja. Es komm[en] dann manchmal überraschenderweise doch 'n paar Informationen, mit denen ich nicht gerechnet habe, aber die meisten Kinder wissen sehr wenig.«

Diese Beschreibung weist darauf hin, dass die Lehrerin einer öffentlichen Schule zuerst einmal auf das Brauchtum abzielt, das mit dem kirchlichen Fest »Weihnachten« verbunden ist. Dieses bildet einen wichtigen Ausdruck der öffentlichen Kultur und stellt damit zurecht einen Bildungsgegenstand dar. Seine didaktische

Durchdringung erweist sich aber als eher kompliziert – zumal dann, wenn der Unterricht nicht von einer den Kindern mehr oder weniger geläufigen Praxis ausgehen kann. Denn das Brauchtum enthält einerseits Symbolbezüge, die zum Kern der christlichen Botschaft verweisen: Sie sind in der Regel *Christ*feste. Andererseits sind viele Aspekte kulturell und ökonomisch als Inszenierungen gemeinsamen Begehens und Genießens geläufig, die von Inhalten weitgehend losgelöst bzw. mit neuen versehen sind (Lichter, Essen etc.). D. h., dass die Kinder durchaus Konnotationen zu den einzelnen Festphänomenen haben – jedoch unterschiedliche und oft solche, die mit dem religiösen Ursprung gar nicht mehr verbunden sind. Dies zeigt sich u. a. am Vorgehen der Lehrerin. Für sie bilden Kerzen ein wichtiges Symbol – mit dem doppelten Verweis auf Dunkelheit/Licht, aber auch auf das Christfest als Manifestation des »Lichtes der Welt«. Die Lehrerin verkennt freilich, dass für die muslimischen Kinder – die Jungen zumal – Kerzen nicht zu ihrem familialen oder religiösen Kontext gehören, sondern eher von physikalischem Interesse sind.

Für den Einstieg in die Stunde formuliert die Lehrerin (PTI Drübeck 2013): »Wir beginnen mit einem Gesprächskreis. Ich hole die Kinder bei dem Symbol Licht ab. Und möchte sie dann dahinführen, dass sie im Gespräch Bräuche, die ihnen schon mal über den Weg gelaufen sind, erinnern.« Es erscheint plausibel, diesen Einstieg mit dem Entzünden einer Kerze zu verbinden. Dieser Akt erfüllt mehrere Funktionen. Er markiert den Unterrichtsbeginn, er vermittelt gerade in der dunklen Winterzeit ein Gefühl von Behaglichkeit und stimmt gleichzeitig auf das Lichtprogramm der Adventszeit ein. Dazu bereitet das Licht der Kerze auf das ambitionierte Ziel vor, »den Begriff Licht der Welt [zu] erklären«. Wir müssen aber damit rechnen, dass der Impuls »Kerze anzünden« nicht bei allen Kindern den gleichen erwünschten Anstoß bietet. Betrachtet man die Anfangssequenz der Stunde, dann gibt es durchaus Belege für die hier vertretene These (PTI Drübeck 2013):

L zündet Kerze an, S reden durcheinander.
s: Feiern wir Geburtstag? […]
L: Ja. (Pause) Semra.
s: Die Kerze ist heiß.
L: Mhm. Das Licht ist warm. Wie geht's euch, wenn ihr da reinschaut. Wie fühlt ihr euch? (Pause) Canel.
s: Warm.
L: Mhm. Sagst du mal den ganzen Satz.
s: Dann fühlen wir uns warm.
L: Mhm. Sirag hatte sich auch gemeldet. (Marek?)

Schüler reden durcheinander, während Lehrerin Tuch und Kerze auf den Boden stellt.
s: (unverständlich) Immer heiß. Schüler lachen und flüstern. [...]
s: Es leuchtet.
L: Mhm. Burak.
s: Es ist spitz oben.
L: Ja, die ist so, Hassan und Marek bleiben bitte auf ihrem Platz sitzen. Gerda.
s: Da oben ist so heller und da unten ist es so dunkel.
S reden dazwischen.
L: Wir kommen jetzt in eine Zeit, da freuen sich viele Menschen über das Licht. (Pause) Draußen wird's immer dunkler. Und (zeigt auf S)
s: Drinnen immer heller.
L: Wie kommt das, dass das drinnen immer heller wird? Angelina.
s: Weil's draußen dunkler wird und wenn man ne' Kerze anhat, dann wird's drin heller.
L: Genau. Und deshalb machen das auch viele, ne, dass sie sich's drin warm und gemütlich machen, ja. (kurze Pause) In christlichen Familien und im Religionsunterricht, da entzünden wir in dieser Zeit eine besondere Kerze. (kurze Pause) Wisst ihr, welche das ist? [...]
L: Angelika weiß das.
s: Die Adventskerze?

Im weiteren Verlauf der Stunde ergeben sich weitere Komplikationen. So gehört etwa der im Unterricht erwähnte Weihnachtsmarkt mit Glühwein und Bratwürsten weder zur bevorzugten muslimischen Erfahrung (weil diese Dinge *haram* sind), noch zwingend zur christlichen Symbolik. Doch auch bei der Einführung der Symbolik von Adventskranz und Adventskalender stolpert die Lehrerin über die – bei der Vorbereitung wohl nicht bedachte – Tatsache, dass Adventskranz und kalender mit unterschiedlichen Adventstagen operieren, die eher selten übereinstimmen.

12.2 Modellierungen des Kirchenjahres

Das Kirchenjahr beruht auf dem Vegetationsjahr der nördlichen Hemisphäre. Die Erfahrungen von Sommer und Winter mit ihren Übergangsphasen sind in der agrarisch geprägten Welt von elementarer Bedeutung und schlagen sich auch heute noch entscheidend in unserem Erleben nieder. Wir möchten dies an zwei Beispielen erläutern. In einer nichtelektrifizierten Zeit kann man leicht ermessen, dass das immer weitere Vordringen der Dunkelheit als Bedrohung erlebt wird –

mit der immer wieder beglückenden Erfahrung, dass es doch wieder zu einer Wende kommt, in der das Licht allmählich wieder mehr Raum gewinnt. Die Römer feierten dieses Ereignis mit dem Fest der »unbesiegten Sonne« und die Christ/innen datierten auf diesen Termin die Geburt Jesu – ihres Lichtes. Andererseits hat Goethe in seinem berühmten »Osterspaziergang« das Frühlingsgefühl in seiner doppelten Konnotierung zum Ausdruck gebracht: »Sie feiern die Auferstehung des Herrn, denn sie sind selber auferstanden.«

In ihrer Studie zur kindlichen Spiritualität zitiert Rebecca Nye (Hay/Nye 1998, 95; zit. n. Freudenreich 2011, 85 f.) ein sechsjähriges Kind: »Wenn ich sehe, hm … wie die Bäume frisch ausschlagen. So im Frühling, das gefällt mir. Und wenn ich die Lämmchen in Wales sehe, oh …, dann macht das … oh …, dass ich hüpfe und springe!« Im deutschsprachigen Raum haben viele Menschen in der Schule in diesem Kontext Eduard Mörikes Gedicht »Er ist's« (1832) gelernt, um diesen überwältigenden Eindruck des Frühlingseinbruchs zu artikulieren:

»Frühling lässt sein blaues Band
Wieder flattern durch die Lüfte;
Süße, wohlbekannte Düfte
Streifen ahnungsvoll das Land.
Veilchen träumen schon,
Wollen balde kommen.
– Horch, von fern ein leiser Harfenton!
Frühling, ja du bist's!
Dich hab' ich vernommen!«

Der Soziologe Thomas Luckmann fasst solche Erfahrungen unter dem Begriff der »Transzendenz« (1991, 169 f.):

»In all diesen Grenzüberschreitungen verliert das tägliche Leben seinen Wirklichkeitsanspruch zugunsten des anderen Zustands. Worauf die Erfahrungen in diesem Zustand hinweisen, konnte subjektiv erahnt werden. Sofern aber nur ein Mindestangebot an glaubwürdigen sozial vorkonstruierten Deutungsmöglichkeiten zur Verfügung steht, können solche Erfahrungen nicht nur einen flüchtigen, sondern einen bleibenden Anspruch auf Wirklichkeit erheben. Also einen Wirklichkeitsanspruch, der auch nach der ›Rückkehr‹ in den Alltag seinen Vorrang beibehält.«

D. h., wir generieren eine Vorstellung von dem, was wir jedes Jahr im Frühling erwarten können und verbinden dies mit bestimmten Ereignissen und

Bildern, aber auch Texten und Liedern. Damit gewinnt eine bestimmte Form nicht-religiöser Transzendenz Gestalt. Die Kirche hat nun ihr Modell des Jahresablaufs eng an solche Naturerfahrungen angeschlossen und dabei häufig auch vorchristliches Brauchtum bewahrt und integriert. Für die Frühjahrserfahrung gilt dies z. B. für die Fruchtbarkeitssymbolik von Hasen und Eiern, aber auch die Transformation der Vegetationserfahrung etwa in der Marienfrömmigkeit des Maimonats. Und das Zitat aus Goethes »Osterspaziergang« zeigt, dass auch das christliche Zentralsymbol der Auferstehung Jesu Christi sehr wohl in diesen vegetativen Jahreszyklus eingepasst ist.

Tab. 24: Modellrahmen zu Kirche im Jahreskreis

Transzendenzerfahrungen im Kontext des Naturerlebens und des Jahreszyklus	Die Assimilation kirchlicher Gedenktage in den Jahreslauf ermöglicht einen expliziten Transzendenzbezug	Die jahreszeitliche Einbettung der großen Christusmysterien ermöglicht einen Zugang zu den Inhalten der kirchlichen Hochfeste
Im Zeiterleben werden durch die Jahreszeit und deren kollektiv und individuell begangene Feste und Feiern Momente besonderer Intensität erzeugt und wahrgenommen. Semantik und Stil bleiben aber im Bereich der Immanenz.	Neben der Einbettung der Schlüsselszenen des Auftretens Jesu Christi in den Jahreslauf ermöglichen auch andere religiös gedeutete Jahrestage (Heilige, Aschermittwoch etc.) und ein ausgedehntes Brauchtum den Rückbezug der Transzendenzerfahrung auf die christliche Semantik.	Die Feier der großen Christfeste um Geburt, Passion, Auferstehung und Himmelfahrt geben den jahreszeitlich unterstützten Transzendenzerfahrungen eine explizit christliche Deutung und führen durch ihren Nachvollzug ins Zentrum des christlichen Glaubens und damit auch der christlichen Kirche.
Naturalistische Transzendenz in der einen Wirklichkeit	Naturalistische und religiöse Transzendenz sind konvergent	Religiöse Transzendenz bestimmt die immanente Wirklichkeit

Wir haben unsere Überlegungen erst einmal auf den Frühjahrs-/Osterzyklus gerichtet, weil hier der Aspekt der »Transzendenzerfahrung« in der Natur besonders ausgeprägt ist. Bei den Erfahrungen im Kontext der Wintersonnenwende handelt es sich eher um ein Grundgefühl, das sich aber erst einmal nicht so leicht lokalisieren lässt. Doch zeigt es sich, dass das Gefühl der Adventszeit, dass es immer dunkler wird und wir auf das neue Licht warten, weit verbreitet ist und auch im nicht-christlichen Milieu festlich begangen wurde und wird. Indes wurde hierzulande die symbolische Deutung besonders stark christlich geprägt. Es beginnt mit dem St. Martins-Fest, setzt sich mit Barbara und Nikolaus fort und auch die Zeichen der immergrünen Bäume sind christlich inspiriert.

Doch steht im Zentrum das Ereignis der Christgeburt in der Heiligen Nacht, ein Ereignis, das individuell und kollektiv als Transzendenzerfahrung gewertet wird. Wir können also auch hier drei Modelle der Transzendenz-Immanenz-Beziehung unterscheiden (→ Tab. 24).

Es ist leicht nachvollziehbar, dass alle drei Modelle ihr Recht im Bereich von Schule und Religionsunterricht haben. Das Ankerbeispiel macht jedoch deutlich, dass diese Modelle klar zu unterscheiden sind. Es ist gewiss eine wichtige sozialisatorische Aufgabe von Schule, die Symbolik der bestimmenden Festkultur eines Landes unterrichtlich aufzunehmen. Dabei ist es vor allem innerhalb des zweiten Modells wichtig, die impliziten und expliziten religiösen Verweise zu kennen und differenzierend mit ihnen umzugehen. Das dritte Modell beansprucht zu Recht, ein Stück kirchlicher Weltdeutung im Unterricht bekannt und erlebbar zu machen. Hier bestimmt das »gegebene Einverständnis« (Nipkow 1998, 215–263), in welchem Maße die Schüler/innen als aktiv Teilnehmende oder eher als Zuschauer/innen mit den religiösen Inhalten Umgang haben (→ Kap. 11).

12.3 Theologische und religionspädagogische Modelle

Ein ekklesiologisch orientierter Blick auf das Kirchenjahr wird erst einmal auf das Pfingstfest stoßen. Das Pfingstfest folgt – wie auch das Fest zu Christi Himmelfahrt – dem Narrativ des Evangelisten Lukas. Dieser erzählt von einer vierzigtägigen Präsenz des Auferstandenen auf der Erde, bevor er diese spektakulär verlässt. Zehn Tage später kommt es dann zur »Ausgießung des Heiligen Geistes« an die in Jerusalem anwesenden Jünger. Jene feiern gerade das jüdische »Wochenfest« (Schawuot). Dieses Ereignis wird dann als Gründungsakt der christlichen Kirche angesehen. Wir sehen, dass Ostern und Pfingsten der Festfolge des jüdischen Kalenders mit Pessach und Schawuot folgen. Dabei erinnert letzteres Fest an den Empfang der Gebote und ist an den agrarischen Erfahrungen im Heiligen Land orientiert. Die im letzten Kapitel skizzierten Transzendenzerfahrungen im jahreszeitlichen Kontext fehlen hierzulande, weswegen Pfingsten durch seine starke Verankerung im dritten Modell ein in seiner Bedeutung eher unterschätztes Fest ist. Dabei bietet das Pfingstnarrativ (Apg 2) eine Möglichkeit, darüber nachzudenken, ob und wie eine den Alltag überschreitende Gottesgegenwart (als »Heiliger Geist«) denn möglich sein kann. Im Religionsunterricht versucht man das ursprüngliche Pfingstereignis oft als ökumenischen Impuls aufzunehmen. So hat etwa Sieger Köder ein Pfingstbild gemalt, das den predigenden Petrus mit Figuren wie Dietrich Bonhoeffer und Papst Johannes XXIII. zusammen mit Menschen verschiedener Herkunft und

Friedensbannern darstellt (Freudenberger-Lötz 2010, 148). Damit ist die didaktische Stoßrichtung klar: Es geht darum, den Schüler/innen zu vermitteln, dass im Kontext von Kirche positive Erfahrungen möglich, ja sogar erwartbar sind. Dies einzulösen, ist gegenüber Kirchenfernen nicht einfach und entspricht auch oft nicht der Erfahrung derer, die etwas kirchengebundener sind.

Vergleicht man die Beobachtungen zum Thema »Pfingsten« mit den obigen Ausführungen zum Thema »Weihnachten«, dann wird deutlich, dass hier eine Zuordnung zu den ersten beiden Modellen kaum infrage kommt. Wer das Thema »Pfingsten« behandeln will, der hat erst einmal wenig Anknüpfungspunkte in der Lebenswelt der Schüler/innen, läuft aber auch nicht Gefahr, die eigentliche religiöse Dimension zu verfehlen.

Hubertus Halbfas entfaltet das Thema der Kirchenfeste religionspädagogisch ganz bewusst aus dem zweiten Modell heraus und so sind die Christus-Feste im Kontext des Kirchenjahres bewusst neben den eher brauchtumsorientierten situiert. D. h. auch, dass er etwa den Karneval – als Vorzeit der Passionszeit (!) – bewusst in sein Programm aufnimmt. In seinem Grundschul-Programm listet Halbfas (1983) zum Stichwort »Kirchenjahr« für das erste Schuljahr auf: Erntedank, Franz von Assisi, Allerseelen, Martin von Tour, Elisabeth von Thüringen, Nikolaus von Myra, Advent, Weihnachten, Fastnacht, Fastenzeit, Ostern. Für das zweite Schuljahr folgen (Halbfas 1984) unter dem Stichwort »Mit der Kirche feiern«: Die großen Festzeiten, das Kirchenjahresprinzip, Weihnachten, Fastenzeit, Ostern, Pfingsten. Im dritten Schuljahr schlägt Halbfas (1985) unter dem Stichwort »Mit der Kirche gehen: Wege des Lebens« vor: Aschermittwoch, Kreuzweg, Wallfahrt. Im vierten Schuljahr finden sich dann die Christus-Feste Weihnachten, Passion und Ostern explizit in einer Christus-Einheit (Halbfas 1986). Halbfas gibt hier ein überzeugendes Beispiel, wie Kinder durch teilnehmendes Feiern in den Festkalender ihrer Kirche eingeführt werden und dann im Lauf des Erlebens auch die theologische, d. h. in letzter Instanz auch biblische Fundierung der Feste wahrnehmen. An dieser Stelle wird dann auch deutlich, warum diese Verknüpfung im Hinblick auf das kirchengründende Pfingstfest nicht so einfach ist.

Dieses religionspädagogische Konzept bildet eine *erste Grundvorstellung*, die sich als Weg von der naturalistischen Transzendenz hin zur spezifisch christlichen Festtranszendenz verstehen lässt. *Hubertus Halbfas* zeigt den katholischen Weg der Transformation allgemeiner Transzendenzerfahrung zu solcher im Kontext von Kirche. Die Erfahrungen des agrarischen Naturjahres werden überformt und gedeutet in den Hochfesten und der Verknüpfung mit Heiligentagen. Bei *Friedrich Schleiermacher* (1806/1989) wird die protestantische Variante sichtbar. Seine »Weihnachtsfeier« setzt ebenfalls an einer Transzendenzerfahrung im Sinne des ersten Modells ein. Doch diese ist nicht durch Naturerfahrung gegeben, sondern durch Erfahrungen der Geselligkeit fundiert. Das bürgerliche Weihnachtsfest wird selbst zum Symbol für das Transzendenzgeschehen. Die Mutter mit ihrem Kind, die Weihnachtserwartung der Tochter, die Weihnachtslieder, ja die Musik überhaupt – sie ermöglichen die intensive Wahrnehmung des Heilsereignisses der Christgeburt. Didaktisch transformiert bedeutet das, im Kontext des zweiten Modells die Symbolik nicht mehr primär »draußen« zu suchen, sondern in der Performanz des gemeinsamen Erlebens von (Advent und) Weihnachten all die Verweissymbole zu erkennen, die auf das christliche Ereignis hinweisen. Die Feier wird selbst zum Symbol der Transzendenz – auch wenn sie gelungen in der Schule stattfindet.

Für die *zweite Grundvorstellung* ist Karl Barth (1960, § 15,3) ein guter Gewährsmann. Er setzt der Vorstellung einer Spezifizierung und Intensivierung der naturalisierten Zeitordnung eine biblisch fundierte Deutung im Sinne des dritten Modells entgegen. Betrachtet man die großen Flügelaltäre, dann wird das Kreuzesgeschehen in der Regel flankiert von der Geburt und der Auferstehung Jesu. Im Hinblick auf die Auferstehung Jesu als Durchbrechung des Todesgeschicks steht am Ende von Jesu Auftreten ein »übernatürliches« Geschehen, das Gemeinden zu Recht in einer Feier auf dem Friedhof am Ostermorgen begehen, weil sie es mit ihrer eigenen Auferstehungshoffnung verbinden. Für Barth ist demnach das In-die-Welt-Kommen Christi ein ebensolcher »übernatürlicher« Akt – der sich im Gedanken der Jungfrauengeburt manifestiert. Es geht dabei so wenig um biologische Aspekte wie bei der Auferstehung. Wichtiger ist vielmehr die Ausmalung dieses Ereignisses bei dem Evangelisten Lukas. Er beschreibt – singulär in der Bibel –, dass der Himmel mit seinen Heerscharen auf der Erde anlässlich der Geburt Jesu in Bethlehem präsent ist. Damit wird Weihnachten ebenso ein Ereignis, in dem sich – im Duktus eines Chorals – »Himmel und Erde vereinen« wie bei der Überwindung des Todes an Ostern. Die kirchlichen Liturgien versuchen immer wieder dieses Exzeptionelle in ihren Gottesdiensten darzustellen. Und es ist von daher eine Aufgabe des Religionsunterrichts, im Sinne des dritten Modells – etwas von diesem Abglanz im Kontext von Schule dort sichtbar zu machen, wo dies möglich ist.

12.4 Lehrer/innenmodelle zu Mt 2 – die Magier und der Stern

Für den Weihnachtsfestkreis hat die christliche Kirche zwei ursprünglich selbständige Narrative zu einem großen Bild vereint: An der Krippe finden sich Engel, Hirten und Könige einträchtig beisammen. Das Weihnachtsnarrativ hat die Erzählungen von Lukas und Matthäus hintereinandergeschaltet: erst kommen die Hirten, dann die Magier aus dem Osten. Für das Kirchenjahr bedeutet das, eine Brücke von Weihnachten bis zum 6. Januar zu schlagen, zu Epiphanias bzw. dem Dreikönigsfest. In der katholischen Kirche ist dies bestimmt durch die für Kinder interessante Aktion der Sternsinger. Diese verbindet den Segen der Häuser mit einer Sammelaktion für Arme in der Zweidrittelwelt. Dabei wird davon ausgegangen, dass die Metamorphose der biblischen Magier in drei Könige, die die kirchliche Tradition vor Jahrhunderten vorgenommen hat, stillschweigend übernommen wird. Dass deren Reliquien *die* Kostbarkeit des Kölner Domes darstellen, sei am Rande vermerkt. Von daher lohnt es sich zu sehen, mit welchen Modellen Lehrer/innen die Perikope Mt 2 unterrichten.

Im Rahmen eines Schulpraktikums unterrichtet eine Studentin diese Perikope in einer dritten Klasse. Sie teilt sie in vier Schritte: 1. Auf den Spuren des Sterns suchen die Weisen aus dem Osten den neugeborenen König, 2. der Besuch bei König Herodes, 3. die Anbetung des neugeborenen Jesuskindes und 4. die Heimkehr unter Umgehung von Herodes. Es werden vier Gruppen gebildet. Diese erhalten Figuren zum Ausschneiden. Die Gruppen heften die ausgeschnittenen Bilder mit Magneten an die Tafel und tragen dazu einen selbst verfassten Text vor. Alle geplanten Schritte lassen sich unterrichtlich gut realisieren. Irritationen ergeben sich bei der Nachbesprechung. Um welche Gattung handelt es sich bei dieser Perikope? Könige aus dem Morgenland, gute Könige/ böser König, wir treffen hier auf märchenartige Handlungsträger – dazu ein intentional handelnder Stern. Man kann die Geschichte in der Tat als ein Bild sui generis ansehen, das die Weihnachtsbotschaft für uns erlebbar und erinnerbar macht. Es gibt gute Gründe, diese »Eigenartigkeit« der biblischen Erzählung zu respektieren – zumal ein Versuch einer historischen Identifizierung wenig zusätzliche Einsichten ermöglicht. Doch enthält die Geschichte eine offene Flanke hin zur Gegenwart. Die Handlungsträger der Geschichte sind explizit als Figuren einer fernen, anderen Welt charakterisiert. Doch der Sternenhimmel ist im Prinzip noch derselbe wie in der erzählten Zeit. Dies impliziert die Frage: Was sehen wir am Nachthimmel und kann das, was wir sehen, Bedeutung haben: Astronomie oder Astrologie? Die Frage ist nicht willkürlich, sondern stellt sich zumindest einigen wissenschaftsinteressierten Kindern am Ende der Grundschulzeit. In der Regel lehnen Religionslehrer/innen »Astrologie« begründet ab. Doch die Mt-Perikope basiert genau auf solchen Annahmen. Ein Blick an den nächtlichen Himmel und astronomisches Grundwissen schließen aber Astrologie erst einmal aus. D. h. aber auch, dass die Vorstellung, Gott könne via Himmelserscheinungen den Menschen »etwas zeigen«, auf Annahmen beruht, die zwar Gelehrte der frühen Neuzeit wie Melanchton oder Keppler geteilt haben, die aber mit unserem heutigen kosmologischen Wissen kaum vereinbar sind.

Andererseits kann man – sofern man will – natürlich in vielen Manifestationen der Natur Zeichen erkennen, doch nicht im Sinne einer damit implizierten Kausalität. Für die Stunde bedeutet das: Die Lehrerin muss erklären können, warum die astrologische Deutung in der Perikope von ihrer Logik her in Ordnung ist, auch wenn sie mit unserer astronomischen Sicht nicht nachvollzogen werden kann. D. h., wenn die Geschichte wirklich »historisch« wahr wäre, dann könnten wir das Sternenphänomen weder verstehen noch erklären und müssten sie als zu der Geschichte gehörige Eigenwelt akzeptieren.

Manfred Karsch und Cornelia Bussmann (2012) haben die matthäische Weihnachtsgeschichte zu einem Lehrgang über mehrere Stunden für die Klassenstufen 3–6 ausgearbeitet. Sie sehen ihren Ansatz als bewusste Dekonstruktion des von Lukas geprägten Weihnachtsbildes (Karsch/Bussmann 2012, 9). Interessant ist, wie sie den Stern und seine Bedeutung in der Geschichte einführen (Karsch/Bussmann 2012, 32):

> »Stell dir vor, es ist Nacht. […] Überall kleine helle Punkte am Himmel – die Sterne. […] Wir wissen, Sterne sind Himmelskörper in der Weite des Weltalls. Aber immer wieder stehen wir staunend unter dem Himmel. Sterne – sind sie ein Wunder? Haben sie ein Geheimnis? Erzählen sie eine Geschichte? So dachten Menschen vor langer Zeit, so denken manche Menschen noch heute. […] Sterndeuter sind weise und klug. Sterndeuter sagen, wir können in den Sternen lesen wie in einem Buch.
> Seht dort ein neuer Stern. Die Sterndeuter von Babylon blicken in den Himmel. Seht dort, ein neuer Stern. Was hat das zu bedeuten? Die Sterndeuter schauen in den Himmel und in ihre alten Bücher. Sie sagen, wir finden heraus, was das für ein neuer Stern ist. Sie sagen: Das ist ein besonderer Stern. Dieser Stern ist ein Königsstern. Sie sagen: Dieser Stern erzählt von einem neuen König, der geboren ist.«

Die beiden Modelle zeigen, wie entscheidend es ist, den Unterrichtsgegenstand an der oben skizzierten Codeunterscheidung auszurichten. Die Unterrichtspraktikantin hat versucht, das transzendente Ereignis der Christgeburt so zu präsentieren, als sei es ein Ereignis der Immanenz. Der Rekurs auf den Stern zwang sie dann zu reflektieren, wo denn ihre Geschichte eigentlich hingehört. Die Verfasser des Unterrichtsmodells wissen, dass sie die astrologische Praxis erst einmal verdeutlichen und auch als positive Möglichkeit würdigen müssen. Ohne diese Prämisse bricht die Mt-Perikope in sich zusammen. Indem sie aber immer die Sterndeuter als Subjekte des Nachdenkens markieren, schaffen sie (auf der Grenze zwischen Immanenz und Transzendenz) einen Reflexionsraum. D. h., wir müssen alle erst einmal akzeptieren, dass diese Geschichte Astrologie und (wie sich später zeigt!) Schriftauslegung verbindet, um die Christgeburt in der Geschichte Israels (und der Welt) zu verorten. Nur unter dieser Annahme ergibt sie ihren Sinn. Indem sich die Unterrichtenden aber bewusst von den Sterndeutern unterscheiden, ermöglichen sie auch ein Denken darüber, ob Astrologie auch heute noch eine Möglichkeit ist und wo deren Grenzen liegen. Mit dieser Reflexion wird die grundlegende Dignität der Mt-Perikope aber nicht angezweifelt. Die kritische Frage muss auch nicht unbedingt in jeder Klasse gestellt werden, wo dies aber geschieht, kann ein Erkenntnisfortschritt dann erzielt werden, wenn die Lehrperson sich ihres eigenen Modells bewusst ist.

12.5 Christus als König unter Königen – kindliche Modellkonstruktionen

Das Kirchenjahr ist ein Christusjahr. Es bietet ein Schema, in dem die einzelnen Jesuserzählungen in eine heilsgeschichtliche Ordnung gebracht werden können. Auf der didaktischen Ebene bedeutet dies, Vorwissen und Ko-Konstruktion so zu fördern, dass daraus Anschlussfähigkeiten an die Interpretationsmuster von Kirche und Theologie entstehen. Sabine Benz (2015) hat nun gezeigt, dass der Hoheitstitel »König« eine gute Strukturierungshilfe sein kann. Gerade der Weihnachtsfestkreis im weiteren Sinne umkreist diese Thematik: Am Ende des Kirchenjahres erwarten Christ/innen die Wiederkunft Christi – diesmal als Weltenherrscher und Gerichtsherr. Deshalb heißt dieser Sonntag (evangelisch Ewigkeitssonntag) katholischerseits »Christ-Königs-Sonntag«. D. h., dass bereits im Voradvent Jesus als König thematisiert wird. Im Advent wird der – eigentlich in die Passionszeit gehörige – »Einzug in Jerusalem« thematisiert (»Macht hoch die Tür«). Lukas und Matthäus situieren den neugeborenen König »Jesus« im Gegenüber zu den Herrschern seiner Zeit – Augustus und Herodes. Es ist von daher konsequent, wenn Sabine Benz mit den Kindern ihrer zweiten Klasse Jesus im Gegenüber zu anderen Königen thematisiert. Als Gesprächsimpuls zeigt sie Maria mit zwei Königsgestalten (als eine Art Puppen). Daraus ergeben sich die folgenden Gesprächspassagen (Benz 2015, 232 f.):

> VIC: Da fehlen, da fehlt ein König von den dreien.
> MICHAEL: Hhh, ich weiß auch warum.
> L: Das ist ja seltsam. Wem ist es noch aufgefallen? *(Einige melden sich)*
> MICHAEL: Hhh. Ich weiß warum.

MIRJAM: Weil der dritte König is Jesus.
L: Hm, Mirjam sagt, der dritte König ist Jesus.
JONAS: Ja, aber da sind doch drei, guck, des sieht man hier auch. Des sind drei. Nicht nur zwei. *(zeigt 1. König, 2. König, Maria)*
L: Vic sagt, des sollten trotzdem drei kommen. Was denken die andern?
?: Der eine steht draußen. Des ist komisch ja.
?: Es heißt doch auch die heiligen drei Könige.
ELENA: Des sind doch drei, 1,2,3. *(zählt 1. König, 2. König, Maria)*
NOAH: Des ist kein König, des ist Maria. *(schreit fast)*
L: Des ist richtig, das ist Maria, die da so sitzt, das ist Maria. In der Mitte ist das Kind in der Krippe und ein König steht und ein König kniet. Das sind tatsächlich hier nur zwei Könige.
?: Sieht man ja die Krone. *(bezogen auf die zwei Könige)*
SOPHIA: Der Josef fehlt auch.
L: Der Josef fehlt auch, stimmt. Weil es heute um die Könige geht.
ELENA?: Und die Tiere fehlen auch.
VIC?: Ja, genau.
L: Mhm. Aber sollte noch ein König mehr da sein – ja oder nein?
VIELE (LAUT): Ja.
L: Oder ist der dritte König tatsächlich das Jesuskind?
EINIGE: Ja.
L: Was ja? Jetzt sagt ihr bei beidem ja, aber des schließt sich doch eigentlich aus. Was denn nun?
TIMO: Es heißt doch auch die heiligen drei Könige.
L: Es heißt, sagt der Timo, die heiligen drei Könige.
?: Aber Jesus ist der dritte König.
L: Jetzt ...
LOTTA: Jesus ist der vierte König.
L: Jesus ist der vierte König, sagt die Lotta. Aha. Jonas, was denkst du?
JONAS: Jesus ist der fünfte König.
L: Wieso der fünfte? [...]
JONAS: Wegen dem anderen.
MICHAEL: Herodes? [...]
FLORIAN: Die Heiligen drei, äh, Jesus ist der erste König.
(?: Nein.)
L: Der Florian sagt, der erste. Warum?
FLORIAN: Weil, weil Jesus den Leuten helfen kann, die anderen drei Könige nicht.
L: Du meinst mit erster vielleicht der wichtigste König?
FLORIAN: Ja.

Sabine Benz operiert mit einem zentralen Symbol, das die Kinder weniger aus eigener Erfahrung, aber aus verschiedenen Geschichten kennen – dem König. Wie gezeigt spielt dieser eine zentrale Rolle bei der Bestimmung christologischer Titel aber auch als Repräsentant politischer Macht – im guten wie im schlechten Sinne. Das Königssymbol liegt damit auch genau auf der Trennungslinie zwischen Immanenz und Transzendenz und kann dann adäquat fallbezogen justiert werden. Wie sehr dieses Sprachangebot die Modellierungen der Kinder fördern konnte, zeigt nicht zuletzt der Beitrag von Linnea (Benz 2015, 234), die den Vorschlag macht, Jesus als den sechsten König anzusehen, denn der fünfte sei ja Gott. Dabei wird in einem späteren Unterrichtsgespräch (Benz 2015, 237 ff.) in der Gegenüberstellung von Herodes und Jesus noch einmal besonders die jeweilige Qualität von deren Königsein herausgearbeitet. Das Figurenangebot von Mt 2 erweist sich also als besonders gut zur Klärung christologischer Fragen sowie zu deren Situierung im Kirchenjahr und damit zur eigenen Modellbildung bei den Kindern.

12.6 Modelle des Lehrplans

Die Lehrpläne der Grundschule nehmen den Jahreskreis und die Feste der Kirche als Kontext intensiv auf (LP|kRU|G|NRW|2008, 179): »Die Schülerinnen und Schüler benennen Feste im Kirchenjahr und deuten sie als Erinnerung an Gottes Zuwendung: Advent, Weihnachten, Österliche Bußzeit, Ostern, […] benennen zentrale Feste des Kirchenjahres und deuten diese Feste in Bezug zu ihren Ursprungsgeschichten: Weihnachten, Ostern, Christi Himmelfahrt, Pfingsten.« Der Lehrplan NRW bettet die Feste im Kirchenjahr zweifach ein: mit *einer* bestimmten Botschaft, die die Feste verbindet und in ihren *vielfältigen* biblischen Bezügen. Nimmt man den Lehrplan positivistisch, dann scheint sich das zweite Modell – in der Fassung der kulturellen Ordnung als Basis – durchgesetzt zu haben: Es gibt einen Jahreskreis an kirchlichen Festen, die zur allgemeinen kulturellen Ordnung gehören. Diese kulturelle Ordnung wird nun – wie es für das zweite Modell typisch ist – von den biblischen Erzählungen und einer zentralen Botschaft her gedeutet. Diese Kompetenzerwartung setzt voraus, dass die Botschaft und die biblischen Erzählungen nicht mehr intuitiv gesehen werden. Die natürliche Ordnung – hier die kulturellen Festpraxen – und die kirchliche Rahmung sind offenbar auseinandergefallen.

Der Begriff der »Ursprungsgeschichten« und der fehlende Verweis auf »Bräuche« als legitime kulturelle Ordnung würden auch zum dritten Modell passen. Allerdings würde dieses nicht von Deutung sprechen. So tun die Lehrpläne so, als gäbe es immer noch eine lebendige eigenständige *kirchliche* Festordnung, deren Sinn von der Grundschule bis zur Sek I erschlossen werden muss (KLP|kRU|HS|Sek I|NRW|2013, 27): »Die Schülerinnen und Schüler können Feste des Kirchenjahres in ihrer Bedeutung erklären.« Anscheinend können aus Sicht der Lehrpläne – anders als bei den Gottesdiensten – die Praktiken im Jahreskreis in den Familien vorausgesetzt werden. Dass die Lehrkraft aus dem Ankerbeispiel dies nicht kann, wurde deutlich und dass sie deshalb die Praktiken in die Schule hineinholt, wird vor diesem Hintergrund verständlich. Nur so ergibt es dann Sinn, die Bräuche zu erklären.

Gerade in der Grundschule fällt aber noch etwas anderes auf: Die anderen Fächer wie Sachunterricht nehmen sowohl die natürliche wie auch die kulturelle Ordnung des Jahreskreises auf (LP|SU|G|NRW|2008, 43): »Die Schülerinnen und Schüler beschreiben Veränderungen in der Natur und stellen Entwicklungsphasen dar (z. B. Wasserkreislauf, Jahreszeiten).« Und dies wird mit den typischen Festen verbunden (LP|SU|G|NRW|2008, 49): »Die Schülerinnen und Schüler […] beschreiben Feste und Feiern und ordnen sie dem Jahreskreis und den Jahreszeiten zu.« Nimmt man dann noch Musik dazu (LP|MU|G|NRW|2008, 98): »Die Schülerinnen und Schüler singen überlieferte und aktuelle Lieder zu verschiedenen Themenbereichen (z. B. zum Tages- und Jahresverlauf, zu Feiern und bestimmten Anlässen)«; dann entsteht ein Geflecht über mehrere Fächer hinweg, das die Bräuche im Jahreskreis in der natürlichen und der normalen kulturellen Ordnung verankert. Die Lehrkraft aus dem Ankerbeispiel verfolgt also einmal das Ziel aus dem Sachunterricht, die Weihnachtsbräuche kennenzulernen, dann wird der christliche Sinn der Bräuche erschlossen. Beides erfolgt religionskundlich. Im letzten Schritt soll die Botschaft der Zuwendung Gottes über die Lichtmetaphorik erschlossen werden. An der Inszenierung mit der Kerze wird deutlich, dass die Schüler/innen bei aller Heterogenität persönlich angesprochen werden sollen. Hier kommt der Unterricht allerdings an seine Grenze: Die Lichtmetaphorik auf Jesus Christus und seine Zuwendung zur Welt zu deuten, setzt anschlussfähige semantische Deutungssysteme voraus, die die Kinder nicht mitbringen – was die Lehrerin eigentlich auch weiß.

Man könnte sagen, dass die kulturelle Ordnung, die der Unterricht rekonstruiert, nicht mehr mit der christlichen Interpretation konvergiert und damit das zweite Modell in Schieflage gerät. Die Lehrplanvorstellung, dass die Arbeit am Festkreis »Kirchliches Leben in der Zeit« (KLP|kRU|HS|Sek I|NRW|2013, 27) erfahrbar macht, tritt zurück hinter den Spagat, Bräuche zu theologisieren. Die Vorstellung von Halbfas und Schleiermacher, die Bedeutung des kirchlichen Lebens in der Zeit über die Zeitdiagnose zu erschließen, gelingt offenbar bei zu großer gesellschaftlicher Heterogenität nicht mehr. Die in den drei Modellen verhandelte Grundfrage, wie sich Gottes Geschichte mit der Welt, vermittelt in der kirchlichen Strukturierungsmacht des ewigen Jahreskreises und seiner Feste, zeitlich strukturiert, wird gar nicht thematisiert. Weil letztlich das zweite Modell trotzdem dominant gesetzt bleibt, wird die Frage hinter dem Jahreskreis und dessen Festen unsichtbar gemacht, die in dem ersten und dritten Modell immer noch latent erkennbar ist: die Herrschaft über die Zeit. Die Gebetsformel »Ehre sei dem Vater und dem Sohn und dem Heiligen Geist. Wie im Anfang, so auch jetzt und allezeit und in Ewigkeit. Amen« markiert die Herrschaft Gottes über die Zeit so wie der Festkreis der passende Ausdruck der *kirchlichen* Überformung der biologisch oder kulturell naturalisierten Ordnung ist. An dem zweiten Modell festzuhalten, ohne die beiden anderen zu zeigen, setzt die naturalisierte Ordnung faktisch in Geltung und lässt die kirchliche Ordnung aus der Zeit fallen. Das kann man als Partikularisierung von Kirche feiern, damit gehen aber auch die kritischen Impulse verloren, die die kirchlichen Feste gegen die naturalisierte Ordnung setzen konnte – wie z. B. aus der oben dokumentierten Sicht der Kinder der erste König Jesus an Weihnachten gegenüber den normalen Königen erzählt, der den Leuten eben wirklich helfen kann.

13 Gebote regeln das Zusammenleben

13.1 Die Zehn Gebote in einer Konfirmand/innengruppe

Thomas Klie (2012) präsentiert eine Konfirmand/innenstunde, die in ihrer Art dem Duktus einer Schulstunde gleicht (Klie 2012, 268). Für die anstehende Konfirmation sollen die Jugendlichen die drei Hauptstücke christlichen Glauben auswendig lernen: Vaterunser, Glaubensbekenntnis und eben die Zehn Gebote. Letztere werden dann auch probeweise im »Unterricht« vorgetragen. Als bestimmende Unterrichtsidee entfaltet der unterrichtende Pfarrer die Idee der Verkehrsregeln. Diese spielen in der Fantasie der Schüler/innen insoweit eine Rolle, als sie bereits auf den »eigentlichen« Passageritus eingestellt sind: die Führerscheinprüfung. Vom Gespräch über solche Regeln kommt man dann zu den Zehn Geboten (Klie 2012, 274 f.):

> 127 P: Auch in unserer Gesellschaft gibt es Regeln. Äh, die das Zusammenleben festsetzt, bestimmt. Wie nennt man diese Regeln? Die in unserer Gesellschaft, in unserem Land das Zusammenleben regeln? Wie nennt man die? Wenn ich beim Supermarkt nachts einbreche, wogegen verstoße ich dann?
> 128 FABIAN: Gegen das Gesetz?
> 129 P: Das Gesetz, ja. Gesetze, regeln das Zusammenleben. Die sind ja auch richtig. Was würde sonst passieren?
> 130 LUKAS: Da wär dann Chaos.
> 131 P: Da wär dann wahrscheinlich Chaos. Und wenn jeder macht, was man will, worauf achtet man dann wahrscheinlich nicht mehr?
> 132 BENEDIKT: Wie's seinen Mitmenschen geht?
> 133 P: Ja, wie es den anderen geht. Wenn ich jetzt mache, was ich will, ne, dann passiert was. Also, Regeln, Gesetze, sorgen dafür, dass Menschen geordnet zusammenleben. Manchmal kann man sich auch streiten, was Sinn und Unsinn eines Gebotes oder Gesetzes, aber eigentlich sind die alle schon ganz gut überlegt. Im religiösen Bereich gibt es diese Regeln auch. Und Michael?
> 134 MICHAEL: Na, ich würd' sagen, dass sind die 10 Gebote.

Damit sind die Zehn Gebote situiert in einem Zusammenhang Ordnung schaffender Regeln. Im weiteren Verlauf sollen die Konfirmand/innen einzelne Gebote in eine Art Verkehrszeichen übersetzen. Bei der Besprechung der Einzelgebote wird dann allmählich sichtbar, dass diese in einem expliziten religiösen Kontext stehen. Damit entsteht die Frage nach der *Mitte* der Gebote (Klie 2012, 279):

180 P: Du sollst keine anderen Götter neben mir haben. Ihr habt doch lang gebraucht, da war nicht mehr ganz so viel Zeit für dieses hier unten. Also, nochmal so eine Abfrage, wenn man euch fragen würde, welches ist das wichtigste Gebot? Was würdet ihr antworten? Alina, was ist das wichtigste Gebot, für dich, was ist das wichtigste Gebot?
181 ALINA: Du sollst nicht töten.
182 P: Du sollst nicht töten. Wer würde das auch sagen? Viele Meldungen, fragen wir mal anders herum, wer würde das nicht sagen? Michael?
183 MICHAEL: Was?
184 P: Was ist für dich das wichtigste Gebot?
185 MICHAEL: Du sollst nicht ehebrechen.

Im weiteren Verlauf der Stunde wird dann – gewissermaßen nachholend – der Dekalog in den größeren Verlauf der Exodusereignisse eingeordnet. Dies geschieht durch die Aufnahme von Erinnerungsfragmenten der Konfirmand/innen und der erzählenden Verknüpfung durch den Pastor. Wir sehen, dass der Gesprächsverlauf die Zehn Gebote in ganz unterschiedliche Kontexte stellt:
1. sind sie ein wichtiges Dokument christlicher und gottesdienstlicher Praxis. 2. sind sie Modell für generelle Regelwerke des Zusammenlebens. 3. gibt es offensichtlich eine Bedeutungsverschiebung innerhalb der Gebote. 4. stellt sich die Frage, ob der Dekalog aus seinem biblischen Kontext ablösbar ist.

In der beschriebenen Stunde stehen die vier Aspekte weitgehend *nebeneinander*. Im Zusammenhang unserer Modelltheorie können wir sehen, welche theologischen und didaktischen Fragestellungen damit angesprochen werden.

13.2 Versuche einer Strukturierung

Wir meinen, dass man die oben angesprochenen Dimensionen nach dem folgenden Schema ordnen kann (→ Abb. 11.):

Für Schüler/innen ist es bedeutsam zu lernen, dass in einer Gemeinschaft Regeln herrschen. Dies beginnt in der Familie und im Kindergarten und setzt sich dann explizit in den Schulordnungen fort. Spätestens in der Sekundarstufe wird deutlich, dass wir in einem Rechtsstaat leben, der weite Teile unseres Zusammenlebens regelt und dessen Anordnungen allgemeingültig sind. Im Zusammenhang dieses Lernprozesses begegnen wir dann immer wieder auch einzelnen Geboten des Dekalogs. Das Kind lernt, dass man nicht lügen soll, nicht fluchen darf, keine Tiere quält (oder gar tötet) und dass sich der Sonntag von den Werktagen unterscheidet. Damit bewegt es sich in einer Welt, deren Regeln

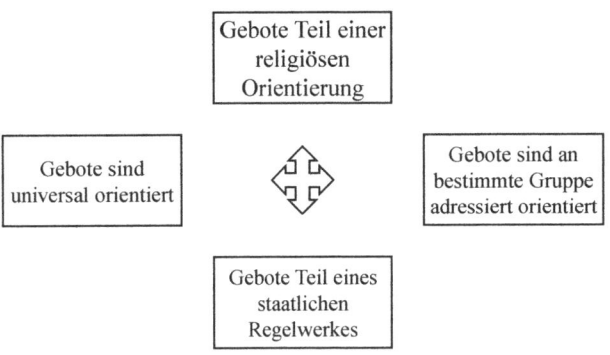

Abb. 11: Dimensionen der Gebote

durchaus von den Zehn Geboten geprägt sind. Später kommen Vorstellungen zum Thema Sexualität dazu und ein Wissen, dass man Gott nicht in einem Bild darstellen und dieses dann anbeten soll. Doch Letzteres ist – auf die Gesamtheit der Bevölkerung bezogen – dann von sekundärer Bedeutung. Die implizite Erkenntnis lautet demnach, dass es hier um grundlegende Regeln des menschlichen Zusammenlebens geht, die im Prinzip für alle gelten. Später wird sich diese Einsicht in der Vorstellung niederschlagen, dass der Staat solche Regeln durch Gesetze zu garantieren habe. Doch schaut man in die biblische Herleitung der Gebote, dann findet man diese eingebettet in das große Befreiungs-Narrativ um den Exodus. Die Zehn Gebote sind ein göttliches Geschenk, das Israel in einem Bundesschluss als seine Richtschnur annimmt. Damit ist – für das Judentum bis heute – klar, dass die Gebote (der Thora insgesamt) keinesfalls universell gemeint sein können. Nun sehen sich die Christ/innen in der Tradition Israels und durch Jesu Auslegungen in der Bergpredigt ausdrücklich ermutigt, die Gebote des Dekalogs zu befolgen. Doch beim genaueren Hinsehen erkennt man, dass auch Jesus die verschärften Gebote – zumindest nach Mt – erst einmal nur den Jüngern anempfiehlt. Wir sehen also in den Angeboten der Konfirmand/innenstunde zwei grundsätzliche Optionen angesprochen: Die Zehn Gebote sind so etwas wie ein »Grundgesetz« unseres Zusammenlebens und gelten für alle – unabhängig vom Glauben, oder sie sind Ausdruck eines Glaubens an Gott, der die Gläubigen zu einem bestimmten, gottgemäßen Verhalten treibt. Wir erkennen bereits hier, dass die Fragestellung synchrone und diachrone Sichtweisen (auch konkurrierend) ins Spiel bringt. Wir zeigen dies am Beispiel des Ehebruch-Gebots. Im heutigen Kontext werden damit zwangsläufig neben dem »Fremdgehen« eines Ehepartners alle Varianten von Sexualität thematisiert: von der Sexualität Jugendlicher bis zur Frage homosexueller Ehen. Im Kontext Israels war es üblich, die Kinder/Jugendlichen mit Eintritt der

Geschlechtsreife zu verheiraten. Damit besagt das Gebot erst einmal wenig über die heutigen ethischen Diskurse. Doch werden wir zeigen, dass der Rekurs auf eine – wie auch immer rekonstruierte – biblische Praxis, die Frage der Bedeutung der Zehn Gebote hier und heute nicht unbeeinflusst lässt.

13.3 Der theologische Kontext der Fragestellung

Nach dem Statement von Alina und ihren Mitkonfirmand/innen ist das Tötungsverbot der Kern des Dekalogs. Die Erwähnung des Ehebruch-Gebots ist wohl eher den persönlichen Erfahrungen von Michael geschuldet (es gab auch schon Anfragen, ob das heute noch gelte!). Man kann vermuten, dass den Jugendlichen das Diebstahl-Verbot noch von Bedeutung ist und – eingeschränkt – das Verbot zu lügen. Wir bewegen uns also im Kontext der sog. zweiten Tafel, die die Beziehung der Menschen zueinander regelt. Insofern ist die Parallelisierung mit den Verkehrsregeln nicht ohne Sinn. Die Wertschätzung des Dekalogs beruht vermutlich darauf, dass er von vielen Menschen als ein Ensemble von »Grundregeln« empfunden wird – analog etwa zum Grundrechtekatalog des Grundgesetzes. In diesem Sinne haben die Evangelische und die Katholische Kirche vor Jahren einen Text »Grundwerte und Gottes Gebot« (1979) herausgebracht. Der Text knüpfte an entsprechende Überlegungen in den Parteien an. Nach den Irritationen der Reformjahre wollte man sich vergewissern, »was gelten soll«. Man kann darin einen Vorläufer von Ideen wie denen einer »Leitkultur« sehen. In diesem Sinne ist es auch nicht überraschend, dass man sich auf vermeintliches christliches Urgestein zu stützen hoffte. Dabei sind zwei Fragen von Bedeutung: An wen richten sich die zugrundegelegten Zehn Gebote und wie sind diese im Einzelnen zu verstehen?

»Eine tragfähige Übereinstimmung in Grundwerten kann nur aus der nicht in Frage zu stellenden Überzeugungskraft grundlegender ethischer Forderungen kommen«, heißt es in dem Papier (EKD/Sekretariat der DBK 1979, 15). Damit deutet sich an, dass eine Auslegung des Dekalogs gesucht wird, die hier naturrechtlich begründete Werte (Katholizismus) artikuliert sieht, oder Garantien für das rechte Funktionieren des Gemeinwesens (Luther) gibt. Bei dieser Sichtweise haben die einzelnen Gebote dabei überraschende Metamorphosen durchgemacht. Luther legt das Elterngebot im kleinen Katechismus (1529a) etwa so aus: »Wir sollen Gott fürchten und lieben, dass wir unsere Eltern und Herren nicht verachten noch erzürnen, sondern sie in Ehren halten, ihnen dienen, gehorchen, sie lieb und wert haben.« D. h., dass aus der Fürsorge gegenüber den Eltern plötzlich ein generelles Gehorsamsgebot wird. Doch das Kirchenpapier verweist selbst darauf, wie sich Akzentsetzungen verschoben haben (EKD/ Sekretariat der DBK 1979, 32 ff.). Das Tötungsverbot umfasste ursprünglich das, was wir Mord oder Totschlag nennen. Krieg etc. war damit nicht gemeint. Heute wird das Gebot immer mehr ausgeweitet: als Kampf gegen die Todesstrafe, das Töten von Tieren und nicht zuletzt im Sinne des Schutzes ungeborenen Lebens. Dass das Ehebruchsverbot keine Sexualethik intendiert, wurde bereits gesagt. Eine konservative Deutung des Dekalogs sieht dort vor allem die Trias Ehe, Familie, Eigentum garantiert – unter Absehung von anderen ethischen Konfliktfeldern. Konflikte ergeben sich dort, wo aus den ethischen Einsichten Forderungen an den Staat abgeleitet werden. Darf bzw. soll der Staat Vorgaben etwa im Falle des sexuellen Zusammenlebens machen, die auch Menschen betreffen, die sich nicht am Christentum orientieren? Ein anderes Feld betrifft das Sonntagsgebot. Kann man Nichtchrist/innen vorschreiben, dass sie just am Sonntag bestimmte Restriktionen hinzunehmen haben? Unser Diskurs bewegt sich bislang im Kontext der Begründung ethischer Optionen – und somit im Kontext der Immanenz. Die Dignität des Dekalogs ergibt sich allein aus seiner traditionellen Bedeutsamkeit.

Doch warum lernen die Konfirmand/innen den Text des Dekalogs auswendig und tragen ihn später im Gottesdienst vor? Offenbar handelt es sich um einen *besonderen* Text, der zusammen mit dem Vaterunser und dem Credo die Grundlage des christlichen Glaubens bildet und wie diese in den verschiedenen Katechismen explizit ausgelegt wird. Es handelt sich demnach um einen »Gottes-Text«, was in dem Unterricht im Schlussteil erläutert wird. Der Text des Dekalogs ist uns in der Bibel zweimal überliefert: Ex 20 und Dtn 5 – mit kleinen Nuancen. Im großen Narrativ der Bücher Exodus bis Deuteronomium wird er an einer Schlüsselstelle als Gottes unmittelbare Gabe an Mose eingeführt. Im Gegensatz zu anderen Geboten, die dem Wenn-dann-Schema folgen, handelt es sich hier um »unbedingte« Anordnungen (sog. »apodiktisches Recht«: Grünwaldt 2011, 4 f.). Die Zählung der Zehn Gebote unterscheidet sich zwischen Katholiken und Lutheranern auf der einen, Juden und Reformierten auf der anderen Seite: Erstere ziehen das Verbot anderer Götter und das Bilderverbot zusammen und müssen dann das letzte Gebot (Begehren) aufteilen. Demgegenüber erscheint die zweite Zählart plausibler.

Die Privilegierung der Zehn Gebote gegenüber den anderen Geboten und Verboten von Ex bis Dtn unterscheidet das Christentum vom Judentum. Jesus bezieht sich in den Antithesen auf Gebote des Dekalogs (Mt 5) und sie sind nicht von der paulinischen Relativierung des »Gesetzes« betroffen. Das Judentum betrachtet alle Gebote und Verbote der Thora als unmittelbare Gottesgabe an Mose auf dem Gottesberg, d. h. alle 613 »Mitzwot«, die das jüdische Leben prägen. Paulus hat die »Heidenchristen«, in deren Nachfolge wir stehen, von der Einhaltung der Reinheits- und Speisegebote dispensiert. Doch ergeben sich dadurch bis heute Fragen, welche Anordnungen aufzugeben sind und welche nicht: Als Tendenz kann man sagen, dass die Christ/innen etwa die Sexualitätsregeln übernommen haben (z. B. zur Homosexualität), aber die zur Ordnung der Ökonomie nicht (Sabbat- und Halljahr). Damit haben sie die Tendenz zu einer Interpretation Richtung »Grundwerte« gestärkt. Bevor wir die Konsequenz für die Zuordnung des Dekalogs im Kontext von Immanenz und Transzendenz endgültig bedenken, wollen wir noch eine Sichtweise ins Spiel bringen, die den Dekalog auf der Grundlage historisch-kritischer Arbeit genauer in der Geschichte Israels zu situieren sucht. So konstatiert Frank Crüsemann (1983, 8) über den Dekalog: »Trotz seiner unbezweifelbaren Tendenz, umfassend und allgemeingültig zu reden, fehlen nämlich in ihm wichtige, ja zentrale Themen alttestamentlicher Ethik.« Er denkt dabei an Fragen von Reinheit, Kult, Ökonomie, Staat, Krieg und dem Umgang mit den Armen und Personen minderen Rechts (Crüsemann 1983, 9 f.). Dies hat dann Auswirkungen bis hin zur heutigen Frage nach den »Grundwerten«. Wenn man mit Crüsemann der heute bestimmenden Sichtweise folgt, dass der Pentateuch in seiner Abfassung der Prophetie nachgeordnet ist, dann ist nach der Funktion des Dekalogs in der vorexilischen Königszeit zu fragen. Betrachten wir einen Text wie 1 Kön 21 (Nabots Weinberg) oder die Kritik des Propheten Amos (Am 5), dann verstehen wir, dass die Existenz der freien Bauern dadurch gefährdet war, dass man ihnen ihr Land wegnehmen wollte und ihren Familien die Schuldknechtschaft drohte. Von diesem Wissen her werden das Verbot des Begehrens und das der Falschaussage vor Gericht, die einer heutigen Sicht des Dekalogs eher zweitrangig erscheinen, plötzlich zu zentralen Sicherungen der im Eingang des Dekalogs versprochenen Freiheit. Diese Regelungen der Königszeit hätten demnach erst in späterer Zeit ihre kanonische Form als Dekalog erlangt. Eine solche Sichtweise lässt uns fragen, ob der Dekalog in seiner Adressierung wirklich so universal ist bzw., was ihm dazu fehlt. Der Frage der Adressierung begegnen wir auch wieder bei der Bergpredigt. Nach Mt 5,1–2 richtet Jesus seine Worte explizit an die Jünger, nicht an das Volk. Man hat zu Recht darüber gestritten, was das für eine spätere Rezeption bedeuten soll. Doch auch hier gewinnt man den Eindruck, dass die Frage nach der Universalität der Geltung strittig ist. Sind die Gebote des Dekalogs aber in eine konkrete Situation Israels gesprochen, dann verbietet sich eine verkürzte Übertragung, die etwa aus Anordnungen zu einer polygamen Praxis Konsequenzen zu einem heutigen christlichen Eheverständnis ableiten will. Dennoch – auch die relativierende Sicht der alttestamentlichen Forschung stellt an keiner Stelle infrage, dass die Gebote göttlichen Ursprungs und als solche einzuhalten sind.

In dem zitierten Ankerbeispiel begegnen uns also zwei Verständnisse der Zehn Gebote. Das Narrativ von Exodus und Gottesoffenbarung am Sinai/Horeb und der schlussendliche Bundesschluss zeigen uns den Dekalog als Manifestation Gottes, d. h. als welt-fremdes Dokument seiner Transzendenz. Das heutige Auswendiglernen und die Rezitation im Gottesdienst bestätigen diese Perspektive. Die Thematisierung der Gebote als Regelwerk analog zur Straßenverkehrsordnung präsentieren sie als Ausdruck der vollständigen Immanenz. Einzelverordnungen lassen sich dekretieren und ändern, sogar gravierende wie etwa der Übergang vom Links- auf den Rechtsverkehr wie vor Jahrzehnten in Schweden. Diese beiden Perspektiven sind in der Konfirmand/innenstunde im Spiel. Gibt es ein Dazwischen? Wenn historische Kritik zeigen kann, dass hinter dem Bild der von Gott empfangenen Gesetzestafeln, die im Jerusalemer Tempel aufbewahrt wurden, ein Prozess der Rechtswerdung steckt, dann wird deutlich, dass sich die Transzendenz in immanenten Geschehnissen manifestiert. Dies impliziert zwar eine Relativierung, lässt aber Gottes Handeln in der Welt auf andere Weise verstehbar werden. Eine zweite Manifestation der Transzendenz in der Immanenz können wir in der Tatsache erblicken, dass sich die Zehn Gebote natürlich auf ihre Weise etwa im Grundrechtekatalog des Grundgesetzes niedergeschlagen haben, der wiederum durch den Gottesbezug in der Präambel sichtbar gemacht wird (Goerlich 2004). Es ergeben sich also die folgenden Modelle:

Tab. 25: Modellrahmen zu den Zehn Geboten

1. Gebote in der Immanenz	2. Transzendenz in der Immanenz	3. Gebote aus der Transzendenz
Menschliches Zusammenleben braucht Regeln. Ein solches Regelwerk bilden auch die Zehn Gebote.	1. Die Bibel zeigt die Genese von Gebotssammlungen wie den Zehn Geboten – die dann narrativ in dem Bild der Gesetzestafeln Moses münden und in dieser Gestalt ihren Niederschlag finden. 2. Der Grundrechtskatalog des Grundgesetzes nimmt Elemente der Zehn Gebote auf und legitimiert diese u. a. durch den Gottesbezug in der Präambel.	Die Zehn Gebote sind nach der Erzählung Moses unmittelbar von Gott auf dem Sinai/Horeb übergeben worden und erwarten unbedingten Gehorsam.
Universalistische Konzeption	Universal mögliche Gebote, in der Gottesbeziehung entsteht die Geltung	Exklusivistische Konzeption

13.4 Die Lehrer/innentheologie

Auf welches der Modelle greift der unterrichtende Lehrer/Pfarrer zurück? Man wird sagen können, sowohl auf das Immanenz- als auch auf das Transzendenz-Modell. Dies geschieht, weil er das Immanenz-Modell aus didaktischen Gründen zur Erläuterung des Transzendenz-Modells heranzieht. Würde man den Unterrichtenden fragen, würde sich vermutlich zeigen, dass er in einem theologischen Diskurs auf eine Variante des Transzendenz-in-der-Immanenz-Modells rekurrieren würde. Doch für den Unterricht erscheint ihm das zu kompliziert und er benutzt die beiden – im Grunde einander ausschließenden – Modelle eins und drei. Kognitionspsychologisch ist das Nebeneinander von im Grunde inkompatiblen Konzepten innerhalb eines Modells nicht ungewöhnlich (Legare/Evans/Rosengren u. a. 2012). Die Frage stellt sich, ob diese Art des Umgangs mit den Modellen ohne die vermittelnde Mittelposition für ältere Schüler/innen ausreichend ist.

13.5 Das entwicklungspsychologische Modell von Oser/Gmünder als Interpretamente

Bevor wir die Studien zur Schüler/innentheologie referieren, soll das Entwicklungsmodell von Fritz Oser an dieser Stelle herangezogen werden. Zusammen mit Paul Gmünder hat er ein Entwicklungsmodell des »religiösen Urteils« entwickelt (Oser/Gmünder 1996). Dabei geht es darum, wie bestimmte Phänomene der Immanenz im Lichte der Transzendenz gedeutet werden. Für das jüngere Kind (bis in die Grundschulzeit hinein) sieht Oser ein Konzept des »Deus-ex-machina«. Gott greift in die Dinge des Lebens unmittelbar ein: Mose gibt die Gebote, die für uns verpflichtend sind. In der zweiten Stufe sieht sich der Mensch nicht mehr unmittelbar dem »Ultimaten« (so Oser für Gott) ausgeliefert, sondern kann durch sein Verhalten und seine Gebete Einfluss nehmen. Dieses Modell der späten Kindheit verbleibt im Prinzip noch im Transzendenz-Schema. In der darauffolgenden Phase dominiert eine Immanenz-Deutung: Gebote sind gegeben, aber gegebenenfalls auch modifizierbar. Gott ist allenfalls deren Garant. Man wird die Konfirmand/innen mehrheitlich in dieser Stufe verorten können. Dem Lehrer käme im Prinzip die vierte Stufe zu: Gottes Transzendenz manifestiert sich in der Immanenz. Die Gebote, nach denen wir uns orientieren, sind durch die Tradition garantiert (→ Katechismen) und letztlich von Gott. Doch das dahinter liegende Narrativ darf nicht wörtlich verstanden werden und die Gebote brauchen auch in jeder Zeit eine Neuinterpretation. Hier bedarf es, wie unser obiges Modell zeigt, differenzierende Perspektiven. Diese im Unterricht jeweils angemessen zur Geltung zu bringen, ist nicht einfach.

13.6 Schüler/innentheologie – zwischen Moral und Gesetz

Vor Jahren fragte ein Schüler gegen Ende der Grundschulzeit, ob die Gebote des Dekalogs und die staatlichen Gesetze übereinstimmten. Das liegt von den Geboten zum Töten und Stehlen her gedacht durchaus nahe. Doch Verkehrsdelikte müssen nicht gegen ein Gebot verstoßen und das Begehren oder das Herstellen von Götzenbildern ist nicht strafbewehrt. Hier wird deutlich, dass der Status der Gebote zwischen Moral und Recht ein durchaus komplexes Thema darstellt. Wer Piagets Pionierwerk (1990) zum »moralischen Urteil« kennt, der erinnert sich an die allmähliche Entwicklung des Regelverständnisses beim Murmelspiel. Hat jeder seine eigene Regel oder bedarf es der Übereinkunft? Sind sie »schon immer« so gewesen oder kann man sie ändern? Diese Fragen müssen geklärt werden, ebenso die Rolle, die das kodifizierte Recht in unserem Staat spielt. Es bedarf also zahlreicher denkerischer Voraussetzungen, um reflektieren zu können, ob göttliche Verordnungen wie der Dekalog eher die Moral oder das Recht betreffen. Stefan Weyers (2012a; 2012b) hat in mehreren Studien die Genese des Rechtsverständnisses von der Kindheit bis zur Adoleszenz untersucht und so den kognitiven Rahmen erschlossen, in dem unsere Fragestellung verortet ist. Nicht überraschend sieht Weyers die Entwicklung des Rechtsverständnisses in großer Nähe zu Kohlbergs Stufen des Gerechtigkeitsverstehens. Wir referieren hier die für das Schulalter relevanten Stufen: Im Grundschulalter (Phase 3) bestehen Vorstellungen über Verträge und Eigentum. In der folgenden Phase 4 (ab 9/10 Jahre) kristallisiert sich die Rechtsqualität von Verträgen heraus und es entsteht ein Verständnis von der Rolle eines Dritten bei Auseinandersetzungen. Menschenrechte werden noch nicht als regulative Prinzipien erfasst. In der 5. Phase (ab 15 Jahre) entsteht ein Rechtsbewusstsein im Sinne eines staatlichen Rechtssystems (Weyers 2012b, 17 f.):

»Das Recht wird jetzt nicht mehr inter-, sondern transpersonal verstanden, d. h. als Bestandteil eines gesellschaftlichen Systems. […] Jetzt wird zudem erkannt, dass sie [die Gesetze] von legitimierten Staatsorganen nach bestimmten Regeln gesetzt werden. […] Es geht nicht mehr nur um Ordnung, Sicherheit und Vermeidung von Chaos.«

Die Rolle der staatlichen Institutionen wird erfasst und die Rolle von Amt und Person unterschieden. Auf diese Stufen bauen dann Einsichten zur grundsätzlichen Gültigkeit von Gesetzen und deren mögliche Relativierung in Situationen auf, wo höchste Prinzipien wie Würde und Leben von Menschen tangiert sind. Von Weyers' Studien her wäre zu fragen, inwieweit die Konfirmand/innen die Rolle der Zehn Gebote gegenüber den Verkehrsregeln schon sicher nachvollziehen können. In einer zweiten Studie wurde das Verständnis von Moral und Recht bei christlichen und muslimischen Jugendlichen anhand der Verwerflichkeit bestimmter Handlungen untersucht. Weyers (2012b, 24) resümiert:

»Auffällig sind die religiös-kulturellen Differenzen im Verständnis von Recht und Moral: So fassen die muslimischen Jugendlichen der Studie den Rechts- und den Moralbereich deutlich weiter als die christlichen. Viele Muslime und Musliminnen ordnen einen Selbstmord sowie homosexuelle und voreheliche Sexualkontakte der Moral und dem Recht zu. Von Christen und Christinnen werden diese Handlungen dagegen als Privatsache angesehen. Insgesamt sind die Moral- und Rechtsvorstellungen der jungen Muslime/ Musliminnen viel stärker religiös geprägt, daher stehen religiöse und säkular-moralische Normen bei ihnen häufiger in Konflikt.«

Liest man vor diesem Hintergrund die Beiträge der Konfirmand/innen, dann muss auch im Hinblick auf die Zehn Gebote gefragt werden, inwieweit sich hier allgemeine Rechtsprinzipien äußern, die sich im »normalen« Rechtssystem wiederfinden lassen (1), ob es sich um religiös-moralische Grundsätze handelt, die notfalls auch gegenüber den Gesetzen ins Spiel gebracht werden müssen (2): »Darf man alles, was nicht verboten ist?« Oder werden hier Felder angesprochen, die »Privatsache« sind in dem Sinne, dass ich mir hier auch von der Religion nichts vorschreiben lassen will (3)? Damit stellt sich die Frage zum spannungsvollen Zusammenhang von Glauben/Religion und moralistischer und juristischer Verpflichtung, die christliche und muslimische Jugendliche offenbar anders bearbeiten.

Die Entwicklung der christlichen Jugendlichen lässt sich so beschreiben: Mit Oser/Gmünder (1996) dominiert eine zunehmend *intrinsizistische* (Breitsamter 2010) Kopplung von Gottes Gebot und Handlungsauftrag. D.h., dass das moralisch Gebotene über eine immanente Rationalität begründet wird. Stufe 3 der absoluten Autonomie meint im wahrsten Sinne des Wortes, dass die Immanenz sich selbst gesetzgebend ist (Modell konsequente Immanenz). Diese Autonomie wird dann vom Lehrer aus der Orientierung an den Überzeugungen der Peer-Group hin zu einer Orientierung an Recht und Ordnung (Kohlberg Stufe 4; zu

Kohlberg vgl. Schweitzer 2001, 112–120; Büttner/Dieterich 2013, 13–24) weitergeführt. Wenn diese Kopplung ausgebildet ist, ist im Grunde kein Platz mehr für eine religiöse Transzendenz, die in bestimmten Situationen dieses oder jenes an moralischem Verhalten fordert. Es ist dann eher sinnvoll davon auszugehen, dass die sittliche Ordnung grundsätzlich auch zur religiösen passt, die Religion vielleicht die Autonomie sogar noch begründet – wie bei der autonomen Moral im christlichen Kontext (Auer 1971). Den Dekalog – wie der Lehrer – als universales Grundwertesystem zu verstehen, das das Zusammenleben regelt, passt insofern zu den religiösen Urteilen nach Oser/Gmünder (Stufe 3) und zu Kohlbergs Moralentwicklung (Stufe 4) und entlastet von der Frage, inwiefern der Dekalog göttliches Gebot sein kann.

Wenn aber die Differenz zwischen *moralisch geboten* und *gesetzlich legal* aufgerufen wird, für die sich Weyers (2012b) interessiert, dann wird dieser scheinbare Frieden zwischen religiöser und weltlicher Norm gestört. Für die christlichen Jugendlichen liegt diese Unterscheidung nicht auf der Hand, sie muss erst bewusst vorgenommen werden, indem z. B. der Dekalog im Modell der Transzendenz modelliert wird. Offenbar können dies muslimische Jugendliche routinierter, indem sie durch religiöse Traditionen extrinsizistisch legale Praktiken hinterfragbar machen. In den Beobachtungen von Weyers wirkt offenbar der starke Bezug der muslimischen Jugendlichen auf eine religiös markierte Orthopraxie (Ulfat 2017) im Sinne des Modells der Transzendenz differenzerzeugend. Diese religiöse Bezugnahme ist deswegen nicht automatisch ein fundamentalistisches, möglichst zu überwindendes Verhalten, sondern liegt in den religiösen Normen selbst. Dies wurde auch beim Dekalog deutlich, der stark von einer ordnungserhaltenden Perspektive aus gesehen (siehe das Papier zu den Grundwerten und dem Gottbezug) oder in seinen biblischen Kontexten gerade durch die Theozentrik eben befreiungstheologisch gelesen werden kann. Entscheidend ist dementsprechend nicht die Bezugnahme auf das transzendente Modell an sich, sondern in welcher Absicht es eingeführt wird und da lassen sich eine ordnungslegitimierende und eine ordnungskritisierende Perspektive unterscheiden. Auch der positivistische Rechtsstaat muss die Kritik aushalten, er ist geradezu darauf angewiesen, dass die Differenz zwischen Moral und Recht aufrechterhalten wird, um das sich verändernde Moralverständnis in die Rechtsentwicklung einführen zu können. Die christliche Haltung, beides zu identifizieren, ist aus dieser Sicht sogar kontraproduktiv. Dass sich für den christlichen Religionsunterricht z. B. in der Modellierung des Dekalogs in absehbarer Zeit etwas ändert, ist nicht erwartbar, da die Autonomie-Auffassung gut zum Deismus und der Trennung von Immanenz und Transzendenz bei den Schüler/innen und den Lehrkräften passt. Unterstützen die Lehrpläne einen möglichen Modellwechsel beim Dekalog?

13.7 Die Lehrpläne: Die Gebote zwischen Regelwerk und göttlicher Weisung

Nicht überraschend bildet sich die oben skizzierte Struktur des Themas in den Lehrplänen ab. Der Schwerpunkt liegt altersgemäß auf der Sek I. In der Tat geht es in dieser Altersstufe darum, die Konturen eines Regelwerkes zu erkennen, das über die bloßen Vereinbarungen im personalen Bezug hinausgeht und gilt. So thematisieren Schulen den Neuanfang nach der Grundschule gerne als Organisation einer »neuen Gemeinschaft« und ihrer Regeln. So sieht der hessische Lehrplan (LP|eRU|Gym|HE|2010, 16) eine Einheit vor mit dem Titel: »Miteinander handeln – gemeinsam statt einsam«. In 12 Stunden ist ein expliziter Lerngang vorgesehen: 1. Zusammenfinden (Konstitution der neuen Klasse), 2. Zusammenleben braucht Regeln (Sinn und Zweck), 3. Gemeinschaft in biblischer Perspektive (u. a. Ex 20) und 4. gemeinsam geht es besser (wir wollen etwas verändern). Die Logik ist folglich die der Immanenz. So erscheinen die Zehn Gebote als ein mögliches Regelwerk, dessen Eignung man im Kontext der beabsichtigten Generierung eigener Regeln mit Nutzen heranziehen kann.

Ähnlich geht der rheinland-pfälzische Lehrplan (LP|kRU|Sek I|RP|2012, 52) vor. In der Unterrichtseinheit »Vom Umgang mit Freiheit. Gebot und Gewissen« werden als Unterrichtsgegenstände genannt: 1. Sich entscheiden (müssen), 2. Woran Maß nehmen? 3. Mut zum Gewissen, 4. Scheitern und versöhnen, und 5. Auf dem Weg zur Freiheit. Die Logik geht zwar von der Lebenswelt aus, folgt aber einer explizit theologischen Ethik, die die Balance zwischen biblischer Weisung und eigener Verantwortung entfaltet. Man findet hier ein überzeugendes Modell von Transzendenz in der Immanenz, wie es auch an die autonome Moral im christlichen Kontext denkbar ist. Das charakterisiert auch den Abschnitt »Woran Maß nehmen?« mit den Punkten: »Welche Gebote es im Alltag gibt und warum sie notwendig sind« und »Welchen Sinn der Dekalog und die Goldene Regel hatten und was davon heute noch gilt«. Dies ist verbunden mit den Kompetenzen (LP|kRU|Sek I|RP|2012, 53):

»Die Schülerinnen und Schüler ...
- **erklären** den Sinn von Regeln in ihrem Leben.
- **tauschen sich** über Chancen und Grenzen von Regeln im menschlichen Leben **aus**.
- **stellen** die Grundaussagen der 10 Gebote und der goldenen Regel **dar**.
- **stellen** die 10 Gebote und die Goldene Regel als Orientierungsmöglichkeit für ein gutes Leben **dar**.
- **übertragen** die 10 Gebote in ihre Sprache.«

Als Bibeltexte werden Ex 20,1–17, Mt 7,12 und Mk 12,28–34 aufgeführt.

Vielleicht am explizitesten tritt der transzendente Charakter der Zehn Gebote dort zutage, wo diese im Kontext orthopraktischer Religionen wie Judentum und Islam situiert werden wie im Lehrplan Ethik (LP|Ethik|Gym|Kl. 6|HE|2010, 17) »Gewissen und Identität I: Das Gute und das Böse«. Hier findet sich auch der Abschnitt:

Tab. 26: Der Lehrplan (LP|Ethik|Gym|Kl. 6|HE|2010, 17) zum Dekalog

Die Weisungen und Warnungen der Weltreligionen: - Judentum, Christentum, Islam - Hinduismus und Buddhismus Soziale Praxis in unterschiedlichen Kulturen	Den Religionen gemeinsame Gebote und Verbote: - z. B. im Hinblick auf Töten, Lügen, Ehebruch u. a. - Für das Abendland ungewöhnlichen Gebote, Verbote und Üblichkeiten: - z. B. Speisevorschriften im Judentum, Kastenvorschriften im Hinduismus; Polygamie im Islam u. a. Geschlechtsspezifische Gebote und Verbote: - was Jungen dürfen, aber Mädchen nicht

Die Akzentuierung des Dekalogs liegt dabei auf dessen »zweiter Tafel«. Dabei wird dann übergangen, dass dessen Einleitung Gottes Verweis auf die Befreiung des Volkes aus der Sklaverei bildet. Die Gebote sind damit im Kontext dieser Befreiungserfahrung zu lesen und finden ihre Bestätigung im Bundesschluss. Wie in dem Ankerbeispiel wird dieses Narrativ stillschweigend vorausgesetzt. Dass und wie es im Grundschulkontext unterrichtet wird, zeigt etwa der bayrische Lehrplan »Mit Gott auf dem Weg – Glaubenserfahrungen des Volkes Israel« (LP|kRU|G|Kl. 3–4|BAY|2020):

»Die Schülerinnen und Schüler …
- stellen die Erzählung vom Exodus des Volkes Israel in ihren Grundzügen dar, verstehen sie als Glaubenszeugnis von Gottes rettendem und befreiendem Handeln und setzen sie in Bezug zu eigenen Erfahrungen.
- erschließen den Dekalog als Weisung für das Volk Israel und deuten ausgewählte Gebote als Hilfen für ein gelingendes Leben.«

Dieses Vorgehen entfaltet einerseits das Exodus-Narrativ, stellt aber andererseits die Bedeutung des Dekalogs in den Kontext einer Glaubensgemeinschaft. Diesen Aspekt vermisst man bei den meisten Ausführungen zum Dekalog in der Sek I. Da stehen die Gebote gewissermaßen dem Einzelnen gegenüber – mit der Aufforderung, sich zu ihnen zu verhalten. Das erscheint einerseits für die Adoleszenten angemessen, übersieht aber, dass auch dort die Positionierung gegenüber Normen gerade nicht individuell erfolgt, sondern in Bezug zu irgendwelchen Gruppen – idealerweise sind dies Figurationen von »Gemeinde«. Wir werden diesen Gedanken in Kap. 15 aufnehmen und weiterführen.

14 »Dass es gerecht zugeht!« – Propheten

14.1 »Elia auf dem Karmel« als Ankerbeispiel

Das Thema »Elia« war lange Zeit ein üblicher Schulstoff. Es gibt dazu in der Bibel einige gut erzählte Narrative, sodass der vergleichsweise früheste Prophet auch zu Beginn der Sek I thematisiert wurde. Die hier präsentierte Stunde aus der 5. oder 6. Klasse ist im Aufbau durchaus konventionell. Die Lehrerin geht die durchaus lange Erzählung 1 Kön 18 entlang und beginnt mit einer Erarbeitung eines Steckbriefs zum Propheten Elia. Später erzählt die Lehrerin von der Dürre und der Hungersnot in Israel. Der Prophet deutet diese als Folge des Abfalls von JHWH zugunsten des Fruchtbarkeitsgottes Baal. Elia fordert die Baalspropheten zu einem Gottesurteil auf den Berg Karmel. Zwei Altäre mit Opfern werden aufgebaut. Schließlich entzündet ein »Gottesblitz« Elias Opfer. Das anwesende Volk tötet die Baalspropheten und der lang erwartete Regen setzt ein. Die Lehrerin bespricht jeweils die einzelnen Sequenzen mit der Klasse und fordert sie zu Verständnisfragen, aber auch kritischen Anmerkungen auf (Nipkow 1984). Es kommt z. B. zu folgenden Anmerkungen und Fragen (Nipkow 1986, 9–11):

- »Elia schüttet Wasser um den Altar, damit die Erde nicht auch noch brennt.«
- »Wie kann Elia Feuer machen, wenn alles durchnäßt ist?«
- »Gott hätte noch mehr Anhänger gehabt, wenn Eila die Baalspropheten nicht umgebracht hätte.«
- »Wenn Elia die Priester hätte leben lassen, dann hätten sie die Leute wieder herumgekriegt.«
- »Die haben je verloren, die hatten es ja ausgemacht.«
- »Die Priester haben darum den Tod verdient, weil sie das Volk gezwungen haben, immer die besten Stiere zu opfern, dabei gab es doch Baal gar nicht.«
- »Die kleine Wolke zeigt, dass Elia Unrecht getan hat.«
- »Er hat Glück gehabt, daß der Regen gekommen ist.«
- »Er hätte auch Pech haben können, daß der Regen überhaupt nicht kommt.«
- »Er ist ein Mörder!«

Die Frage stellt sich, was bei dieser konventionellen Stunde zu dem Propheten wirklich gelernt worden ist.

14.2 Nipkows Beobachtungen

Bei 1 Kön 18 geht es um ein explizit theologisches Problem. In der Sprache der Systemtheorie ausgedrückt stellt sich die Frage, ob der kanaanäische Gott Baal auf die Seite der Transzendenz gehört (wie JHWH) oder auf die der Immanenz, weil er kein wirklicher Gott ist, sondern ein »Götze«. Damit verbunden ist die in Kap. 3 erörterte Frage, ob man in der Not zum transzendenten Gott betet und sich seinem Willen unterwirft oder zu den immanenten Himmelsmächten, von denen man sich Einfluss auf die Welt erhofft. Es geht aber auch um die religionspolitische Nutzung der Gottesfigur, die in Samarien von Ahab verwendet wird, um das Volk zu einigen (Nipkow 1986, 8), und die wir in Kap. 2 und 13 als Figur schon kennengelernt haben, um die Welt als geordnet zu denken. Der biblische Text erzählt in der Gestalt des Elia eine Entscheidungserzählung in der Form Gott und seiner Macht zu vertrauen und stattdessen das Immanente gerade nicht zu vergöttern (Nipkow 1986, 8). Eine Aktualisierung fragt dann gewöhnlich danach, welche Dinge es sind, an die wir – in der Diktion Luthers (1529b) – unser »Herz hängen«, sie also zu Unrecht »vergöttern«. Nun stellt Karl Ernst Nipkow bei der Analyse des Unterrichtsprotokolls fest, dass die Schüler/innenäußerungen deutlich machen, dass das theologische Thema von den Schüler/innen so gar nicht wahrgenommen wurde. Dies beginnt mit der Zuordnung des Propheten (Nipkow 1986, 10). Auf einem Steckbrief charakterisieren die Schüler/innen Elia als »evangelisch« bzw. als »Christ«. Doch damit ist weniger eine inhaltliche Aussage geknüpft als eine der Zugehörigkeit. Elia gehört zu uns. Er ist in der Geschichte der Gute. Diese Identifikation sorgt nun für einen moralischen Konflikt mit Blick auf die Tötung der Baalspropheten. Aus dem theologischen Problem wird ein moralisches, das auf zwei Weisen bearbeitet wird, wie die obigen Schüler/innenäußerungen zeigen: Zum einen kann dies rationalisiert werden, indem die Baalspropheten zu den »Bösen« werden (Nipkow 1986, 11): »Die Priester haben den Tod verdient, weil sie das Volk gezwungen haben, ›immer die besten Stiere zu opfern, dabei gab es doch Baal gar nicht‹« Oder: »Wenn Elia die Priester hätte leben lassen, dann hätten sie die Leute wieder herumgekriegt.« Andere Schüler/innen verurteilen aber Elia und stellen die Identifikation mit ihm infrage: Er verstößt gegen das Tötungsverbot: »Dabei glaubte er so stark an die Gebote!« Oder: »Er ist ein Mörder!« Manche differenzieren noch einmal zwischen Gott und Elia: »Gott hätte noch mehr Anhänger gehabt, wenn Eila die Baalspropheten nicht umgebracht hätte« Oder: »Die kleine Wolke zeigt, dass Elia Unrecht getan hat.« Andere stellen auch den Gottesakteur infrage (Nipkow 1986, 11):

»Entgegen der elementaren Mitte des Textes selbst wurde allerdings für die Schüler etwas anderes elementar wichtig, nämlich, daß es in der Bibel gerecht zugehe. Die Schüler stellten sich nicht unter das Wort Gottes, wie man zur Zeit der Evangelischen Unterweisung formuliert hätte, sondern sie stellten Elias Verhalten unter ihr moralisches Urteil. Dabei geriet mit der Glaubwürdigkeit Elias auch die Glaubwürdigkeit Gottes selbst ins Zwielicht. Als die Lehrerin Gott dadurch herauszuhalten versuchte, daß sie behauptete, er habe Elia nicht den Tötungsbefehl gegeben, fragte ein Schüler blitzschnell zurück: ›Woher wissen Sie das?‹«

Das Thema Elia war zur Zeit der Studie Pflichtthema in der Orientierungsstufe. Es wurde – u. a. wegen der negativen Rückmeldungen – in die Klassenstufe 7/8 verschoben und verschwand später aus den Lehrplänen. Jedoch verschwand das damit angesprochene Problem nicht.

14.3 Die theologische Modellierung der alttestamentlichen Prophetie

14.3.1 Die Grundstruktur der alttestamentlichen Prophetie

Der schulische Kanon alttestamentlicher Stoffe konzentriert sich weitgehend auf den Pentateuch und den Psalter. Die Figur des klassischen Propheten der Königszeit stellt sich dadurch – wie auch das Ankerbeispiel zeigt – erst einmal als fremd dar. Seine Einführung impliziert eine Fülle von kontextlichen Voraussetzungen. Diesen Rahmen möchten wir im Folgenden entfalten, weil ohne dessen Verständnis eine theologische Modellbildung kaum möglich ist. Die wichtigen von uns hier angesprochenen Propheten gehören in die Königszeit Israels bzw. Judas (ca. 1000–587 v. Chr.). Sie treten in der Regel als *Gerichts*propheten auf und ihre Botschaft richtet sich meist an den König als Gegenspieler und an das Volk. Diese Epoche findet ihre biblische Darstellung in den Königsbüchern und den entsprechenden Büchern zu den Einzelpropheten. Die Darstellung des Wirkens der Propheten ist durch die sog. *deuteronomistische Theologie* geprägt. Man versteht darunter eine Bewegung, die im 8. Jh. entstand und dann im Exil und danach bei der Abfassung der Bücher von Josua bis 2. Könige bestimmend wird und die damit auch in den Prophetenbüchern ihren Niederschlag findet. Wie in unserem Ankerbeispiel geht es um die Kritik an einer Beeinflussung bzw. Vermischung des JHWH-Glaubens im Hinblick auf kanaanäische Fruchtbarkeitsreligionen. Diese bewirkt – nach der Sicht der Propheten – die Ersetzung des religiös begründeten Bodenrechts zum Schutz der Kleinbauern durch die Einführung eines Marktes für Ackerland, der die soziale Ungleichheit fördert und zu Ungerechtigkeit gegenüber den Armen führt (→ 1 Kön 21). Ein weiterer Programmpunkt ist die Kultzentralisation im Jerusalemer Tempel. Dadurch gerät die Frömmigkeitspraxis im Nordreich überhaupt unter Generalverdacht des Abfalls von JHWH. Bestimmend für diese Schriften ist die Erfahrung vom Ende des Nordreiches und vom babylonischen Exil für das Südreich. Die deuteronomistische Theologie sieht diese Ereignisse als Gericht und Konsequenz der Untreue gegenüber JHWH. Um die Episode des Ankerbeispiels einordnen zu können, braucht man Hintergrundwissen über die Bedingungen im 9. Jh. im Nordreich. Ebenso wichtig ist das Wissen um das Ziel der Gerichtsprophetie. Neben dem Detailwissen für jede Einzelperikope halten wir vier Punkte für grundlegend für die didaktische Modellierung (→ Tab. 27).

Mit dieser Struktur ist so etwas wie der Grundtyp biblischer Prophetie erfasst, die im Einzelfall variiert, die aber bei einem Bezug auf die biblische Prophetie auch nicht einfach unterlaufen werden kann, ohne das Modell zu verändern. Andererseits lassen sich schon innerbiblisch und in der theologischen Tradition Transformationen erkennen, die den Prophetiebegriff erweitert haben.

14.3.2 Kritik an der deuteronomistischen Modellbildung

Diese Modellierung alttestamentlicher Prophetie hängt stark an den deuteronomistischen Rahmen. Es gibt nun aber auch gute Gründe, die deuteronomistische Sichtweise zu hinterfragen:

1. Der Rigorismus des Elia wird bereits innerbiblisch kritisiert. Der vom König Ahab verfolgte Elia und sein Nachfolger Elisa unterstützen massiv die Kräfte, die die Dynastie Ahabs (aus den Hause Omri) stürzen wollen. Jehu, der JHWH-treu agiert, organisiert einen erfolgreichen Putsch und lässt alle Mitglieder des Hauses Omri umbringen – wie Elia es mit den Baalspropheten tat. Doch in Hos 1,4 wird das Handeln Jehus als Blutschuld gebrandmarkt und verurteilt. Das Empfinden der Kinder, dass der Vertreter des Rechts nicht unrecht handeln darf, findet hier seine Entsprechung.
2. Wer eine »Geschichte Israels« oder eine entsprechende Religionsgeschichte zur Hand nimmt, der erkennt, dass die Bewertung der Ereignisse in den genannten biblischen Büchern sehr parteiisch und einseitig ist. So kann man die Außenpolitik Ahabs angesichts der Bedrohung durch die Aramäer durchaus als weitsichtig beurteilen – einschließlich der Heirat einer kanaanäischen Prinzessin (Isebel) – einem Hassobjekt in den Elia-Geschichten. Die archäologischen Funde unzähliger Objekte häuslicher Frömmigkeit

Tab. 27: Modellierung der Prophetischen Rede im AT

Berufung/ Beauftragung	Das Gottesbild der prophetischen Zeit	Zweierlei Gerechtigkeit	Gottes Gericht
Für viele Propheten ist eine eigene Berufungsgeschichte überliefert. Diese begründet seine Autorität. Doch steht er mit seiner Kritik und den Unheilsankündigungen oft gegen etablierte Kult- oder Hofpropheten, die das Gegenteil aussagen. Oft benutzen die Propheten den sog. Botenspruch (so spricht der HERR), der ihr Wort als Gotteswort kenntlich macht.	Zur Zeit der frühen Propheten wie Elia können wir von einer henotheistischen Gottesvorstellung ausgehen. JHWH ist der Gott Israels – wohlwissend, dass andere Völker andere Götter haben. Die Auseinandersetzung mit den Baalsanhängern dreht sich um die Frage, wer der Gott Israels sein soll – unter der theologischen Annahme eines Treueverhältnisses zwischen JHWH und seinem Volk. Der Weg zum Monotheismus entwickelt sich aus der theologischen Verarbeitung der Katastrophenerfahrung als Gericht. Jetzt treten die fremden Völker als Werkzeuge JHWHs in den Blick.	In kirchlichen Stellungnahmen oder im Religionsunterricht wird gerne auf prophetische Texte zurückgegriffen, wenn im Sinne einer »Option für die Armen« soziale Ungleichheit und Unterdrückung kritisiert werden soll. In diesem Sinne werden dann etwa Texte aus dem Amos-Buch benutzt. Doch der Rigorismus etwa des Elia findet weniger Anklang – zumal wenn es um Leben und Tod geht. Dass die Propheten kritisieren (Scheltworte) und drohen, ist gut nachvollziehbar im Sinne einer erzieherischen Absicht, damit die Prophezeiung gerade nicht eintritt (selfdistroying prophecy) wie im Jona-Buch.	Die Ernsthaftigkeit der prophetischen Gerichtsansagen zeigt sich nicht zuletzt darin, dass sie historisch eingetreten sind. Und die Propheten zählen sich – im Unterschied zur apokalyptischen Rede – im Übrigen selbst unter die Mitopfer des Gerichts. Es wird hier geschichtstheologisch mit einem Eingreifen Gottes in den Geschichtsverlauf gerechnet, der mit der Ungerechtigkeit konsequent aufräumt. Es trifft dabei nicht nur die anderen, denen man das Gericht schon länger gönnt, sondern man ist immer mitbetroffen.
Dieses »Sprechen Gottes« ist religionspädagogisch anspruchsvoll (s. u.).	Die Auseinandersetzung mit den Fruchtbarkeitsreligionen lässt sich nicht sinnvoll korrelativ übertragen (z. B. als »Interreligiosität« → Büttner/ Dieterich/Herrmann u. a. 2008), sondern müsste als Rahmen mit erarbeitet werden. Das macht das Modell sehr voraussetzungsvoll.	Die mit der Prophetie verbundene definitive Ansage des Gerichts für ein ganzes Volk stellt dann das Bild vom »lieben Gott« massiv infrage.	Im Christentum tut man sich schwer mit solchen Konstruktionen – wenn es auch nach den beiden Weltkriegen solche Deutungen gab. Kann man als Christ/in eine solche – als irreversibel gedachte – Katastrophenprognose formulieren und ertragen?

lassen den Schluss zu, dass eine Frömmigkeitspraxis, wie die Propheten sie propagiert haben, wohl nur von einer kleinen Minderheit geteilt wurde. Das provoziert die Frage, ob man – wie es die biblische Geschichte in der Nachkriegszeit tat – einfach dem biblischen Narrativ mit seinen eigenen Perspektiven wie einer Dokumentation entlangerzählen kann, ohne den Beobachtungsstandpunkt zu klären.

3. Diese Frage spitzt sich zu, wenn wir überlegen, welche Funktion die deuteronomistische Theologie für eine christliche Heilsgeschichte spielt. Der Weg Israels zum Gericht wurde als Scheitern des Judentums interpretiert, der heilsprophetisch begleitete Neuanfang nach dem Exil als Hinweis auf den Messias des Neuen Bundes Jesus Christus. Dagegen führt das Gericht nach jüdischer Deutung zu einer Art Reinigung, die dem »heiligen Rest«, der das Exil mitgemacht hat, eine besondere Legitimität zuspricht. Dies macht den Bezug auf das Gerichtshandeln Gottes – gerade für Christ/innen – durchaus heikel.

Wenn man das bisherige Modell von Prophetie mit dem engen deuteronomistischen Rahmen – und damit auch die vorexilische Phase der Gerichtsprophetie angesichts der Untreue gegenüber JHWH und die nachexilische Heilsprophetie angesichts der wiedererwachenden JHWH-Treue – verlässt (1), dann kann man sich nun ganz auf die heilsgeschichtliche Erfüllung der gegebenen Prophetenworte konzentrieren (2) oder die Prophetie durch einen mythischen Rahmen dekontextualisieren (3) oder die Prophetie ganz radikal aus dem Gottesbezug lösen und so die Prophetie von der schwierigen Frage nach einer auch gewaltvollen Heilsgeschichte entlasten (4).

Tab. 28: Modellrahmen zur Prophetie

	1. Ambivalente biblische Propheten als Akteure (AT & NT) (→ Tab. 27)	2. Propheten als Zusager der sich (in Jesus) erfüllenden Verheißung	3. Es war einmal ein Prophet	4. »Propheten« als aufrüttelnde Vorbilder
Redeform	Heils- und Gerichtsprophetie	Heilsprophetie	Gerichtsprophetie	Gerichtsprophetie
Eschatologischer Vorbehalt	Die Wahrheit der Rede zeigt sich (emergent) erst hinterher (Jer 28,5–9), der Prophet steht für das Wort Gottes mit seiner Existenz ein	Durch die Rede wird eine bessere Zukunft stabil erwartbar	Keiner, die Katastrophe kann aber noch vermieden werden; self destroying prophecy	Die Analyse ist klar und die Mittel sind es auch, offen ist nur, ob die Wege auch gegangen werden

	1. Ambivalente biblische Propheten als Akteure (AT & NT) (→ Tab. 27)	2. Propheten als Zusager der sich (in Jesus) erfüllenden Verheißung	3. Es war einmal ein Prophet	4. »Propheten« als aufrüttelnde Vorbilder
Standpunkt der Rede	… selbst bedroht und auf der Seite der Bedrohten, riskanter Sprechort	… vor Jesus und vor jeder sich erfüllenden Zeit	… unbeteiligt von außen über andere	Die Propheten können alle sein, die die Zeichen der Zeit lesen
Kontextualisierung	… in der biblischen Königszeit mit äußeren und inneren Konflikten	… in der biblischen Königszeit, kann aber auch jede Zeit sein, die nicht erfüllt ist	Jede und keine Zeit ist gemeint	Sehr konkrete politische Situation, in der ein System in Wahrheit nicht funktioniert
Aktualisierung	Propheten reden auch direkt zu uns heute, wenn wir in einer vergleichbaren Hörsituation sind und die Lücke der Zusage aushalten können	Propheten reden auch direkt zu uns heute, wenn wir in einer vergleichbaren Hörsituation sind und wir so die Wartezeit aushalten können	Wie bei einem Gleichnis sind Strukturen auf jede Zeit beziehbar	Ethische Aktualisierung, ein Gottesbezug ist nicht nötig
Beispiel	Amos/Jes/Jer	Amos/Jes/Jer verkürzt	Jona, im Grunde können aber alle biblischen Propheten auch so erzählt werden	Martin Luther King/Greta Thunberg

14.3.3 Religionspädagogische Strategien

Die Religionspädagogik hat aus diesen Schwierigkeiten Auswege gesucht, die sich an dem zweiten bis vierten Modell anlehnen und so die latent überfordernde Radikalität der biblischen Prophetie entschärfen (→ Tab. 29 auf nächster Seite).

14.4 Lehrer/innentheologische Konstruktmodelle zur Prophetie

Man wird nach dem Gesagten nachvollziehen können, dass Lehrkräfte bei den Propheten kaum zu Modellierungen greifen, die die ganze Breite der Themenstellung umfassen. Wir referieren hier exemplarische Überlegungen zu drei Schlüsselaspekten.

Tab. 29: Religionspädagogische Reaktionen

Präferenz für Heilsprophetie	Aktualisierungen	Jona als Alternative?
Prophetenbücher, die gerichts- und heilsprophetische Passagen bieten, werden halbiert (Schluss des Amos-Buches) oder konsekutiv so gefügt, dass das Gericht schon in der Erfüllung aufgehoben ist (Jesaja: zuerst Weinberglied, dann Friedensvision). Religionspädagogisch kann so das freundliche Gottesbild gerettet werden.	Der Religionsunterricht belässt es nicht bei einer diachronen Sicht, die die Prophetie in ihrer Zeit betrachtet. Sie fragt in der einen oder anderen Weise nach Prophetie heute. Man kann in performativer Weise das prophetische Reden als Sprechhandlung sehen: Wer kann heute sagen »so spricht der HERR«? Üblicher ist die Frage nach den »Propheten heute«. Es finden sich (z. B. in den Schulbüchern) immer wieder neue Kandidat/innen. So ist bei Martin Luther King der Kontext in der Tat vergleichbar – er appelliert als Christ an ein christliches Publikum.	Im Kreise der sog. ›Kleinen Propheten‹ findet sich neben den historischen Gestalten ein fiktionaler Text aus offensichtlich nachexilischer Zeit. Er enthält die klassischen Bestandteile von Prophetenbüchern: ein zögerlicher Prophet, Gerichtsandrohung, fremde Völker. Insofern kann man hier durchaus lernen, was alttestamentliche Prophetie ist. Doch Ninive und sein König sind exemplarische Vertreter der (im Exil erfahrenen) fremden heidnischen Welt ohne konkreten historischen Ort. Im Zentrum steht aber gar nicht das Weltgeschehen, dies ist mehr eine Bühne, um die Beziehung zwischen Gott und seinem Propheten als einem normalen JHWH-Gläubigen zu bedenken. Es geht also um theologische und anthropologische Grundfragen.
Doch kann und soll man die Härte des Gerichtsgedankens den Schüler/innen vorenthalten? Kann man dann überhaupt noch geschichtstheologisch argumentieren?	Doch wie ist es bei Greta Thunberg? Manche Zeichenhandlung und ihre Rede haben durchaus prophetische Züge. Aber gibt es eine Prophetie im biblischen Sinne ohne Gottesbezug? Und müsste nicht auch viel stärker der Standpunkt der Rede geklärt werden, bevor hier Übertragungen stattfinden?	Es wird ein Prophet behandelt, aber die prophetische Rede ausgesetzt. Die Entlastung ist auch das größte Problem, dass sowohl die theologischen als auch die ethischen Fragen der Prophetie zu theologischen Bühnenrequisiten werden.

1. Das Problem der Propheten als Sprecher des Wortes Gottes: Als die »Lehrerin«, eine Studierende in der Praxisphase, von Gottes Auftrag an Jona erzählt, nach Ninive zu gehen, fragt plötzlich Sibylle »Ich wusste gar nicht, dass Gott sprechen kann« (Freudenberger-Lötz 2007a, 12). Es entspinnt sich eine intensive Diskussion unter den Kindern, die die Lehrerin dann wieder zum Thema Jona zurückzubiegen versucht. Doch in der Rückschau kommt sie zu einer anderen Einschätzung (Freudenberger-Lötz 2007a, 12 f.):

»Ich habe mich über Sibylles Frage riesig gefreut, war aber zu unflexibel, um auf das neue Thema geschickt einzugehen. Ich hatte es unbedacht vorausgesetzt, dass das Reden Gottes zu Jona kein Thema sein wird. [...] Ich ging davon aus, dass es alle so annehmen und nichts Verwunderliches dabei ist, da ich mein Stundenziel verfolgen wollte. Auf den Herzen der Kinder lag aber eine andere Frage.«

Die Studierende geht als Anfängerin davon aus, dass ihr eigenes Modell der Geschichte auch das der Kinder ist. Gleichzeitig kennt sie die Implikationen ihres Modells nur zum Teil. Dabei – das zeigen zahlreiche andere Berichte (→ Kap. 1.1) – ist das Sprechen Gottes eine Hürde, die in vielen Religionsstunden lauert, auch bei erfahrenen Kolleg/innen. Es sind mindestens drei Fragen, die zu reflektieren sind: 1. (Wie) redet Gott in der Bibel? 2. Redet er noch heute? 3. Zu wem und wie kann man sich das für heute vorstellen? Die Fragen sind grundlegend, tauchen aber beim Thema Prophetie besonders dort auf, wo die Gegner der Propheten ebenfalls behaupten, von Gott legitimiert zu sein.

2. Das Problem des gebundenen Redestandpunktes: Das zweite Beispiel einer lehrer/innentheologischen Modellbildung entnehmen wir den Überlegungen von Alfred Garcia Sobreira-Majer (1999). Der stößt bei seinen jüngeren Gymnasiast/innen auf die Aussage (Sobreira-Majer 1999, 121), »dass Gott ja ungerecht wäre, wenn er nicht allen Menschen das Gleiche widerfahren ließe«. Ein differenzierendes Gericht wird damit explizit abgelehnt. Es geht bei dem anschließenden Gespräch in der Klasse natürlich hauptsächlich um ein eschatologisches »Jüngstes Gericht«, doch Sobreira-Majer referiert auch ausdrücklich über die Ankündigung eines innerweltlichen Gerichts durch die Propheten. In seiner Modellierung kommt der Lehrer dann zu einem reflektierten Bild von Gericht im Sinne einer Selbsterkenntnis (Sobreira-Majer 1999, 138). Was bedeutet dann die gerichtskritische Sicht der Schüler/innen und wie kann sich der Lehrer ihnen gegenüber positionieren? Wir müssen anerkennen, dass unsere religiöse Metaphorik Ausdruck unserer sozialen Erfahrung ist. In einer vergleichbar egalitären Gesellschaft ist es nachvollziehbar, dass menschliche Schuld graduell unterschieden und individuell zugerechnet wird. Eine binäre Unterscheidung zwischen Heil und Verdammnis ist schwer konkret vorstellbar und verletzt unser Gerechtigkeitsgefühl. Dasselbe gilt für die kollektive Haftung als »Volk«: In diesem Zusammenhang ist es interessant, dass Sobreira-Majer noch einen anderen Kontext einspielt (Sobreira-Majer 1999, 138):

»In Brasilien habe ich das anders zu sehen gelernt. Wer sich für Ausbeutung und ein Leben auf Kosten anderer entschieden hat, wer sich aus Vorurteilen,

Hass und Egoismus ein ›Gefängnis‹, seine eigene ›Hölle‹ gebaut hat, den wird Gott in diesem Gefängnis lassen.«

Von dieser Warte stellt sich dann das prophetische Handeln nochmals anders dar – auch als Kritik unseres Verständnisses von Gerechtigkeitsgefühl.

3. *Das Problem der Gottesproblematisierung:* In der Regel nehmen Lehrkräfte an, dass sich Kinder und Jugendliche auf das »Was?« der Prophetie konzentrieren und setzen voraus, dass diese genau das »Was?« teilen werden. Je stärker das »Was?« aber vom ersten Modell her gebildet ist, umso unnormaler für den gesellschaftlichen Mainstream muss diese Botschaft sein – und nicht alle verlassen den Mainstream ohne Weiteres. Entweder ist die prophetische Rede also schon durch die Zustimmung zur Botschaft plausibilisiert oder ihre eigenartige Konstruktion ist noch ein Grund mehr sie abzulehnen. Gerade das Ankerbeispiel zeigt, wie die Herausforderung der Unterscheidung von Gott und immanenten Götzen am Ende Gott selbst destabilisiert, weil er selbst von einem moralischen Maßstab gerichtet wird.

Es ist kein Zufall, dass heute Unterrichtsstunden stärker auf die Strategie der Mythologisierung bzw. der Aktualisierung setzen, die genau von diesen drei Problemen entlastet (z. B. Caruso/Hengesbach 2017, 17 ff.).

14.5 Die Konstruktmodelle der Schüler/innen

Es ist kaum möglich, das ganze thematische Spektrum abzudecken, doch wollen wir exemplarisch einen Blick auf die Rezeption der Jona-Geschichte werfen, der inhaltlich und von der Argumentation her für Grundschulkinder typisch sein mag. Im Vordergrund steht hier eher der Prophet: sein (verweigerter) Auftrag, die Walfisch- und die Rizinus-Episode. In Bezug auf Gottes Strafe bzw. Mitleid spielen – wie bei Nipkow (1984; 1986) – verschiedene Gerechtigkeitskonzepte eine Rolle. Wir zitieren hier einige Schüler/innenstatements (Kalloch 2004, 201):

- »Wenn Gott als erstes sagt, er zerstört die Stadt, dann versteh ich nicht, warum er jetzt Mitleid hat ...« (Dennis) [...]
- »Wenn jemand ein Riesenunrecht getan hat, dann muss er dafür bestraft werden.« (David)
- »Die Leute von Ninive waren traurig und erschrocken und haben sich gebessert, da hat Gott gedacht, die sind wieder okay, dann zerstör ich die Stadt nicht.« (Dennis)

- »Aber wenn sie sich dann doch wieder anders verhalten – also böse –, dann kommt alles das Gleiche nochmal.« (Dennis)
- »Die haben so viel Schlimmes gemacht, aber gebessert haben sie sich, das muss jetzt besser sein als vorher.« (Stella)

Das Anliegen der Prophetie, in Zeiten der unklaren Zeichen mit der Gottesbeobachterposition unter vollem Risiko die Zeichen der Zeit zu bewerten, ist bei den Schüler/innen auch nicht zielführend. Hier führt die Ethisierung zu der Frage, wie gerecht eigentlich die Barmherzigkeit Gottes ist, die auf die erfolgreiche »selfdestroying prophecy« erfolgt, die Jona schon vorher ahnt. Hier wird Jona also dafür genutzt, eine theologische und anthropologische Grundfrage nach der Vergebbarkeit der Schuld zu bearbeiten angesichts der Barmherzigkeit Gottes und der Reue der Menschen.

Wir finden diese Sicht bestätigt in einer Studie zum jungen Samuel (die man im weiteren Sinne der Prophetenthematik zuordnen kann). In 1 Sam 2 und 3 erfahren wir, wie Gott zu dem Jungen Samuel spricht und wie dieser seinem Herrn, dem Priester Eli, wegen dessen frevlerischen Söhnen deren Tod ansagen muss. In einem Unterrichtsgespräch der Grundschule ringen die Kinder mit dem Ausgang der Geschichte (Büttner/Freudenberger-Lötz 2003). Sie wissen um Gottes »Verwarnungen« und akzeptieren schließlich die notwendige Konsequenz (Büttner/Freudenberger-Lötz 2003, 149):

S: Also ich glaub fast, für die Söhne ist es jetzt zu spät. Aber warum müssen dann andere Unschuldige sterben?
L: Das findet ihr ungerecht?
S: Ich bin ganz sauer auf die Söhne. Die sind doch an allem Schuld. Warum muss dann die ganze Familie und vielleicht noch mehr müssen sterben?
L: Gibt's keinen Ausweg?
S: Glaub ich nicht, oh ist das aber doof. Mist. Wie geht's denn weiter? Jetzt sagen Sie es uns bitte, ich halt's nicht mehr aus!

Wir erkennen eine Dominanz des Do-ut-des-Denkens. Diesem müssen auch Gott und der Prophet entsprechen, wenn es gerecht zugehen soll. Dies ermöglicht auch ein Denken im Sinne einer »Pädagogik Gottes« – einer Übertragung der eigenen Erziehungserfahrungen auf Gottes (Straf-)Handeln. Wir erkennen hier, dass ein Gerichtshandeln Gottes im Horizont ihrer Modellierungen liegt. Dies ist wichtig zu wissen, weil viele Lehrer/innen das nicht akzeptieren wollen (Fricke 2005).

14.6 Die Modellierungen der Lehrpläne

Wir zitieren hier sehr exemplarisch Beispiele, die sich zum oben Gesagten in Beziehung setzen lassen.

Für den Lehrplan (LP|kRU|G|NRW|2008) finden wir zur Thematik ein ambitioniertes Programm: Im Bereich »Das Wort Gottes und das Heilshandeln Jesu Christi in den biblischen Überlieferungen« findet sich der Schwerpunkt »Propheten«:

Tab. 30: Der Lehrplan (LP|kRU|G|NRW|2008, 176) zu den Kompetenzerwartungen beim Inhalt Propheten

Kompetenzerwartungen am Ende der Schuleingangsphase Die Schülerinnen und Schüler	Kompetenzerwartungen am Ende der Klasse 4 Die Schülerinnen und Schüler
– entdecken in Propheten Menschen, die sich von Gott gerufen wissen: Berufung des Samuel	– beschreiben und deuten den Lebensweg/Auftrag des Propheten Elija/Elischa oder Jesaja und das Buch Jona als Lehrerzählung

Die Modellierung orientiert sich schon an den biblischen Propheten und fokussiert mit der Berufung durchaus das erste Element des ersten Modells. Auf eine Aktualisierung wird verzichtet. Allerdings wird dieses Element isoliert aus dem narrativen Kontext herausgenommen, mythologisiert und zu einer theologischen Grundfrage der allgemeinen Lebensberufung von Gott verdichtet. Betrachtet man den Bildungsplan Baden-Württemberg für das Fach Evangelische Religionslehre in der Sekundarstufe I für die Klassenstufe 7/8 (LP|eRU|Sek I|BW|2016), dann begegnet man dem Thema »Amos« im Hinblick auf drei inhaltliche Kompetenzfelder: Welt und Verantwortung, Bibel, Gott – mit den Textangaben Am 5,4; 5,21.27; 8,4–10; 9,1–15. Nehmen wir die angegebenen Verse bzw. Perikopen im Kontext eines übergeordneten Themas, dann geraten sie zum puren Biblizismus, wenn ich gar nichts über ihren Kontext weiß. Die Lektüre der angegebenen Textausschnitte spricht aber keineswegs für sich selbst. Wie kann man zu den elementaren Strukturen vorstoßen? Der Lehrplan selbst kann dies nicht leisten.

Die angegebenen Bibelstellen zeigen eine sehr selektive Auswahl. So fehlen die aus dem Bibeltext ersichtlichen Angaben zur Person des Propheten, besonders die Auseinandersetzung mit dem Kultpropheten Amazja (Am 7,10–17). Die zum Verständnis der Autorität des Prophetenamtes zentrale Bedeutung der Visionen (Am 7 und 8) fehlt ebenfalls. Am gravierendsten erscheint die mangelnde Reflexion des hier sichtbar werdenden Gottesbildes.

Interessant ist die »Weiterführung« der Thematik in der Kursstufe (LP|eRU| Gym|KS|BW|2001, 43). Beim Thema Gerechtigkeit findet auch das AT Berücksichtigung. Es heißt dort:

Tab. 31: Auszug aus dem Bildungsplan (LP|eRU|Gym|KS|BW|2001, 43) zum Inhaltsfeld Gerechtigkeit

Gerechtigkeit in der Bibel: Zedakah als gemeinschaftsgerechtes Verhalten Regeln für gerechtes Verhalten: Ex 20,1-17; Ex 22,20-23 Prophetische Sozialkritik: Amos in Auszügen	Gottes gemeinschaftstiftendes Handeln als Grund und Modell menschlicher Gerechtigkeit Gerechtigkeit als Ermöglichung von Leben in Freiheit Kritik gemeinschaftszerstörenden Handelns 1. Kön 21 als Sachparallele; kreative Bearbeitung eines Prophetenworts für die heutige Zeit

Die Formulierungen erscheinen uns so offen, dass sie im Hinblick auf die Modellierung einer eigenen Vorstellung von »Prophetie« aber auch »Gerechtigkeit« nur bedingt hilfreich sind. Ein produktiver Vorschlag ist demgegenüber die Idee, den sog. Tun-Ergehens-Zusammenhang (der auch die deuteronomistische Theologie bestimmt) zu thematisieren – einschließlich seiner innerbiblischen Kritik. Die Folge der Visionen macht deutlich, dass es dem Propheten nicht um Mahnungen geht, sondern um die Mitteilung des bevorstehenden Gerichts. Es verwundert von daher nicht, dass der Lehrplan diese exegetische Einsicht zu relativieren sucht. Der erwähnte Einzelvers (Am 5,4) »*Ja, so spricht der HERR zum Hause Israel: Suchet mich, so werdet ihr leben*« ist aus dem Kontext einer Art Totenklage über Israel entnommen – und so seiner Dramatik beraubt. Die Textpassage aus dem 9. Kapitel – die einzige heilsgeschichtliche Passage, die exegetisch eher als späterer Zusatz angesehen wird – wird hingegen ebenfalls als Textempfehlung angeboten. Man erkennt hier eine Variante der Lehrer/innentheologie, die mit dem zweiten Modell eine durchaus problematische Modellvariante autoritativ ins Spiel bringt.

15 »Man will ja immer ein bisschen seine Zukunft wissen« – Fragen der Eschatologie

In diesem Kapitel fassen wir die universelle und die individuelle Eschatologie zusammen, die in systematisch-theologischen Traktaten heute getrennt werden, um den traditionellen Fokus auf den Weg des Individuums nach seinem biologischen Tod zu korrigieren. Wir verzichten an dieser Stelle aber auf die Unterscheidung in zwei eigenen Kapiteln, weil in dem zu entwickelnden Modellrahmen beide Perspektiven ineinandergeschoben sind. Wie schon häufiger in diesem Buch bildet ein Grundrahmen die Frage, wie es mit der Welt weiter- und zu Ende geht, die Voraussetzung und wie es mit der/dem Einzelnen weitergeht.

15.1 Fragen an Jesus – das Ankerbeispiel

In einer 10. katholischen Realschulklasse geht es um den Glauben an bzw. das Verhältnis zu Jesus. Die Lehrerin schlägt als eine Art Gedankenexperiment die Frage vor: »Was ich Jesus gerne fragen würde.« Dabei stellt ein Schüler gleich die Rückfrage, ob der »nochmal da« sei. Doch die meisten Schüler/innen beginnen dann mit den – an der Tafel festgehaltenen – Fragen (Faust-Siehl/Krupka/Schweitzer u. a. 1995, 231). Die Fragen richten sich zunehmend in Richtung des postmortalen Ergehens (232 f.):

> H3N: Ah, wie ist das Leben nach dem Tod?
> L: Hm, S? Das isch a gute Frage. [...]
> G2/M: Ma will ja immer a bissle sei Zukunft wisse.
> C2/W: Man will Sicherheit haben.
> G2/M: Man will ja (wie auf der Erde) auch vorausplanen oder so.
> L: Richtig, man will vorausplanen, über die Zukunft Bescheid wissen. C2/w sagte gerade so leise vor sich hin noch was, was mir auch wichtig erscheint.
> C2/W: Ja, man möchte gewisse Sicherheit haben. [...]
> B2/W: Man kann sich das nicht vorstellen, einfach weg sein, irgendwie nimmer/nimmer existieren, das kann man sich nicht vorstellen.

Ein nächster Schüler D1/m erklärt schließlich (Faust-Siehl/Krupka/Schweitzer u. a. 1995, 244), dass das Ergehen nach dem Tod das Einzige sei, was ihn interessiere. Der *Rahmen* dieses Gesprächs ist durch zwei wichtige Merkmale gekennzeichnet. 1. Die Redebeiträge sind eigentlich im Kontext einer präsentischen

Christologie formuliert. Das postmortale Ergehen der Welt und der/des Einzelnen wird im Gegenüber zu einem (göttlichen) Christus thematisiert – wenn auch nicht von allen zustimmend. 2. Mit der Gattung des Gedankenexperiments hat die Lehrerin die Form gefunden, über die Dinge zu reden, die keine wirklich empirische Grundlage haben. In einem Gedankenexperiment gelten weiter bestimmte strukturgebende Regeln und gleichzeitig wird den Vorstellungen Raum gegeben. Didaktisch wird damit eine Form der Rede eingeübt, die – wie wir noch sehen werden – theologisch angemessen ist und zugleich nach Speck (2011, 128) den Erwartungen der Kinder und Jugendlichen entgegenkommt:

»Die Kinder halten im Blick auf das, was nach dem Ende kommt, vieles für möglich. Dabei ist es ihnen nicht wichtig, Wahrscheinlichkeiten abzuwägen oder Gewissheiten zu erhalten. Verschiedene Erklärungsversuche werden nebeneinander akzeptiert. Sie fordern auch keine endgültige Antwort ein, sondern sind durchaus einverstanden damit, dass keine Aussagen mit letzter Sicherheit gemacht werden können.«

15.2 Denkmodelle der christlichen Eschatologie

15.2.1 Wie geht es mit der Welt weiter? – Modelle universaler Eschatologie

Wir haben schon bei der Schöpfung (→ Kap. 2) und dem Reich Gottes (→ Kap. 8) die Frage geschnitten, wie der Zusammenhang zwischen der jetzigen gegenwärtigen und der zukünftigen Welt gedacht werden kann. Hier lassen sich grob vier Modelle unterscheiden, die dann ihrerseits den Denkrahmen für die individuelle Auferstehung vorgeben.

In den Jahrhunderten vor und nach dem Auftreten Jesu entstand in Israel eine religiöse Weltanschauung, deren Bilder noch heute bei uns lebendig sind: die *Apokalyptik* (→ Kap. 8). Man könnte diese Bewegung als Machtfantasie zur Kompensation von Ohnmachtserfahrungen bezeichnen. In der nachexilischen Zeit erfährt sich Israel als Spielball heidnischer Großmächte, die unter Antiochos IV. (215–164 v. Chr.) sogar die religiöse Existenz des Judentums bedrohen. Dieses Bedrohungsgefühl empfand auch das frühe Christentum unter dem römischen Kaiser Domitian. Es entstanden jeweils Schriften, in denen ein Himmelsreisender Einblick erhält in die Kosmologie (seiner Zeit!) und den Ablauf der Weltgeschichte. Vieles ist symbolisch und muss dem Himmelsreisenden gedeutet werden. Man erfährt hier also die »Offenbarung« (griech. Apokalypsis) der Weltgeheimnisse. Die Apokalypse funktioniert durch den besonderen Standort

des Autors, der außerhalb der geschlossenen Welt führt. Dieser Standpunkt ist genauso heikel wie der von Propheten eingeführte Spruch des HERRN. Deshalb muss die Offenbarung bei aller Bildgewaltigkeit der Apokalyptik präzisen Regeln folgen: Entscheidend ist, dass die apokalyptische Offenbarung …
- »nicht als Enthüllung zukünftiger Ereignisse in fahrplanmäßiger Qualität verstanden wird« (Frey/Wolter 1999, 17), sondern gegen den Lauf der Zeit im Namen jenes Gottes Widerspruch einlegt. Dieser Widerspruch folgt einer noch unabgegoltenen Verheißung.
- nicht einfach als Verlängerung des eigenen Willens entlarvt wird, um über den Blick in die katastrophalen Folgen der Weltentwicklung Menschen heute zu manipulieren (Frey/Wolter 1999, 17). Wie beim Gebet als Eintauchen in den Willen Gottes (→ Kap. 3) lebt auch die apokalyptische Rede davon, sich einer transzendenten Perspektive und ihrem Programm für die Welt zu unterwerfen, aus dessen Sicht die jetzige Welt keinen Bestand haben kann (Frey/Wolter 1999, 17).
- eine »verschärfte Wahrnehmung der Zeit zur Folge hat, ihrer eindeutigen Richtung zur Entscheidung und zum Ende hin« (Frey/Wolter 1999, 19).

Während also die Prophetie den Blick auf die Gegenwart zur Unterscheidung der Geister richtet, besteht das Aufdecken der Apokalypse darin, die gegenwärtige Entwicklung auf ihr schreckliches Ende hin auszuprojizieren und so die Gegenwart mit ihrer Fratze jetzt schon anders zu sehen. Dafür verwendet sie die Bilder der Himmelssphären, der Unterwelt (Hölle), der Zeichen am Himmel und der Bedrückungen anlässlich eines letzten großen Kampfes, die klar darin sind, die Schrecklichkeit der Welt in ihre kosmische Auflösung zu spiegeln, sodass es keine immanente Reparatur mehr geben könne, sondern Gott in einem Akt der Neuschöpfung dann endlich paradiesische Verhältnisse herstelle. Geschichtstheologisch zeichnet sich jetzt schon das Ende ab. Auch wenn die Gottesherrschaft in der Zeit noch verdeckt ist, so wird sie in der Apokalypse offenbar werden. Man sollte sich also nicht täuschen, die Gottes-Stille ist nur die Ruhe vor dem Sturm.

So scharf dabei die Zeitdiagnostik ist, so offen, vielgestaltig sind die apokalyptischen Bilder, sodass sie sich selbst nicht als absolute Wahrheit setzen, sondern weitere Deutungen brauchen (Frey/Wolter 1999, 17). Und so greifen die apokalyptischen Texte der Bibel (Buch Daniel, Offenbarung des Johannes [Apk Jh.]) und des näheren Umfelds (Henoch) die Bilderwelten untereinander auf, um damit auch für eine Stabilität und Anschlussfähigkeit – bei aller Offenheit der Bilder für neue Zeitkontexte – zu sorgen, die im Grunde bis heute – beispielsweise in apokalyptischen Filmen – das kollektive Gedächtnis prägen. Es ist wichtig, die Schlüsselmotive der Apk Jh. zu kennen, z. B. die apokalyptischen

Reiter, das Buch mit sieben Siegeln, ein neuer Himmel und eine neue Erde, Gottes Wohnen bei den Menschen. Als Beobachter/in apokalyptischer Bildersprache ist es grundlegend, sich immer zu vergewissern, in welcher Redeform man sich befindet. In diesem Sprachspiel ist eine andeutende Bildrede produktiv, werden Einzelelemente ausgeleuchtet, um etwas sichtbar zu machen, während andere undeutlich bleiben. Die apokalyptischen Narrative sind keine Puzzles, die akkurat aufgehen. Deshalb kann es an dieser Stelle kein völlig konsistentes Modell geben, wie aus Sicht »der« Apokalypse die Welt gerichtet wird. Vielmehr zeigen sich »Landkarten des (apokalyptischen) Denkens« (Büttner 2003).

Aus der Offenbarung des Johannes und damit aus der Apokalypse entwickelt sich auch das zweite geschichtstheologische Modell: der *Chiliasmus*. Der Chiliasmus besagt, dass es eine tausendjährige Herrschaft Christi gibt, bevor es dann mit Ablauf dieser Zeit, zum finalen Kampf zwischen dem Guten und dem Bösen kommt. Nach diesem Kampf wird der endgültigen Heilszustand anbrechen (Nocke 2002, 391). Das Hoffnungsbild des Chiliasmus erfuhr in der Theologiegeschichte durch Theologen und Kirchenväter wie Irenäus, Eusebius, Augustinus oder Joachim von Fiore eine vielfältige Interpretation und Rezeption bis heute. Bei allen Unterschieden der Bezugnahme lassen sich dennoch ein paar Grundzüge markieren: Der Chiliasmus beruht auf der Offenbarung des Johannes (Nocke 2002, 391), genauer Offb 20,1–3:

»Dann sah ich einen Engel vom Himmel herabsteigen; auf seiner Hand trug er den Schlüssel zum Abgrund und eine schwere Kette. Er überwältigte den Drachen, die alte Schlange – das ist der Teufel oder der Satan – und er fesselte ihn für tausend Jahre. Er warf ihn in den Abgrund, verschloss diesen und drückte ein Siegel darauf, damit der Drache die Völker nicht mehr verführen konnte, bis die tausend Jahre vollendet sind. Danach muss er für kurze Zeit frei gelassen werden.«

Im weiteren Verlauf dieses 20. Kapitels aus der Offenbarung des Johannes wird geschildert, wie sich nach der Fesselung des Satans die Märtyrer am Throne Christi versammeln und zum Leben kommen. Nach tausend Jahren der Herrschaft der Heiligen mit Christus wird der Satan frei gelassen und zieht aus, um sein Gefolge um sich zu scharen. Doch schließlich werden die Scharen des Teufels vom Feuer, das vom Himmel fällt, verzerrt und der Teufel selbst in den See von brennendem Schwefel geworfen, wo er dann bleiben muss. Anschließend wird über die Toten Gericht gehalten (vgl. Offb 21).

Der Chiliasmus verschiebt gegenüber der Apokalyptik den Fokus. Er strukturiert die Zeit bis zum Ende in drei Reiche: 1. Jesus Christus bindet den Satan und die tausendjährige Herrschaft der Heiligen mit Jesus auf der Erde beginnt 2. Satan wird freigelassen und darf unter den Menschen wüten, bevor es zur endgültigen Auseinandersetzung von kosmischem Ausmaß zwischen Jesus Christus und dem Satan kommt. 3. Jesus errichtet seine Königsherrschaft im Himmel und auf der Erde. Apokalyptisch bleibt der Übergang zwischen dem zweiten und dritten Reich, aber das erste und zweite Reich sind normale Weltzeiten, die je nach Standpunkt anders zugeordnet werden – je nachdem, ob man die Zeit gerade als furchtbare Katastrophe des Endkampfes oder als Friedensreich erlebe. So kann man sich mit Joachim von Fiore (1130–1202) am Ende des zweiten Reiches wähnen und die Kirche als Dienerin des Bösen erkennen. Man kann aber auch mit Eusebius von Caesarea (260/264–339/340) die konstantinische Wende als drittes Reich und das römische Reich als Friedensreich Christi deuten.

Gerade diese Interpretation einer Gegenwart als das zweite bzw. dritte Reich macht den Chiliasmus bis heute sehr mächtig. Nach Jewett (2005) ist der amerikanische Protestantismus seit 200 Jahren davon infiziert, sich selbst entweder als Reich-Gottes-Kämpfer im Kampf gegen den Satan zu wähnen und bereit zu sein, dafür zu leiden, oder sich mit Überlegenheitsgefühl im dritten Reich zu verorten (Jewett 2005, 60 ff., 65). Durch den tiefgreifenden Deismus und die rationalistische Skepsis, aber auch die traditionelle Rezeption von Theologen wie Augustinus, der deutlich zwischen der jetzigen Kirche und dem Reich Gottes bzw. der »Kirche in ihrer einstigen Gestalt« (Augustinus o. J./1916, Civ. Dei XX 9) unterscheidet, wird dieses Modell in Deutschland nur am Rande auftauchen. Es ist aber in dem Modellrahmen eine wichtige Position, weil es daran erinnert, dass die Jetztzeit unter der Gottesherrschaft steht. Auch wenn die konkrete Zeit je nach Wahrnehmung zum Lobe Gottes dem ersten oder dritten Friedensreich bzw. zum Durchhalten einer Schreckenszeit dem zweiten Reich des Satans und der Endzeit zugeordnet wird, immer wird die Jetztzeit unter der Herrschaft Gottes gedeutet.

Das dritte Modell der *Parusie* Christi drängt die apokalyptischen Bilder der Endkatastrophe weiter zurück und gibt die Welt frei. Parusie im Kontext der Eschatologie bedeutet, dass das »die Welt verwandelnde endzeitliche Kommen Christi« (Nocke 2002, 386) eintritt. Die endzeitliche Erwartung der Parusie Christi kennen auch die ersten beiden Modelle als Element, aber sie wird dort in eine andere Logik integriert. Im Chiliasmus z. B. dient sie als Marker des Übergangs vom zweiten zum dritten Reich. Die Parusie als eigenes geschichtstheologisches Modell ist eng verknüpft mit der Neutestamentlichen Verkündigung des Reiches Gottes durch Jesus Christus (Mt 25,31–34,41):

»Wenn der Menschensohn in seiner Herrlichkeit kommt und alle Engel mit ihm, dann wird er sich auf den Thron seiner Herrlichkeit setzen. Und alle Völker werden vor ihm versammelt werden und er wird sie voneinander scheiden, wie der Hirt die Schafe von den Böcken scheidet. Er wird die Schafe zu seiner Rechten stellen, die Böcke aber zur Linken. Dann wird der König denen zu seiner Rechten sagen: Kommt her, die ihr von meinem Vater gesegnet seid, empfangt das Reich als Erbe, das seit der Erschaffung der Welt für euch bestimmt ist! […] Dann wird er zu denen auf der Linken sagen: Geht weg von mir, ihr Verfluchten, in das Feuer, das für den Teufel und seine Engel bestimmt ist!«

Wie in Kap. 8 ausgeführt, werden mit dem Reich Gottes schon die Zeitachsen Gegenwart und Zukunft verknüpft, aber dort eher vage, sodass sich im Reich Gottes eine Dauerdifferenz von schon jetzt und noch nicht etabliert. Die Parusie geht davon aus, dass Jesus Christus zu einem nicht näher festgelegten Zeitpunkt auf die Erde zurückkommen wird, um dieses Reich Gottes zu verwirklichen. An diesem Tag löst sich die Spannung zwischen »schon jetzt« und »noch nicht« auf. Nocke weist daraufhin, dass »das griechische Wort Παρουσία (parusia) […] sowohl *Gegenwart* als auch *Ankunft*« bedeutet (Nocke 2002, 386). Mit der Ankunft Christi ist die volle Gegenwart des Reiches Gottes auf Erden erreicht. Wenn die Parusie als geschichtstheologisches Modell gedacht wird, dann wird das Reich Gottes im Sinne von Mt 25,31 ff. mit einem Gericht eröffnet. Bezug ist hier Paulus (2 Kor 5,10): »Wir alle müssen vor dem Richterstuhl Christi offenbar werden, damit jeder seinen Lohn empfängt für das Gute oder das Böse, das er im irdischen Leben getan hat.« Dieses Gericht ist in diesem Modell wichtig, weil die Welt sich ja scheinbar bis zur Wiederkunft eigenmächtig entwickeln kann. Es gibt Anzeichen, die Wachsamen bereiten sich auf diesen Tag vor, aber trotzdem ist die Welt scheinbar Welt. Erst in der Wiederkunft und dem Gericht wird aufgedeckt, was sich schon (emergent) abgezeichnet hat. Hierfür braucht es aber keine kosmische Katastrophe. Es müssen sich auch nicht Himmel und Erde verbinden. Die Parusie, das Gericht und das Leben nach dem Gericht sind auf ein irdisches Leben bezogen, in dem alle danach gemessen werden, ob sie in der Liebe (Christi) gelebt und gehandelt haben (Müller 2012, 559). Jesus Christus kommt in diesem Modell wieder, um das herzustellen, was er bereits angekündigt und begonnen hat: das Reich Gottes und die Königsherrschaft auf Erden. Auf dieses Ziel lebt die Welt hin – ihre Vollendung in Gott zu finden, in seiner Königsherrschaft.

Im vierten *evolutiven* Modell wird die Welt als in sich geschlossen gedacht. Die Geschichte entwickelt sich aus den Möglichkeiten, die in der Welt liegen.

Man kann diesen autologischen Prozess noch einmal im Sinne von Pierre Teilhard de Chardin (1959) (→ Kap. 2) theologisch finalisieren. »Die früher auseinanderstrebende Entwicklung konvergiert auf einen Zielpunkt hin, den Punkt ›Omega‹ [...], die Krönung der gesamten Evolution« (Nocke 2005, 85). Diese Krönung sei Jesus Christus, der Mensch gewordene Gott, der die Welt vollenden wird (Nocke 2005, 86). Biblisch fundiert Pierre Teilhard de Chardin dies am Kolosserbrief, in dem es heißt: »Alles ist durch ihn und auf ihn hin geschaffen« (Kol 1,16). So kommt er zum Ergebnis, dass die ganze Geschichte der Welt ein riesiger Prozess der »Christusfikation« sei. Die Welt wird identisch mit dem Angesicht Jesu Christi (Nocke 2002, 404). Diese Variante A kann von einer systemdeterministischen Variante des Deismus aus alles final geordnet sehen. Und so wie das Kind Kim im Ankerbeispiel im Kapitel zur Schöpfung durchaus davon ausgeht, dass sie Gott die eigene Existenz verdankt, so ist auch für die Jugendlichen im Ankerbeispiel dieses Kapitels klar, dass die Geschichte bis zu ihrem Ende mit Gott verbunden bleibt, der dann auch in der Lage ist, die eigene Existenz über den Tod hinaus zu retten. Diese Vorstellung ist mit dem Deismus als konsequentem Freiheitsdeterminismus, der die Welt evolutiv ohne Finalisierung denkt, nicht vereinbar. Hier zeigt sich eine Variante B, in der die Welt durch die menschliche Zerstörung zugrunde geht (B.1) oder sie überhaupt kein Ende kennt bzw. über dieses nichts gewusst wird (B.2). Wie noch gezeigt

Tab. 32: Geschichtstheologischer Modellrahmen zur universellen Eschatologie

1. Apokalyptik	2. Chiliasmus	3. Parusie	4. Evolution
Blick von der jenseitigen Welt auf die zukünftige diesseitige Welt	Deutung einer Weltphase als Reich der Herrschaft des Teufels und danach der Heiligen mit Christus	Von der diesseitigen Welt Blick auf die zukünftige diesseitige Welt	Verlängerung der Gegenwart in die Zukunft, Variante A: theologisch finalisiert oder Variante B: ohne externes Ziel, B.1: Ende durch Menschen verschuldet, B.2: offenes Ende
Gericht und Zerstörung der alten bekannten Welt in ihren Machtstrukturen	Zunächst Wachstum der Kirche, dann Chaos und dann Vollendung der irdischen Welt als Gottesreich	Gericht und Vollendung der Welt	Vollendung der Geschichte im Punkt Omega (P. Teilhard de Chardin) oder ohne Vollendung in der Ewigkeit
Hoffnung für die bisherigen Opfer der Machtsysteme	Hoffnung auf eine stabile glorreiche Zukunft oder ein Ende des Leidens	Hoffnung für alle, die auf Christus setzen	Variante A: Hoffnung alles fügt sich. Variante B.1: Angst vor der Zukunft/ethischer Appell, B.2: Indifferenz, konsequenter Gegenwartsbezug

wird, kann die Variante B.1 durchaus auch Nähe zur Apokalyptik (ohne Gottbezug) entwickeln, sodass beide Modelle in den Medien weiter präsent sind. Der Chiliasmus und die Parusie verhalten sich dagegen mit ihrem starken geschichtstheologischen Bezug zur normalen Realität provozierend, sind aber angesichts des gegenwärtigen Trends, Transzendenz-Immanenz-Kopplungen zu vermeiden, wenig populär.

15.2.2 Mit dem Tod ist nicht alles aus – Hoffnungsbilder der individuellen Eschatologie

Die archäologischen Befunde deuten darauf hin, dass wohl die meisten Völker mit irgendeiner Form der Weiterexistenz nach dem Tod rechnen. Erst in der Neuzeit und besonders in der Gegenwart rechnen viele Menschen – so auch Teilnehmer/innen des Religionsunterrichtes – nicht mehr mit einem Weiterleben nach dem Tod. Diejenigen, die noch daran glauben, gehen fest davon aus, »in den Himmel zu kommen«. Das meint für die meisten Menschen eine ähnliche Situation wie auf Erden – ohne deren negative Seiten. Diese Vorstellung ist gewiss Teil einer christlichen Eschatologie – wenngleich auch nur eine Variante. Mit dem Judentum und dem Islam teilt das Christentum die Vorstellung von einer Auferstehung der Toten. Der Gedanke entwickelte sich im nachexilischen Judentum u. a. aus der Erfahrung heraus, dass eine innerweltliche Belohnung bzw. Bestrafung in vielen Fällen nicht funktioniert – besonders nicht bei den jung verstorbenen Märtyrer/innen. Dazu mussten zumindest die zum Gericht auferstehen, denen es im Leben zu gut oder zu schlecht erging. Zurzeit Jesu hatte sich der Auferstehungsgedanke im Judentum weitgehend durchgesetzt. Die Auferstehungsvorstellung im Christentum hat als Alleinstellungsmerkmal, dass sie auf ein quasi-empirisches Ereignis zurückverweisen kann: Jesu Auferweckung bildet den Prototyp für unsere Erwartungen (1 Kor 15). Beim genaueren Hinsehen zeigt sich jedoch, dass die Eschatologie des NT keinesfalls einheitlich ist und Kirche und Theologie durchaus Modifikationen vorgenommen haben. Zu diesen Entwürfen steht das, was »die Leute glauben«, nochmals in einem eigenen Verhältnis (Jörns 1997, 180 ff.; Schneider 2002).

Wir erläutern im Folgenden vier Schlüsselbegriffe, die das *erste traditionelle Auferstehungsmodell* zu der Frage bilden, was nach dem individuellen Tod mit dem Menschen passiert:
- Himmel
- Gericht
- Auferstehung
- (unsterbliche) Seele

Wer – im weiten Kontext christlicher Tradition – überhaupt auf ein Weiterleben nach dem Tod hofft, der rechnet damit, in den *Himmel* zu kommen. D. h., man rechnet mit einer Art »Weiterleben« an einem anderen Ort unter optimalen Bedingungen. Im Himmel »wohnen« Gott, Jesus, die Heiligen (nach katholischer Lehre) und die verstorbenen Angehörigen (so die Hoffnung der Zurückgebliebenen). Folgt man dem Diskurs der Zehntklässler/innen, dann sind Glauben und ein bestimmtes Wohlverhalten wohl die Zugangsvoraussetzungen für den Himmel, doch implizit wird erwartet, dass im Prinzip jeder – vielleicht einige exemplarische Schurken ausgenommen – den Eingang in den Himmel findet. Der Gerichtsgedanke (→ Kap. 14) reduziert sich auf das Eingangsritual. Jesu Verheißung an den Mitgekreuzigten (Lukasevangelium) oder der Wohnungen im Hause seines Vaters (Johannesevangelium) können in diese Richtung gelesen werden. Doch im Hinblick auf eine mögliche Konkretisierung ergeben sich Schwierigkeiten. Man kann den Himmel als »radikale Transzendenz« sehen oder als optimierte Verlängerung unserer irdischen Existenz (Lang/McDannell 1990). Eine weitere Schwierigkeit ergibt sich aus der Lokalisierung. In dem Moment, in dem klar ist, dass »sky« und »heaven« nicht identisch sind, ergibt sich die Frage, wo man letzteren lokalisieren soll (Welker 1995, 59–64). Fetz (1985) hat an dieser Stelle darauf verwiesen, dass Kinder sich im Rahmen archaischer Weltbilder durchaus »Himmel« vorstellen können. Im Zuge des Heranwachsens bleibt letztlich nur die Vorstellung von einem »Oben«. Die metaphorischen Aussagen – auch der Theologie – werden aber letztlich nur dadurch »lebendig«, wenn sie mit den Bildelementen der Kindheit angereichert werden können.

Der Gedanke eines *Totengerichts* ist ebenfalls universell. Er ergibt sich aus dem Gerechtigkeitspostulat. Es ist unerträglich, dass der Böse belohnt wird und der Gute leidet. Um diesen Zustand zu kompensieren, bedarf es eines Ausgleichs – notfalls nach dem Tod. Für Christ/innen galt dies besonders in Situationen empfundener oder realer Unterdrückung (Offb). Je egalitärer sich die Gesellschaft empfindet, umso schwieriger empfindet sie umgekehrt eine endgültige Ausschließung – dies umso mehr, wenn der prophetische Redeort (→ Kap. 14) oder auch der der Apokalypse verlassen wird und die Aussagen dokumentarisch verstanden werden. Es geht dann nicht mehr um eine Bildrede in diese Welt hinein, sondern um eine Beschreibung zukünftiger Zustände. Binäre Lösungen wie im Gleichnis vom Weltgericht (Mt 25) werden dann bedrohlich, wenn die Hörer nicht die Opfer der Welt sind, sondern eventuell potenzielle Täter. Von daher ist es nicht überraschend, dass man in der Kirche nach Mitteln und Wegen suchte, den harten Schnitt zwischen Heil und Verdammnis zu mildern – durch die Möglichkeit eines *Purgatoriums* (Fegefeuer). Obgleich traditionell als Häresie gesehen, ist der Gedanke einer *Allversöhnung* heute mehr oder weniger die herrschende Annahme. In der Tat gibt es dafür biblische Argumente (Janowski 2000). Von daher löst sich der Blick von den klassischen Darstellungen mit Christus als richtendem Weltenherrscher, den Maria zu gnädigem Entscheiden drängt, zu Vorstellungen einer bilanzierenden Sicht auf das vergangene Leben oder dialektischen Denkfiguren im Sinne von Karl Barths Diktum, dass die christliche Verkündigung nicht mit einem ewigen Verlorengehen, aber auch nicht mit einer systematischen Allversöhnung rechnen dürfe (Barth 1980, 528 ff., § 32–39).

Der Gedanke der *Totenauferstehung* ist zunächst einmal ein jüdisches Erbe. Er insistiert darauf, dass es eine Kontinuität zwischen dem bestatteten Leichnam und dem Auferstandenen gibt, deshalb hieß es früher im Credo »Auferstehung des Fleisches«. Somit bleiben im Judentum bis heute alle Gräber unberührt (was u. a. zu Raumproblemen auf Friedhöfen führt). So sympathisch die explizite Beachtung der Körperlichkeit ist, so schwer macht es uns der Gedanke einer Kontinuität zwischen einzelnen Molekülen und einer »himmlischen« Existenz. Überhaupt ist der Gedanke einer Auferstehung und eines folgenden Gerichts über Lebende und Tote im Grunde eng an ein antikes Weltbild und den Gedanken einer baldigen Wiederkunft Christi gebunden. Was ist mit den Toten, die jahrhundertelang auf ihre Erweckung warten? Eine Antwort könnte sein, dass die Auferstehung quasi unmittelbar nach dem Tod erfolgt und die unsterbliche Seele bis zum Jüngsten Tag einen Zwischenleib erhält, um bis dahin in Himmel, Fegefeuer oder Hölle zu sein – so die Neuscholastik. Trotz der theologischen Kritik (Jüngel 1985) an der »unbiblischen« Herkunft dieses Gedankens entspricht er der intuitiven Wahrnehmung der Menschen und hat eine große Erklärungskraft. Denn die Seele ist eben das, was nicht im Grab vermodert und als Wesenskern die Kontinuität sichert – z. B. im Himmel. Dies ist schon für Kinder einleuchtend, wenn sie wissen, dass der Leichnam im Grab eben nicht überdauern kann und die verstorbene Person eine andere Repräsentanz braucht.

Betrachten wir die vier Stichworte, so wird schnell deutlich, wie sehr die neuscholastischen Eschatologien, die aus den verschiedenen Bildern versucht haben, ein stimmiges System zu entwickeln, dem biblischen Material und der Redeform Gewalt angetan haben. Es ist schlicht unmöglich, aus diesen Bildern ein stimmiges Modell zu entwickeln. Das liegt nicht zuletzt an der »Unzugänglichkeit« des Todes als Gegenstand (Blumenberg 2007). Bedenkt man, dass diese Bilder der Tradition letztlich der Apokalyptik entstammen, dann gelten deren Regeln zur Standortgebundenheit und zur Bildlichkeit auch für den Umgang mit diesem Modell. Tatsächlich hat sich die Systematische Theologie in den letzten Jahrzehnten daran gewöhnt, die Bildlichkeit der Auferstehungsrede und damit auch überhaupt das Wissen um einen Redeort dieser deutlich zu machen (z. B. Kremer 1988, 16–46). Trotzdem ist die Bildlichkeit der Auferstehungsrede innerhalb des traditionellen Auferstehungsmodells nur eine Variante. Sie stellt in bestimmten Kontexten wie einer Beerdigung oder der Sterbebegleitung ein Problem dar, weil sie eine wörtlich-berichthaft wirkende Aussage zum Bewahrtwerden nach dem Tod vermeiden würde. Überhaupt braucht die ganze moralische Funktionalisierung der unsterblichen Seele seit Justins Apologetik (Ruster 2000, 43–52) die unmittelbare realistische Vorstellung, »was mit wem passiert«. Auch wenn heute der Jenseitsort als Belohnungs- oder Bestrafungsort weniger bedeutsam ist für die Disziplinierung der Staatsbürger, so bleibt die realistische und funktionale Verbindung von Hier und Dort immer noch wichtig, um z. B. aus der Auferstehungshoffnung die Gelassenheit im Umgang mit dem Tod und damit mit dem Leben zu gewinnen, auf die Lehrpläne abzielen. Es wäre für die Wirkung der Rede also unklug, wenn man auf den irdischen Standpunkt und die von hier aus entworfene »Hilfskonstruktion« (Schneider 2002) schauen könnte. Nun haben diverse Studien gezeigt (Büttner/Dieterich 2013, → Kap. 2), dass es für diesen Gegenstandsbereich typisch ist, dass Kinder und Erwachsene inkonsistente Vorstellungen in sich tragen. Je nach Situation (z. B. Arzt, Pfarrer) werden unterschiedliche Sprachbilder aktiviert, die streng genommen logisch inkompatibel sind. Um die begrenzte Leistungsfähigkeit der einzelnen Bilder zu dokumentieren, zeigen wir deren jeweilige Schwachstellen. Für den Unterricht mit diesem Modell heißt das, dass es sinnvoll ist, jedes Bild in seiner Erklärungskraft voll auszureizen und eben seine Grenzen sichtbar zu machen.

Tab. 33: Bilder der Auferstehung und ihre Grenzen

Himmel	Enthält keine Zeitdimension → jüngster Tag
Gericht	Schwierige Unterscheidung zwischen Guten und Bösen → Ambivalenz einer Allversöhnung
Auferstehung	Problem der »Zwischenzeit«, Chancen und Probleme der Körperlichkeit
Unsterbliche Seele	Eher unbiblisch, wertet den Körper ab

Das *zweite Modell* von Auferstehung als der Welt unzugängliche Neuschöpfung Gottes betont einerseits die Geschlossenheit der menschlichen Welt und nimmt daher auch die Erfahrung von normaler Realität auf. Gleichzeitig radikalisiert es den Einbruch der fremden Realität Gottes in unsere Welt als Neuschöpfung. Wenn nach dem Tod etwas geschieht, dann lässt sich dieses »Etwas« in der menschlichen Sprache nicht ausdrücken. Der Tod bildet eine Grenze der menschlichen Beschreibbarkeit. Die Naturwissenschaften gehen von der Ganztod-Hypothese aus, also nicht nur die Beendigung aller lebensnotwendigen, körperlichen Funktionen, sondern auch die Auslöschung der Seele. Im Unterschied zur bildlichen Variante des ersten Modells folgt aus der Erkenntnisgrenze auch der Verzicht auf die bildliche Rede, die dann doch immer wörtlich-berichthaft verstanden werden kann. Der Mensch kann über das, was eventuell darüber hinaus geschieht, nicht rational sprechen. Der Glaube kann Gott zutrauen, dass es eine Auferstehung als Neuschöpfung im Reich Gottes gibt. Dieses Modell nimmt zugunsten der Ganztod-Hypothese (keine Trennung von Leib und Seele) die Diskontinuität der Seele in Kauf und gibt damit konsequent die funktionale Kopplung von Diesseits und Jenseits auf (Jüngel 1985; Schwöbel 1998, 920; Lüke 2004, 239). Es vermeidet alle neuscholastischen Spekulationen, es ist aber auch blass und harmlos, wenn die Auferstehungsrede z. B. tröstende Kraft am Sterbebett entwickeln kann.

Ein *drittes Modell* löst sich ganz von dieser Fixierung auf den biologischen Tod und entdeckt die präsentische Auferstehung zur Deutung von Wirklichkeit (Schneider 2002, 5 ff.; Kremer 1988, 41–44). Tod und Auferstehung sind diesseitige Vorgänge. Der Tod geschieht hier im Leben durch den Verlust z. B. von Gesundheit, Beziehungen oder Sünde (Dtn 30 → Kap. 6.5). Der Mensch kann durch eine ganzheitliche Wandlung seiner Situation zum Leben »auferstehen«, sodass Auferstehung hier in diesem Model ein Handlungsauftrag ist, der die bleibende Auferstehungsverheißung Gottes realisiert. D. h., der Mensch ist gefordert, Tod oder Leben zu wählen. Die präsentische Auferstehungsrede wird zu einem Interpretationsmodell gesellschaftlicher Wirklichkeit mit ihren sozialen Lähmungen und Verohnmächtigungen, die Menschen mitten im Leben töten können, und deutet sie damit in den Bildern der Auferstehung, um die Entscheidung zwischen Leben und Tod sichtbar zu machen. Da diese Interpretation gesellschaftlicher Wirklichkeit mehrmalig erfolgen kann, kann der Mensch auch aus Krisensituationen Dank der Verheißung Gottes und seiner Zuwendung zu den Menschen mehrmalig auferstehen. Dieses Modell ist stark darin, Probleme der traditionellen Auferstehungslehre in Praktiken der Auferstehungsdeutung zu übersetzen. Es löst sich damit aber auch von dem, was gemeinhin unter Auferstehung verstanden wird und erzeugt einen ganz eigenen Redekontext. Das entlastet, kann aber auch zu der Frage führen, ob hier wirklich von Auferstehung die Rede ist oder nur metaphorisch. Dagegen wäre klarzumachen, dass Paulus oder Augustinus die Taufe als erste Auferstehung sehen und das AT und NT die Wirklichkeit der Taufe aus der lebendigmachenden Kraft Gottes im Leben ableiten (Kittel 1999, 26–40) und eben nicht umgekehrt wie im traditionellen ersten Modell.

Wenn aus Sicht der Zurückgebliebenen die Körper der Toten in den Gräbern liegen und unklar ist, was sonst noch für Gott möglich ist, dann hängt das »Weiterleben« der Toten an der Erinnerung der Lebenden. Und hier entwickelt sich das *vierte Modell:* die symbolisch-existenzielle Rede von der Auferstehungskraft der Erinnerung. Menschen können die Krise einer anmaßend wirkenden berichthaften Sprache des ersten Modells auch so weiterbearbeiten, dass sie die Aufklärung über die zu interpretierende Bildlichkeit radikalisieren. Während die bisherigen Modelle immer noch davon ausgehen, dass die bildliche Rede in Relation zu einem Sachverhalt »Gott« steht, kann man die sprachliche Form auch von diesem Sachverhalt entkoppeln. Dann hängt die Realität allein an dem sprachlichen Vollzug. So kann die Auferstehungsrede verstanden werden als eine Übersetzung der Erfahrung, dass Menschen in der Erinnerung lebendig bleiben. Die Auferstehungsrede transportiert dann eine allgemein menschliche Erfahrung, die individuell zur Bewältigung schwieriger Lebenssituationen genutzt werden kann. Und dieses Modell ist zumindest für den Kontext der Todesanzeige dominant: In der Zeit vom 20.02.2012 bis 27.02.2012 (7 Ausgaben) wurden in der Westdeutschen Allgemeinen Zeitung für den Raum Dortmund 69 Todesanzeigen veröffentlicht: Von diesen beinhalteten 23,2 % der Anzeigen Texte, die sich mit Auferstehung und Weiterleben beschäftigten, 75 % (!) davon verstehen eine Auferstehung als ein Weiterleben in der Erinnerung.

Tab. 34: Der Modellrahmen zur individuellen Eschatologie

Traditionelles Modell	Ganztod-Hypothese	Präsentische Auferstehung	Erinnerung
Auferstehung heißt, nach dem biologischen Tod weiterzuleben	Auferstehung ist, wenn überhaupt, die alleinige Tat Gottes der Neuschöpfung	Auferstehung ist das Wieder-zum-Leben-Kommen im irdischen Tod	Auferstehung ist das Lebendigbleiben in der Erinnerung der Angehörigen
Wörtlich-berichthaft oder bildlich	Wörtlich-berichthaft	Realistisch, aber Leben und Tod werden umgedeutet	Realistisch, aber kein Gottvertrauen
Apokalypse		Glaube an Gott als den Herrn des Lebens	Erhalt der Beziehung zu den Toten wie im traditionellen Modell, aber ohne Gottbezug

15.3 Lehrer/innentheologische Zugänge

Angesichts der Komplexität des Themas kann man kein Lehrer/innenmodell erwarten, das alle angesprochenen Themenfelder berührt. Wir kommen deshalb nochmals auf die in Kap. 14 von Sobreira-Majer referierte Stunde zurück, in der die Schüler/innen darauf insistiert hatten, ein endzeitliches Urteil mit ewiger Verdammnis sei ungerecht von Gott. Sobreira-Majer (1999, 122 ff.) lässt seine Schüler/innen jeweils Pro- und Contra-Argumente sammeln. In einem Tafelbild fasst er zusammen (Sobreira-Majer 1999, 123 f.):

»Wird Gott allen Menschen vergeben?
Die Frage hat schon viele Theologen beschäftigt und zu unterschiedlichen Antworten geführt
Zwei wichtige Lösungen sind:
1. Das Gericht mit doppeltem Ausgang (Himmel/Hölle).
Nachteil: Es widerspricht der biblischen Aussage über die Liebe Gottes.
2. Die Lehre von der Allversöhnung (Allen wird letztlich vergeben).
Nachteil: Sie verwischt den Ernst der Entscheidung zwischen Gut und Böse.«

Der Lehrer inszeniert die Frage als unentscheidbar – die der bzw. die Einzelne auf je seine bzw. ihre Weise dennoch entscheiden muss. Seine Modellierung ermöglicht aber zugleich eine Strukturierung über die Stärken und Schwächen der Modelle, die dennoch den Schüler/innen ihre Freiheit lässt (→ Kap. 4). Dass dieser Unterricht eine große Ausnahme darstellt und sich Lehrkräfte sonst damit schwertun, die Balance zwischen Subjektivierung und Strukturierung zu halten, zeigt Tessa Gossing in Interviews mit Grundschullehrer/innen, die dem Thema der universellen Eschatologie im Sinne einer expliziten Geschichtstheologie keine Bedeutung zumessen. Diese vertreten bei der individuellen Eschatologie Reste des traditionellen Modells selbst, thematisieren mit den Schüler/innen konsequent nur die individuellen Vorstellungen und verzichten auf einen Geltungsanspruch der Auferstehung gegenüber der Wirklichkeit (Gossing 2020, 89–99).

Es scheint uns angemessen, an dieser Stelle noch eine andere Stimme zu Wort kommen zu lassen. Es geht um eine Gruppe von Studierenden, die nicht Religionslehrer/innen werden wollen, sondern Naturwissenschaftler/innen und Techniker/innen. Jens-Peter Lange (2013) befragt diese Gruppe (ca. 50 % Christ/innen) nach ihren Vorstellungen vom Weltende. Er resümiert (Lange 2013, 121):

»[Es] hat sich gezeigt, dass die Studierenden an die Möglichkeit eines Endes oder einer Vernichtung der Welt, wie wir sie kennen, glauben, dass ein Teil von ihnen die Abwendbarkeit dieses Endes in Betracht zieht und dass diese Hoffnung bei angehenden Technikern geringfügig stärker ausgeprägt ist als bei den Studierenden naturwissenschaftlicher Grundlagenfächer. [...] Immerhin ein knappes Viertel der Teilnehmer/innen sieht sich in der Lage, an der Abwendung des Weltendes mitzuwirken [...]. Nur 17 % der Teilnehmer/innen bezeichnet dies als Aufgabe für Kirchen und religiöse Institutionen.«

Der Befund ist deshalb interessant, weil er eine Sichtweise offenbart, die sich bei Religionslehrer/innen vermutlich ähnlich finden lässt. Bei der Frage des individuellen Todes bietet die Wissenschaft offenbar keine Hoffnung, hier ist das Deutungsangebot christlicher Eschatologie interessant. Wenn es darum geht, das Weltende zu imaginieren – häufig apokalyptisch durch Atomkrieg oder Klimakrise –, spielt Gott dagegen eine untergeordnete Rolle. Diese Fragestellung hat sich von der Eschatologie in die Ethik verschoben (Bederna 2019). Die Apokalypse zu vermeiden, ist nun die Aufgabe der Herrschenden selbst – was für eine Umkehrung! Dass die Apokalypse des Johannes das Weltende gar nicht fürchtet, sondern die Wiederkunft Jesu erhofft, bleibt unthematisiert – bei der vertretenen geschlossenen Immanenz verständlich. Christlicherseits müsste sich aber doch angesichts solcher Überzeugungen die Parusie als Gegenmodell aufdrängen.

15.4 Eschatologische Modelle von Schüler/innen

Welche Modellierungen nehmen nun Schüler/innen vor? Zur Frage nach dem »ewigen Leben« produzierten bayrische Grundschüler/innen im wahrsten Sinne des Wortes »bunte Bilder« (Oberdorfer/Naurath 2008, 194): »Ich stell mir das so vor, dass da im Himmel die ganzen Wolken sind und die Menschen können da schlafen. Und das ist so wie im Hotel. Und es gibt auch Häuser und Schulen und so.« Zusammenfassend lässt sich nach dieser Studie festhalten (Oberdorfer/Naurath 2008, 195):

> »dass sich die Frage nach dem ewigen Leben in der konkreten Vorstellungswelt der Kinder zur Frage nach einem Ort der Ewigkeit wandelt und die Chiffren ›ewiges Leben‹ und ›Himmel‹ wie selbstverständlich zu Synonymen werden. [...] Von daher ist der Sprung plausibel, dass die Frage nach der Ewigkeit eine Bebilderung des Himmels nach sich zieht«.

Elisabeth Naurath (2009, 64) stellte die Frage nach dem »ewigen Leben« auch muslimischen Drittklässler/innen und erhielt die folgenden Antworten:

ALI: Vielleicht wird alles hochgehen. Und alles wird Staub.
MUSTAFA: Vielleicht die Welt wird in der Mitte halbiert, kaputt gehen.
ALI: Die Menschen machen überall Bomben und Krieg. Allah kann es nicht mehr sehen. Dann bläst der Engel das Horn. Und alles ist zu Ende.

Wir sehen hier einen signifikanten Unterschied zu den christlichen Kindern. Geht es denen eher um eine »individuelle Eschatologie«, so den muslimischen um das kosmische Ereignis der universellen Eschatologie, in die sich dann auch die individuelle Eschatologie passend zur apokalyptischen Grundform anschließt (Naurath 2009, 69): »Die sich hier gut verstehen, werden sich auch im Himmel gut verstehen. Die anderen kommen in die Hölle.« D. h., dass die muslimischen Kinder gewissermaßen ein kognitives Gerüst zu dieser Frage mitbringen, während die christlichen Kinder aus einigen semantischen Bausteinen ihr eigenes Haus als Steigerung der erfüllten Gegenwart bauen können/dürfen.

Für die muslimischen Kinder scheint das eschatologische Programm klar zu sein. Doch wie gehen Schüler/innen der Sekundarstufe mit diesem Thema um, wenn man ihnen zumutet, sich selbst den Ungereimtheiten dieses Themas in der biblischen Überlieferung zu stellen? Hanna Roose (2006a) hat Siebtklässler/innen eine Perikope aus der Johannesapokalypse vorgelegt (20,11–15). Es geht dort um Totenauferstehung und Gericht. Eine zentrale Rolle spielen dabei die beiden Bücher: das eine, in dem die Taten der Menschen aufgezeichnet sind, und das Buch des Lebens. Wie diese zusammenhängen werden, ist nicht ganz klar, ebenso wenig wie die Frage, wer denn die Verurteilten sind. Doch nicht nur sie werden dem Feuerpfuhl überantwortet, sondern – als Hoffnungsbild – der Tod selbst. Eindeutig ist – auch für die Schüler/innen – dass hier das Bild vom nur »lieben« Gott korrigiert wird. Wir zeigen hier zwei Zugangsweisen zum Text, Vincent glättet die Spannungen (Roose 2006a, 238):

»Er guckt sich die Bücher an, in denen die Taten aufgelistet sind, die sie in ihrem Leben gemacht haben und dann wiegt er halt gute Taten und böse Taten miteinander auf und dann guckt er, ob der Mensch schlecht oder nicht schlecht ist. Wenn wer schlecht ist, wird er in den Feuersee geworfen und wenn er nicht schlecht ist, wahrscheinlich irgendwie freigesprochen oder so.«

Hannah nimmt dagegen die Unklarheiten als Ausgangspunkt für eine eigene Lösung (Roose 2006a, 240):

»Und auch die, wo nicht drinstehen, die haben ja dann wahrscheinlich unterschiedlich schwere Taten begangen und dann …,dass sie vielleicht nur 'ne bestimmte Zeit im Feuersee bleiben müssen …, dass er dann nochmal extra richtet, wie schwer die Strafe dann ist.«

Ist man sich von den expliziten biblischen Aussagen her sicher, dann kann man die Frage des Jüngsten Gerichts auch in einer Pro- und Kontra-Diskussion thematisieren, wie dies in der schon zitierten Stunde österreichischer Schüler/innen (etwa desselben Alters) der Fall war (Sobreira-Majer 1999, 122 f.). Es ergaben sich Argumentationspaare wie:

»Pro: Gott vergibt allen, weil er gerecht ist. Da jeder Mensch irgendwann etwas Böses getan hat, wäre es ungerecht, wenn Gott nicht allen vergäbe. Ein Mörder bereut wahrscheinlich am Ende seines Lebens.
Contra: Gott vergibt dem Mörder nicht, weil er gerecht ist und sich seine Vergebung nach der Schwere der Untat richtet.
Pro: Die Strafe für den Mörder besteht darin, dass er über seine Strafe nachdenken muss und nicht darin, dass er in die Hölle kommt.
Contra: Wenn Gott auch denen vergäbe, die nicht bereuen, wäre er ›nur barmherzig‹, aber nicht gerecht.«

Man erkennt an den Schüler/innenvoten, dass ihr Denken einerseits durchaus willens ist, sich spekulativ auf diese eschatologische Fragestellung einzulassen, dass sie aber Schwierigkeiten haben eine Perspektive einzunehmen, die ihrem Alltagsdenken nicht entspricht.

Theresa Schwarzkopf hat nun Oberstufenschüler/innen dazu veranlasst, ihre Vorstellungen zur Totenauferstehung zu reflektieren und eine eigene Modellierung ihrer »Schülertheologie« zu versuchen. Diese Beispiele zeigen, dass das Projekt der Modellierung nicht nur den didaktischen Prozess bestimmen kann, sondern letztlich auch das Ziel der Wissenskonstruktion der Schüler/innen werden sollte. Theresa Schwarzkopf (2016, 186, 189) referiert u. a. die folgenden Modelle:

Schülerin L: »(1) Meiner Meinung nach sieht Auferstehung so aus, dass das der Mensch nach seinem Tod auf einen Weg mit mehreren Abzweigen gelangt, auf dem er entscheiden kann, welchen Weg er geht. (2) Einer der Wege führt ihn als Neugeborenes zurück auf die Erde, wo er ein weiteres Leben in einem anderen Umfeld und Körper lebt. (3) Der andere Weg führt ihn an einen Ort, der dem Paradies ähnelt. (4) Dort lebt er weiter mit seinen Freunden und Familie. «

Schülerin M: »(1) Meiner Meinung nach ist die Auferstehungsvorstellung, dass man nach dem Tod in den Himmel kommt. (2) Dort trifft man verstorbene Verwandte und Freunde. (3) Man ist froh und gesund und lebt, wie es einem gefällt, als wiedergeborener, vollkommener Mensch. (4) Der Unterschied zwischen diesen Orten, der Erde und dem Himmel, ist groß, weil auf der Erde oft schlechte Dinge passieren und böse Menschen an die Macht kommen. (5) Im Himmel allerdings gibt es nichts Schlechtes oder Böses, dort macht man alles das, was [man] auf der Erde nicht machen konnte. (6) Die Vorstellung von der Hölle als Form der Auferstehung finde ich unpassend, weil meiner Meinung nach jeder Mensch nach dem Tod ein friedliches Leben haben sollte.«

Wie bei den Lehrkräften zeigen sich hier Reste des traditionellen ersten Modells, nur dass die negativen Elemente eliminiert werden. Auch wenn hier eine Imagination im Sinne eines Gedankenexperiments erfolgt, antwortet die Vorstellung auf die Frage, was nach dem biologischen Tod passiert. Deutlich wird bei den meisten Statements die individualistische Perspektive im doppelten Sinne – es geht letztlich meistens um das eigene Geschick und eine Vorstellung davon, was gehen sollte und was nicht, sodass die Vorstellung den eigenen Wünschen im Hier und Jetzt folgt. In der Imagination einen veränderten Blick auf das Hier und Jetzt zu gewinnen, wird nicht sichtbar. Es geht eher darum, einen Abschluss für das eigene Leben zu finden, der zur selbstbestimmten Existenz passt. Dabei können dann auch Elemente universaler und individueller Eschatologie verknüpft sein (Lyx 2013, 88):

»Ruben: Hmmm [...] also ich stell mir das halt so vor, dass jetzt erstmal die Erde die ist dann [...] vielleicht explodiert die und so [...] und die Menschen sind dann nicht mehr da und vielleicht kommt dann Gottes Gericht [...] und dann muss man [...] wird man halt [...] wird man gerichtet, sag ich jetzt so. Wenn man Gutes getan hat, dann kommt man halt ins Paradies, wo es einem dann gut geht ähm [...] wo es dann auch nicht langweilig ist, so Motto ›Spiel, Spaß, Spannung‹ und so [...]. Und wenn man halt Schlechtes getan hat und nicht gebeichtet hat, dann kommt man [...] das mit der Hölle kann ich mir nicht so vorstellen, dass man dann in die Hölle kommt, so mit dem Teufel so.«

Durchaus entwickeln in der Befragung von Lyx einige Kinder (apokalyptische) Katastrophenszenarien zum Weltende in der Variante B.1. Auffällig ist aber, dass diese Texte wie bei Ruben über die Auferstehungsrede keinen kritischen Standpunkt zum Jetzt entwickeln, der mit Gottes Macht verbunden wäre. Der Deismus der Eigenverantwortung der Menschen wird nicht aufgebrochen.

Dass nicht alle Schüler/innen überhaupt die christlichen Bilder affirmativ für die eigene Imagination vom Weltende nutzen werden, ist schon von den beschriebenen Selbsterlösungsvorstellungen her erwartbar (→ Kap. 6–8); das zeigt sich explizit schon bei Grundschüler/innen (Reis 2009, 41):

I: Was passiert denn mit uns Menschen, wenn wir sterben?
J: Wir werden dann begraben, also beerdigt und manche sagen, wir kommen in den Himmel und ja man bleibt dann im Sarg unter der Erde halt liegen. Und Jesus ist früher aber auferstanden, weil der war ja auch in keinem Sarg.
I: Also erstehen wir nicht auf?
J: Nein.
I: Was passiert denn dann mit uns, wenn wir tot sind?
J: Das weiß man nicht so genau. Vielleicht wird man dann wieder neu geboren und man fängt als anderer Mensch von neu an oder so was. Oder man würde zu Gott in den Himmel kommen. Dann würde man schon auferstehen.

Das Kind ist von einem skeptischen Realismus überzeugt, der zur Ganztodhypothese führt und vielleicht Raum für die Neuschöpfung lässt.

15.5 Die Modellierungen der Lehrpläne

Aus dem bisher Gesagten lässt sich entnehmen, dass das Thema Eschatologie unterschiedlich akzentuiert wird. Wieder hilft uns die Unterscheidung von Immanenz und Transzendenz. Fragen zum Sterben, Trauer, Beerdigung sind solche der Immanenz, die Christ/innen mit allen anderen Menschen teilen – dazu gehört vermutlich auch das Spekulieren über ein »Danach«. Für den Religionsunterricht wird es darauf ankommen, ob und wie es ihm gelingen kann, das Thema – zumindest auch – im Kontext von Transzendenz zu thematisieren.

Der baden-württembergische katholische Grundschul-Lehrplan situiert das Thema im Kontext der »großen Fragen« (LP|kRU|G|BW|2016, 28): »Beispiele: Woher komme ich? Was kommt nach dem Tod? Worauf darf ich hoffen? Wonach soll/kann/will ich mich richten?« Konkrete (z. B. biblische) Orientierungen werden nicht gegeben, sondern auf das gemeinsame Gespräch verwiesen.

Der evangelische Bildungsplan für Berlin und Brandenburg gilt für die Klassen 1–10 und wird auch katholischerseits benutzt. Das Thema erscheint hier unter der »Lebensfrage 6: Endlichkeit und Ewigkeit« (LP|eRU|Kl. 1–10|BE-BB|2019, 30). Dort heißt es dann: »Vor dem Hintergrund der christlichen Auferstehungshoffnung setzen sich die Schülerinnen und Schüler auch mit anderen Jenseitsvorstellungen auseinander.« Dies führt u. a. zu den Konkretionen:

Tab. 35: Lehrplan (LP|eRU|Kl. 1–10|BE-BB|2019, 30) zur Auferstehungshoffnung

– Ein Himmel – viele Religionen	– Paradiesvorstellungen im Vergleich der Religionen – Gerichtsvorstellungen als Bild für eine Gerechtigkeit nach dem Tod in Religionen und Mythologien

Mit diesen Stichworten greift der Plan vergleichsweise tief ins eschatologische Repertoire – wenn man auch den Eindruck gewinnen könnte, dass dieses Postulat sich aus der Programmatik der nicht-christlichen Religionen ergibt. Auffällig ist die Betonung der individuellen Vorstellungen, ohne dass eine diskursive Qualität jenseits des Nebeneinanders der Schüler/innenvorstellungen angestrebt wird.

Die eschatologische Fragestellung taucht nun aber auch im Kontext des Themas *Zukunft* auf – und zwar im Kontext (christlich inspirierter) Utopien. So im baden-württembergischen Lehrplan für das berufliche Gymnasium (LP|eRU|berufl. Gym|BW|2008, 72):

Tab. 36: Lehrplan (LP|eRU|berufl. Gym|BW|2008, 72) zu den eschatologischen Bildern

Biblische Zukunfts- und Hoffnungsbilder Jes 2, 1–4; Jes 65, 17 ff.; Apk 21	Jüngstes Gericht, Reich-Gottes-Botschaft Jesu (Lk 17, 20–37) Jes 9, 5 f. (»Des Friedens wird kein Ende mehr sein«); Jes 11 (Der Messias und sein Friedensreich); Mt 25, 31 ff. (Endzeitrede); Micha 4, 3 f. (»Es wird kein Volk wider das andere das Schwert erheben«)

Die hier vorgelegte Sammlung von Bibelstellen spricht für sich. Mt 25 ist mit der Gerichtsszene eingebettet in die Highlights der Heilsprophetie. Von der Johannesapokalypse erscheint nur Kap. 21. Das heißt, wir begegnen derselben Problematik wie im Prophetenkapitel (→ Kap. 14). Das in der Grundschule und der Sek I angedeutete Vorgehen, die Pluralität der eschatologischen Entwürfe offen zu präsentieren, wird damit ausgerechnet in der Sek II eher schlecht eingelöst. Im Hinblick auf eine Zeitdiagnose scheint uns das Textangebot und der Umgang damit doch unterkomplex. Dieses Ergebnis passt zu den Befunden von Werner Ritter: »Das Vorkommen eschatologischer Themen in den hier exemplarisch analysierten Lehrplänen ist mehr als bescheiden. Im Grunde ist Fehlanzeige zu vermelden« (Ritter 2009, 315). Natürlich bieten die Lehrpläne im Grunde Elemente, die anschlussfähig sind an die verschiedenen Modelle, aber sie weichen der didaktischen Grundfrage aus, ob und wie die Schüler/innen mit ihren eigenen Vorstellungen zu konfrontieren sind, wenn die eschatologische Rede ihren Sinn behalten soll. Wie ist damit umzugehen, wenn die Schüler/innen Gott als dezenten Butler am Ende wieder durch den Dienstboteneingang in das Sterbezimmer treten lassen? Bleibt am Ende die bloße Behauptung einer allgemeinen Unsterblichkeit, die für die Schüler/innen im Ankerbeispiel noch Gewissheit über das Ende geben kann? Dieser Umgang zerstört den Auferstehungsglauben im Zentrum, als lebendig machende Kraft Gottes im Leben, die ihrerseits geschichtstheologische Modelle voraussetzt, die mit Gott rechnen. Und hier kommen wir wieder im Ankerbeispiel von Kap. 1 des Buches an: Der Frage nach dem daseienden und handelnden Gott. Wir möchten Mut machen, mit den Glaubenswissensdiskursen als Ressource den Schüler/innen die Anfrage an die normale Wirklichkeit nicht zu ersparen. Das macht die Gegenstände erst relevant.

16 Modellrahmen – Do-It-Yourself und Literaturhinweise

Die Kapitel des Buches zu den jeweiligen Unterrichtsgegenständen haben jeweils einen oder zwei Modellrahmen im Zentrum. Sie sind es, die die fachliche Perspektive sowie die der Akteure Lehrkraft, Schüler/innen und Lehrplan zueinander ins Gespräch bringen und die neue didaktische Ziele in den Blick bekommen lassen. Deshalb ist entscheidend, wie man zu einem konkreten Unterrichtsgegenstand, der nicht in den vorherigen Kapiteln beschrieben wird, zu diesem Modellrahmen kommen kann. Es gibt zwei Wege: Es gibt erstens schon verstreut zu weiteren Themen Literatur, die einen solchen Rahmen bietet. Wir haben deshalb eine Liste mit genau solcher Literatur angelegt (→ Kap. 16.3). Trotzdem wird auch diese Literatur nicht alle möglichen Gegenstände abdecken. Deshalb zeigen wir zunächst, wie man mit wenigen Mitteln zu den Denkmodellen kommen kann. Dafür nehmen wir Sie mit in zwei Szenen aus der Lehre von Oliver Reis, in denen ein Modellrahmen entwickelt wird. Parallel dazu werden wir auf der Meta-Ebene die Prinzipien klären, die zu beachten sind.

16.1 Modellrahmen zu St. Martin – adhoc in der Lehrsituation gebildet

Im universitären Begleitseminar zum Praxissemester Grundschule können Studierende ihre geplanten Unterrichtsvorhaben vorstellen und Feedback erhalten. Eine Studierende soll auf Wunsch der Mentorin »etwas zu St. Martin machen«. Es entstehen sofort Bilder im Kopf: Da ist der römische Soldat/Offizier, der auf die Stadt Tours zureitet, der Bettler, der um ein Almosen bittet, Martin, der sich von dem Anblick erweichen lässt und seinen Mantel teilt, und vielleicht noch ein Traum, in dem Christus Martin erscheint und mit Anklang an Mt 25 die Mantelteilung zum Christus-Dienst wird. Es entstehen aber auch sofort Bilder zum Unterricht: Die Geschichte wird erzählt oder in einem Bilderbuch repräsentiert. Martin wird als Vorbild der Nächstenliebe inszeniert. Die Kinder werden aufgefordert, seinem Beispiel zu folgen und suchen nach eigenen Anwendungsbeispielen. Um die Aufforderung für die Kinder zu vereinfachen, sind auch Dinge erlaubt, über die Kinder sicher verfügen können wie Zeit und Aufmerksamkeit. Die Studierende bringt in die Sitzung die folgende Planungsidee mit:

> **Ziel der Unterrichtsstunde:** Die Schülerinnen und Schüler sollen auf Basis der Geschichte von St. Martin erklären, wie wir teilen können und dadurch den anderen etwas Gutes tun, indem sie ...
> 1. die Geschichte von Sankt Martin kennenlernen.
> 2. die Bedeutung von Teilen erarbeiten.
> 3. überlegen, was man alles in unserem Alltag teilen kann.
> 4. herausfinden, dass man nicht nur auf materieller Ebene teilen kann. Auch Zeit etc. kann man teilen.
> 5. das Gefühl von Teilen erfahren durch das Teilen einer Martinsbrezel.
>
> **Lernzuwachs:** Die Schülerinnen und Schüler lernen, was teilen bedeutet. Sie lernen die Geschichte von Sankt Martin kennen. Dabei erarbeiten sie, was man alles teilen kann. Nicht nur materielle Dinge sind teilbar. Das Gefühl, das durch das Teilen erfahren werden kann, erfahren sie durch das Teilen der Martinsbrezel mit der gesamten Klasse.

Wir analysieren den Entwurf zügig: Für die Schüler/innen wird die Martinslegende in der ethischen Dimension bearbeitet, der Ansatz ist korrelativ. Das Lernziel ist auf den ersten Blick nachvollziehbar gebildet, die Lernschritte sind klar. Alle Studierenden kennen solche Stunden, ich habe sie als Kind erlebt und als junger Student in den 1990er Jahren im Tagespraktikum selbst gehalten. Als ich davon erzähle, ist das für die eine Hälfte der Studierendengruppe die Bestätigung, dass der Unterricht so richtig ist. Die andere Hälfte wird unruhig. Wenn doch der Unterricht seit 40 Jahren gleich ist, wird er dann wirklich den Kindern und ihren Lebenswelten gerecht? Eine Studierende fragt: »Lernen die Kinder eigentlich zu erklären, was teilen ist oder werden sie einfach aufgefordert zu teilen und der Rest erklärt nur, warum das gut ist?« Beim ethischen Lernen hat Ziebertz vier Lernwege unterschieden: Wertübertragung, Werterhellung, Wertkommunikation und Wertentwicklung (Ziebertz 2001). Die geplante Stunde ist im Modus der Wertübertragung gedacht, die Kinder sollen nach der Stunde klarer gerahmt teilen können. Eine andere Studierende merkt an: »Die Kinder werden nicht gefragt, ob sie teilen wollen.« Eine andere kommentiert: »Was heißt eigentlich teilen wie St. Martin?« Sie erzählt, dass es in ihrem Dorf einen Martinszug der Grundschule gibt und danach gehen die Kinder singen. Inzwischen gehen auch Kinder mit Migrationshintergrund durch die Straßen und klingeln und wollen Süßigkeiten. Sie kennen keine Martinslieder, sie wollen in Anlehnung an das kurz davor stattgefundene Halloween einfach nur Süßes. Vielen Erwachsenen gefällt das nicht: Das ist jetzt St. Martin, das ist etwas anderes. Hier gilt: Süßigkeiten nur gegen Singen. Nehmen wir an, diese Eltern haben ebenfalls seit 40 Jahren die Martinslegende gehört und wissen, wie Teilen geht. Warum teilen sie nicht? Oder hat Teilen bestimmte Bedingungen? Lassen diese sich bei St. Martin in der Geschichte lernen? »Haben wir etwas übersehen? Was heißt eigentlich genau Teilen bei St. Martin?« Die Studierenden wissen, jetzt kommt die typische Frage von Herrn Reis: »Was ist das für ein Modell von ›Teilen‹, das die Planung vor Augen hat?« Die Studierenden sind sich noch nicht sicher, ob Modelle bilden hier wirklich Sinn ergibt: »Teilen ist doch Teilen!« Ich entgegne: »Ist das wirklich so einfach? Welchen Teil des Teilens verstehen die Eltern nicht?«

In meinem Bauch spüre ich ein immer stärker werdendes Unbehagen. Unbehagen gegen das unreflektierte Tradieren eines Lernweges, der auf eigenartige Weise die Kinder zu etwas erzieht, was in der Praxis so folgenlos bleibt. Mich irritiert dieses Teilen, das Spiritualisieren mit der Zeit, das mich an Momo von Michael Ende und meine Kindheit erinnert. Zeit teilen ist wichtig! Diese aufdringliche Moralisierung, die aber dann sehr genau unterscheidet, dass die Gabe des Teilens unter den Bekannten bleibt. Ist die Mantelteilung wirklich so brav? In meinem Kopf meldet sich die Erinnerung, gelesen zu haben, dass der Mantel Eigentum des römischen Heeres ist und Martin gar nicht gehört. Die Mantelteilung hätte also persönliche Konsequenzen. Ein Gedanke setzt sich fest: Ist das Teilen hier nicht einfach nur noch eine Variante von »Sei nett zu den Menschen deiner Umgebung«? Das ist nicht unwichtig, Gott behüte. Und Kinder müssen das lernen. Aber ist das wirklich der Lehrauftrag an die Schule und den Religionsunterricht, diese Erziehung im Sinne einer Wertübertragung vorzunehmen? Und noch einmal: Wird das dem Akteur St. Martin gerecht?

»Wir brauchen unsere Modellachse: Transzendenz – Immanenz. Wir müssen die gängige Praxis mit etwas konfrontieren, das St. Martin anders denkt. Wie können wir das kennzeichnen, was der gegenwärtige Unterricht wiederholt?« Uns fällt der Satz aus der Erzählung der Studierenden ein: Süßes gegen Singen. Das ist ein Teilen im Sinne eines Vertrages: Ich gebe und erhalte dafür eine Gegenleistung. Wenn die fremden Kinder mir nicht das geben, was ich möchte (das schöne Bild der Kindergruppe mit bunten Laternen in der Dunkelheit, die dann ein schönes Lied singt und mich um eine Gabe bittet), erhalten sie auch keine materielle Wohltat. »Hat dieses Teilen etwas mit Gott zu tun? Mit dem Glauben? Mit dem Martin der Legende?« Wie sähe die Szene wohl aus, wenn Martin in dem Modell gedacht hätte? Ich teile jetzt den Mantel mit dir, dafür bekomme ich morgen aber auch die Hälfte deiner Betteleinnahmen, um den Schaden bei meinen höhergestellten Offizieren zu bezahlen? Oder: Wenn ich jetzt den Mantel teile, dann bin ich ein guter Mensch, dann muss ich am Jüngsten Tag beim Gericht weniger Angst haben? Das Modell des Teilens als Kontrakt von Gabe und Gegengabe ist unser Pol der Immanenz. Wie geht es nun weiter? »Wir müssen unseren Blick auf St. Marin verändern. So wie es jetzt ist, war es nicht immer.« Uns stehen keine Lexika im Raum oder Fachbücher zur Brauchtumsforschung zur Verfügung. Ich habe aber gute Erfahrungen für eine erste Spurensuche mit Wikipedia gemacht und bitte deshalb die Studierenden zu schauen, ob es einen Artikel zu St. Martin gibt. Wir werden fündig (Wikipedia 2020, Art. Martinstag):

»Am Vorabend zum 11. November hatten Heischebräuche der Kinder ihren Platz, es fanden gesellige Feste mit Speis und Trank, daheim oder im Wirtshaus, statt und es wurden Martinsfeuer abgebrannt, umgeben von Feuerbräuchen wie dem Sprung über das Feuer, Tanz ums Feuer, Gesichterschwärzen und Fackellauf mit Strohfackeln. Dieses Brauchtum war noch weitgehend spontan und ungeordnet. Im 18. und 19. Jahrhundert kam es auch zu polizeilichen Verboten von Martinsfeuern. […] Die heutige Brauchtumsforschung beobachtet, dass durch das Aufkommen des aufgeklärten Bürgertums und die Verstädterungsbewegung seit dem 19. Jahrhundert eine Entwicklung des spontanen Martinsbrauchtums ›zu einer städtischen und katechetischen Großveranstaltung mit komplexen Organisationsstrukturen‹ erfolgte, aus denen dann gegen Ende des 20. Jahrhunderts eine ›ökonomische Funktionalisierung und Kommerzialisierung‹ werden konnte. Spontane Heischegänge und Laternenumzüge der Kinder wurden der Initiative und Organisation von Erwachsenen – Schulen, Kirchengemeinden oder Kommunen – unterworfen.«

Und dann noch speziell für Paderborn, also dem Ort, in dem wir gerade sitzen:

»In Paderborn konstituierte sich in den 1950er-Jahren ein ›Martinskomitee‹ zur Organisation des beobachteten spontanen Treibens von Kindern in der Stadt mit den satzungsgemäßen Zielen der ›Förderung von karitativem Handeln und Denken und Erziehung der Kinder zur Nächstenliebe, Vermittlung von Anregungen zum Basteln von Fackeln, Lampen und Laternen.‹«

Es ist ein Moment ruhig im Raum. Wir wären gerne bei einem St. Martinsfest vor der Disziplinierung dabei gewesen. Und wir fühlen uns zugleich als Opfer und Handlanger des bis heute subtil wirksamen »Martinskomitees«. Keiner im Raum kennt noch die wilden Bräuche, alle kennen die disziplinierten Formen. Wir verstehen sofort, dass die Heischegänge sehr viel mehr mit dem Treiben der Migrantenkinder zu tun haben, als mit dem, was die meisten Kinder machen. Das St.-Martin-Fest, das die meisten im Raum kennen, ist ein Fest der Bürgerlichkeit. Wer teilt, hat und zwar so viel, dass das Teilen nicht wehtut. Und wer empfängt, muss im Grunde auch haben, zumindest indirekt über die Verflechtungen der Eltern. Ich singe das St. Martinslied, das im Kölner Raum bekannt ist, spontan vor:

»D'r hellije Zinter Mätes, dat wor ne jode Mann,
dä jof de Kinder Kääzcher un stoch se selver an.
Butz, butz wieder butz, dat wor ne jode Mann.
– – –
Hier wohnt ein reicher Mann, der uns was geben kann.
Viel soll er geben, lange soll er leben,
selig soll er sterben, das Himmelreich erwerben.
Lass uns nicht so lange, lange steh'n, denn wir müssen weitergeh'n, weitergeh'n.«

Als Kind war ich schon unsicher, ob man dieses Lied singen kann und an welcher Tür. Das Lied ist latent aggressiv. Hier wird eine klare Differenz markiert: zwischen dem reichen Mann und den singend-pöbelnden Kindern und Jugendlichen. Die Kinder und Jugendlichen haben hier nichts, aber sie verweisen darauf, dass Gott die Gabe vergelten wird. Ein *zweites Modell:* Teilen ist ein zugesicherter Kontrakt, nur dass die Lücke, die zwischen Geber/in und Empfangendem/r systematisch bleibt, durch Gott als Drittem ausgeglichen wird. Dieses Modell ist schon voraussetzungsvoller: Es hat die Lücke, dass ich als Gebender darauf vertrauen muss, dass das traditionelle Modell der Auferstehung in Kraft ist (→ Kap. 15). Sonst gebe ich nichts und jage die Singenden des Liedes vom Hof. Teilen ist hier schon ein Risiko, das aber über die Transzendenz abgeschwächt wird. Einer Studierenden fällt auf: »Im Grunde ist das Modell ja auch heute noch da, nur ohne Gott: Wenn die im Haus den Kindern etwas geben, dann erwarten sie ja vielleicht nichts von den Kindern zurück, aber vielleicht indirekt über die gute Beziehung zu den Eltern.« Es gibt also sowieso eine indirekte Reziprozität, aber im zweiten Modell ist Gott der Mittler, von dem der Gebende schon einiges erhalten hat. In diesem zweiten Modell ist Teilen innerhalb des Glaubens immer noch rational, wenn man mit dem guten Gott, der mich erhält, rechnet, dann wird die Gabe Gott mir gegenüber großzügig stimmen.

»Hat denn nun Martin so gehandelt? In der Legende wird es ausdrücklich so erzählt, dass St. Martin die Christus-Deutung im Traum erst nachher passiert.

Martin wird also so erzählt, dass er eben nicht die Intention gehabt hat, über sein Handeln, die Wohnungssituation nach seinem Tod zu verbessern.« Nun dämmert ein *drittes Modell* auf: die Gabe ohne eine Erwartung einer Gegengabe, die Gabe ohne zu wissen, dass man selbst darunter nicht leidet. Diese Gabe geht an die eigene Substanz. Jetzt wird es im Raum kritisch: »Aber so kann man doch nicht unterrichten. Wertübertragung und dann noch Selbstaufgabe.« »Das ist ja wie bei Sterntaler mit offenem Ende.« Die Studierende trifft den Punkt mit dem offenen Ende. So im Glauben zu teilen, da weiß man nicht, wie es ausgeht. Der Glaube sagt in diesem Modell nicht, das wird schon gut ausgehen. Der Glaube lässt diese Situation aber zu, vielleicht im Vertrauen mit Christus an der Seite (→ Kap. 4). »Kann man dieses Modell überhaupt unterrichten?«, ist die nächste Frage. »Vielleicht stimmt auch der ganze Lernweg mit der Wertübertragung nicht. Vielleicht ist die Werterhellung viel sinnvoller, die immer mit pluralen Wertvorstellungen rechnet und sie transparent macht. Vielleicht ist es richtiger, St. Martin als eine Stimme zu zeigen, ein Modell. Statt ihn als Vorbild für ein Modell zu benutzen, das ihn manipuliert?« Schauen wir uns die Stundenplanung an: Die Anwendungsbeispiele, die die Kinder suchen, werden auf ihren Modellbezug nicht kontrolliert und es wird auch nicht geprüft, ob die Kinder nicht vielleicht schon eine Vielfalt anbieten. Entscheidend ist hier nur die Gabe. Vielleicht ist hier schon mehr Potenzial im Raum? Die Teilungserfahrung mit dem Martinsbrezel ist in Wirklichkeit für die Kinder keine: Die Lehrerin bringt sie mit und die Kinder kostet sie gar nichts. Die Lehrerin teilt vermutlich im ersten Modell der indirekten Reziprozität: Sie will eine schöne, dichte Stunde erleben, das ist ihr die Ausgabe für den Brezel wert. Ist das dann nicht die erlebte Praxis, die überraschend genau zu der der Eltern heute passt? Ist also der Religionsunterricht doch sehr erfolgreich? Eine Frage des Modells.

Tab. 37: Modellrahmen zum Teilen

Transzendenz	Transzendenz/Immanenz	Immanenz	
Teilen im Modus der Kontingenz, Gott an der Seite	Teilen im Modus des Gott vergelt's, Gott als Schlussstein einer Welt ohne Kontingenz	Teilen im Kontrakt von Gabe und Gegengabe	
		Direkte Reziprozität	Indirekte Reziprozität

Hat die Studierende mit ihrer Stundenplanung einen Fehler gemacht? Nein. Hat sie das falsche Modell dominant gesetzt? Schwierig. Sie hat eher das Teilen in einem Modell unhinterfragt gesetzt. Der Unterricht wird wie geplant funktionieren, so lange die Schüler/innengruppe im Kern aus dem bürgerlichen Milieu kommt. Wie ist das aber bei Schüler/innengruppen aus eher prekären Milieus?

Wie überzeugend ist da das Geflecht von Gabe und Gegengabe? Oder wie damit umgehen, wenn sich Kinder weigern überhaupt zu teilen, weil sie und ihre Familie so viel besitzen, weil sie sich gerade dem sozialen Geflecht entziehen? Dann wäre es wichtig, St. Martin anders setzen zu können und dann wird ein Modellwechsel nötig oder auch die Idee, die Vielfalt der Modelle sichtbar zu machen. Der hier entstandene Modellrahmen braucht drei Quellen:

1. Ein *Bewusstsein* dafür, dass eingeschliffene Unterrichtsroutinen in der Regel einen Unterrichtsgegenstand wie in einer »bubble«, *einer geschlossenen Filterblase* behandeln, die genau die Filterentscheidung unsichtbar macht (Pariser 2011). In dieser Blase kann man bleiben, man kann aber auch den Religionsunterricht unter kirchlichen und gesellschaftlichen Transformationsbedingungen fokussieren und die Blase und ihre Geschlossenheit als problematisch empfinden. Das ist eine Frage des Standorts. Wer in der Blase bleibt, braucht keine Modellierung der eigenen Position und schon gar keine anderen Modelle. Wenn man aber die Modellierung sehen will, dann schaut man sich genau an, was denn das Typische in der Blase ist: Süßes gegen Singen, Teilen für Gegengabe. In diesem Buch lernen Sie, dass heute die immanente Modellierung die normale ist. Wir haben also den ersten Pol.
2. Wir brauchen eine *Modellierungsachse*. Hier geht es erst einmal darum zu sehen, wie in diesem Pol Transzendenz (Handeln Gottes in der Welt) herausgenommen wurde. Diese müssen wir wieder »hineintun«. Es hilft eben nicht, wenn wir den biblischen Schöpfungserzählungen andere Schöpfungsmythen an die Seite stellen. Das sind in unserem Sinne keine anderen Modelle für den Modellrahmen. Die anderen Denkmodelle des Modellrahmens müssen die Gottesposition wieder einnehmen und sie erhöhen das Risiko mit der Gottesbindung die Welt anders sehen zu müssen.
3. Die Besetzungen dieser Achse ergeben sich dann aus dem Wissen um verdunkelte *Traditionen*. Je mehr man weiß, umso leichter sieht man die Positionen. Wer wenig weiß, muss sich helfen lassen. Wie gesehen ist schon Wikipedia ein erster guter Helfer, aber ohne Achse ist auch Wikipedia blind. Theologische Fachliteratur kann helfen, muss sie aber nicht. Die theologischen Themen sind unterschiedlich gut für die Modellierungsfrage vorbereitet. Bei der Theodizee oder der Christologie liegen sie schon in der Fachtheologie vor, meist werden die anderen Positionen aber auch als häretisch oder nicht überzeugend

> abgedunkelt. Das ist schade, weil auch schon in der Hochschullehre zur Christologie zwei Drittel der Studierenden selbst eine arianisch-adoptianische Position vertreten oder die Schöpfungslehre mit einer deistischen Grundposition verfolgen oder bei der Theodizee zu Bonisierung, Pädagogisierung oder Mystifizierung neigen. Die Modellarbeit in den Fachwissenschaften stellt deshalb noch erhebliches ungenutztes hochschuldidaktisches Potenzial dar (Reis 2012b). Trotzdem ist die Fachtheologie eine zentrale Quelle, wenn man weiß, was man sucht. Und dafür braucht es die Achse.

16.2 Modellrahmen zu Franziskus – was uns Schulbücher und Legenden erzählen

Eine andere Form, zu einem Modellrahmen zu gelangen, geht direkt von dem Material aus. Oft liegt dies ja schon vor, sei es in zugelassenen Lehrwerken, Materialheften oder gerade bei Heiligen in den Legenden selbst. So kam eine ehemalige Studierende zu mir, die etwas zu Franziskus machen wollte und sich damit schwertat, zu ihm einen Modellrahmen zu entwickeln. Sie hatte schon erkannt, dass es die zurzeit gängige Schiene ist, Franziskus als Vorbild im Umgang mit den Armen oder als Tierfreund und damit als Vorbild im Umweltschutz zu erzählen. Das ist der immanente Pol des Modellierungsrahmens (s. o. 1. Schritt). Auch hier stellt sich wieder die Frage nach der Achse. Wenn man das Material zu Franziskus sichtet, dann fällt z. B. bei der Schilderung der Wolfszähmung von Gubbio zwischen Erzählbüchern ein erheblicher Unterschied auf. In dem Heiligenbuch von Erich Jooß und Renate Seelig findet sich z. B. die folgende Passage (Jooß/Seelig 2007, 129 f.):

> »Schon setzte der riesige Wolf zum Sprung an. Da schlug Franziskus das Zeichen des Kreuzes über ihn. ›Komm zu mir, mein Bruder‹, lockte er mit heller Stimme. ›Komm zu mir. Die Bürger von Gubbio sollen sehen, dass du keine bösen Absichten hegst.‹ Bei diesen Worten duckte sich der Wolf. Winselnd kroch er Franziskus entgegen und blieb wie erstarrt vor dessen Füßen liegen. Nur sein Schwanz schlug unruhig auf den Boden. ›Du hast großes Unheil angerichtet. Deshalb ist es kein Wunder, dass dich die Menschen hassen‹, sagte Franziskus. ›Trotzdem will ich Frieden stiften zwischen dir und den Bürgern in Gubbio.‹
> ›Ich weiß, dass du aus Hunger getötet hast, und ich weiß, dass es kein größeres Übel gibt als den Hunger‹, fuhr er fort. ›Darum erhältst du künftig

dein Futter von den Bewohnern der Stadt. Wie einen Bruder sollen sie dich behandeln. Aber das tun sie nur, wenn du weder den Menschen noch den Tieren ein Leid zufügst. Versprich mir das! Ich bitte dich, versprich es mir ...‹
Kaum hatte Franziskus seine Bitte vorgebracht, da setzte sich der Wolf auf die Hinterläufe. Er richtete das struppige Maul gegen den Himmel und stieß zur Bestätigung ein langes, tief aus der Kehle kommendes Geheul aus. Danach legte er die rechte Vorderpfote in die ausgestreckte Hand des Heiligen. ›So ist es gut‹, freute sich Franziskus. ›Jetzt gehen wir nach Gubbio. Ich will unsere Abmachung auf dem Marktplatz der Stadt wiederholen, damit ihr das ganze Volk zustimmen kann.‹ Ohne Zögern gehorchte der Wolf. Er begleitete den Mann aus Assisi und lief neben ihm her, friedlich wie ein Lamm.«

Auffällig ist z. B. das Element des Kreuzzeichens, das hier exorzistisch wirkt, oder der Bund vor dem Himmel, die Anspielung auf Jes 11,6. Hier wird nicht einfach die Geschichte eines Tierverstehers erzählt. Er bleibt ein Mittler zwischen Mensch und Tier, macht das aber mit prophetischer Vollmacht. Das Erzählbuch benutzt dafür den Ausdruck »Gottesmann« und spielt damit auf eine alte Tradition der Heiligen an, die als Gottesmänner und -frauen, die Macht Gottes tragen (Reis 2017b). Hier ist die volle Transzendenz, der Heilige ist nicht ein guter oder gottesfürchtiger Mensch, er wird zum Träger des göttlichen Heiligen. Damit ist der andere Pol gefunden: Franziskus als Gottesmann. Gerade bei den Heiligen bieten sich nun die *Legenda aurea* an, um mehr von diesen ungefilterten Erzählungen jenseits der gerade gängigen Modellierung zu erhalten (s. o. 3. Schritt). Dort finden sich dann z. B. Erzählungen, in denen die Heiligen auch post mortem Träger der göttlichen Macht sind, die sie auf die Erde lenken können (Weidinger 1986, 433): »Es geschah zu Rom, dass ein kleiner Knabe aus dem Fenster eines Palastes fiel und getötet wurde. Da rief man den heiligen Franziskus an und er wurde dem Leben wiedergegeben.« Dazwischen gibt es weitere Erzählungen, die Franziskus' ethisches Engagement und seine Nähe zu den Tieren in der Christusnachfolge bzw. aus einem radikalen Schöpfungsglauben heraus motivieren. Und wir haben dabei noch ganz außen vor gelassen, dass für die Sek I und II noch wichtig sein könnte, dass Franziskus sich in seiner Zeit mit den Bettelorden auch massiv für die Kirchenreform engagiert hat. Auch darauf gibt z. B. das Franziskus Erzählbuch von Sabine Stadtfeld und Steffen Faust (2007) mit dem Wiederaufbau der Kapelle und der Beauftragung Christi »Baue mein Haus wieder auf« einen Blick frei (Stadtfeld/Faust 2007, 13 f.). Es entsteht also auch hier eine ganz Bandbreite an

Modellen, die uns Franziskus über rein immanente Abschleifungen als Lebenskünstler näherrücken lassen, andere, die ihn nahe an die Moderne heranrücken, ohne die Transzendenz aufzugeben, und schließlich wieder andere, die ihn zum unmittelbaren Begegnungsort mit der heilenden und zerstörerischen Gottesmacht machen.

Tab. 38: Modellrahmen zu Franziskus

Franziskus als Gottesmann	Franziskus Vorbild im Umgang mit der Schöpfung	Franziskus als Kirchenreformer	Franziskus als (umwelt-)ethisches Vorbild	Franziskus als moderner Lebenskünstler
Wundertaten des Franziskus	Sonnengesang	Errichtung der Kapelle Portiunkula in der Nähe von Assisi im Auftrag Christi	Franziskus und die Vögel	Franziskus als der Reiche, der alles weggibt und frei lebt
Heiligenverehrung	Reflexion des eigenen Umgangs mit den Geschöpfen (Interdependenzmodell (→ Kap. 2))	Reflexion von Kirchenentwicklung	Motivation zu Solidarität mit den Armen und den Tieren	Reizvolles Leitbild zur Gestaltung des Lebensentwurfes

Nun haben die ehemalige Studierende und ich also einen einfachen Modellrahmen durch ein ständiges Vergleichen aus dem Material entwickelt, das mir im Büro und online zur Verfügung stand. Es ist also auch möglich, den zweiten und den dritten Schritt in der Vorgehensweise zu tauschen und induktiv vorzugehen. Wir haben auch verstanden, dass die Wahl der Erzählgrundlage noch stärker als bei St. Martin das Modell prägt. Und uns ist klar, dass keines dieser Modelle wahrer ist als die anderen. Sie sind alle Modellierungen einer bestimmten Zeit und waren auf bestimmte Praktiken bezogen (Dieterich 2011, 68 ff.). Gibt es denn einen didaktischen Grund für die ehemalige Studierende einen Modellwechsel vorzunehmen? Warum sollte man sich z. B. in der vierten Klasse, wenn die Transzendenz-Immanenz-Entkopplung einsetzt, die Wundertaten und damit den Gottesmann betonen? Macht man sich klar, dass nach Dörthe Vieregge (2018) Kinder und Jugendliche aus sozial benachteiligten Milieus in der Gottesfrage starke, machtvolle und z. T. auch gewaltförmige Bilder des Heils und der Rettung gerade in Kontrast zur Lebenswelt vertreten, dann wird klarer, dass die dominierenden Modelle rechts eben auch damit zu tun haben, dass die bürgerlichen Milieus gut mit einem Franziskus leben können, der die normale Lebenswelt nicht infrage stellt. Wenn man nun also auch hier ein Modell wählt, das Gott als Akteur mit einem Willen und Handlungsmacht stark macht, dann verändert man die Dynamik des Unterrichts und eröffnet andere Zugänge.

Vorausgesetzt, man ist aus inklusionsdidaktischen Gründen bereit, einen solchen Modellwechsel auszuprobieren, dann liefert der Modellrahmen schon die Erzählgrundlage. Aber wie rahmt man nun das Erzählen, Lesen und Besprechen der Narrative, um zu vermeiden, dass die Wundertatenerzählung einfach für einen Bericht gehalten wird? Juliane Keiser (2020) stellt die herausragende Bedeutung des Rahmens für den Lernprozess heraus. Lehrkräfte wählen bei der Exodus-Erzählung z. B. oft historisierende, ethisierende oder rationalisierende Rahmungen, um die Kinder nicht zu überfordern, haben dann aber enorme Schwierigkeiten ein Thema überhaupt wieder religiös zu formen. Es ist also entscheidend, direkt einen Rahmen zu finden, der die Wundertaten weder fundamentalistisch präsentiert, noch direkt immanent übersetzt. Es müsste darauf ankommen, eine theologische Spur zu finden, die durchaus auch als Gedankenexperiment die transzendente Position von vorneherein im Spiel hält. Hier ist der Ansatz von Erik Idema (2020) innovativ, der die Wirkung bestimmter Fragetypen und ihrer Position zu den Geschichten (vorher/nachher) für ihre Hermeneutik untersucht hat. Idema hat hieraus eine Vierer-Typologie entwickelt, aus der für uns nun besonders der Typ »Third example: Pick your own question« relevant erscheint. Idema schlägt vor, vor dem Lesen einer Story – hier Christi Himmelfahrt – eine Liste von Fragen vorzulegen, die Konstruktmodelle in der Spannung von Transzendenz und Immanenz eröffnen können: How does it feel when people say goodbye? Does heaven exist? How would you react on a difficult responsibility? Can you miss someone who is still there? Did the story of Jesus ever end? Wichtig ist, dass diese Fragen nicht eng auf den Gegenstand bezogen sind, sondern locker die transzendenzbezogenen Momente der Erzählung aufzeigen. Fragen bei der Wundertat mit dem Wolf könnten sein: Wohnt Gott im Himmel? Kann man mit dem Kreuzzeichen böse Geister abwehren? Kann ein Wolf ein Lamm sein? Darf man sich großen Gefahren aussetzen, wenn man auf Gott vertraut? … Die Fragen dienen dazu, sich selbst schon im Vorfeld des Hörens einen Standpunkt zu überlegen. Die Antworten werden vielgestaltig sein und auf ihre Weise die Erzählung rahmen. Die Geschichte wird dabei aber trotzdem ernst genommen und ihre Bedeutung erschließbar. Dann bleibt das Modell des Gottesmannes erhalten, es wird aber zugleich in Mehrperspektivität gesetzt, weil Kinder ganz sicher über ihre Leitfragen rein immanente Deutungen anbieten werden.

> 4. Was ist hieraus zu lernen? Der Modellrahmen ist auf der einen Seite nur dann sinnvoll, wenn man bereit ist, die Blase der immanenten Modelle zu verlassen (s. o. 1. Schritt). Diese Bereitschaft hängt auf der anderen Seite wesentlich davon ab, ob man auch eine Vorstellung davon bekommt, wie man die anderen, transzendenzstarken Modelle unterrichten *kann*. Das ist möglich, aber in der Regel nicht so, dass man um das andere Modell eine neue Blase baut. Eher geht es darum, mit den eingeführten transzendenzstarken Modellen eine Gegenpolarisierung zum immanenzbezogenen religiösen Modellieren zu schaffen.

Ob Sie mit Modellen didaktisch Unterricht anders steuern können, hängt letztlich davon ab, ob Sie sich in der Lage sehen, transzendenten Positionen im Religionsunterricht mehr Gewicht zu geben, ohne damit fundamentalistisch oder katechetisch zu wirken. Das geht nur in einer mehrperspektivischen Rahmung, die zu der geschlossenen Blase der bewährten Pfade alternative Denkmodelle öffnet und gleichzeitig das Thema weiter ernst nimmt. Erst wenn Sie diesen Weg gehen wollen, dann brauchen Sie wirklich einen Modellrahmen. Dann werden Sie aber auch die Positionen entlang der Transzendenz-Immanenz-Achse finden.

Falls Sie eine Rückmeldung zu Ihren Versuchen und Ihre Ergebnisse mit uns teilen wollen, nehmen Sie ruhig Kontakt mit uns auf: gerhard.buettner@tu-dortmund.de und oliver.reis@uni-paderborn.de. Wir wünschen Ihnen auf diesen Modellierungswegen so spannende Erfahrungen, wie wir sie in den letzten Jahren machen durften.

16.3 Hinweise und Weiterführungen

Die in diesem Buch präsentierten Modellierungen haben Vorläufer – gerade auch in früheren Veröffentlichungen von uns. Diese führen wir im Folgenden als hilfreiche Literaturtipps für die Praxis hier noch einmal gebündelt auf. Wir erwähnen in diesem Zusammenhang gerne das Handbuch »Theologisieren mit Kindern« (Büttner/Freudenberger-Lötz/Kalloch u. a. 2014), wo sich ähnliche Modellierungen finden lassen.

Amos
Büttner, Gerhard/Dieterich, Veit-Jakobus/Marggraf, Eckhard/Roose, Hanna (2010), Spurenlesen 2. Lehrermaterialien 7/8, Stuttgart, 37–57

Angst
Reis, Oliver (2014), Angst, in: Büttner, Gerhard/Freudenberger-Lötz, Petra/Kalloch, Christina/Schreiner, Martin (Hg.), Handbuch Theologisieren mit Kindern. Einführung – Schlüsselthemen – Methoden, Stuttgart/München, 109–113

Anthropologie
Reis, Oliver (2011), Didaktik eines Systematisch-theologischen Themas. Anthropologie für das Berufskolleg, in: Bruckmann, Florian/Scheidler, Monika/Reis, Oliver (Hg.), Kompetenzorientierte Lehre in der Theologie. Konkretionen – Reflexionen – Perspektiven (Theologie und Hochschuldidaktik, 3), Berlin, 167–196

Reis, Oliver/Delfmann, Irina/Kempfer, Karin/Krasemann, Lisa (2015), Der Mensch in christlicher Perspektive. fragen. wissen. glauben. Themenheft zur Anthropologie für die Oberstufe, Stuttgart/Leipzig

David
Büttner, Gerhard (2006), Die Davidsgeschichte im Schulbuch – mögliche Lernwege, in: Büttner, Gerhard (Hg.), Lernwege im Religionsunterricht. Konstruktivistische Perspektiven, Stuttgart, 224–235

Exodus
Reis, Oliver (2012), »Wir drehen einen anderen Film!« – ein Filmprojekt zum ›Auszug aus Ägypten‹ als Lernumgebung für die Primarstufe, in: Büttner, Gerhard/Mendl, Hans/Reis, Oliver/Roose, Hanna (Hg.), Lernumgebungen (Religion lernen. Jahrbuch für konstruktivistische Religionsdidaktik, 3), Hannover, 139–154

Gleichnisse
Büttner, Gerhard/Müller, Peter/Thierfelder, Jörg/Heiligenthal, Roman (2008), Die Gleichnisse Jesu. Ein Studien- und Arbeitsbuch für den Unterricht, Stuttgart

Büttner, Gerhard (2013), Passende Gleichnisse, in: RL. Zeitschrift für Religionsunterricht und Lebenskunde, 42. Jg., H. 1, 7–11

Gott als Marionettenspieler
Büttner, Gerhard (2003), Landkarten des Denkens, in: Zeitschrift für Didaktik der Philosophie und Ethik, 2. Jg., H. 1, 74–81

Heilige
Reis, Oliver (2017), Heilige sind anders. Zur Diversität der Sache als Baustein einer Theologie für Jugendliche, in: Roebben, Bert/Rothgangel, Martin (Hg.), »Die anderen braucht man im Unterricht, damit es ein bisschen voran geht.« Jugendtheologie und religiöse Diversität, Stuttgart, 72–86

Reis, Oliver (2017), Heilige sind mehr als Vorbilder. Differenzierte Ökumene und ihr Potenzial für das religiöse Lernen, in: Kopp, Stefan/Thönissen, Wolfgang (Hg.), Mehr als friedvoll getrennt? Ökumene nach 2017, Freiburg i. Br., 313–335

Heiliger Geist
Büttner, Gerhard (2003), Der Heilige Geist als »Gottes Gedanken«. Ein Gespräch mit Laura Kl. 6, in: entwurf, H. 1, 40 ff.

Büttner, Gerhard (2004), Der Heilige Geist in der Vorstellungswelt von Kindern, in: KaBl, 129 Jg., H. 3, 187–193

Himmel
Büttner, Gerhard/Spaeth, Frieder (2001), »... und wenn du uns genommen, lass uns in Himmel kommen«. Bausteine zum Thema »Christliche Hoffnung über den Tod hinaus«, in: entwurf, H. 2, 59–67
Reis, Oliver (2014), Himmel, in: Büttner, Gerhard/Freudenberger-Lötz, Petra/Kalloch, Christina/Schreiner, Martin (Hg.), Handbuch Theologisieren mit Kindern. Einführung – Schlüsselthemen – Methoden, Stuttgart/München, 284–287
Roose, Hanna (2010), Wer kommt (nicht) ins Paradies? Anregungen zur Einübung eines nicht-fundamentalistischen Umgangs mit biblischen Texten, in: entwurf, H. 1, 24–29

(Christi) Himmelfahrt
Büttner, Gerhard (2013), Himmelfahrt. Didaktische Strategien zum Wissensaufbau, in: entwurf, H. 1, 12–15

Interreligiöses Lernen
Reis, Oliver/Potthast, Fabian (2017), Wie gehen Schulbücher mit der Wahrheitsfrage im interreligiösen Lernen um?, in: Büttner, Gerhard/Mendl, Hans/Reis, Oliver/Roose, Hanna (Hg.), Religiöse Pluralität (Religion lernen. Jahrbuch für konstruktivistische Religionsdidaktik, 8), Babenhausen, 89–105

Jona
Reis, Oliver/Schwarzkopf, Theresa (2015), Diagnose religiöser Lernprozesse, in: Reis, Oliver/Schwarzkopf, Theresa (Hg.), Diagnose im Religionsunterricht. Konzeptionelle Grundlagen und Praxiserprobungen (Studienbücher zur Lehrerbildung, 3), Berlin/Münster, 15–120

Kain und Abel
Büttner, Gerhard/Reis, Oliver (2010), Die Bedeutung theologischer Strukturen für das Elementarisierenlernen, in: Zeitschrift für Pädagogik und Theologie, 62. Jg., H. 3, 248–257

Kreuzestod
Blümm, Anke/Büttner, Gerhard (1998), »... es ist Gott vielleicht nicht leichtgefallen, seinen einzigen Sohn zu opfern«. Wie Schüler/innen der Klassen 4 bis 8 den Tod Jesu sehen, in: entwurf, H. 1, 35 ff.
Büttner, Gerhard (2003), »Experimental Teaching« zur Christologie. Kategorisierung als Forschungsmethode, in: Fischer, Dietlind/Elsenbast, Volker/Schöll, Albrecht (Hg.), Religionsunterricht erforschen. Beiträge zur empirischen Erkundung von religionsunterrichtlicher Praxis, Münster, 172–187

Mose
Harz, Frieder (2004), Mose, in: Büttner, Gerhard/Freudenberger-Lötz, Petra/Kalloch, Christina/Schreiner, Martin (Hg.), Handbuch Theologisieren mit Kindern. Einführung – Schlüsselthemen – Methoden, Stuttgart/München, 371–375

Passion
Büttner, Gerhard/Wittmann, Petra (2005), Jesus bringt ein Opfer für uns, in: entwurf, H. 2, 28–35

Paulus
Büttner, Gerhard (2008), Paulus – der Mann mit Stirnglatze, Bart und Schwert, in: entwurf, H. 3, 41–45
Rupp, Hartmut (2008), Paulus – elementarisiert und kompetenzorientiert. Leben und Werk des Apostels Christi neu entdecken, in: entwurf, H. 3, 26–37

Sakramente – allgemein
Reis, Oliver (2015), »Sakramente gehören in die Oberstufe!« – Zum schwierigen Stand der Sakramente in der Religionsdidaktik, in: Pemsel-Maier, Sabine/Schambeck, Mirjam (Hg.), Keine Angst vor Inhalten! Systematisch-theologische Themen religionsdidaktisch erschließen, Freiburg i. Br., 331–349

Reis, Oliver (2017), Sakramente als Lerninhalte im Religionsunterricht. Jenseits von Ritualbeschreibungen und Religionskunde, in: Rellis. Zeitschrift für den katholischen Religionsunterricht, H. 4, 18–21

Sakramente – speziell: Eucharistie
Grethlein, Christian/Reis, Oliver (2018), Art. ›Abendmahl/Eucharistie‹, WiReLex. Wissenschaftlich-Religionspädagogische Lexikon. Abrufbar unter: http://www.bibelwissenschaft.de/stichwort/200352/ (eingesehen am 12.5.2020)
Reis, Oliver (2018), Kindertheologie als katalysierendes Element in der Erstkommunionskatechese. Ein Ort der Kommunikation des Evangeliums?, in: Schlag, Thomas/Roose, Hanna/Büttner, Gerhard (Hg.), »Was ist für dich der Sinn?« Kommunikation des Evangeliums mit Kindern und Jugendlichen, Stuttgart, 122–135
Reis, Oliver (2019), Wenn der Altar zum Tisch wird. Eucharistiekatechese inklusiv, in: Pithan, Annebelle/Wuckelt, Agnes (Hg.), Miteinander am Tisch. Tisch als Ort sozialer Utopien (Forum für Heil- und Religionspädagogik, 10), Münster, 90–104

Theodizee
Blanik, Nicole (2018), Theodizeedidaktik im Horizont von Krisensituationen. Wie Schülerinnen und Schüler Theodizee-Erklärungsmodelle entlang von fremd-biografischen Anforderungssituationen zu beurteilen lernen, Berlin

Trinität
Benz, Sabine (2009), »Ist Gott mit Jesus stärker?« Kinder denken über die Binität und die Trinität Gottes nach, in: entwurf, H. 4, 18–21
Büttner, Gerhard (2009), Die Fülle der Geschichten Gottes zu fassen kriegen. Religionspädagogische Annäherungen an die Trinität, in: entwurf, H. 4, 14–17

Wiederkunft Christi
Büttner, Gerhard/Roose, Hanna (2017), »Christus, der kommen wird zu richten …« Ein konstruktivistischer Ansatz, in: Englert, Rudolf/Schweitzer, Friedrich (Hg.), Jesus als Christus – im Religionsunterricht. Experimentelle Zugänge zu einer Didaktik der Christologie, Göttingen, 208–219

Wunder
Reiß, Annike (2015), »Man soll etwas glauben, was man nie gesehen hat.« Theologische Gespräche mit Jugendlichen zur Wunderthematik (Beiträge zur Kinder- und Jugendtheologie, 33), Kassel
Riegger, Manfred (2015), Wunder(n) und Wundererzählungen. Videobasierte wunderdidaktische Ein- und Ausblicke, in: RpB, 73. Jg., 68–79

Zeit
Roose, Hanna (2011), Zeit. Eine christliche Wahrnehmungsschule, in: entwurf, H. 1, 12–17
Roose, Hanna (2014), Zeit, in: Büttner, Gerhard/Freudenberger-Lötz, Petra/Kalloch, Christina/Schreiner, Martin (Hg.), Handbuch Theologisieren mit Kindern. Einführung – Schlüsselthemen – Methoden, Stuttgart/München, 536–540

Zufall – Providentia
Kohlmeyer, Theresa/Reis, Oliver (2019), Vorsehung – Zufall – Schicksal!? Die fachdidaktische Leerstelle als Problem der unterrichtlichen Handlungssteuerung, in: RpB, 81. Jg., 99–110

Literatur

Ahlmann, Frank (2008), Nutz und Not des Nächsten: Grundlinien eines christlichen Utilitarismus im Anschluss an Martin Luther (Kieler Theologische Reihe), Münster

Ahrnke, Stephan/Rupp, Hartmut (2017), Die Konstruktion von Heterogenität in multireligiösen Schulfeiern, in: Büttner, Gerhard/Mendl, Hans/Reis, Oliver/Roose, Hanna (Hg.), Religiöse Pluralität (Religion lernen. Jahrbuch für konstruktivistische Religionsdidaktik, 8), Babenhausen, 119–128

Anselm von Canterbury (1094–98), Cur deus homo. Warum Gott Mensch geworden ist. Lateinisch und deutsche Ausgabe, hg. v. Franciscus Salesius Schmitt, München (1993)

Ardey, Karin (2003), Von Gott reden – aber wie? (ev. 5/6) (in: Religion, 5), Aachen

Arenz, Dominik (2016), Paradoxalität als Sakramentalität. Kirche nach der fundamentalen Theologie Henri de Lubacs, Innsbruck

Asbrand, Barbara (2000), Zusammen leben und lernen im Religionsunterricht. Eine empirische Studie zur grundschulpädagogischen Konzeption eines interreligiösen Religionsunterrichts im Klassenverband der Grundschule, Frankfurt a. M.

Auer, Alfons (1971), Autonome Moral und christlicher Glaube, Düsseldorf

Augustinus (o. J.), Des heiligen Kirchenvaters Aurelius Augustinus ausgewählte Schriften. Zweiundzwanzig Bücher über den Gottesstaat. Bd. 3: Buch XVII-XXII. Hrsg. u. übersetzt v. Alfred Schröder/Otto Bardenhewer/Theodor Schermann/Karl Weyman (Bibliothek der Kirchenväter, 1. Reihe, 28), München (1916)

- (o. J.), Enchiridion de fide, spe et caritate. Handbüchlein über Glaube, Hoffnung und Liebe, in: Kösel, Josef/Pustet, Friedrich (Hg.), Des heiligen Kirchenvaters Aurelius Augustinus ausgewählte Schriften, aus dem Lateinischen übers., Bd. 8 (Bibliothek der Kirchenväter, 1. Reihe, 49), Kempten (1925), 392–502

- (397–401), Confessiones/Bekenntnisse: Lateinisch/Deutsch. Hrsg. u. übers. v. Kurt Flasch und Burkhard Mojsisch, Leipzig (2009)

Bailer-Jones, Daniela (2013), Scientific Models in Philosophy of Science, Pittsburgh

Baldermann, Ingo (1991), Gottes Reich – Hoffnung für Kinder. Entdeckungen mit Kindern in den Evangelien, Neukirchen-Vluyn

Barth, Karl (1950), Kirchliche Dogmatik III/3 – Die Lehre von der Schöpfung. Gott und das Nichtige, Zürich

- (1960), Kirchliche Dogmatik I/2 – Die Lehre vom Wort Gottes. Prolegomena zur christlichen Dogmatik, Zürich

- (1980), Kirchliche Dogmatik II/2 – Die Lehre von Gott. Gottes Gnadenwahl, Zürich

Barz, Heiner (1992), Postmoderne Religion am Beispiel der jungen Generation in den Alten Bundesländern, Teil 2 des Forschungsberichts »Jugend und Religion« im Auftrag der Evangelischen Jugend in der BRD (aej), Opladen

Bayerisches Staatsministerium für Unterricht und Kultus (2004) (Hg.), Katholische Religionslehre. Genehmigter Lehrplan – gültig für Jgst. 8 bis 12. Abrufbar unter: http://www.isb-gym8-lehrplan.de/contentserv/3.1.neu/g8.de/index.php?StoryID=26352 (eingesehen am 30.1.2014)

- (2020), Katholische Religionslehre. LehrplanPLUS Grundschule. Abrufbar unter: https://www.lehrplanplus.bayern.de/schulart/grundschule (eingesehen am 16.4.2020)

Bederna, Katrin (2014), Bußsakrament, in: Büttner, Gerhard/Freudenberger-Lötz, Petra/Kalloch, Christina/Schreiner, Martin (Hg.), Theologisieren mit Kindern: Einführung – Schlüsselthemen – Methoden, München, 160–165

- (2019), Every day for future. Theologie und religiöse Bildung für nachhaltige Entwicklung, Mainz

Beisel, Michael (2009), Der Opfertod Jesu. Unterrichtsmodul zum Bildungsplan 2004. Abrufbar unter: https://sesam.lmz-bw.de/mediathek?inp=token:5950361–011 (eingesehen am 2.5.2020)

Bellinger, Andréa/Krieger, David J. (2006), Einführung in die Akteur-Netzwerk-Theorie, in: Bellinger, Andréa/Krieger, David J. (Hg.), ANThology, Bielefeld, 13–50

Benk, Andreas (2008), Gott ist nicht gut und nicht gerecht: Zum Gottesbild der Gegenwart, Düsseldorf
- (2016), Schöpfung – eine Vision von Gerechtigkeit – Was niemals war, doch möglich ist, Mainz

Benz, Sabine (2015), Wer ist Jesus – was denkst du? Christologische Wissens- und Kompetenzentwicklung in den ersten beiden Grundschuljahren – eine qualitative Längsschnittstudie, Göttingen

Bizer, Christoph (1995), Kirchgänge im Unterricht und anderswo, Göttingen

Blumenberg, Hans (2007), Theorie der Unbegrifflichkeit, Frankfurt a. M.

Boehm, Gottfried (2010), Wie Bilder Sinn erzeugen. Die Macht des Zeigens, 3. Aufl., Frankfurt a. M.

Böhme, Katja (2008), Kirchenraumpädagogik als ökumenische Herausforderung, in: Katechetische Blätter, Jg. 133, H. 2, 136–144

Bonhoeffer, Dietrich (1937), Nachfolge. Hg. v. Martin Kuske/Ilse Tödt (Dietrich Bonhoeffer Werkeausgabe, 4), 3. Aufl., Gütersloh (2002)
- (1949), Ethik. Hg. v. Ernst Feil/Clifford Green/Heinz Eduard Tödt/Ilse Tödt (Dietrich Bonhoeffer Werkeausgabe, 6), 3. Aufl., Gütersloh (2010)

Boyer, Pascal (2004), Und Mensch schuf Gott. Aus dem Englischen übersetzt von Ulrich Enderwitz, Monika Noll und Rolf Schubert, Stuttgart

Breitsameter, Christof (2010), Handeln verantworten, in: Baranzke, Heike/Breitsameter, Christof/Feeser-Lichterfeld, Ulrich/Heyer, Martin/Kowalski, Beate (Hg.), Handeln verantworten. Grundlagen – Kriterien – Kompetenzen (Theologische Module, 11), Freiburg i. Br., 7–46

Bucher, Anton A. (1990), Gleichnisse verstehen lernen. Strukturgenetische Untersuchungen zur Rezeption synoptischer Parabeln (Praktische Theologie im Dialog, 5), Freiburg i. Br.
- (1992), Kinder und die Rechtfertigung Gottes? – Ein Stück Kindertheologie, in: Schweizer Schule, Jg. 79, H. 10, 7–12
- (2000), Das Weltbild des Kindes, in: Büttner, Gerhard/Dieterich, Veit-Jakobus (Hg.), Die religiöse Entwicklung des Menschen, Stuttgart, 199–215
- (2005), Am liebsten schwinge ich das Weihrauchfass. Als katholische/r Ministrant/in Kirche erleben, in: Bucher, Anton A./Büttner, Gerhard/Freudenberger-Lötz, Petra/Schreiner, Martin (Hg.), »Kirchen sind ziemlich christlich.« Erlebnisse und Deutungen von Kindern (Jahrbuch für Kindertheologie, 4), Stuttgart, 89–94

Büttner, Gerhard/Thierfelder, Jörg (2002), Mit theologischen »Klassikern« theologisieren. Ein Unterrichtsversuch zum »freien bzw. unfreien Willen« in einer 5. Klasse, in: Büttner, Gerhard/Rupp, Hartmut (Hg.), Theologisieren mit Kindern, Stuttgart, 35–52
- /Freudenberger-Lötz, Petra (2003), »Eigentlich gibt Gott Verwarnungen, dass sie sich ändern!« Kindertheologische Überlegungen zur »Pädagogik Gottes«, in: Degen, Roland/Bizer, Christoph/Englert, Rudolf/Kohler-Spiegel, Helga/Mette, Norbert/Schweitzer, Friedrich/Rickers, Folkert (Hg.), Die Gewalt und das Böse (Jahrbuch der Religionspädagogik, 19), Neukirchen-Vluyn, 145–152
- (2003), Landkarten des Denkens. Argumentationsfiguren beim Nachdenken über das Verhältnis von göttlicher Führung und menschlicher Autonomie, in: ZDPE, Jg. 23, 74–81
- (2004), Art. Schöpfung im Religionsunterricht, Religion in Geschichte und Gegenwart Bd. 7, Sp. 981 f.
- /Wittmann, Petra (2005), Jesus bringt ein Opfer für uns, in: entwurf, H. 2, 28–35
- /Dieterich, Veit-Jakobus/Herrmann, Hans Jürgen/Marggraf, Eckhart/Roose, Hanna (Hg.) (2007), SpurenLesen 1 Schülerbuch (Gymnasium Klasse 5/6), Stuttgart
- (2008a), »Erlöst durch Christi Blut?« Die Bedeutung des Kreuzestodes Christi in der Sicht von Schüler/innen der 6. Klasse, in: Gramzow, Christoph/Liebold, Heide/Sander-Gaiser, Martin (Hg.), Lernen wäre eine schöne Alternative: Religionsunterricht in theologischer und erziehungswissenschaftlicher Verantwortung. Festschrift für Helmut Hanisch zum 65. Geburtstag, Leipzig, 195–208
- (2008b), In der Deismusfalle!, in: Katechetische Blätter, Jg. 133, 369–373
- /Dieterich, Veit-Jakobus/Herrmann, Hans Jürgen/Marggraf, Eckart/Roose, Hanna (2008), SpurenLesen 2 Schülerbuch (Gymnasium Klasse 7/8), Stuttgart
- (2009), Mit Gott rechnen. Deutung von Wirklichkeitszugängen als Kompetenz, in: Loccumer Pelikan. Religionspädagogisches Magazin für Schule und Gemeinde, H. 1, 20–24

- /Reis, Oliver (2010), Die Bedeutung theologischer Strukturen für das Elementarisierenlernen, in: Zeitschrift für Pädagogik und Theologie, Jg. 62, H. 3, 248–257
- (2012a), »Der Wolken, Luft und Winden gibt Wege, Lauf und Bahn.« Was leistet der Gedanke der »Providentia Dei« für den RU?, in: entwurf, H. 1, 6–10
- (2012b), Providenz-Verständnis als Kompetenz. Das Nachdenken über Gottes Handeln fördern, in: entwurf, H. 1, 16 ff.
- /Dieterich, Veit-Jakobus (2013), Entwicklungspsychologie in der Religionspädagogik, Göttingen
- /Freudenberger-Lötz, Petra/Kalloch, Christina/Schreiner, Martin (Hg.) (2014), Handbuch Theologisieren mit Kindern. Einführung – Schlüsselthemen – Methoden, Stuttgart
- /Kessler, Mathias (2014), »Gnade« verstehen. Kompetenzformulierungen zu Gleichnissen in der Klassenstufe 6, in: enwurf, 45. Jg., H. 3, 28–33
- /Dieterich, Veit-Jakobus/Roose, Hanna (2015), Einführung in den Religionsunterricht: Eine kompetenzorientierte Didaktik, Stuttgart
- (2017), Theologische Modelle im Religionsunterricht, in: KatBl, Jg. 142, 54–60
- (2019), Elementarisierung im Religionsunterricht. Einführung in die Praxis, Stuttgart

Caruso, Carina/Hengesbach, Rudolf (2017), Angehende (Religions-)Lehrkräfte begleiten, aber wie? Eine Handreichung für die Praxis in Schule und Unterricht. Hg. v. Institut für Religionspädagogik und Medienarbeit (IRuM), 2. Aufl., Paderborn. Abrufbar unter: https://kw.uni-paderborn.de/fileadmin/fakultaet/Institute/kath-theologie/Religionsdidaktik/Caruso_Hengesbach_Handreichung_2. Aufl.. pdf (eingesehen am 3.5.2020)

Choltitz, Dorothea von (2002), Freier oder unfreier Wille. Ein Unterrichtsprotokoll, in: Büttner, Gerhard/Rupp, Hartmut (Hg.), Theologisieren mit Kindern, Stuttgart, 53–70

Confessio Augustana (Das Augsburger Bekenntnis) (1530), in: EKD (Hg.), Das Augsburger Bekenntnis. Abrufbar unter: https://www.ekd.de/Augsburger-Bekenntnis-Confessio-Augustana-13450.htm (eingesehen am 27.4.2020)

Cress, Torsten (2019), Sakrotope – Studien zur materiellen Dimension religiöser Praktiken, Bielefeld

Crüsemann, Frank (1983), Bewahrung der Freiheit. Das Thema des Dekalogs in sozialgeschichtlicher Perspektive, München

Denzinger, Heinrich/Hünermann, Peter (Hg.) (2005), Kompendium der Glaubensbekenntnisse und kirchlichen Lehrentscheidungen, 40. Aufl., Freiburg i. Br.

Dieterich, Veit-Jakobus (2011), Heiliger – Ketzer – Protestant – Maskottchen. Konstruktionen des Franziskus in Kunst, Kirchengeschichte und Religionsunterricht, in: Büttner, Gerhard/Mendl, Hans/Reis, Oliver/Roose, Hanna (Hg.), Kirchengeschichte (Religion lernen. Jahrbuch für konstruktivistische Religionsdidaktik, 2), Hannover, 68–84

Dinkel, Christoph (2000), Was nützt der Gottesdienst? Eine funktionale Theorie des evangelischen Gottesdienstes, Gütersloh (Habil.)

Domsgen, Michael (2016), Segensfeiern im Jugendalter – Mitmachen oder raushalten?, in: Wege zum Menschen, 68. Jg., 156–166

Dörnemann, Holger (2014), Kirchenpädagogik. Ein religionsdidaktisches Prinzip. Grundannahmen, Methoden, Zielsetzungen (Kirche in der Stadt, 18), 2. Aufl., Berlin

Dressler, Bernhard (2012), »Worte sind schwerer zu zeigen« – Activity und Teetrinken: Wie Informalität das Vaterunser neutralisiert – Fallanalyse »Becker«, in: Dressler, Bernhard/Klie, Thomas/Kumlehn, Martina (Hg.), Unterrichtsdramaturgien. Fallstudien zur Performanz religiöser Bildung, Stuttgart, 175–232

Ebeling, Gerhard (1979), Dogmatik des christlichen Glaubens, Bd. 1, Tübingen

EKD/Sekretariat der DBK (Hg.) (1979), Grundwerte und Gottes Gebot: gemeinsame Erklärung des Rates der Evangelischen Kirche in Deutschland und der Deutschen Bischofskonferenz (Arbeitshilfen/Sekretariat der Deutschen Bischofskonferenz, 11), Gütersloh/Trier

- (2018), Konfessionell-kooperativ erteilter Religionsunterricht. Grundlagen, Standards und Zielsetzungen (EKD-Texte, 128), Hannover

Eliade, Mircea (2016), Das Heilige und das Profane – Le sacré et le profane. Vom Wesen des Religiösen, Frankfurt a. M.
Englert, Rudolf/Hennecke, Elisabeth/Kämmerling, Markus (2014), Innenansichten des Religionsunterrichts. Fallbeispiele – Analysen – Konsequenzen, München
Erasmus von Rotterdam (1524), De libero arbitrio Diatribe sive collatio, in: Welzig, Werner (Hg.), Erasmus von Rotterdam. Ausgewählte Schriften (lateinisch-deutsch), Bd. 4, Darmstadt (1969), 1–195
Faust-Siehl, Gabriele/Krupka, Bernd/Schweitzer, Friedrich/Nipkow, Karl Ernst (1995), 24 Stunden Religionsunterricht. Eine Tübinger Dokumentation für Forschung und Praxis, Münster
Feige, Andreas/Dressler, Bernhard/Lukatis, Wolfgang/Schöll, Albrecht (Hg.) (2000), Religion bei ReligionslehrerInnen. Religionspädagogische Zielvorstellungen und religiöses Selbstverständnis in empirisch-soziologischen Zugängen. Berufsbiographische Fallanalysen und eine repräsentative Meinungserhebung unter evangelischen ReligionsleherInnen in Niedersachsen, Münster
– /Tscheetzsch, Werner (2005), Christlicher Religionsunterricht im religionsneutralen Staat? Unterrichtliche Zielvorstellungen und religiöses Selbstverständnis von ev. und kath. Religionslehrerinnen und -lehrern in Baden-Württemberg. Eine empirisch-repräsentative Befragung, Stuttgart
Fetz, Reto Luzius (1985), Die Entwicklung der Himmelssymbolik. Ein Beispiel genetischer Semiologie, in: Biehl, Peter/Bizer, Christoph/Heimbrock, Hans-Günter/Rickers, Folkert (Hg.), Jahrbuch für Religionspädagogik, Bd. 2, Neukirchen-Vluyn, 206–214
Finkeldei, Rebecca (2018), Kirchenraummodelle und ihre Relevanz für Heranwachsende, Paderborn (Forschungsarbeit zum Praxissemester)
Fischer, Dietlind/Elsenbast, Volker/Schöll, Albrecht (Hg.) (2003), Religionsunterricht erforschen, Münster
Forschungsgruppe Religion und Gesellschaft (Hg.) (2015), Werte – Religion – Glaubenskommunikation. Eine Evaluationsstudie zur Erstkommunionkatechese, Wiesbaden
Freudenberger-Lötz, Petra/Müller, Peter (2003), Theologische Gespräche mit Kindern, in: Krautter, Adelheid/Schmidt-Lange, Elke (Hg.), Arbeitshilfe Religion Grundschule. 2. Schuljahr, 2. Halbband, Stuttgart, 7–13
– (2003), »Mit Jesus ist Gottes Welt bei uns und wir bei Gott« Nachdenken mit Kindern über das Reich Gottes, in: Grundschule Religion, H. 3, 8 ff.
– (2007a), Theologische Gespräche mit Kindern – Chancen und Herausforderungen für die Lehrer/innenausbildung, in: Theo-Web. Zeitschrift für Religionspädagogik, Jg. 6, H. 1, 12–20
– (2007b), Theologische Gespräche mit Kindern. Untersuchungen zur Professionalisierung Studierender und Anstöße zu forschendem Lernen im Religionsunterricht, Stuttgart
– (Hg.) (2010), SpurenLesen – Religionsbuch für das 1./2. Schuljahr. Erarbeitet von Ulrike Altrock, Petra Freudenberger-Lötz, Ulrike Itze, Edelgard Moers, Anita Müller-Friese und Brigitte Zeeh-Silva, Stuttgart
– (2012), Theologische Gespräche mit Jugendlichen. Erfahrungen – Beispiele – Anleitungen, Stuttgart
– (2014), Schöpfung, in: Büttner, Gerhard/Freudenberger-Lötz, Petra/Kalloch, Christina/Schreiner, Martin (Hg.), Handbuch Theologisieren mit Kindern. Einführung – Schlüsselthemen – Methoden, Stuttgart, 424–431
Freudenreich, Delia (2011), Spiritualität von Kindern: Was sie ausmacht und wie sie pädagogisch gefördert werden kann. Forschungsbericht über die psychologische und pädagogische Diskussion im anglophonen Raum, Kassel
Frey, Christofer/Wolter, Michael (1999), Apokalyptik, in: Glaube und Lernen. Zeitschrift für theologische Urteilsbildung, Jg. 14, H. 1, 11–22
Frey, Jörg (2005), Probleme der Deutung des Todes Jesu in der neutestamentlichen Wissenschaft. Streiflichter zur exegetischen Diskussion, in: Frey, Jörg/Schröter, Jens (Hg.), Deutungen des Todes Jesu im Neuen Testament (Wissenschaftliche Untersuchungen zum Neuen Testament, 181), Tübingen, 3–50
Fricke, Michael (2005), Schwierige Bibeltexte im Religionsunterricht, Göttingen
Friebolin, Sabine (1999), Glaube gewinnt Gestalt – Kirchenräume erfahren, in: entwurf, H. 3, 32–45
Gadamer, Hans-Georg (1985), Griechische Philosophie I. Gesammelte Werke, Bd. 5, Tübingen

Gärtner, Claudia (Hg.) (2015), Religionsunterricht – ein Auslaufmodell? Begründungen und Grundlagen religiöser Bildung in der Schule, Paderborn
Gennerich, Carsten (2010), Empirische Dogmatik des Jugendalters: Werte und Einstellungen Heranwachsender als Bezugsgrößen für religionsdidaktische Reflexionen, Stuttgart
- (2013), Schöpfung und Ordnung, in: Dieterich, Veit-Jakobus/Roebben, Bert/Rothgangel, Martin (Hg.), »Der Urknall ist immerhin, würde ich sagen, auch nur eine Theorie.« Schöpfung und Jugendtheologie, Stuttgart, 76–90
Gerhards, Albert/Kranemann, Benedikt (2006), Einführung in die Liturgiewissenschaft, Darmstadt
Gestrich, Christof (1989), Die Wiederkehr des Glanzes in der Welt, Tübingen
Gilligan, Carol (1991), Die andere Stimme. Lebenskonflikte und Moral der Frau, 5. Aufl., München
Glöbl, Georg (2009), Was bedeuten Kreationismus und Intelligent Design? Was man als Lehrer/in unbedingt wissen sollte, in: Regensburger RU-Notizen, Jg. 29, H. 1, 8–19
Goerlich, Helmut (2004), Der Gottesbezug in Verfassungen, in: Goerlich, Helmut/Huber, Wolfgang/Lehmann, Karl (Hg.), Verfassung ohne Gottesbezug? Zu einer aktuellen europäischen Kontroverse (FORUM. Theologische Literaturzeitung, 14), Leipzig, 7 ff.
Göhlich, Michael (2004), Gemeinschaft durch Scheidung. Zur Inszenierung von Schulgemeinschaft in Abschiedsfeiern, in: Wulf, Christoph/Althans, Birgit/Audehm, Kathrin/Bausch, Constanze/Göhlich, Michael/Jörissen, Benjamin/Mattig, Ruprecht/Tervooren, Anja/Wagner-Willi, Monika/Zirfas, Jörg (Hg.), Bildung im Ritual. Schule, Familie, Jugend, Medien, Wiesbaden, 141–170
Gossing, Tessa (2020), Individuelle und universale Eschatologie. Zu theologischen Denkkonstrukten von Grundschullehrkräften, Paderborn (Masterarbeit)
Grethlein, Christian (2003), Kommunikation des Evangeliums in der Mediengesellschaft (Forum. Theologische Literaturzeitung, 10), Leipzig
Griese, Janine (2013), Was haben »Schmetterlinge im Bauch« mit der biblischen Schöpfungserzählung zu tun? Eine Entdeckungsreise mit Jugendlichen, in: Büttner, Gerhard/Roose, Hanna/Schlag, Thomas (Hg.), »Es ist schwer einzuschätzen, wo man steht« – Jugend und Bibel (Jahrbuch für Jugendtheologie, 2), Stuttgart, 105–117
Grill, Ingrid (2003a), »Was ist Sünde?« Ausschnitte aus einer Religionsstunde in der 13. Jahrgangsstufe, in: Grill, Ingrid (Hg.), Elementarisierung im Religionsunterricht der gymnasialen Oberstufe. Wahrnehmungen und Perspektiven. Gymnasialpädagogische Materialstelle (RU-Werkstatt Oberstufe. Impulse, Analysen, Praxis, 1), Erlangen, 31–40
- (2003b), Kommentare zur Unterrichtsstunde, in: Grill, Ingrid (Hg.), Elementarisierung im Religionsunterricht der gymnasialen Oberstufe. Wahrnehmungen und Perspektiven. Gymnasialpädagogische Materialstelle (RU-Werkstatt Oberstufe. Impulse, Analysen, Praxis, 1), Erlangen, 41–49
- (2005), Stunde 2. Thema: Rechtfertigung vs. Selbstkritik, in: Grill, Ingrid (Hg.), Unerwartet bei der Sache. Dem theologischen Nachdenken von OberstufenschülerInnen auf der Spur. Unterrichtsstunden – Analyse – Reflexionen (RU-Werkstatt Oberstufe. Impulse, Analysen, Praxis, 4), Erlangen, 33–49
Großklaus, Beate/Löffler, Ulrich (2017), Befragung von Kursstufenschüler/innen zum Thema Kirche. Internes Papier des RPI Karlsruhe, Karlsruhe
Grünwaldt, Klaus (2011), Art. Recht (AT), WiBiLex. Abrufbar unter: http://www.bibelwissenschaft.de/stichwort/32882/(eingesehen am 2.5.2020)
Halbfas, Hubertus (1983), Religionsunterricht in der Grundschule. Lehrerhandbuch 1, Düsseldorf/Zürich
- (1984), Religionsunterricht in der Grundschule. Lehrerhandbuch 2, Düsseldorf/Zürich
- (1985), Religionsunterricht in der Grundschule. Lehrerhandbuch 3, Düsseldorf/Zürich
- (1986), Religionsunterricht in der Grundschule. Lehrerhandbuch 4, Düsseldorf/Zürich
- (1993), Religionsunterricht in Sekundarschulen. Lehrerhandbuch 6, Düsseldorf
Hanisch, Helmut (1996), Die zeichnerische Entwicklung des Gottesbildes bei Kindern und Jugendlichen. Eine empirische Vergleichsuntersuchung mit religiös und nicht religiös Erzogenen im Alter von 7 bis 16 Jahren, Stuttgart

- /Hoppe-Graff, Siegfried (2002), »Ganz normal und trotzdem König«. Jesus Christus im Religions- und Ethikunterricht, Stuttgart
Harris, Paul L. (2011), Conflicting Thoughts about Death, in: Human Development, Jg. 54, 160–168
Hay, David/Nye, Rebecca (1998), The spirit of the child, London
Hessisches Kultusministerium (Hg.) (2010), Lehrplan. Ethik. Gymnasialer Bildungsgang. Jahrgangsstufen 5 bis 13, Wiesbaden
- (2010), Lehrplan. Evangelische Religion. Gymnasialer Bildungsgang. Jahrgangsstufen 5 bis 13, Wiesbaden
- (2010), Lehrplan. Katholische Religion. Gymnasialer Bildungsgang. Jahrgangsstufen 5 bis 13, Wiesbaden
Hochuli-Wegmüller, Lilli (2016), Gottesdienste als Herausforderung der Konfirmationsarbeit – Partizipation als jugendtheologischer Lösungsansatz, in: Schlag, Thomas/Roebben, Bert (Hg.), »Jedes Mal in der Kirche kam ich zum Nachdenken«. Jugendliche und Kirche (Jahrbuch für Jugendtheologie, 4), Stuttgart, 182–190
Hoffsümmer, Willi (2010), Das große Buch der Schulgottesdienste. Mit Kindern von sechs bis zwölf Jahren durch das Kirchenjahr, Freiburg i. Br.
Höger, Christian (2013), Schöpfungstheologie der Jugendlichen und deren Konsequenzen für den Religionsunterricht, in: Dieterich, Veit-Jakobus/Roebben, Bert/Rothgangel, Martin (Hg.), »Der Urknall ist immerhin, würde ich sagen, auch nur eine Theorie.« Schöpfung und Jugendtheologie, Stuttgart, 91–104
Höring, Patrik C. (2012), »Beim lieben Gott zu Hause«. (Kirchen-)Raumerfahrung als religiöser Lernprozess, in: MThZ, Jg. 61, 37–47
Huber, Wolfgang (2006), Kirche als Zeichen in der Zeit – kulturelles Erbe und Sinnvermittlung für das 21. Jahrhundert, in: Adolphsen, Helge/Nohr, Andreas (Hg.), Glauben sichtbar machen. Herausforderungen an Kirche, Kunst und Kirchenbau, Hamburg, 29–46
Hülsmann, Maria (2017), Einstellungen und Vorstellungen von Religionslehrkräften zu den Weltbildern von Jugendlichen und deren Einfluss auf den Religionsunterricht, Paderborn (Masterarbeit)
Hunze, Guido (2007), Die Entdeckung der Welt als Schöpfung: Religiöses Lernen in naturwissenschaftlich geprägten Lebenswelten (Praktische Theologie heute, 84), Stuttgart
Hütte, Saskia/Mette, Norbert/Middelberg, Rainer/Pahl, Sonja (2003), Religion im Klassenverband unterrichten. Lehrer und Lehrerinnen berichten von ihren Erfahrungen, Münster
Idema, Erik (2020), Stories and questions. Unveröffentlichtes Manuskript des Vortrags bei der Internationalen Tagung für Kindertheologie am 27.2.2020 in Berlin
Janowski, Johanna Christine (2000), Allerlösung. Annäherungen an eine entdualisierte Eschatologie. Zwei Bände, Neukirchen-Vluyn
Jewett, Robert (2005), Die biblischen Wurzeln des amerikanischen Messianismus, in: ZNT, Jg. 8, H. 5, 60–68
Jooß, Erich/Seelig, Renate (2007), Der Meister, der Träume schicken konnte. Das Buch der Heiligenlegenden, Freiburg i. Br.
Jörns, Klaus P. (1997), Die neuen Gesichter Gottes. Was die Menschen heute wirklich glauben, München
Josuttis, Manfred (2004), Vom Umgang mit heiligen Räumen, in: Klie, Thomas (Hg.), Der Religion Raum geben. Kirchenpädagogik und religiöses Lernen, Münster, 34–43
Jüngel, Eberhard (1985), Tod, 3. Aufl., Gütersloh
- (1990), Was heißt beten, in: Jüngel, Eberhard (Hg.), Wertlose Wahrheit. Zur Identität und Relevanz des christlichen Glaubens (Beiträge zur evangelischen Theologie, 107), München
Kalloch, Christina (2004), »Warum der Jona so sauer war« – Kinder als Exegeten der Jona-Geschichte, in: Büttner, Gerhard/Schreiner, Martin (Hg.), »Man hat immer ein Stück Gott in sich«. Mit Kindern biblische Geschichten deuten (Sonderband: Jahrbuch für Kindertheologie, Teil 1: Altes Testament), Stuttgart, 195–205
- (2012), »Gott hat die Welt erschaffen – aber eigentlich ist sie so entstanden …« Biblische Schöpfungsgeschichten und naturwissenschaftliche Erklärungsmodelle – ein Dilemma für Grundschulkinder?,

in: Kalloch, Christina/Schreiner, Martin (Hg.), »Gott hat das in Auftrag gegeben«. Mit Kindern über Schöpfung und Weltentstehung nachdenken (Jahrbuch für Kindertheologie, 11), Stuttgart, 53–61

Kammeyer, Katharina (2006), Ist beten nur ein frommer Wunsch? Mit Kindergartenkindern aus unterschiedlichen sozialen und religiösen Herkunftsfamilien über Beten sprechen, in: Bucher, Anton u. a. (Hg.), Vielleicht hat Gott uns Kindern den Verstand gegeben. Ergebnisse und Perspektiven der Kindertheologie (Jahrbuch für Kindertheologie, 5), Stuttgart, 111–123

Karsch, Manfred/Bussmann, Cornelia (2012), Unser Stern über Bethlehem. Entdeckendes Lernen zur Adventszeit mit den Klassen 3–6, Göttingen

Keiser, Juliane (2020), Zwischen Märchen, Tatsachenbericht und Glaubenszeugnis. Biblische Geschichten im Religionsunterricht der Grundschule (Arbeiten zur Religionspädagogik, 70), Göttingen

Kentenich, Josef (1965), Zum Verständnis Schönstatts, Schönstatt

Kern, Udo (2012), Der Gang der Vernunft bei Meister Eckhart. »Die Vernunft bricht in den Grund« (Rostocker Theologische Studien, 25), Münster

Kirchner, Vera (2016), Wirtschaftsunterricht aus der Sicht von Lehrpersonen. Eine qualitative Studie zu fachdidaktischen teachers' beliefs in der ökonomischen Bildung, Wiesbaden

Kittel, Gisela (1999), Befreit aus dem Rachen des Todes. Tod und Todesüberwindung im Alten und Neuen Testament, Göttingen

Kittel, Helmuth (1947), Vom Religionsunterricht zur Evangelischen Unterweisung, Wolfenbüttel/Hannover

Klein, Stephanie (2000), Gottesbilder von Mädchen. Bilder und Gespräche als Zugänge zur kindlichen religiösen Vorstellungswelt, Stuttgart

Klie, Thomas (2012), »Fahrschüler, Fahrschülerinnen des Glaubens«: Moralische Spurverengung religiöser Ethik (10 Gebote) – Fallanalyse »Kornbach«, in: Dressler, Bernhard/Klie, Thomas/Kumlehn, Martina (Hg.), Unterrichtsdramaturgien. Fallstudien zur Performanz religiöser Bildung, Stuttgart, 267–282

Kohlmeyer, Theresa/Reis, Oliver (2018), Liturgie und Schule in der Partizipationsfalle – Warum das Versprechen auf Partizipation an Liturgie und Bildung ein Trugbild bleibt, in: Theo-Web. Zeitschrift für Religionspädagogik. Academic Journal of Religious Education, Jg. 17, H. 2, 248–262

- /Reis, Oliver (2019), Vorsehung – Zufall – Schicksal!? Die fachdidaktische Leerstelle als Problem der unterrichtlichen Handlungssteuerung, in: RpB, Jg. 81, 99–110

Kongregation für die Glaubenslehre (Hg.) (2000), Erklärung Dominus Iesus. Über die Einzigartigkeit und die Heilsuniversalität Jesu Christi und der Kirche, Rom

Konnemann, Christiane/Oberleitner, Elisabeth/Asshoff, Roman/Hammann, Marcus/Rothgangel, Martin (2013), Einstellungen Jugendlicher zu Schöpfung und Evolution, in: Büttner, Gerhard/Roose, Hanna/Schlag, Thomas (Hg.), »Es ist schwer einzuschätzen, wo man steht« – Jugend und Bibel (Jahrbuch für Jugendtheologie, 2), Stuttgart, 49–62

Kraft, Friedhelm/Roose, Hanna (2011), Von Jesus Christus reden im Religionsunterricht. Christologie als Abenteuer entdecken, Göttingen

- (Hg.) (2019), Rahmenlehrplan für den Evangelischen Religionsunterricht in den Jahrgangsstufen 1 bis 10, hg. für die Länder Berlin/Brandenburg, Potsdam

Krauß, Irma (2006), Gott zieht um. Mit Illustrationen von Melanie Brockamp, Würzburg

Kremer, Jacob (1988), Die Zukunft der Toten. Hoffnung auf persönliche Auferstehung im Wandel der Zeiten, Stuttgart

Kumlehn, Martina (2012), »Ihr seid meine Instrumente« – Die Stillung des Sturms: Theatral-ästhetische Inszenierung und symboldidaktisch-allegorische Fokussierung – Fallanalyse »Neumöller«, in: Dressler, Bernhard/Klie, Thomas/Kumlehn, Martina (Hg.), Unterrichtsdramaturgien. Fallstudien zur Performanz religiöser Bildung, Stuttgart, 83–118

Lang, Bernhard/McDannell, Colleen (1990), Der Himmel. Eine Kulturgeschichte des Ewigen Lebens, München

Lange, Jens-Peter (2013), Variable Endzeit. Weltuntergangsvorstellungen bei Studierenden naturwissenschaftlicher Studiengänge, in: Nagel, Alexander-Kenneth/Neumaier, Anna (Hg.), Endzeit jetzt! Lehrforschung zur modernen Eschatologie, Marburg, 109–128

Legare, Cristine H./Evans, Margaret E./Rosengren, Karl S./Harris, Paul L. (2012), The Coexistence of Natural and Supernatural Explanations Across Cultures and Development, in: Child Development, Jg. 83, H. 3, 779–793

Liebold, Heide (2001), Das Jesusbild Leipziger Schüler im Religionsunterricht und zu Hause, in: Büttner, Gerhard/Thierfelder, Jörg (Hg.), Trug Jesus Sandalen? Kinder und Jugendliche sehen Jesus Christus, Göttingen, 72–105

- (2005), Kirchen sind ziemlich christlich. Zum Kirchenbegriff ostdeutscher Grundschüler/innen, in: Bucher, Anton A./Büttner, Gerhard/Freudenberger-Lötz, Petra/Schreiner, Martin (Hg.), »Kirchen sind ziemlich christlich.« Erlebnisse und Deutungen von Kindern (Jahrbuch für Kindertheologie, 4), Stuttgart, 53–63

Löhr, Winrich A. (1999), Art. Doketismus, Religion in Geschichte und Gegenwart Bd. 4, 925 ff.

Lück, Christhard (2017), Darstellung und Interpretation der Ergebnisse der quantitativen Untersuchung, in: Rothgangel, Martin/Lück, Christhard/Klutz, Philipp (Hg.), Praxis Religionsunterricht. Einstellungen, Wahrnehmungen und Präferenzen von ReligionslehrerInnen, Stuttgart, 27–124

Luckmann, Thomas (1991), Die unsichtbare Religion, Frankfurt a. M.

Luhmann, Niklas (1972), Soziologische Aufklärung, in: Luhmann, Niklas (Hg.), Soziologische Aufklärung, Opladen, 66–100

- (1981), Erleben und Handeln, in: Luhmann, Niklas (Hg.), Soziales System, Gesellschaft, Organisation (Soziologische Aufklärung, 3), Opladen, 67–80

Lüke, Ulrich (2004), Auferstehung – Im Tod? Am Jüngsten Tag?, in: Kessler, Hans (Hg.), Auferstehung der Toten. Ein Hoffnungsentwurf im Blick heutiger Wissenschaften, Darmstadt, 234–251

Lumma, Liborius Olaf (2010), Crashkurs Liturgie. Eine kurze Einführung in den katholischen Gottesdienst, Regensburg

Luther, Martin (1520), Ein Sendbrief an den Papst Leo X. Von der Freiheit eines Christenmenschen, in: Knaake, Joachim Karl Friedrich (Hg.), Weimarer Ausgabe der Werke Luthers. Kritische Gesamtausgabe, Bd. 7, Weimar (1897)

- (1525), De servo arbitrio/Vom unfreien Willen, in: Härle, Wilfried (Hg.), Martin Luther, Lateinisch-Deutsche Studienausgabe, Bd. 1: Der Mensch vor Gott, Leipzig (2006), 219–661
- (1529a), Der Kleine Katechismus, in: EKD (Hg.), Luthers Kleiner Katechismus. Abrufbar unter: https://www.ekd.de/Kleiner-Katechismus-11531.htm (eingesehen am 13.4.2020)
- (1529b), Großer Katechismus, in: EKD (Hg.), Luthers Großer Katechismus. Nach der Fassung des deutschen Konkordienbuches (Dresden 1580). Abrufbar unter: https://www.ekd.de/Grosser_Katechismus-Erste-Gebot-13480.htm (eingesehen am 3.5.2020)
- (1536), Disputatio de homine, in: Knaake, Joachim Karl Friedrich (Hg.), Weimarer Ausgabe der Werke Luthers. Kritische Gesamtausgabe, Bd. 39 I, Weimar, 175 ff. (1883)

Lutherischer Weltbund/Päpstlicher Rat zur Förderung der Einheit der Christen (Hg.) (1999), Gemeinsame Erklärung zur Rechtfertigungslehre. Gemeinsame offizielle Feststellung, Paderborn

Lyx, Norma (2013), »… weil […] alle wissen, dass die Welt untergeht und dann werden alle aufgebracht.« Endzeitvorstellungen bei Kindern und Jugendlichen in entwicklungspsychologischer Perspektive, in: Nagel, Alexander-Kenneth/Neumaier, Anna (Hg.), Endzeit jetzt! Lehrforschung zur modernen Eschatologie, Marburg, 75–92

Mahr, Bernd (2008), Ein Modell des Modellseins – Ein Beitrag zur Aufklärung des Modellbegriffs, in: Dirks, Ulrich/Knobloch, Eberhard (Hg.), Modelle, Berlin, 187–220

Martinstag, Art, in: Wikipedia. Die freie Enzyklopädie. Abrufbar unter https://de.wikipedia.org/wiki/Martinstag (eingesehen am 8.5.2020)

Meier, Gernot (2015), »Ich hab dann einfach mitgemacht«. Konstruktionsprozesse des Abendmahls bei Konfirmandinnen und Konfirmanden, in: Büttner, Gerhard/Mendl, Hans/Reis, Oliver/Roose, Hanna (Hg.), Glaubenswissen (Religion lernen. Jahrbuch für konstruktivistische Religionsdidaktik, 6), Babenhausen, 98–108

Mendl, Hans/Singlhammer, Manuel (2019), Was Lehrkräfte anrichten – Lernimpulse, Lernrahmung, Lernsteuerung, in: Büttner, Gerhard/Mendl, Hans/Reis, Oliver/Roose, Hanna (Hg.), Praxis des RU (Religion lernen. Jahrbuch für konstruktivistische Religionsdidaktik, 10), Babenhausen, 129–145

Mette, Norbert (2014), Wie Kinder und Erwachsene »Eucharistie« bzw. »Kommunion« verstehen, in: Theologische Quartalschrift, Jg. 194, 39–49

Meyer, Oswald/Sierck, Hanns-Hinrich (2007), Sei gesegnet. Einschulungsgottesdienst. Abrufbar unter: https://www.bistumeichstaett.de/fileadmin/domains/schule/schulgottesdienste/Sei_gesegnet.pdf. (eingesehen am 26.4.2020)

Ministerium für Bildung, Wissenschaft und Kultur des Landes Rheinland-Pfalz (Hg.) (2012), Rahmenlehrplan Katholische Religion für die Sekundarstufe I, Mainz

Ministerium für Kultus, Jugend und Sport Baden-Württemberg (Hg.) (2001), Lehrplan für das Fach evangelische Religionslehre in der Kursstufe des Gymnasiums, Stuttgart

– (2008), Bildungsplan für das berufliche Gymnasium der sechs- und dreijährigen Aufbauform. Evangelische Religionslehre, Stuttgart

– (2016), Bildungsplan für die Evangelische Religionslehre. Grundschule, Stuttgart

– (2016), Bildungsplan für die Evangelische Religionslehre. Sekundarstufe I, Stuttgart

– (2016), Bildungsplan für die Katholische Religionslehre. Grundschule, Stuttgart

Ministerium für Schule und Weiterbildung des Landes Nordrhein-Westfalen (Hg.) (2008), Lehrplan Katholische Religionslehre. Richtlinien und Lehrpläne für die Grundschule in Nordrhein-Westfalen, Düsseldorf, 166–182

– (2008), Lehrplan Musik. Richtlinien und Lehrpläne für die Grundschule in Nordrhein-Westfalen, Düsseldorf, 85–96

– (2008), Lehrplan Sachunterricht. Richtlinien und Lehrpläne für die Grundschule in Nordrhein-Westfalen, Düsseldorf, 37–52

– (2011), Kernlehrplan für das Gymnasium – Sekundarstufe I in Nordrhein-Westfalen. Katholische Religionslehre, Düsseldorf

– (2013), Kernlehrplan für die Hauptschule in Nordrhein-Westfalen. Evangelische Religionslehre, Düsseldorf

– (2013), Kernlehrplan für die Hauptschule in Nordrhein-Westfalen. Katholische Religionslehre, Düsseldorf

– (2014), Kernlehrplan für die Sekundarstufe II Gymnasium/Gesamtschule in Nordrhein-Westfalen. Evangelische Religionslehre, Düsseldorf

– (2014), Kernlehrplan für das Gymnasium/Gesamtschule – Sekundarstufe II in Nordrhein-Westfalen. Katholische Religionslehre, Düsseldorf

Moltmann, Jürgen (1991), Der Geist des Lebens. Eine ganzheitliche Pneumatologie, München

– (1993), Gott in der Schöpfung. Ökologische Schöpfungslehre, 4. Aufl., Gütersloh

Mörike, Eduard (1832), Maler Nolten. Novelle in zwei Teilen. 2. Teil, Stuttgart

Müller, Gerhard Ludwig (2012), Katholische Dogmatik für Studium und Praxis der Theologie, 9. Aufl., Freiburg i. Br.

Naurath, Elisabeth (2009), »Wer früher stirbt, ist länger tot?« Was sich christliche und muslimische Kinder nach dem Tod erwarten, in: Bucher, Anton A. (Hg.), »In den Himmel kommen nur, die sich auch verstehen.« Wie Kinder über religiöse Differenz denken und sprechen (Jahrbuch für Kindertheologie, 8), Stuttgart, 60–70

Niedersächsisches Kultusministerium (Hg.) (2006), Kerncurriculum für die Grundschule. Schuljahrgänge 1–4. Evangelische Religion, Hannover

– (2006) Kerncurriculum für die Grundschule. Schuljahrgänge 1–4. Katholische Religion, Hannover

Nipkow, Karl Ernst (1984), Elia und die Gottesfrage im Religionsunterricht, in: Der Evangelische Erzieher, Jg. 36, 131–147

– (1986), Elementarisierung als Kern der Lehrplanung und Unterrichtsvorbereitung am Beispiel der Elia-Überlieferung, in: Braunschweiger Beiträge für Theorie und Praxis von RU und KU, Jg. 37, H. 3, 3–16

- (1987), Erwachsenwerden ohne Gott – Gotteserfahrung im Lebenslauf, München
- (1990), Bildung als Lebensbegleitung und Erneuerung. Kirchliche Bildungsverantwortung in Gemeinde, Schule und Gesellschaft, Gütersloh
- (1992), Bildung als Lebensbegleitung und Erneuerung, 2. Aufl., Gütersloh
- (1998), Bildung in der pluralen Welt. Bd. 2: Religionspädagogik und Pluralismus, Gütersloh

Nocke, Franz-Josef (2002), Eschatologie, in: Schneider, Theodor (Hg.), Handbuch der Dogmatik, 2. Aufl., Düsseldorf, 377–477
- (2005), Eschatologie, Düsseldorf

Noß, Peter (1997), Das Kreuz als Zeichen, in: Loccumer Pelikan. Religionspädagogisches Magazin für Schule und Gemeinde, H. 1, 11–14

Nüssel, Friederike (2005), Die Sühnevorstellung in der klassischen Dogmatik und ihre neuzeitliche Problematisierung, in: Frey, Jörg/Schröter, Jens (Hg.), Deutungen des Todes Jesu im Neuen Testament (Wissenschaftliche Untersuchungen zum Neuen Testament, 181), Tübingen, 73–96

Oberdorfer, Bernd/Naurath, Elisabeth (2008), »Man kann überall hinfahren. Mit den Wolken. Die sind wie Autos.«: das ewige Leben aus der Sicht von Grundschulkindern, in: Büttner, Gerhard/Schreiner, Martin (Hg.), »Manche Sachen glaube ich nicht«: mit Kindern das Glaubensbekenntnis erschließen (Sonderband: Jahrbuch für Kindertheologie), Stuttgart, 180–193

Oberthür, Rainer (1995), Kinder und die großen Fragen: ein Praxisbuch für den Religionsunterricht, München

Oser, Fritz/Gmünder, Paul (1996), Der Mensch – Stufen seiner religiösen Entwicklung. Ein strukturgenetischer Ansatz, Gütersloh
- /Reich, Karl Helmut (2000), Wie Kinder und Jugendliche gegensätzliche Erklärungen miteinander vereinbaren, in: Büttner, Gerhard/Dieterich, Veit-Jakobus (Hg.), Die religiöse Entwicklung des Menschen, Stuttgart, 216–225

Pariser, Eli (2011), The Filter Bubble: What the Internet is Hiding From You, London

Piaget, Jean (1990), Das moralische Urteil beim Kinde. Aus dem Französischen übersetzt von Lucien Goldmann, München

Pieper, Joseph (1988), Was heißt »sakral«? Klärungsversuche, Ostfildern

Porzelt, Burkard (2013), Performativer Religionsunterricht. Fluch oder Segen für die Zukunft religiöser Bildung an der Schule?, in: Altmeyer, Stefan/Bitter, Gottfried/Theis, Joachim (Hg.), Religiöse Bildung. Optionen, Diskurse, Ziele (Praktische Theologie heute, 132), Stuttgart, 181–194

PTI Drübeck der EKM und der Anhaltischen Landeskirche (Hg.) (2013), An Unterrichtssituationen lernen. Praktische Kompetenzorientierung für den Evangelischen Religionsunterricht. Produziert unter der Leitung von Matthias Hahn und Andreas Ziemer, Drübeck

Reese-Schnitker, Annegret (2018), Interaktive Lernprozesse im Kontext biblischen Lernens. Eine sequenzielle Gesprächsfeinanalyse, in: Schambeck, Mirjam/Riegel, Ulrich (Hg.), Was im Religionsunterricht läuft. Wege und Ergebnisse religionspädagogischer Unterrichtsforschung, Freiburg i. Br., 233–251

Reich, Helmut (1992), Kann Denken in Komplementarität die religiöse Entwicklung im Erwachsenenalter fördern? Überlegungen am Beispiel der Leerformel von Chalkedon und weiterer theologischer »Paradoxe«, in: Böhnke, Michael/Reich, Helmut/Ridez, Louis (Hg.), Erwachsen im Glauben. Beiträge zum Verhältnis von Entwicklungspsychologie und religiöser Erwachsenenbildung, Stuttgart/Berlin/Köln, 127–154

Reinert, Andreas (Red.) (2014), Themenheft Gnade, in: entwurf, 45. Jg., H. 4

Reis, Oliver (2008), Gott der Schöpfer im Religionsunterricht? Wenn der Gebrauch der Rede zum Gegenstand wird, in: Kontakt. Informationen zum Religionsunterricht im Bistum Augsburg, H. 2, 15–21
- (2009), Wie kommt die Rede von der Auferstehung in den Lernprozess? Das Verstehen von Auferstehung und seine Bedeutung für schulische Lernprozesse, in: Religionspädagogische Beiträge, Jg. 63, 39–56
- (2011), Didaktik eines Systematisch-theologischen Themas: Anthropologie für das Berufskolleg, in: Bruckmann, Florian/Reis, Oliver/Scheidler, Monika (Hg.), Kompetenzorientierte Lehre in der Theologie. Konkretionen – Reflexionen – Perspektiven (Theologie und Hochschuldidaktik, 3), Berlin, 167–196

- /Ruster, Thomas (2012), Die Bibel als ›eigenwilliges und lebendiges‹ Kommunikationssystem, in: Evangelische Theologie, Jg. 72, 275–290
- (2012a), Gott denken. Eine mehrperspektivische Gotteslehre (Studienbücher zur Lehrerbildung, 1), Münster
- (2012b), Didaktik und Theologie in ihrer konstruktiven Wechselwirkung, in: Mette, Norbert/Sellmann, Matthias (Hg.), Religionsunterricht als Ort der Theologie (QD, 247), Freiburg i. Br., 284–296
- (2014a), »Ich denke, dass Gott die Welt gemacht hat, oder was sonst?« – Religionslehrende und ihre Konzepte von »Schöpfung«, in: Dieterich, Veit-Jakobus/Büttner, Gerhard (Hg.), »Weißt du wieviel Sternlein stehen?« Eine Kosmologie (nicht nur) für Religionslehrer/innen, Kassel, 152–168
- (2014b), Rekonstruktion Systematischer Theologiebildung am Beispiel der Trinitätslehre, in: Dausner, René/Enxing, Julia (Hg.), Impulse für eine kompetenzorientierte Didaktik der Systematischen Theologie (Theologie und Hochschuldidaktik, 5), Münster, 137–154
- (2014c), Was ist heute »Schöpfung«? Schöpfungsdidaktik an der Grenze von Theologie und Schülerdenken, in: RelliS. Zeitschrift für den katholischen Religionsunterricht, Jg. 14, H. 4, 16–19
- (2015), Der lernende Gott braucht lernende Menschen, in: KatBl, Jg. 140, H. 2, 138–144
- /Schwarzkopf, Theresa (2015), Diagnose im Religionsunterricht. Konzeptionelle Grundlagen und Praxiserprobungen (Studienbücher zur Lehrerbildung, 3), Münster
- (2017a), Heilige sind anders. Zur Diversität der Sache als Baustein einer Theologie für Jugendliche, in: Roebben, Bert/Rothgangel, Martin (Hg.), »Die anderen braucht man im Unterricht, damit es ein bisschen voran geht.« Jugendtheologie und religiöse Diversität (Jahrbuch für Jugendtheologie, 5), Stuttgart, 72–86
- (2017b), Heilige sind mehr als Vorbilder. Differenzierte Ökumene und ihr Potenzial für das religiöse Lernen, in: Kopp, Stefan/Thönissen, Wolfgang (Hg.), Mehr als friedvoll getrennt? Ökumene nach 2017, Freiburg i. Br., 313–335
- (2018), Kindertheologie als katalysierendes Element in der Erstkommunionskatechese. Ein Ort der Kommunikation des Evangeliums?, in: Schlag, Thomas/Roose, Hanna/Büttner, Gerhard (Hg.), »Was ist für dich der Sinn?« – Kommunikation des Evangeliums mit Kindern und Jugendlichen (Jahrbuch für Kinder- und Jugendtheologie, 1), Stuttgart, 122–135
- /Speuser, Alicia-Maria (2020), Die Gottesfrage in inklusiven Lernsituationen, in: Schambeck, Mirjam/Verbung, Winfried (Hg.), Roadtrips zur Gottesfrage. Wenn es im Religionsunterricht um Gott geht, München, 193–212
- /Roose, Hanna (2020), Wahrheit und Heterogenität in der Kinder- und Jugendtheologie (KJT), i.E.

Reiß, Annike (2008), Die Religionsstunde aus der Sicht einzelner Schüler/innen. Empirische Untersuchungen aus der Sek. II, Kassel
- (2015), »Man soll etwas glauben, was man nie gesehen hat.« Theologische Gespräche mit Jugendlichen zur Wunderthematik, Kassel

Ritter, Werner H. (1999), Gebet, in: Lachmann, Rainer/Adam, Gottfried/Ritter, Werner H. (Hg.), Theologische Schlüsselbegriffe: Biblisch – systematisch – didaktisch, Göttingen, 74–83
- (2003), Erlösung ohne Opfer, in: Ritter, Werner H. (Hg.), Biblisch-theologische Schwerpunkte, Göttingen
- /Hanisch, Helmut/Nestler, Erich/Granzow, Christoph (2006), Leid und Gott. Aus der Perspektive von Kindern und Jugendlichen, Göttingen
- (2009), Fehlt die Eschatologie in heutiger Bildung? Eine theologisch-religionspädagogische Problemanzeige, in: Bednorz, Lars/Kühl-Freudenstein, Olaf/Munzert, Magdalena (Hg.), Religion braucht Bildung – Bildung braucht Religion, Würzburg, 311–324

Roos, Simone A. de (2005), »Ein Platz zum Singen, für Taufen und Beerdigungen oder um von Gott zu hören?!« Vorstellungen von der Kirche bei nicht kirchlich gebundenen, katholischen und protestantischen Vorschulkindern, in: Bucher, Anton A./Büttner, Gerhard/Freudenberger-Lötz, Petra/Schreiner, Martin (Hg.), »Kirchen sind ziemlich christlich.« Erlebnisse und Deutungen von Kindern (Jahrbuch für Kindertheologie, 4), Stuttgart, 72–88

Roose, Hanna (2006a), »So was gibt's vielleicht, wenn's um die Todesstrafe geht«: Siebtklässler lesen die Schilderung des Endgerichts aus der Offenbarung des Johannes, in: Büttner, Gerhard/Schreiner, Martin (Hg.), »Man hat immer ein Stück Gott in sich«. Mit Kindern biblische Geschichten deuten (Sonderband: Jahrbuch für Kindertheologie, Teil 2: Neues Testament), Stuttgart, 229–242
- (2006b), »Wieso muss ich zu Jesus beten, wenn er neben mir steht?«. Eine Kartographie zum Thema Gebet, in: Bucher, Anton A./Büttner, Gerhard/Freudenberger-Lötz, Petra/Schreiner, Martin (Hg.), »Vielleicht hat Gott uns Kindern den Verstand gegeben«. Ergebnisse und Perspektiven der Kindertheologie (Jahrbuch für Kindertheologie, 5), Stuttgart, 137–146
- (2010), »Schöpfung« in der 4. Klasse. Ein Praxisbericht aus dem Fachpraktikum, in: Büttner, Gerhard/Mendl, Hans/Reis, Oliver/Roose, Hanna (Hg.), Lernen mit der Bibel (Religion lernen. Jahrbuch für konstruktivistische Religionsdidaktik, 1), Hannover, 109–124
- (2012), »Sünde ist ...« Biblische Texte bei Jugendlichen ins Spiel bringen, in: Dieterich, Veit-Jakobus (Hg.), Theologisieren mit Jugendlichen. Ein Programm für Schule und Kirche, Stuttgart, 135–149
- (2013a), »Sünde« in Gesellschaft, Kirche und neutestamentlicher Wissenschaft, in: ZNT, Jg. 32, 2–10
- (2013b), »War das wirklich so?« – Mose im Religionsunterricht der Grundschule: Zwischen Tatsachenbericht und fiktiver Erzählung, in: Bucher, Anton A./Schwarz, Elisabeth E. (Hg.), »Darüber denkt man ja nicht von allein nach ...« Kindertheologie als Theologie für Kinder (Jahrbuch für Kindertheologie, 12), Stuttgart, 147–158
Rosenberg, Rina (1989), Die Entwicklung von Gebetskonzepten, in: Bucher, Anton A./Reich, Helmut (Hg.), Entwicklung von Religiosität, Freiburg i. Ü., 175–198
Rosenblueth, Arturo/Wiener, Norbert (1945), The Role of Models in Science, in: Philosophy of Science, Jg. 12, H. 4, 316–321
Rothgangel, Martin (1995), Antisemitismus als religionspädagogische Herausforderung. Eine Studie unter Berücksichtigung von Röm 9–11 (Lernprozeß Christen, Juden, 10), Freiburg i. Br.
- (1997), Empirische Überlegungen zur Behandlung der Passionsgeschichte im evangelischen Religionsunterricht, in: Kraus, Wolfgang (Hg.), Christen und Juden. Perspektiven einer Annäherung, Gütersloh, 119–141
- /Saup, Judith (2003), Eine Religionsunterrichtsstunde – nach der Grounded Theory untersucht, in: Fischer, Dietlind/Elsenbast, Volker/Schöll, Albrecht (Hg.), Religionsunterricht erforschen, Münster, 85–102
- (2009), Zwischen ›Schöpfungsbericht‹ und ›Evolutionismus‹. Verstehensschwierigkeiten von SchülerInnen, in: ZPT, Jg. 61, 375–382
Rupp, Hartmut (2002), Kinder brauchen Mythen, in: Büttner, Gerhard/Rupp, Hartmut (Hg.), Theologisieren mit Kindern, Stuttgart, 79–94
- (2005), Sünde – ein verschwiegenes Thema, in: Glauben und Lernen, H. 2, 178–184
- (2016), Handbuch der Kirchenpädagogik. Bd. 1: Kirchenräume wahrnehmen, deuten und erschließen, 3. Aufl., Stuttgart
Ruster, Thomas (2000), Der verwechselbare Gott. Theologie nach der Entflechtung von Christentum und Religion, Freiburg i. Br.
- (2005), Von Menschen, Mächten und Gewalten: eine Himmelslehre, Mainz
Sächsisches Staatsministerium für Kultus (Hg.) (2019), Lehrplan Gymnasium. Evangelische Religion, Dresden
Sajak, Clauß-Peter (2006), Die Beheimatung katholisch-kirchlicher Lebenswelt in der Schule durch den Grund- und Hauptschullehrer »Alexander Weissenberger«, in: Feige, Andreas/Dressler, Bernhard/Tzscheetzsch, Werner (Hg.), Religionslehrer oder Religionslehrerin werden. Zwölf Analysen berufsbiografischer Selbstwahrnehmungen, Ostfildern, 91–124
Sass, Hartmut von (2013), Gott als Ereignis des Seins. Versuch einer hermeneutischen Onto-Theologie (Hermeneutische Untersuchungen zur Theologie, 62), Tübingen
Saß, Marcell (2010), Schulanfang und Gottesdienst. Religionspädagogische Studien zur Feierpraxis im Kontext der Einschulung, Leipzig

Sauter, Gerhard (1986), Das Gebet als Wurzel des Redens von Gott, in: GL, H. 1, 21–38
Schleiermacher, Friedrich (1806), Die Weihnachtsfeier: Ein Gespräch, Zürich (1989)
Schlüter, Kirsten/Kremer, Bruno (2013), Modelle und Modellversuche für den Biologieunterricht: Anregungen zum Selbstbau und für den Einsatz im Unterricht, Baltmannsweiler
Schmidt, Heinz/Thierfelder, Jörg (1978), Siebenundzwanzig Unterrichtseinheiten für den Religionsunterricht im 7./8. Schuljahr (Religionspädagogische Projektentwicklung), Stuttgart
Schneider, Sebastian (2002), Auferstehung – Grundvollzug des Glaubens. Ein Blick ins Neue Testament, in: INFO. Informationen für Religionslehrer und Religionslehrerinnen. Bistum Limburg, Jg. 31, H. 1, 4–12
Schoberth, Ingrid (2002), Glauben lernen heißt eine Sprache lernen. Exemplarisch durchgeführt an einer Performance zu Psalm 120, in: rhs, Jg. 45, 20–31
Schöll, Albrecht (2003), »Wie der Zufall will …« Schüler diskutieren eine Dilemmageschichte zum Thema Zufall und Notwendigkeit, in: Fischer, Dietlind (Hg.), Religionsunterricht erforschen. Beiträge zur empirischen Erkundung von religionsunterrichtlicher Praxis, Münster, 143–157
Schwarzkopf, Theresa (2016), Vielfältigkeit denken. Wie Schülerinnen und Schüler im Religionsunterricht argumentieren lernen (Religionspädagogik innovativ, 15), Stuttgart
Schweitzer, Friedrich/Nipkow, Karl Ernst/Faust-Siehl, Gabriele/Krupka, Bernd (1995), Religionsunterricht und Entwicklungspsychologie. Elementarisierung in der Praxis, Gütersloh
– (2001), Lebensgeschichte und Religion. Religiöse Entwicklung und Erziehung im Kindes- und Jugendalter. 8. überarbeitete und erweiterte Aufl., Gütersloh
Schwöbel, Christoph (1998), Art. Auferstehung I. Auferstehung der Toten (5. Dogmatisch), Religion in Geschichte und Gegenwart Bd. 1, 4. Aufl., Tübingen, 919 ff.
Sekretariat der DBK (Hg.) (2016), Die Zukunft des konfessionellen Religionsunterrichts. Empfehlungen für die Kooperation des katholischen mit dem evangelischen Religionsunterricht (Die deutschen Bischöfe, 103), Bonn
Simojoki, Henrik (2019), Rezension zu Claudia Gärtner: Religionsdidaktische Entwicklungsforschung, in: Zeitschrift für Pädagogik und Theologie, Jg. 71, H. 2, 208–212
Smith, Christian/Denton, Melinda Lundquist (2005), Soul Searching. The Religious and Spiritual Lives of American Teenagers, Oxford
Sobreira-Majer, Alfred Garcia (1999), »Keine Hölle für niemand?« Mit Schüler/innen nach den letzten Dingen fragen, in: Körtner, Ulrich/Schelander, Robert (Hg.), Gottesvorstellungen. Die Frage nach Gott in religiösen Bildungsprozessen. Gottfried Adam zum 60. Geburtstag, Wien, 121–139
Sölle, Dorothee (1982), Stellvertretung. Ein Kapitel Theologie nach dem ›Tode Gottes‹. Erweiterte Neuauflage, Stuttgart
– (1990), Gott Denken. Eine Einführung in die Theologie, Stuttgart
– (2006), Stellvertretung, in: Steffensky, Fulbert/Baltz-Otto, Ursula (Hg.), Dorothee Sölle (Gesammelte Werke, 3), Stuttgart
Spaeth, Frieder/Rupp, Hartmut (2002), Der Teufel und der liebe Gott, in: entwurf, H. 3, 3 ff.
– (2012), »Am Ende ist er im Licht hochgestiegen.« Theologisieren mit Jugendlichen am Beispiel der Christologie, in: Dieterich, Veit-Jakobus (Hg.), Theologisieren mit Jugendlichen. Ein Programm für Schule und Kirche, Stuttgart, 150–167
Speck, Regina (2011), Vorstellungen vom Jenseits. Die Vorstellungswelt von Dritt- und Viertklässlern auf der Basis des Datenmaterials vom Kinderhochschultag »Alles Leben hat ein Ende«, in: Müller, Peter/Ralla, Mechthild (Hg.), Alles Leben hat ein Ende. Theologische und philosophische Gespräche mit Kindern (Hodos – Wege bildungsbezogener Ethikforschung in Philosophie und Theologie, 10), Frankfurt a. M., 115–130
Staatsinstitut für Schulqualität und Bildungsforschung (o. J.) (Hg.), Wieso musste Jesus sterben? Illustrierende Aufgaben zum LehrplanPlus. Grundschule, Katholische Religionslehre, Jahrgangsstufen 1/2. Abrufbar unter: https://www.lehrplanplus.bayern.de/sixcms/media.php/72/KR%20LB%207_%20Aufgabe%20_Wieso_musste_Jesus_sterben.pdf (eingesehen am 29.4.2020)

Stäblein, Christian (2003), Pädagogische Präsenz?!: Das Programm ›Liturgische Präsenz‹ in Liturgiedidaktik und Religionspädagogik, in: Leonhard, Silke/Klie, Thomas (Hg.), Schauplatz Religion. Grundzüge einer Performativen Religionsdidaktik, Leipzig, 209–227

Stachel, Günter (Hg.) (1976a), Bibelunterricht – dokumentiert und analysiert. Eine Untersuchung zur Praxis des Bibelunterrichts, Zürich u. a.

- (1976b), Die Religionsstunde – beobachtet und analysiert. Mit Beiträgen von Eugen Paul, Hans Schuh, Werner Simon, Günter Stachel, Alex Stock und Herbert A. Zwergel. Fallstudie zur Stunde A13, Zürich u. a., 83–100

Stachowiak, Herbert (1973), Allgemeine Modelltheorie, Wien

Stadtfeld, Sabine/Faust, Steffen (2007), Bruder Franziskus und die Sprache der Tiere, Freiburg i. Br.

Steffensky, Fulbert (2007), Religion im Kinderzimmer, in: Steffensky, Fulbert (Hg.), Der alltägliche Charme des Glaubens, Würzburg, 70–77

Stinglhammer, Manuel (2018), 20 verschiedene Schülerdeutungen – und jetzt? Von der Schwierigkeit mit inhaltlich-heterogenen Aussagen umzugehen, in: Büttner, Gerhard/Mendl, Hans/Reis, Oliver/Roose, Hanna (Hg.), Heterogenität im Klassenzimmer (Religion lernen. Jahrbuch für konstruktivistische Religionsdidaktik, 9), Babenhausen, 203–218

Stögbauer, Eva Maria (2011), Die Frage nach Gott und dem Leid bei Jugendlichen wahrnehmen. Eine qualitativ-empirische Spurensuche (Religionspädagogische Bildungsforschung, 1), Bad Heilbrunn

Stosch, Klaus von (2014), Einführung in die Systematische Theologie, 3. Aufl., Paderborn

Taxacher, Georg (2010), Apokalyptische Vernunft. Das biblische Geschichtsdenken und seine Konsequenzen, Darmstadt

Teilhard de Chardin, Pierre (1959), Der Mensch im Kosmos, München

Temmen, Rieke (2019), Gottesdienstvorstellungen von Kindern – ein kindertheologisches Projekt, Paderborn (Masterarbeit)

Theißen, Gerd/Merz, Annette (2011), Der historische Jesus. Ein Lehrbuch, 4. Aufl., Göttingen

Thiemann, Corinna (2019), »Analyse von Für-/Bittgebeten von Grundschulkindern auf ihre Lernortspezifika«, Paderborn (Masterarbeit)

Ulfat, Fahimah (2017), Die Selbstrelationierung muslimischer Kinder zu Gott. Eine empirische Studie über die Gottesbeziehungen muslimischer Kinder als reflexiver Beitrag zur Didaktik des Islamischen Religionsunterrichts, Paderborn

Ulrich-Eschemann, Karin (1985), »Mit Kindern beten«, in: Glauben und Lernen, H. 1, 74–81

Vieregge, Dörthe (2018), Wer bleibt außen vor? Exklusionen im Kontext einer lebenslaufbezogenen Religionspädagogik, in: Theo-Web. Zeitschrift für Religionspädagogik, Jg. 17, H. 2, 142–155

Vierling-Ihrig, Heike/Zimmermann, Mirjam (2007), Religionsunterricht mit Schulgottesdiensten (RU praktisch sekundar, 3), Göttingen

Vollmer, Miriam (2019), »Gebetsverständnisse von Religionslehrkräften: eine deskriptive Erhebung über narrative Interviews«, Paderborn (Bachelorarbeit)

Wagener, Hermann-Josef (2013), Das Gebetsverständnis junger Menschen und die religiöse Entwicklung (KET), Jena

Weber, Otto (1978), Der Heidelberger Katechismus (GTB, 258), Gütersloh

Weidinger, Erich (1986), Legenda aurea. Das Leben der Heiligen, München

Welker, Michael (1995), Schöpfung und Wirklichkeit, Neukirchen-Vluyn

Werbick, Jürgen (1983), Glaube im Kontext. Prolegomena und Skizzen zu einer elementaren Theologie (Studien zur praktischen Theologie, 26), Zürich

- (1985), Schulerfahrung und Bußsakrament, Mainz

Weyers, Stefan (2012a), Entwicklung von Rechts- und Menschenrechtsvorstellungen. Normenkonflikte und Menschenrechte aus Sicht junger Christen und Muslime, Frankfurt a. M.

- (2012b), Wie verstehen Kinder und Jugendliche das Recht? Sechs Phasen der Entwicklung rechtlichen Denkens, in: Journal für Psychologie, Jg. 20, H. 2. Abrufbar unter: https://www.journal-fuer-psychologie.de/index.php/jfp/article/download/223/264 (eingesehen am 2.5.2020)

Winans, Jamin/Sekiya, Joe (2005), SPIN – God is a DJ. Abrufbar unter: https://www.youtube.com/watch?v=F7XGIKUY7Fg (eingesehen am 18.4.2020)

Woolley, Jacqueline D./Phelps, Katrina E. (2001), The Development of Children's Beliefs about Prayer, in: Journal of Cognition and Culture, Jg. 1, H. 2, 139–166

Wüstneck, Klaus Dieter (1963), Zur philosophischen Verallgemeinerung und Bestimmung des Modellbegriffs, in: DZfPh, H. 12, 1522 f.

Yust, Karen-Marie (2010), »God Is Not Your Divine Butler and Therapist!« Countering »Moralistic Therapeutic deism« by Teaching Children the Art of Theological Reflection, in: Dillen, Annemie/Pollefeyt, Didier (Hg.), Children's Voices, Children's Perspectives in Ethics, Theology and Religious Education, Leuven u. a., 49–70

Zenger, Erich (2009), »Als Gott anfing zu erschaffen …« (Gen 1,1). Zur Relevanz biblischer Schöpfungstheologien, in: Regensburger RU-Notizen, Jg. 29, H. 1, 20–24

Ziebertz, Hans-Georg (2001), Ehtisches Lernen, in: Hilger, Georg/Leingruber, Stephan/Ziebertz, Hans-Georg (Hg.), Religionsdidaktik. Ein Leitfaden für Studium, Ausbildung und Beruf. Neuausgabe, München, 434–452

– /Riegel, Ulrich (2008), Letzte Sicherheiten. Eine empirische Studie zu Weltbildern Jugendlicher, Freiburg i. Br.

Ziegler, Tobias (2006), Jesus als ›unnahbarer Übermensch‹ oder ›bester Freund‹? Elementare Zugänge Jugendlicher zur Christologie als Herausforderung für Religionspädagogik und Theologie, Neukirchen-Vluyn

Zimmermann, Mirjam (2005a), Die (Be-)deutung des Todes Jesu in der Religionspädagogik. Eine Skizze, in: Frey, Jörg/Schröter, Jens (Hg.), Deutungen des Todes Jesu im Neuen Testament (Wissenschaftliche Untersuchungen zum Neuen Testament, 181), Tübingen, 609–647

– (2005b), Sünde in der Kindertheologie, in: Glaube und Lernen, Jg. 20, H. 2, 142–152

– (2010), Kindertheologie als theologische Kompetenz von Kindern. Grundlagen, Methodik und Ziel kindertheologischer Forschung am Beispiel der Deutung des Todes Jesu, Neukirchen-Vluyn

Zirfas, Jörg (2004), Die Inszenierung einer schulischen Familie. Zur Einschulungsfeier einer reformpädagogischen Grundschule, in: Wulf, Christoph/Althans, Birgit/Audehm, Kathrin/Bausch, Constanze/Göhlich, Michael/Jörissen, Benjamin/Mattig, Ruprecht/Tervooren, Anja/Wagner-Willi, Monika/Zirfas, Jörg (Hg.), Bildung im Ritual. Schule, Familie, Jugend, Medien, Wiesbaden, 23–67

II. Vatikanisches Konzil (1964), Dogmatische Konstitution Lumen Gentium. Über die Kirche, in: Denzinger, Heinrich/Hünermann, Peter (Hg.), Kompendium der Glaubensbekenntnisse und kirchlichen Lehrentscheidungen, 40. Aufl., Freiburg i. Br. (2005), 4101–4179

– (1965), Dogmatische Konstitution Dei Verbum. Über die göttliche Offenbarung, in: Denzinger, Heinrich/Hünermann, Peter (Hg.), Kompendium der Glaubensbekenntnisse und kirchlichen Lehrentscheidungen, 40. Aufl., Freiburg i. Br. (2005), 4201–4235